설교의 영광

개정증보판

한진환 지음

설교의 영광 개정증보판

Next Book

저자　｜ 한진환

개정증보판 1쇄 ｜ 2024년 3월 31일

발행인　｜ 이기룡
발행처　｜ 도서출판 담북
등록번호 ｜ 제 2018-000072호(2018년 3월 28일)
주소　　｜ 서울시 서초구 고무래로 10-5(반포동)
전화　　｜ (02) 533-2182
팩스　　｜ (02) 533-2185
홈페이지 ｜ www.qtland.com

값 18,200원
ISBN 979-11-980338-6-4

설교의 영광

파워 설교를 위한 완벽 가이드

개정증보판

한진환 지음

담북
Next Book

The perfect guide for power preaching

서문

나를 설교자로 불러주신 주께 감사드린다.

나를 설교를 가르치도록 세워주신 주께 감사드린다.

금번에 설교자들을 위해

작은 길잡이를 출간하게 하신 주께 감사드린다.

이 책이 혼돈 중에 있는 자들에게는 빛을,

식어버린 가슴에는 불꽃을 일으켜 주시기를 기도드린다.

오직 주께만 영광, 영광이 있을지어다.

CONTENTS

CONTENTS

1장

설교의 영광

영국 국왕 조지 5세가 의회의 개회에 맞춰 라디오 연설을 하게 되었다. 그 연
설은 신대륙에까지 중계되도록 준비된 것이었다. 막 연설이 시작되는데 갑자기
뉴욕 지국에 설치되어 있던 케이블이 탁 끊어져 버리는 것이 아닌가. 직원들은
어찌할 바를 몰라 허둥대기 시작했다. 미국에 있는 백만 명 이상의 사람들이 주
파수를 맞추고 왕의 음성만을 기다리고 있는데 방송이 끊어져 버린 것이다. 불통
된 케이블을 원상 복구하는 데는 최소 20분 이상은 소요되는데 그러면 국왕의 연
설은 다 허공으로 날아갈 판이었다. 그런데 그 자리에 고용된 지 얼마 되지 않은
해롤드 비비안이라는 젊은 기술자가 있었다. 그는 황망한 순간에 다른 선택이 없
음을 깨달았다. 그래서 자신의 손을 뻗쳐 끊어진 케이블의 양끝을 움켜쥐었다.
250볼트가 넘는 전류가 그의 몸뚱이를 꿰뚫었고 머리끝부터 발끝까지 격렬한 고
통이 엄습했다. 그래도 그는 손을 놓지 않았다. 사람들에게 왕의 음성을 듣게 하
기 위해 그는 이를 악물고 필사적으로 케이블을 붙들었던 것이다.[1]

설교가 무엇인가를 생각할 때 나는 고통 중에서도 왕의 음성을 듣게 하기위

---

1) Ian Macpherson, *The Burden of the Lord* (Nashville: Abingdon Press, 1956), 119.

해 케이블을 붙들었던 청년을 떠올린다. 그 긴급한 순간에 자신을 통로로 삼기 원했던 청년의 고투苦鬪는, 바로 강단 위에서 우주의 왕이신 하나님의 음성을 전하기 위해 혼신의 힘을 다하는 설교자의 몸부림이 아닌가! 설교자라면 누구나 자신에게 주어진, 그리고 자신만이 감당할 수 있는 이 고귀한 사명에 대해 확신할 수 있어야 한다. 음정이 분명치 못한 나팔이 사람들을 깨울수 없듯이 설교에 대한 분명한 확신이 결여된 사람의 입에서 어떻게 능력 있는 말씀이 쏟아져 나오기를 기대할 수 있겠는가?

설교 사역의 성격

한글 성경에서 통상 '전파하다'preach로 번역되는 단어는 신약성경을 살펴보면 사실은 33개의 다양한 동사들에서 온 것이다. 그중에서 가장 빈번하게 사용된 동사는 다음과 같다.[2)]

- *κηρύσσω*: 가장 자주 사용된 용어로 선포proclaim를 의미한다. 디모데후서 4:2에 "너는 말씀을 전파하라."고 할 때 이 단어가 사용되었으며, 그 외 마태복음 3:1, 4:17, 사도행전 28:31 등에도 나타난다. 이것은 메시지를 전하는 자가 권위를 가지고 선포하는 것을 의미한다.
- *ευαγγελίζω* : 하나님의 좋은 소식을 증거하는 것preach을 뜻한다. 사도행전15:35, 누가복음 8:1, 사도행전 8:4-5 등에 나타나는데 때로는 *κηρύσσω*와 상호 교환적으로 사용되기도 한다.
- *μαρτυρέω*: 어떤 사실을 체험한 사람이 그것을 다른 사람들에게 증언하는 것 testify을 말한다. 법정적 용어의 성격을 지닌다. 요한계시록 1:2에서 요한이 자기가 본 것을 다 "증거하였다"고 할 때 이 말이 사용되었고 그 외 요한복음 1:7-8 등에도 나타난다.

---

2) Gerhard Kittel and Gerhard Friedrich, *Theological Dictionary of the New Testament* (GrandRapids: Eerdmans, 1964), III, 703을 참조하라.

- $\delta\iota\delta\acute{\alpha}\sigma\kappa\omega$: 전해진 메시지의 내용과 목적에 초점을 맞춘 말로서 가르침teach을 의미한다. 마태복음 28:20, 디모데전서 6:2, 디모데후서 2:2 등에 나타난다. $\delta\iota\delta\acute{\alpha}\sigma\kappa\omega$ 는 $\kappa\eta\rho\acute{\upsilon}\sigma\sigma\omega$ 와 연관되어 사용되기도 하고마 11:1, $\varepsilon\upsilon\alpha\gamma\gamma\varepsilon\lambda\acute{\iota}\zeta\omega$ 와 연관되어 사용되기도 한다행 5:42.

- $\pi\rho o\varphi\eta\tau\varepsilon\acute{\upsilon}\omega$: 신적 계시를 선포하거나, 감추어진 사실들을 예언적으로 드러내는 것 reveal을 뜻한다. 미래 일에 대한 예시를 뜻할 때도 있다. 사도행전 2:17f,마태복음 26:68, 베드로전서 1:10 등에 나타난다.

- $\pi\alpha\rho\alpha\kappa\alpha\lambda\acute{\varepsilon}\omega$: 누구의 '곁에 서다'라는 어원에서 왔는데 '격려하다'exhort, '위로하다', '탄원하다'의 의미를 가진다. 사도행전 16:40, 고린도후서 10:1, 히브리서 3:13 등에 나타난다.

이와 같은 용법들이 함의하는 사전적 의미들을 종합해 볼 때 설교 행위는 다음과 같은 성격을 가진다고 말할 수 있다.[3]

선포

설교는 복음의 좋은 소식을 선포하는 것이다. 우리를 위해 죽으시고 부활하시고 다시 오실 예수 그리스도를 선포하는 것이 설교이다. 고대 희랍에서 전쟁터의 전황을 알려주는 것은 전령의 몫이었다. 벌판을 가로질러 숨가쁘게 달려오는 전령을 목격하는 순간 사람들은 숨을 죽이고 바라본다. 그의 머리에 승리를 상징하는 화관이 씌워져 있으면 사람들은 술렁이기 시작한다. 마침내 백성들 앞에 우뚝 서서 그는 손을 높이 들고 외친다. *"Chaire, nikomen!"*(기뻐하십시오, 우리가 이겼습니다!)[4]

설교자도 이와 같은 전령으로 강단에 선다. 이 우주의 전쟁마당에서 사탄을 이기신 우리 대장 예수의 승전보를 소리 높여 외치기 위해 서는 것이다.신약성경

---

3) James W. Cox, *Preaching* (San Francisco: Harper & Row, 1985), 8-18을 참조하라.
4) Kittel, TDNT vol. 22, 710.

은 선포와 관련된 다양한 어법들을 보여 준다. 선포되는 메시지는 *κήρυγμα*인데 이것은 '소식', '선언', '명령', '승전보' 등을 의미한다. 선포자는 *κήρυξ*라고 하는데 좋은 소식을 전하는 '전령', '사자' 등을 뜻한다.

증언

설교는 복음을 먼저 경험한 사람이 그것을 증거하는 증언이다. 예수께서는 승천하시기 전 제자들을 세워 놓고 "너희는 이 모든 일의 증인이라."고 하셨다눅 24:48. 전도자 바울에게는 "네가 그를 위하여 모든 사람 앞에서 너의 보고 들은 것에 증인이 되리라."는 사명이 주어졌다행 22:15. 설교자는 단순히 자신의 생각이나 의견을 피력하거나, 어떤 사상을 변호하는 사람이 아니다. 자신의 심령 속에 울려 퍼진 하나님의 말씀이 있고, 자신에게 임한 은혜와 빛이 있기 때문에 그것을 증언하는 증인일 뿐이다.[5]

그러므로 메시지를 전하는 증인이 어떤 사람이냐 하는 문제는 너무나 중요하다. 그의 메시지의 진정성은 그의 영성과 직결되며, 메시지의 감화력은 그의 인격의 깊이와 곧바로 연결되기 때문이다. 빛은 한 가지지만 그 빛이 스테인드 글라스를 통과하면 다양한 색채를 띠는 것과 같이, 진리도 그 진리를 투과하는 증인이 어떤 사람이냐에 따라 광휘를 발하기도 하고 그늘에 가려지기도 한다.

교육

설교는 가르침의 요소를 포함한다. 복음을 선포할 때 설교자는 그것이 무엇을 의미하며, 왜 필요하며, 어떻게 하면 그것을 받아들일 수 있는지를 설명해야 한다. 예수는 "하나님의 나라를 반포하시며 그 복음을 전하셨고"눅 8:1, 또한 "입을 열어 가르치셨다"마 5:2. 제자들에게도 "내가 너희에게 분부한 모든 것을 가르쳐 지키게 하라."는 사명이 주어졌다마 28:20.

---

5) Thomas G. Long, *The Witness of Preaching* (Louisville, Kentucky: Westminster/ John KnoxPress, 1989), 42-47.

교육은 복음을 바로 이해하기 위한 선이해先理解로써도 필요하고, 선포되는 복음의 일부분이 되기도 하며, 받은 복음을 따라 바르게 살기 위해서도 필요하다. 이런 밀접한 연관성 때문에 선포와 교육은 분명하게 구분할 수 없을 때도 많다. 초대교회의 설교에 대한 문헌들은 교육적인 내용으로 가득 채워져 있다.

예언

설교가 예언이라고 말할 때 그것은 설교자가 점술가와 같이 미래의 일을 점지한다는 의미가 아니다. 바울은 방언과 예언을 구분하면서 방언은 자신에게 유익하나 예언은 교회를 위해서 유익한 것이라고 한다. 나아가 그는 예언의 성격을 "덕을 세우며 권면하며 안위하는 것"이라고 규정한다고전 14:3. 즉 예언이란 사람들을 세우기 위해서 그들의 잘못을 지적하고 권면하며, 약한 자들을 위로하고 격려하는 사역이다. 예언은 사람들의 심령 깊은 곳을 터치하는 가장 구체적이고도 인격적인 사역이다.

혹자는 설교는 선포이므로 사람들이 듣든지 말든지 설교자는 외치는 것으로 족하며 나머지는 듣는 자의 책임이라고 한다. 그러나 그런 주장은 설교를 마치 신문배달부가 신문을 둘둘 말아 마당 아무 데나 집어던지고 가버리는 것과 같은 행위로 착각하는 것이다. 선포를 그런 식으로 이해해서는 안 된다. 설교자는 사람들의 죄와 불의를 질책하는 선지자의 철장을 가져야 하지만, 동시에 그들의 곤고함과 연약함을 싸매어 주는 연민에 찬 의사의 손길도 가져야 한다.[6] 진정한 설교자라면 교인들과 함께 짐을 지기 원하여 그들의 삶의 자리까지 낮아지는 성육신의 자세를 가져야 한다. 강단의 높이만큼이나 설교자가 청중보다 높이 서 있다면 그는 자신에게 주어진 예언의 사명을 제대로 감당할 수 없을 것이다.

---

6) J. Randall Nichols, *The Restoring Word* (San Francisco: Harper & Row Publishers, 1987), 49ff.

설교를 뜻하는 영어 'sermon'은 라틴어 *sermo* 혹은 *sermonis* 에서 왔는데, 그
것은 키케로를 위시한 고대 로마 웅변가들의 웅변을 지칭하는 용어로서 단순히
'연설'speech을 뜻하는 말이었다. 그러나 교회는 그 단어에 세례를 주어 전혀 새로
운 의미로 옷 입혔다. 성경이 결코 단순한 책일 수 없듯이 설교도 단순한 연설이
아니다. 신학자 에밀 브룬너는 "진정한 설교와 하나님의 말씀이 참되게 선포되는
곳에서는 아무리 아니라고 해도 이 지구상에서 일어나는 일 중 가장 중요한 일이
행해지고 있는 것이다."라고 외쳤다.[7] 커버넌트 신학교의 초대 학장이었던 로버
트 레이번은 신학생들에게 "그리스도가 여러분이 하는 공부의 왕이라면 설교학
은 여왕입니다."라고 강조한다.[8] 감히 그렇게 단언할 수 있는 근거가 무엇인가?
우리는 여기서 설교의 본질에 대해보다 깊은 신학적 접근을 해 볼 필요가 있다.[9]

하나님의 행위로서 설교

하나님의 계시의 방편

하나님은 말씀을 통해 자신을 계시하신다. 그는 지으신 만물을 통해 자신의
존재와 위엄을 드러내기도 하지만, 그분의 계시 사역은 말씀 선포라는 특별한 방
편을 통해 이루어진다. 그는 세상을 창조하실 때 말씀을 도구로 사용하셨다. 하
나님이 가라사대 "빛이 있으라." 하시매 빛이 있었다창 1:3. 창조의 사역은 "가라사
대"의 사역이었다. 이스라엘을 선택하시고 자신을 보여주실 때도 말씀의 방편을
사용하셨다. 선지자들은 이 말씀의 메신저로 선택된 사람들이었다.

7) Emil Brunner, Revelation and Reason (Philadelphia: Westminster Press, 1946), 142.

8) Bryan Chapell, Christ-Centered Preaching (Grand Rapids: Baker Books, 1994), 17.

9) 설교의 본질에 대한 신학적 이해를 위해서는 다음을 참조하라. Ian Pitt-Watson, A Kind of Folly: Toward a
Practical Theology of Preaching (Edinburgh: The Saint Andrew Press, 1976); Robert W. Duke, The Sermon
As God's Word (Nashville: Abingdon, 1980); James Daane, Preaching With Confidence: A Theological Essay
on the Power of the Pulpit (Grand Rapids: Eerdmans Company, 1980).

이 땅에 사람의 육신을 입고 찾아오신 하나님은 말씀 선포를 자신의 제일되는 사역으로 삼으셨다. 예수 그리스도는 말씀이 육신이 되신 분이다. 요한은 그분의 기원을 증거하면서 "태초에 말씀이 계시니라."고 소개한다요 1:1. 그분은 하나님의 복음을 전파하는 것으로 자신의 사역을 시작하셨다막 1:14. 신약시대에 이르면 하나님은 사도들의 말씀을 통해 자신을 계시하신다. 사도 바울은 주의 이름을 이방인들과 임금들과 이스라엘 자손들 앞에 전파하기 위하여 택함 받은 그릇이었다행 9:15.

땅 위에 교회를 세우신 후에도 하나님은 말씀 선포를 통해 자신의 구원 사역을 증거하기 원하셨다. 각 지교회의 설교자들은 이 일을 위해 도구로 세움 받은 자들이다. 교회를 목회했던 디모데에게 "너는 말씀을 전파하라 때를 얻든지 못 얻든지 항상 힘쓰라."는 사명이 주어졌다딤후 4:2. 성경은 주의 종들의 입으로 선포되기 위해 택함 받은 백성들 가운데 주어졌다. 선지자들과 사도들의 말씀은 그것이 기록되기 전까지는 신앙 공동체 가운데서 구전으로 선포되었으나, 기록된 후에는 설교자들의 손에 들려 회중에게 증거되었다. 사도 바울은 자신의 서신을 "너희 가운데서 읽으라."고 명하고 있다골 4:16, 살전 5:27.

이와 같이 하나님은 말씀이라는 방편을 통해 자신을 계시하시는 분이다. 그일을 위해 도구로 사용되는 것은 인간이지만 그 이면에서 말씀하고 계신 분은 하나님이시다. 그러므로 하나님은 진정한 의미에서 유일하신 설교자the only true Preacher이시다.

칼 바르트는 우리에게 찾아오시는 하나님의 말씀을 세 가지 양태로 설명한다. 첫째는 선포의 양태proclaimed form이다. 사도와 선지자를 통해 자신을 선포하신 하나님은 교회시대에는 주일마다 설교자들을 통해 선포하신다. 둘째는 기록의 양태written form이다. 하나님은 영감 된 저자들을 통해 성경을 기록하게 하시고 그 가운데서 자신을 계시하신다. 셋째는 계시의 양태revealed form이다. 하나님은 그리스도 안에서 자신을 가장 궁극적이고 온전하게 계시하셨다.[10] 위와 같은 말씀의 세 가지 양태가 내재적이고 본질적인 가치에 있어 동등한 것은 아니다. 궁극적인 말씀은 계시된 말씀, 곧 그리스도이다. 이 계시된 말씀을 증거하는 것이 기록된 말씀이요, 기록된 말씀에 근거하여 선포하는 것이 선포된 말씀이다. 우리는 기록된 말씀을 통하여 그리스도를 알게 된다. 또한 선포된 말씀을 통해 기록된 말씀은 살아 있는 현재적 교훈으로 우리에게 다가올 수 있다.[11] 이 모든 것 가운데는 양으로 생명을 얻게 하고 더 풍성케 하려는 하나님의 섭리가 담겨 있다. 말씀의 세 가지 양태는 자신을 보다 온전하게 나타내시며, 자신을 우리에게 풍성하게 주려고 하시는 하나님의 은혜로운 선물인 것이다.

강단에서 선포되는 설교는 교회를 향하신 '설교자 하나님'의 자기 계시이다. 오직 교회 안에서만 선포되는 자the Proclaimed가 동시에 선포자the Proclaimer가 된다.[12] 물론 옛적 선지자나 사도의 선포와 오늘날의 설교자의 선포를 동일선상에 놓고 볼 수는 없다. 선지자와 사도의 선포는 모든 시대, 모든 사람에게 적용되는 영원한 우주적 진리인데 반하여, 오늘날의 설교자의 선포는 구체적인 청중을 향한 제한적 선포이다.[13] 전자는 하나님의 직접적이고 초월적인 계시를 자료로 한 선포이지만, 후자는 기록된 말씀을 해석하고 적용하는 의존적 선포이다.

그럼에도 불구하고 오늘날 설교자의 선포가 하나님의 계시일 수 있는 것은 설교 중에 역사하는 성령의 사역 때문이다. 선지자와 사도들을 감동시켜 말씀을 선포케 하셨던 성령은 오늘날의 설교자들에게도 변함없이 역사하신다. 사도 바울

---

10) Karl Barth, *Church Dogmatics, Vol. I/1, The Doctrine of the Word of God* (Edinburgh: T. & T. Clark, 1956), 98-140.
11) 이것은 우리에게 하나님의 삼위일체적 관계를 연상시킨다. 성부 하나님은 성자 예수님을 통해 계시되고, 성자 예수님은 성령님을 통해 우리 마음에 현재적으로 임하시듯이, 계시된 말씀은 기록된 말씀을 통해 알려지고, 기록된 말씀은 선포된 말씀을 통해 우리에게 현재적으로 역사한다.
12) James Daane, *Preaching with Confidence*, 29.
13) 리셔는 "설교는 구체적인 시간과 장소와 사람들을 향한 하나님의 말씀이다."라고 한다. Richard Lischer, *A Theology of Preaching* (Nashville: Abingdon, 1981), 79.

은 이렇게 고백한다. "내 말과 내 전도함이 지혜의 권하는 말로 하지 아니하고 다만 성령의 나타남과 능력으로 하여 너희 믿음이 사람의 지혜에 있지 아니하고 다만 하나님의 능력에 있게 하려 하였노라"고전 2:4-5. 동일한 성령이 설교자의 입술을 사용하신다.

종교개혁자들은 설교를 자신을 계시하시는 하나님의 행위로 이해했다. 루터나 불링거Bullinger, 제2헬베틱 신앙고백서the Second Helvetic Confession는 "하나님의 말씀을 설교하는 것은 곧 하나님의 말씀"Praedicatio verbi Dei est verbum Dei이라고 고백하기를 주저하지 않았다. 칼빈은 "설교자는 하나님의 입"[14] 이라고 단언하면서 이렇게 말한다. "하나님은 많은 탁월한 은사들을 주셔서 인간을 영광스러운 존재로 만들어 주셨지만 그중에서도 가장 놀라운 특권은 황송하게도 인생들의 입과 혀를 성별하셔서 그들 속에 자신의 음성이 울려 퍼지게 resound 하신 것이다."[15] 루터는 설교를 "복음의 살아 있는 음성"viva vox Evangelii이라고 규정하면서 설교의 영원한 가치에 대해 다음과 같이 말한다.

> 우리는 목회자나 설교자가 설교할 때 그의 말을 하나님의 말씀이라 불러야 한다. 왜냐하면 그 직무는 목회자나 설교자의 것이 아니라 하나님의 것이기 때문이며, 그가 전하는 말도 목회자나 설교자의 말이 아니라 하나님의 말씀이기 때문이다. 만일 이 세상에 하나님의 음성을 들을 수 있는 교회가 있다면 거기로 달려가지 않겠는가? 그러나 당신은 당신 자신의 교회에서 목회자로부터 듣는 말씀이 그것보다 조금도 못하지 않다는 것을 알아야 한다.[16]

그러므로 설교는 하나님에 대해 말하는 것이 아니라 하나님이 말씀하시는 것이다. 설교는 설교자의 신학적 사고나 성경에 대한 견해를 피력하는 장이 아니

---

14) *Homilies* on 1 Samuel, xlii, 42.

15) John Calvin, *Institutes of the Christian Religion* (Grand Rapids: Eerdmans, 1989), IV, 1: 5. 『기독교 강요』(서울: 생명의말씀사).

16) Martin Luther, *Saemmtliche Werke*, ed. Johann Konrad Irmscher et al. (Erlangen: Heyder and Zimmer, 1826-98), III, 376. Henry J. Eggold, *Preaching is Dialogue* (Grand Rapids: Baker Book House, 1980), 19에서 재인용.

다. 설교자의 어떤 개인적 목적을 이루기 위한 도구는 더더욱 아니다. 어떤 설교자는 설교 중에 "나는……이라고 생각합니다."를 연발하는 것을 본다. 겸손한 표현이라기보다는 설교의 본질을 확신하지 못한 소치가 아닐까? 선지자와 사도들이 자신의 입을 열어 말하면서 "주께서 말씀하시니라."고 단언했듯이 설교자도 담대히 그렇게 말할 수 있어야 한다. 설교는 하나님의 주권적이고 선하신 뜻을 따라, 성령의 사역으로 말미암아, 기록된 계시가 선포된 계시로 우리를 찾아오는 하나님의 은혜로운 역사이기 때문이다.

하나님의 구원의 방편

영적으로 죽은 자들은 자신에게 있는 것이나 세상 속에 있는 그 어떤 것으로도 소생할 수 없다. 생명을 살리는 역사는 하나님의 능력으로만 가능하며 그 능력은 그분의 말씀을 통해 온다. 성경은 구원이 말씀을 통해 옴을 반복적으로 증거한다. 요한복음 6:63에 "살리는 것은 영이니 육은 무익하니라 내가 너희에게 이른 말이 영이요 생명이라."고 했다. 고린도전서 1:18은 "십자가의 도message가 멸망하는 자들에게는 미련한 것이요 구원을 얻는 우리에게는 하나님의 능력"이라고 했고, 나아가 21절은 "이 세상이 자기 지혜로 하나님을 알지 못하는 고로 하나님께서 전도preaching의 미련한 것으로 믿는 자들을 구원하시기를 기뻐하셨도다."라고 단언한다. 존 파이퍼는 "설교는 죄인을 회심시키며, 교회를 깨우며, 성도를 견인堅忍하기 위해 하나님이 작정하신 방법이다."라고 한다.[17]

'말씀'을 뜻하는 히브리어 רבד는 역동적인 '사건'event을 함의하는 말이다. 구약적인 개념에서 보면 하나님의 말씀은 언제나 그것을 성취시키는 창조적인 힘과 에너지를 내포하고 있다. 사건은 언제나 그것을 말씀하시는 하나님의 말씀 때문에 일어난다. 즉 말씀이 그 본질상 구원의 사건을 일으키는 원인原因이요 동력이라는 것이다. 인류 구원을 위해 성육하신 예수님은 천국 복음을 전파함으로 그

---

17) John Piper, The Supremacy of God in Preaching (Grand Rapids: Baker Book House, 1990), 34.

일을 시작하셨다. 그분의 구원 사역은 언제나 말씀과 함께 있었다. 신학자 불트 만이 말하듯이 "그의 사역은 그의 말씀이었고 그의 말씀은 그의 사역이었다."[18] 사도들도 기도하는 것과 말씀 전하는 것을 통해 영혼들을 건지는 일에 전무하기 를 원했다.

오늘날의 목회자들에게 주어진 책무도 마찬가지이다. 제임스 단은 이렇게 말 한다. "교회가 선포하는 말씀이야말로 생산적이고, 역동적이며, 창조적이고, 구 원을 주며, 죄를 소멸시키고, 죽음을 물리치며, 치유하고, 생명을 준다. 이것이 강 단에서 선포되어야 할 말씀이며, 사역자들이 선포하도록 하나님께로부터 사명 을 받은 말씀이다."[19] 그러므로 만약 설교를 성경 지식을 고취시키거나, 교양이나 품성을 함양하는 시간 정도로 여긴다면 그것은 큰 잘못이다. 어떤 설교학 책에 붙은 서명은 『죽은 자를 일으키는 30분』이다.[20] 설교는 실로 죽은 자를 일으키는 하나님의 구원의 방편이다.

성공회의 유명한 설교자 필립스 브룩스는 설교가 곧 구원의 방편임을 다음 과 같은 예증을 들어 설명한다. "우리 설교는 환자에게 의약품에 대해 강의하는 것과 같을 때가 많다. 그런 강의는 필요하고 중요하며 흥미롭기까지 하다. 환자 가 그런 강의를 잘 소화한다면 그는 약을 좀더 적절하게, 책임 있게 사용하는 보 다 나은 환자가 될 것이다. 그러나 분명한 것은 그런 강의가 곧 약 자체는 아니라 는 사실이다. 환자에게 약에 대해 강의하는 것이 아니라 약을 주는 것이 설교자 의 사명이다."[21] 루터교 신자인 리처드 크래머도 동일한 주장을 편다. "설교는 생명의 선물에 대해서 말하는 것 이상의 것이다. 즉 설교는 생명을 직접 주는 것이 며, 설교를 통해 하나님은 세상을 향한 자신의 생명에 관해 말씀하신다. 한 걸음 더

18) Rudolf Bultmann, "The Concept of the Word of God in the New Testament," *Faith and Understanding*, vol 1, ed. Robert Funk, trans. Louise Smith (New York: Harper & Row, 1969), 308.

19) Daane, *Preaching with Confidence*, 29.

20) Bill Bennett, *Thirty Minutes to Raise the Dead* (Nashville: Thomas Nelson Publishers, 1991).

21) Phillips Brooks, *Lectures on Preaching* (Manchester: James Robinson, 1899), 126.

나아가 하나님은 설교를 통해 자기 자신을 세상에 부여하신다."[22]

이런 점에서 본다면 우리 설교는 잘못되어 있을 때가 많다. 진리에 대한 이론과 설명은 많은데 막상 진리 자체를 확신 있게 제시하지는 못하는 설교가 많다. 복음 자체를 분명하게 증거하지는 못하고 복음의 필요성에 대해서, 중요성에 대해서, 유익에 대해서만 잔뜩 늘어놓는 'about'의 설교가 횡행한다. 루얼 호위는 현대 설교의 문제점은 '분석은 많은데 해답은 적은 것'이라고 했다. 복음이 필요한 이유에 대해서는 18분을 소모하면서 막상 복음 자체를 제시하는 데는 2분밖에 사용하지 않는 것은 설교에 무엇인가 심각한 문제가 있는 것이다.[23]

구원의 방편인 설교를 위해 부름 받은 설교자는 "그리스도의 일꾼이요 하나님의 비밀을 맡은 자"이다고전 4:1. 그는 구원 사역에 있어서는 "하나님과 함께 일하는" 하나님의 동역자이다고후 6:1.

하나님의 교제의 방편

창조주 하나님은 그가 지으신 인생들과 교제하기 원하신다. 하나님은 에덴의 첫 사람들과 교제하기를 기뻐하셨고, 그들이 피하여 숨었을 때에도 "아담아 네가 어디 있느냐?"라고 물으시며 그들을 찾으셨다창 3:9. 죄로 말미암아 세상과의 교제는 단절되었지만 하나님은 자기 백성을 구속하시고, 그들을 세상으로부터 불러내셔서 계속적인 교제를 갖기 원하셨다. 지금도 땅 위에 몸 된 교회를 세우시고 두세 사람이라도 그리스도의 이름으로 모인 곳에는 거룩한 영으로 임재하셔서 그들과 교제하기를 원하신다마 18:20.

하나님은 우리와 교제하실 때 말씀이라는 방편을 사용하신다. 말씀을 통해 자신의 사랑을 고백하시며, 말씀을 통해 우리를 지키시고 인도하시는 은혜의 손길

---

22) Richard Craemerer, Preaching for the Church (St. Louis: Concordia Publishing House, 1959), 1.
23) Reuel L. Howe, Partners in Preaching (New York: The Seabury Press, 1967), 27-28.

을 보여 주신다. 말씀 안에서 우리는 영적으로 성숙해져서 하나님을 더 잘 알게
되고 그분께 더 가까이 나아가게 된다. 이렇게 하나님과 살아 있는 교제 속에서
사는 것이 신자의 삶의 본질이요, 복된 언약의 삶이다. 그 삶을 가능케 하는 커뮤
니케이션의 통로는 바로 예배 때마다 선포되는 설교인 것이다. 랭돈 길키의 말과
같이 "예수 그리스도는 하나님의 말씀이 읽혀지고, 선포되고, 응답될 때 비로소
그의 공동체인 교회와 자신을 연결시키신다."[24]

그러므로 설교는 하나님과의 생명적인 만남의 사건이요 역동적인 교제의 순
간이다. 설교를 단순히 예배 중의 한 순서나, 설교자가 자신의 사고를 펼쳐 보이
는 시간, 혹은 성경 해석이나 신학 강의 시간 정도로 여겨서는 안 된다. 하나님은
설교를 통해 회중을 인격적으로 친밀하게 대면해 주시며, 회중을 신앙공동체로
굳건하게 세워주신다.

따라서 설교는 우리에게 자신을 주시는self-giving 하나님의 계속적인 은혜의 행
위라고 할 수 있다.[25] 그리스도 안에서 자신을 온전히 주셨던 하나님은 이제 구
원받은 백성들에게 말씀과 성례를 통해 계속적으로 자신을 선물로 주신다. 개혁
교회는 말씀과 성례를 신적 은혜가 전달되는 방편으로 믿는다. 인간 간의 관계에
있어서도 사람들은 언어와 물질과 행위를 통해 자신의 사랑을 표현한다. 하나님
은 인생들에게 자신의 사랑을 표현하기 위해 사람들이 사용하는 매개체를 그대
로 사용하신다. 즉 물질과 행위를 동원하는 성례를 통해서,[26] 그리고 말씀 선포
라는 언어적 도구를 통해서 자신의 사랑을 주시는 것이다.

우리와 하나님과의 교제는 과거의 화석化石같이 고착된 사건이 되어서는 안된
다. 그것은 항상 현재적이고, 생동적이고, 계속적이며, 새로운 것이 되어야 한다.

---

24) Landon Gilkey, *How the Church Can Minister to the World without Losing Itself* (New York: Harper & Row, 1964), 74ff.
25) Paul Scott Wilson, *The Practice of Preaching* (Nashville: Abingdon Press, 1955), 22.
26) 성례는 하나님이 자신의 사랑을 주시는 의식임이 다음에 잘 설명되어 있다. James F. *White, Sacraments as God's Self Giving* (Nashville: Abingdon Press, 1983), 14-27.

연인들의 교제를 생각해 보라. 아무리 서로 사랑하고 신뢰하는 사이라도 오랫동안 만남이 두절되면 그 사랑은 녹슬기 마련이듯이 하나님과의 교제도 마찬가지이다. 우리네 삶은 끊임없는 위기와 시련과 기회로 엮여져 있다. 하루하루 사망의 음침한 골짜기와도 같은 세상을 순례자로 나아갈 때 목자가 주시는 사랑의 음성은 생명줄과도 같다. 그러므로 우리는 주일마다 강단에서 울려 퍼지는 설교에 귀 기울여야 한다. 만약 선포되는 말씀을 통해 나를 찾아오시는 하나님을 만나지 못한다면 그분과의 교제란 색 바랜 과거의 골동품으로만 남게 될 것이다.

설교의 이중성

설교가 하나님의 계시의 방편이요, 구원의 방편이요, 교제의 방편이라는 말은 요약하면 설교는 하나님의 행위라는 것이다. 인간 설교자는 하나의 작은 도구일 뿐 그 이면에서 말씀하시는 참된 설교자는 하나님이다. 설교가 하나님의 행위라면 우리는 결단코 설교를 평하거나 서로 비교해서는 안 된다. 우리는 오직 들을 뿐이다. 하나님의 입에서 나오는 말씀이 설교라면 그 말씀은 우리에게 의존할 수 없으며 우리가 오히려 그 말씀에 의존해야 하기 때문이다. 하나님이 영광과 위엄 가운데 입을 여실 때 그 앞에 선 인생들이 취할 바른 태도는 "주의 계집종이오니 말씀대로 내게 이루어지이다." 하는 마리아와 같은 고백뿐이다_{눅 1:38}.

우리가 하나님의 말씀을 듣기만 한다고 해서 그것이 결코 소극적이거나 수동적인 행위인 것은 아니다. 연약한 피조물이 거룩하신 창조주가 입을 열어 선포하는 말씀을 듣는다는 것은 인간이 할 수 있는 일 중에 가장 창조적이고, 적극적이며, 생동적인 사역이다. 지축을 가르며 하나님의 말씀이 임할 때 그것을 경청할 수 있다는 것은 인생에게 가장 놀랍고 영광스러운 축복이다.

하나님의 말씀은 인간 도구를 통해 전달된다. 하나님은 친히 창공에 강림하셔서 말씀하지 않으며, 그렇다고 천사들을 통해 비밀을 알려주는 것도 아니다. 옛날 선지자와 사도들로부터 오늘날의 설교자들에게 이르기까지 '말씀'은 언제나 인생의 입술을 통해 선포되었다. 그럴 때 말씀의 수종자들은 앵무새와 같이 받은 말씀을 기계적으로 되뇌기만 하는 것은 아니다. 말씀은 그들의 사고를 거치고, 그들의 인격이라는 필터를 통과해서, 그들이 사용하는 언어를 도구로 하여 선포된다. 필립스 브룩스의 말은 정확하다. "설교란 사람에 의한, 사람들을 향한 진리의 커뮤니케이션이다. 설교는 인격을 통한 진리의 전달이다."[27]

그렇다면 우리에게 가장 놀라운 일은 무지하고 연약하며 불순종하기를 잘하는 인간이 어떻게 하나님의 설교 사역에 사용될 수 있는가 하는 점이다. 칼바르트의 도전적인 말을 들어 보라.

> 당신은 하나님의 말씀을 당신의 입술에 올려놓고 무엇을 하고 있는가? 무슨 근거로 당신이 하늘과 땅 사이의 중보자 역할을 맡고 있는가? 누가 당신에게 권위를 주어 거기서 그런 위치를 갖게 했으며 종교적 감정을 불러일으키게 했는가? 그리고 그렇게 함으로써 어떤 결과가 왔는가? 성공적인 결과인가? 그런 거만하고 무례한 것, 그런 영웅주의Titanism, 아니면-좀 고전적인 말은 아니나 분명한 말로-그런 뻔뻔스러움에 대해 들어 보았는가!……설교가 무엇인지를 안다면 누가 감히 설교하며 그 임무를 수행할 수 있겠는가?[28]

그렇다! 연약한 인간이 감히 하나님의 나팔이 되겠다고 나서는 것은 뻔뻔스러운 일이다. 추하고 부정직한 입술을 가진 인간이 어떻게 하나님의 거룩한 계시의 도구로 사용될 수 있겠는가? 논리도 불완전하고 인격도 허술하기 짝이 없는 인

---

27) Phillips Brooks, *Lectures on Preaching*, (Manchester: James Robinson, 1899), 5. 서문강역, 『설교론 특강』(서울: 크리스찬 다이제스트, 1995). 이 책은 보스턴의 트리니티 교회(Thrinity Church)에서 시무했던 대설교자 필립스 브룩스가 1877년 예일대학의 Lyman Beecher Lecture에서 했던 강연을 모은 것이다.

28) Karl Barth, *The Word of God and the Word of Man*, trans. Douglas Horton (New York: Harper & Brothers, 1957), 126.

22 설교의 영광

간이, 하나님의 진리를 왜곡시키지 않고 바르게 전할 수 있다는아무런 보장도 없는 인간이, 어떻게 설교자로서 세움을 받을 수 있는가?

그 답은 주권자이신 하나님의 의도에 있다. 하나님이 인간을 말씀의 도구로 사용하기로 작정하셨다. 만약 하나님이 직접 현현하셔서 말씀하신다면, 혹은 하늘의 천군 천사들을 동원해서 말씀하신다면, 청중은 그 앞에서 얼굴을 가리고 다 도망쳐 버리고 말 것이다. 하나님의 작은 피조물인 태양 하나도 제대로 쳐다보지 못하는 인생이 어떻게 그 주인 되신 분을 바라볼 수 있겠으며, 천둥소리에도 벌벌 떠는 연약한 인생이 어떻게 거룩하신 하나님의 영광을 대면할 수 있겠는가? 하나님은 인생의 연약함을 잘 아신다. 하나님은 우리의 눈높이에 맞추어 연약한 인간을 통해 말씀하기로 작정하셨다. 그러므로 우리는 인간 설교자보다 더 나은 음성을 기대해서는 안 된다. 인간의 연약성을 통해 우리를 만나시는 것이 하나님의 방법이요, 불완전한 땅의 언어로 하늘의 진리를 전파하는 것이 하나님의 지혜이기 때문이다.

이것은 기독론적인 유추를 가능케 한다. 하나님이 우리와 꼭 같은 사람의 몸을 입고 땅에 오셨으므로 세리도, 죄인도 거리낌 없이 달려가 그의 옷깃을 붙들 수 있었다. 설교도 신적인 말씀이 땅의 언어로 옷 입고, 누추한 땅의 입술을 통해 전파되는 것이므로 우리는 얼마든지 강단으로 달려가 그 말씀을경청할 수 있다. 예수 그리스도가 '참 사람인 동시에 참 하나님'vere homo et veredeus이 되셨듯이 설교는 참된 하나님의 말씀인 동시에 참된 인간의 말이다. 설교는 영원하신 하나님의 말씀이 성육신 하신 것이다. 이것은 성격상 성례와 유사한 점이 있다. 하나님이 자신을 우리에게 주시되 물질적인 매개체를 통해 주시는 것이 성례이다. 즉 하늘에 속한 영적인 실체가 땅에 속한 도구를 통해 전달되는 것이다. 그러므로 땅의 언어를 통해 하늘에 속한 신성을 계시하는 설교는 성례전적sacramental인 것이다.[29] 헤

---

29) 세례와 성찬에 대해 개신교가 가진 전통적 이해와 견해를 달리하는 바르트는 눈에 보이는 말씀 (verbum visibile), 즉 객관적으로 분명하게 말씀을 설교하는 것이야말로 우리에게 남겨진 유일한 성례라고 주장한다. Karl Barth, *The Word of God and the Word of Man*, 114.

르만 스텀플은 이렇게 말한다. "요컨대 설교를 한다는 것은 어떤 의미에서 '성육신적'인 것이다. 말씀은 우리의 육-현재 상태로는 제한적이고 흠이 있고 약한 것이지만-을 사용한다. 그래서 현재의 시간에 인간성을 고용하는 것이다."[30]

『제2헬베틱 신앙고백서』는 이와 같은 설교 사역의 독특성에 대해 다음과같이 말한다.

> 그러므로 이러한 하나님의 말씀이 교회 안에서 합법적으로 부름 받은 설교자에 의해서 전파된다면 우리는 그것이 바로 하나님의 말씀이 증거되는 것이요 성도들에게 받아들여지고 있는 것임을 믿는다. 그 외에 다른 어떤 것도 하늘로부터 임하는 하나님의 말씀인 양 가장하거나 기대되어서는 안 된다. 전파되는 말씀이 하나님의 말씀이 되는 것은 설교자에게 달려있는 것이 아니다. 설교자는 악한 죄인일 수 있지만 전파되는 말씀은 그 자체로 참되고 선하신 하나님의 말씀으로 남아 있다.[31]

루터는 설교의 독특성을 보다 직설적인 어법으로 말한다.

> 설교자는, 그가 참된 설교자라면, 설교한 후에 주기도문으로 기도하거나 죄 용서함을 간구해서는 안 된다. 오히려 그는 예레미야와 같이 담대하게 "주여, 주께서는 내 입술에서 나간 말이 주의 면전에서 된 것임을 아시나이다."라고 말할 수 있어야 한다. 바울이나 다른 사도들같이 선지자는 "이것은 하나님께서 하신 말씀이라Haec dixit dominus."고 단언하는 사람이다. 설교자도 말씀을 증거하는 순간은 예수 그리스도의 사도요 선지자이다. 그러므로 자신이 마치 잘못 가르친 것같이 죄 용서를 구하는 것은 불필요한 일이요, 잘하는 일도 아니다. 설교는 나의 말이 아니라 하나님의 말씀이므로 하나님은 나를 용서할 필요도, 용

---

30) Herman G. Stuempfle, Jr., *Preaching Law and Gospel* , 정원범 역, 『설교와 신학』(나눔사, 1990), 94.
31) Dietrich Ritschl, *A Theology of Proclamation* (Richmond: John Knox Press, 1960), 74f.

서할 수도 없다. 오히려 그분은 나를 견고케 하시고, 칭찬하시고, 영광의 관을 씌우신다. 그는 나에게 "너는 바르게 가르쳤다. 왜냐하면 너를 통해 말한 것은 바로 나요, 그 말씀은 나의 것이기 때문이다."라고 말씀하신다. 자신의 설교에 대해 이렇게 생각지 않는 사람은 차라리 설교하지 않는 것이 더 낫다.[32]

설교자가 이와 같이 '하나님의 입'으로 사용되고 있다면 그는 땅 위의 그 어떤 사람보다 놀랍고 영광스런 직무를 맡고 있는 것이다. 그러나 한 가지 의문이 남는다. 그는 어떠한 경우에도 자동적으로 하나님의 입으로 사용되는가? 강단에서 성경은 제쳐놓고 유치하고 경박스러운 자신의 말을 쏟아 놓으며, 회중을 즐겁게 하기 위한 연예entertainment에 열중하며, 원맨쇼를 해도 그것이 하나님의 말씀이라고 해야 하는가? 여기에 설교의 영광과 한계라는 이중성이 있다.

설교자는 하나님의 말씀을 전하도록 세움을 입은 자이다. 왕의 소식을 전달하는 전령으로 부름 받은 것이지 그 자신이 왕은 아니다. 그러므로 설교자에게 절대적으로 필요한 것은 왕의 말씀을 듣기 위해 기다리는 믿음이요 겸손이다. 설교자는 먼저 자신이 하나님의 음성을 듣기 위해 씨름해야 하며, 자신 속에 먼저 하나님의 말씀이 울려 퍼지는 체험이 있어야 한다. 그는 오직받은 말씀을 전달할 뿐이다. 선지자들이 소명을 받을 때 공통적으로 나타난것은 하나님의 말씀이 그들의 심령을 꿰뚫으며 임했다는 것이다. "여호와의 말씀이 아밋대의 아들 요나에게 임하니라" ויהי דבר יהוה אל יונה, 욘 1:1. "하나님의 말씀이 빈 들에서 사가랴의 아들 요한에게 임한지라" εγενετο ρημα θεου επι Ιωαννην, 눅 3:2. 오늘날의 설교자에게도 그들의 심령을 관통하는 말씀이 있어야 한다. 그 말씀에 붙잡혀, 그 말씀을 전하지 않고서는 심령이 불붙듯 하여 견딜 수 없어 입을 열어 외쳐야 한다.

---

32) Ibid., 76.

그러므로 참된 설교자는 성경만을 전하는 본문의 종이 되어야 한다. 바울이 젊은 설교자 디모데를 향하여 권면한 말은 이 점을 분명히 한다. "너는 말씀을 전파하라 때를 얻든지 못 얻든지 항상 힘쓰라 범사에 오래 참음과 가르침으로 경책하며 경계하며 권하라"딤후 4:2. 나아가서 참된 설교는 성령께서 깨닫게 해 주시는 대로 증거하는 것이다. 우리의 지식으로는 결코 하나님의 비밀을 깨달을 수 없기에 성령께서 조명해 주시기를 기도하며, 전적으로 그분을 의지하는 자세가 필요하다. 바울이 "내 말과 내 전도함preaching이 지혜의 권하는 말로 하지 아니하고 다만 성령의 나타남과 능력으로 하여 너희 믿음이 사람의 지혜에 있지 아니하고 다만 하나님의 능력에 있게 하려 하였노라."고 고백한 것과 같다고전 2:4-5.

스피어는 이렇게 말한다. "설교가 하나님의 말씀이 될 수 있을 때는 대사가 자신을 파송한 분의 뜻에서 벗어나지 않을 때이다. 설교는 하나님의 진리이며, 무오한 말씀을 바르게 해석함으로 그 말씀에 철저하게 복종할 때 진정한 설교가 된다."[33] 만약 이런 자세 없이 강단에 서서 마음대로 자신의 말만을 쏟아 놓는다면 그런 설교자는 이미 자신의 사명을 망각한 자이다. 받은 것 없이 받은 체하며, 들은 것 없이 들은 체한다면 그는 거짓 선지자일 뿐이다. 그런 사람은 왕의 징책을 면할 수 없다. 그가 설교자로 부름 받은 부름이 잘못된 것이 아니라, 그 부름에 바르게 순종하지 못한 그의 불순종이 잘못된 것이다. 그 잘못에 대한 심판은 결코 가볍지 않다. 직책의 영광만큼 그 책무를바르게 감당치 못한 심판 또한 크고 중하다. 우리는 야고보의 경고를 명심해야 한다. "내 형제들아 너희는 선생 된 우리가 더 큰 심판 받을 줄을 알고 많이 선생이 되지 말라"약 3:1.

그러므로 설교자는 항상 "약하며 두려워하며 심히 떠는 자"가 되어야 한다고전 2:3. 만약 자신의 직무로 인하여 자만하며 목이 뻣뻣한 사람이 있다면 그는 설교의 본질에 대해서 아무것도 알지 못하는 자이다. 나로 인해 하나님의말씀이 왜곡되고 변질된다면, 그래서 사람들이 멸망의 잠에서 깨어나지 못한다면, 하나님은 그

---

33) H. J. Spier, "De Woorddienst," Sidney Greidanus, *Sola Scriptura*, 160에서 재인용

피 값을 나에게서 찾으실 것이라는 사실을 명심해야한다.

우리는 이 장에서 설교의 본질적인 성격을 살펴보았다. 설교는 놀랍고 신비로운 하나님의 행위이다. 그 일에 부름 받은 설교자는 인간이 할 수 있는 가장 영광스러운 일에 수종 들고 있는 것이다. 존 낙스가 스코틀랜드를 떠나자 그 나라는 도덕적으로나 영적으로 황폐해졌다. 결국 존 낙스는 스코틀랜드로 다시 돌아올 수밖에 없었다. 그가 귀국을 결심하자 스코틀랜드 곳곳에는 "낙스가 오고 있다! 낙스가 오고 있다! 낙스가 오고 있다!" 하는 말이 요원의 불길처럼 번져 나갔다. 낙스가 돌아온다는 소식에 온 스코틀랜드가 전율했던 것이다. 스코틀랜드는 설교자 존 낙스가 필요했다. 영국은 스펄전이 필요했고 미국은 무디가 필요했다.

설교는 사회를 변화시키고 민족을 개조한다. 존 홀은 "강하고 신실한 강단은 한 나라의 생존을 위한 방위 체계이다."라고 했다. 존 뉴톤은 "설교란 완고한 마음을 부서뜨리는 것이며 부서진 마음을 치유하는 것이다."라고 했다. 필립스 브룩스는 예일대학의 라이만 비처 강좌Lyman Beecher Lecture에서 설교의 영광을 다음과 같이 외쳤다. "나는 강의를 시작하면서 먼저 설교 사역을 위해 준비하는 여러분들에게 여러분 앞에 놓여있는 전망에 대해서 진심으로축하를 드리고 싶습니다.……우리 함께 기뻐합시다. 이 세상에 사람이 할 수있는 선하고 행복한 일이 많지만 하나님의 진리를 설교하는 일은 그중에서도 하나님이 우리에게 주신 가장 아름답고 행복한 사명이기 때문입니다."[34]

청교도 경건주의자인 카턴 마터는 사역자들을 위한 그의 책 부제를 이렇게 달았다. "트럼펫을 울리기 위해 준비하는 천사들." 20세기가 낳은 강해설교자 로이드 존스는 그의 책『목사와 설교』의 첫 문장을 "설교 사역은 인생이 받을 수 있는 소명 중에서 가장 고상하고 위대하고 영광스러운 소명이다."라는 선언으로 시작한다.[35] 존 스토트도 "설교가 기독교에서 중심적이고 독보적인 사역이라는 것은

---

34) Phillips Brooks, *Lectures on Preaching*, 3-4.
35) D. Martin Lloyd-Jones, *Preaching and Preachers* (London: Hodder and Stoughton, 1971), 9.

교회의 길고도 다양한 역사를 통하여, 심지어 초창기부터, 분명히 인식되어 왔다."고 단언한다.[36] 설교가 유한한 존재들에게 영원을 안겨 주며 땅 위의 인생들에게 하늘을 가져다 주는 고귀하고 영광스러운 사역이라면 우리는 잭 하일즈의 말에 아멘으로 화답하지 않을 수 없다.

따라서 하나님의 종이 강단에 가까이 갈 때에는 천사들도 날지 못하게 하고, 천국의 호산나 소리도 잠잠케 하며, 어른들을 경청케 하고, 아이들은 귀를 기울이게 하고, 젊은이들은 정신을 바짝 차리게 하여, 천국이 응답하고 지옥은 떨도록 전 교회의 모든 성도들은 거룩함으로 기다려야 한다. 그럴 때 영원한 모든 것은 떨며 사탄과 그의 사자들은 두려움으로 흠뻑 젖게 될 것이다.[37]

---

36) John Stott, *Between Two Worlds: The Art of Preaching in the Twentieth Century* (Grand Rapids: Eerdmans, 1982), 16.
37) Jack Hyles, Teaching on Preaching, 이황로 역, 『잭 하일즈의 설교가 보인다』(서울: 도서출판 예향, 1997), 262-63.

내가 아는 유능한 설교자들은 모두 자신이 가진 전부와 전 인격을
설교를 작성하고 전하는 일에 바쳤다. 설교가 그들의 삶을 채운 것이
아니라 그들의 삶 전체를 설교에 헌신한 것이다.

존 킬링거

2장

설교자의 초상

예배 후에 한 교인이 목사에게 다가와서 묻는다. "목사님, 그 설교 준비하는
데 몇 시간이나 걸렸습니까?" 목사가 대답한다. "몇 시간이라니요? 45년이 걸렸
습니다." 자신이 걸어 온 인생 전체가 고스란히 녹아 있는 것이 설교라는 말이리
라.

"그림은 단지 화가가 붓을 들고 캔버스 위에서 그리는 것이 아니다. 그림은 그
림을 그리지 않을 때, 혹은 그림에 대해 생각할 때 떠오른다."[1] 설교는 더욱 그러
하다. 설교는 단지 주말 몇 시간의 준비를 통해 만들어지는 것이 아니다. 설교자
의 영적인 생활, 지적인 세계, 인생 경험과 경륜들, 다양한 인간관계, 심지어는 설
교자의 건강과 취미생활, 휴식에 이르기까지 그의 인생 전부가 투영되어 나타나
는 것이 설교이다. 신학교에서 기초과목부터 시작해서 점점 복잡한 많은 과목들
을 배우지만 그 피라미드의 정점에는 설교가 있듯이 설교자의 모든 영적, 정신
적, 사회적 경험의 정점에 설교가 있다. 설교 한 편에는 설교자의 온 인생이 녹아
있다.

---

1) Fred Craddock, *Preaching* (Nashville: Abingdon Press, 1985), 23.

따라서 훌륭한 설교를 할 수 있기 위해서 설교자는 열심히 성경 본문을 읽고 연구해야 하지만, 보다 더 근본적인 준비는 바로 자기 자신을 준비하는 것이다. 하나님의 말씀은 인간 설교자를 도구로 전파되는 것이므로 설교의 수준은 곧 설교자의 영적, 인격적 수준과 직결된다. 필립스 브룩스가 "사역의 준비는 참된 인격을 만드는 것 외에 아무것도 아니다."라고 한 것은 바른 지적이다.

설교자를 묘사하는 은유들

성경에는 설교자가 다음과 같은 다양한 은유로 묘사되어 있다.[2]

전령 κηρυξ

고대의 전령은 왕이나 장관이나 군사령관의 공적 메시지를 전하고, 공식 소환이나 요구를 전달하는 임무를 맡은 사자였다. 바울은 자신이 이런 전령으로 세움을 받아 하나님의 구원의 소식을 온 세상에 전파하게 되었다고 천명한다딤전 2:7, 딤후 1:11. 바울은 자신의 직분을 그리스도로부터 권위를 부여 받아 세상에 화목을 선포하는 그리스도의 사신이요, 전권대사라고 한다고후 5:18-21. 전령에게는 자신이 받은 왕의 메시지를 있는 그대로 정확하게 전달하는 것이 중요하다. 결단코 자신의 생각이나 판단으로 메시지를 첨삭해서는 안 된다. 동시에 전령에게는 백성들이 메시지를 바르게 받아들이고 반응할 수 있도록 호소하는 책무도 있다. 호소와 관련해서 고린도후서 5:20은 두 개의 동사를 보여 준다. παρακαλοῦντος 는 '격려하다', '권면하다', '간청하다'라는 의미를 가진 말이며, δεόμεθα는 '구하다', '탄원하다', '간청하다'라는 뜻을 가졌다. 바울은 그리스도로 말미암아 이루어진 하나

---

2) 설교자를 묘사하는 성경적 이미지에 대해서는 다음을 참조하라. John Stott, *The Preacher's Portrait*, 문창수 역, 『설교자상』(서울: 한국개혁주의 신행협회, 1972); Willard Francis Jabusch, *The Person in the Pulpit* , 홍성훈 역, 『강단과 설교자』(서울: 도서출판 소망사, 1989), 9-36; William H. Willimon, *Integrative Preaching* (Nashville: Abingdon, 1981), 15-89.

님과의 화목을 반포만 한것이 아니라, 백성들이 그 화목을 받아들이고 그 열매를 누리도록 간절한 마음으로 호소하고 권면했다. 오늘날의 설교자도 선포와 호소라는 이중적 책무를 져야 한다. 설교자는 역사 속에서 완성된 구원의 사역을 철저하고 정확하게 선포해야 하며, 동시에 사람들로 하여금 회개하고 구원의 축복에 동참할수 있도록 열정적으로 호소해야 한다.

증인 μάρτυς

바울은 사도인 자신의 사명을 "주 예수께 받은 사명 곧 하나님의 복음을 증거하는 일"이라고 천명한다행 20:24. 여기서 '증거하다'라는 말은 법정적인 용어로서, 어떤 사실에 대한 직접적인 지식을 가지고 자신이 보고 들은 것을 재판정 앞에서 공언하는 행위를 뜻한다. 신약성경은 증인의 역할에 대해 자주 '보다'와 '증언하다'라는 두 동사를 결합시켜 설명한다. 주님은 니고데모에게 "우리는 우리 아는 것을 말하고 본 것을 증거하노라"요 3:11-13고 하셨고, 요한의 첫 번째 편지 서문도 "우리가 보았고 증거하여"라고 말한다요일 1:2. 즉 증인이 증인의 역할을 바르게 감당하기 위해서는 먼저 자신의 체험이 선행되어야 한다는 말이다.

설교자는 제3자의 입장에서 복음을 중계하는 리포터가 아니며, 단순히 자신의 생각으로 복음을 옹호하는 변호자도 아니다. 그는 자신이 체험한 복음의 능력을 증언하는 증인이 되어야 한다. 존 스토트는 이렇게 말한다. "설교자는 반포자로서 우리에게 되어진 능하신 구원행위를 전파해야 할 뿐 아니라, 여기에 덧붙여서 이 '말씀'과 하나님의 '행위'의 생명적 체험을 한 증인으로서 이 말씀들을 해석하고 구원행위를 전파해야 한다."[3] 그러므로 설교자는 "십자가로 가 보시오."라고 할 것이 아니라 "십자가로 오시오."라고 외쳐야 한다. 충성스러운 증인이라면 어떠한 핍박과 고난에도 자신이 체험한 은혜의 복음을 증거하는 일에는 생명도 아까워하지 않고 자신을 바칠 것이다.

---

3) 존 스토트, 『설교자상』, 90.

청지기 οικονόμος

청지기는 주인의 재산을 맡아 관리하며 종들에게 때에 따라 필요한 것을 나누어 주는 사람이다. 설교자는 하나님의 비밀을 맡아 사람들에게 나누어 주는 책무를 맡은 복음의 청지기이다. 바울은 "사람이 마땅히 우리를 그리스도의 일꾼이요 하나님의 비밀을 맡은 자로 여길지어다."라고 했다고전 4:1.

설교자가 청지기라면 그에게 요구되는 일차적인 덕목은 신실성이다. 청지기는 자신이 맡은 것이 자신의 것이 아니요 주인의 소유임을 한시도 잊지 말아야 한다. 마찬가지로 설교자는 자신이 들고 서는 메시지가 자신의 것이 아니라 주인의 것임을 잠시도 잊지 말아야 한다. 설교자는 자신의 사상이나 주장을 전하려는 유혹으로부터 날마다 자신을 쳐서 복종시켜야 한다. 오직 자신이 맡은 하나님의 말씀만을 신실하게 증거해야 한다고후 2:17, 4:2.

또한 신실한 청지기는 주인의 기대를 저버리지 않고 때를 따라 부지런히 종들에게 먹을 것을 나누어 준다. 설교자도 생명의 양식을 맡은 자로서 때를 얻든지 못 얻든지 부지런히 그것을 전파하고 먹여야 한다. 하나님의 백성들이 영양 불균형에 빠지지 않도록 하나님의 말씀 전부를 골고루 공급해야 한다행 20:27.

아버지 πατήρ

바울은 고린도교회의 성도들을 책망하면서 "내가 너희를 부끄럽게 하려고 이것을 쓰는 것이 아니라 오직 너희를 내 사랑하는 자녀같이 권하려 하는 것이라."고 했다고전 4:14. 갈라디아의 성도들을 향해서는 "나의 자녀들아 너희 속에 그리스도의 형상이 이루기까지 다시 너희를 위하여 해산하는 수고를 하노니."라고 고백한다갈 4:19.

신약성경은 일관되게 설교자를 영적 아비로 묘사한다. 아버지는 자식이 바른 길로 가도록 끝없이 타이르며 훈계한다. 강사는 지식만 전수하고 돌아서면 그만이지만 아버지는 자식이 올바른 사람이 되게 하기 위해 희생과 눈물을 쏟아 붓기를 주저하지 않는다. 바울이 에베소교회에서 "삼 년이나 밤낮 쉬지 않고 눈물로

각 사람을 훈계한 것"[행 20:31]은 아버지의 사랑이 아니었다면 불가능한 일이다. 설교자에게는 이처럼 영혼을 향한 어버이의 눈물이 있어야한다.

참 아버지는 자식의 수준까지 자신을 낮출 줄 안다. 성육의 비밀이란 다름 아닌 하늘 아버지가 우리와 커뮤니케이션하기 위해 우리의 자리까지 자신을 낮추신 것이 아닌가! 이런 의미에서 설교자는 청중 중심으로 메시지를 구성할 수 있어야 한다. 교인들의 고민과 관심사와 그들이 살아가는 삶의 현장을 깊이 고려함 없이 주석서만을 의지하여 강단에 선다면 그것은 결코 아버지의 사랑이 아니다.

종 διάκονος

바울은 자신이든 아볼로든 주께서 주신 '사역자'(종)일 뿐이라고 단호하게 말한다[고전 3:5]. 여기에 사용된 헬라어 διάκονος는 주인의 명령을 수행하는 사람으로서 종, 시종, 혹은 목사를 뜻한다. 이 단어로부터 '섬김'을 뜻하는 διακονία가 왔다. 설교자가 종이라면 그는 결코 자신의 영광을 위해서 일해서는 안 된다. 설교는 자신을 전하는 사역이 아니라 그리스도만을 드러내는 사역이 되어야 한다.

나아가서 설교자는 주인 되신 하나님으로부터 오는 능력을 기대해야 한다. 설교자가 자신의 웅변과 역량으로 사람들을 변화시키겠다고 달려드는 것 만큼 잘못된 것은 없다. 능력의 사도였던 바울마저도 자신의 말과 지혜로는 사람들을 변화시킬 수 없음을 알았기에 전파할 때마다 "약하며 두려워하며 심히 떨었고" 오직 성령의 도우심만을 사모했다[고전 2:3].

하나님의 동역자 μάρτυς

설교자에게 부가된 가장 대담하고 놀라운 호칭은 '하나님의 동역자'라는 말일 것이다[고전 3:9, 살전 3:2]. 하나님의 동역자란 '하나님과 공동으로 일하는 사람'이라는 뜻이다. 이보다 더 영광스럽고 놀라운 직책이 있을 수 있는가? 데살로니가전서 3:2에서 바울은 디모데를 가리켜 "그리스도의 복음 안에서 하나님의 동역자(한글개역성경에는 '일군') 된 자"라고 불렀다. 설교자가 복음을 들고 외칠 때 그는 언제나 하나님과 팀워크를 이루어 일하는 하나님의 동역자이다.

하나님이 연약한 인생을 동역자라고 선언하시는 것은 엄청난 파격이다. 우리의 불완전함과 죄성을 알면서도 우리를 쓰시겠다고 하는 것은 하나님 편에서는 크나큰 모험이요, 우리 편에서는 두렵기까지 한 특권이 아닐 수 없다. 오코너는 이 신비를 다음과 같이 표현한다.

> 설교자는 역설적인 존재이다. 그는 숙명적인 인간이나, 자신의 운명을 주관하는 자는 아니다. 그는 개인적인 중요성은 없으나, 세상의 구원에 있어 결정적인 존재이다. 그는 권위와 자유로 가르치나, 본질적으로는 전달을 위한 단순한 기관에 불과하다. 그는 '자기 것'으로 말하는 메시지를 가질 수 있으나, 그것은 그와 함께 발생한 것도 아니고 그것에 관해 어떠한 힘을 가진 것도 아니다. 그는 사람들 가운데서 선택되어 영예로운 칭호를 받았으나, 그의 특권은 봉사하고 고통하는 것이다. 그는 종이지만 사랑의 동기로 그리 되는 것이다.[4]

동역자는 항상 머리를 맞대고 의논하며 손발을 맞춰보고 협력함으로 일한다. 동역할 때는 호흡을 맞추는 팀워크가 무엇보다 중요하다. 만약 파트너한 사람이 잘못하면 다른 사람이 아무리 잘해도 그 사역은 하루아침에 깨어질 수 있다. 그러므로 설교자는 자신에게 부가된 이름에 걸맞도록 하나님의 뜻을 찾고, 하나님의 소원을 품고, 날마다 그와 교제하면서 열심히 증거의 사명을 다함으로 파트너를 실망시키지 않는 자세가 필요하다.

그 외에도 성경은 어부막 1:17, 추수꾼마 9:37, 요 4:35-38, 고전 3:5-9, 목자요21:15-16, 요 10:1-18, 눅 15:3-7, 구조대유 23절, 슥 3:1-4, 잠 24:11-12, 제사장롬 15:16, 벧전 2:5, 9, 군사고후 10:4, 딤후 2:3-4 등의 다

---

4) Jerome Mulphy-O'Connor, *Paul on Preaching* (New York: Sheed & Ward, 1963), 76.

양한 비유로 설교자를 묘사한다.

우리는 위에서 성경이 묘사하는 설교자의 풍성한 이미지들을 살펴보았다. 이 모든 퍼즐들을 맞추어 보면 참된 설교자상이 손에 잡힐 듯 다가온다. 어떻게 하면 이런 설교자가 될 수 있을까? 설교자에게 요구되는 인격의 특징들, 그리고 그가 갖추어야 할 영적, 학문적, 육체적 준비 등을 살펴보자.

설교의 배후에는 설교자의 인격이 있다

설교자가 갖추어야 할 가장 중요한 조건은 인격이다. 모든 설교가 다 이해 될 수 있는 것은 아니지만, 그리스도를 닮은 인격은 누구에게나 드러나게 마련이며 교인들에게 언제나 감동을 안겨 주게 되어 있다. "설교자는 하나님의 메시지를 전하는 대변인이요 나팔로 세움을 입었으므로 그는 청중 개개인을 향한 메시지의 표상과 모델이 되는 것이요, 그 메시지의 구체적 형상이 될 수 밖에 없다."[5] 설교자는 단순히 입술로 말하는 것이 아니라 전 인격으로 말하는 사람이다.

아리스토텔레스는 연설을 통해 어떤 명제를 증명하는 데는 세 가지 방법이 있다고 한다.

첫째는 연설자 자신의 성품에 의존하는 방법이며ethos, 둘째는 감정적 호소를 통해 청중의 마음을 움직이는 방법이며pathos, 셋째는 연설 자체를 통해 명백한 논증을 제시함으로 증명하는 방법이다logos. 그는 그 가운데서도 가장 권위 있는 증명은 주로 연설자 자신의 성품에 의해 공급된다라고 주장하면서 "연사의 참된 인격이야말로 청중을 설득하는 가장 강력한 무기"라고 한다.[6]

---

5) J. I. Packer, "Introduction: Why Preach?" in *The Preacher and Preaching*, ed. Samuel T. Logan, Jr.(Grand Rapids, Michigan: Baker Book House, 1986), 16. 서창원, 이길상 역, 『설교자 지침서』(서울: 크리스찬 다이제스트, 1999).

6) Aristotle, *Readings in Classical Rhetoric* , ed., Thomas Benson and Michael Prosser (Bloomington: Indiana University Press, 1969), 57.

교인들로 하여금 설교자의 메시지를 충분히 받아들이도록 하기 위해서는 먼저 설교자가 자신의 인격과 행위를 통해 신뢰를 구축할 수 있어야 한다. 설교자는 목사라는 직분 때문에 자동적으로 얻는 권위를 추구할 것이 아니라, 자신의 삶과 인격을 통해 교인들로부터 인정받는 권위를 추구해야 한다. 설교자에게 요구되는 인격의 구체적인 특징이 어떠한지 살펴보자.

진실

설교자의 인격은 처음도 진실, 마지막도 진실이어야 한다. 진실치 못한 설교자는 결단코 그 수명이 오래갈 수 없다. 교인들은 목사를 속속들이 들여다보고 있다. 설교를 듣는 청중이 쉬지 않고 던지는 질문은 이것이다. "나는 그가 말하는 것을 믿을 수 있는가? 그는 신뢰할 만한가?" 바울 사도는 "우리의 권면은 간사에서나 부정에서 난 것도 아니요 궤계에 있는 것도 아니라."고 했다살전 2:3. 또한 "우리가 아무 때에도 아첨의 말이나 탐심의 탈을 쓰지 아니한 것을 하나님이 증거하시느니라."고 함으로써 자신의 말씀 사역이 진실 위에 서 있음을 고백한다살전 2:5. 다음과 같은 제임스 스튜어트의 말은 음미해 볼 가치가 있다. "당신은 당신의 말에 유창함이나, 현명함, 참신함과 노련함을 가미하려고 애쓸 필요가 없다. 정말 필요한 것은 진실함이다. 진실치 못하면 그것은 출발부터 잘못된 것이요, 당신이 나타내 고자 하는 바에 치명적인 손상을 입히게 될 것이다." 에이브러햄 링컨은 '샘 아저씨'라는 애칭이 말해 주듯 미국의 정직을 대표하는 인물이다. 그의 신념은 "모든 사람을 일정 기간 속일 수는 있고, 일정한 사람들을 언제까지나 속일 수 있을지는 몰라도, 모든 사람을 언제까지나 속일 수는 없다."는 것이었다. 설교자가 진실함을 상실할 때 그는 한갓 연기자로 전락한다. 이런 설교자의 역기능을 키에르케고르는 다음과 같은 비유를 들어 신랄히 비판한다.

연극을 상연하던 큰 극장 뒤편에서 갑자기 화재가 발생했다. 아비규환의 상황이 벌어질 것을 염려한 극장 측에서는 한 배우를 불러서 관객들을 조용히 내어 보내도록 하는 임무를 맡겼다. 배우는 관객 앞에 서서 질서 있게 밖으로 나갈 것을 권했다. 그러나 그 배우가 연기를 하고 있다고 생각한 관객들은 오히려 큰 박수로 환호했다. 배우는 간곡한 어조로 빨리 밖으로 나갈 것을 재차 요청했다. 그러자 관객들은 그 간곡한 어조조차 연기로 생각하면서 더 큰 박수를 보냈다. 답답해진 배우는 덥석 꿇어앉으면서 "곧 파멸이 닥치니 제발 빨리 피하라."고 절규하듯 외쳤다. 관객들은 "우리를 진짜같이 믿게 만드는 저 연기를 좀 보라."며 또다시 박수갈채를 보내는 것이 아닌가. 그 순간 불길은 극장 담벼락을 무너뜨리고 사람들을 덮쳐 버리고 말았다.[7]

설교자에게 진실함이 없으면 사람들은 그를 한 사람의 직업적인 연기자로 보게 된다. 그가 강단 위에서 아무리 목이 터져라 외쳐도 사람들은 저 사람은 의당 저런 소리를 해대는 사람이라고 생각한다. 설교는 TV에 나오는 상업 광고와 같이 여겨지고 아무도 강단 위에서 전파되는 말씀을 심각하게 생각하지 않는 상황이 벌어진다. 마침내 설교자나 청중이나 다 함께 파멸에 던져지게 된다.

설교자가 자신이 전하는 메시지를 확신하지도 못하며 그대로 살지도 못할 때 그런 설교가 청중을 감동시킬 수 없음은 자명하다. 독일의 신학자요 대설교자였던 헬무트 틸리케는 이렇게 지적한다. "우리 시대의 설교는 전 시대의 설교들에 비할 때 호소력도 생명력도 없으며, 죽은 것과 같이 되어 가고 있음을 부인할 수 없다. 그 이유는 우리가 전 시대의 설교자들보다 수사력이 부족해서도 아니고 학적으로 더 우둔해서도 아니다. 유일한 이유는 우리 삶에 내재해 있는 이원론 때문이요, 우리의 영적인 삶이 심각하게 병들어 있기 때문이다."[8] 설교자에게 강단 위의 모습과 강단 아래의 모습이 너무나도 다른 이 원론이 존재하는 한 그에게서 청중을 변화시키는 능력 있는 사역을 기대하기는 어렵다.

---

7) Ralph L. Lewis, *Speech for Persuasive Preaching* (Berne, Indiana: Economy Printing Concern, Inc., 1968), 20 에서 재인용.
8) Helmut Thielicke, *The Trouble with the Church* (New York: Harper and Row Publisher, 1965), 심일섭 역, 『현대교회의 고민과 설교』(서울: 대한기독교출판사, 1982), 14.

열정

히틀러는 세계를 전화戰禍 속으로 몰아넣었던 전범이었으나, 연설에 있어서는 독일 국민들의 마음을 뒤흔들었던 열정적인 웅변가였다. 대중연설에 대한 그의 소신은 첫째, 전하고 싶은 것을 분명히 하라. 둘째, 그것을 간결하게 말하라. 셋째, 그것을 불타오르도록 외치라는 것이었다.

스펄전은 효과적인 설교를 위한 첫 번째 조건이 열정이라고 한다. 열정적인 설교자에게는 청중을 요동치게 만드는 강력함과 긴박감이 있다. 보잘것없는 물방울이 바위를 쪼개며 힘없는 수증기가 기관차를 움직이듯이, 눈에 보이지 않는 열정은 사람들의 가슴을 흔들어 놓는 파워가 있다. 한 사람의 설교자 속에서 타오르는 불이 수많은 사람의 심령을 타오르게 만든다. 윌슨 대통령의 말은 정곡을 찌른다. "사람들은 자기 등잔에 불을 붙이기 위해서 불이 있는 곳을 찾아갈 수밖에 없다." 시인 롱펠로우는 설교자의 심장이 약동함을 들을 수 없는 설교는 설교가 아니라고까지 한다.

열정은 자신이 깨달은 진리를 청중에게 심어 주어야겠다는 설교자의 진지한 열심에서부터 우러난다. 나는 말씀을 맡은 자요, 이 말씀이 아니면 구원이 없다는 자각으로부터 열정의 불꽃은 타오른다. 존 스태플턴은 "열정은 재 이해되고, 재경험되고, 재납득될 때, 한마디로 재발견될 때 솟아난다."라고 한다.[9]

예수님은 자신에게 나아오는 무리들을 유리하는 양떼들같이 보시며 민망히 여기셨다. '민망히'라는 단어는 문자적으로 '창자가 저려오는 아픔'을 뜻한다. 우리도 주님의 심장으로 양 무리들을 바라본다면 간절한 마음으로 외치지 않을 수 없을 것이다. 이와 같이 열정은 설교자의 진리에 대한 확신으로부터 싹트며 청중에 대한 사랑과 더불어 타오르게 된다.

9) John Mason Stapleton, *Preaching in Demonstration of the Spirit and Power* (Philadelphia: Fortress Press, 1988), 45.

크리스웰W. A. Criswell은 1960년대에 출석 교인이 17,000명이나 되는 세계 제일의 침례교회인 댈러스 제일침례교회를 담임한 분이다. 그는 젊은 목회자들에게 다음과 같은 자신의 목회 좌우명을 소개한 일이 있다. 첫째, 혼신의 열정을 다해서 하나님의 말씀을 설교하라. 둘째, 교인들의 삶과 처지에 까지 내려갈 수 있는 사랑의 목자가 되라. 셋째, 매일매일 말씀과 기도를 생의 최우선 순위에 두고 살라.

미국을 변화시킨 대각성운동의 불길은 휫필드의 심령에서부터 타오르기 시작한 것이다. 그가 설교할 때면 자주 눈물이 그의 뺨을 적셨으며 때로는 앞에 펴놓은 성경책 위에 떨어지기도 했다고 한다. 그의 설교는 네 시간을 넘길 때가 많았지만 분명한 확신과 선명한 전달, 완벽한 제스처, 타오르는 열정은 청중을 사로잡기에 충분한 것이었다. 1743년 7월 6일, 그는 이만 명의 군중 앞에서 아홉 시간을 연속해서 설교했다. 오후 2시부터 밤 11시까지, 짧은 두 번의 휴식 시간을 제외하고는 계속해서 외쳤던 것이다. 사람들이 더 설교해 주기를 요청하자 휫필드는 맥큘로취McCulloch에게 계속해 주기를 부탁했고 그날의 집회는 새벽 1시에야 끝날 수 있었다. 열정이 없이는 역사도 없다.

사랑

감동적인 설교 이면에는 언제나 교인들을 향한 사랑이 있다. 이 사랑은 자신이 간직하고 있는 메시지를 교인들과 함께 나누려고 하는 적극성으로 나타난다. 강단에 선 설교자의 얼굴이 피곤함과 부담감으로 경직되어 있다면 그것이 나타내는 영적 지표는 한 가지밖에 없다. 그는 자신이 들고 선 메시지가 생사를 좌우하는 것임을 망각하며, 이것을 저들에게 꼭 먹여야겠다는 목자의 사랑을 상실하고 있는 것이다.

설교자에게 사랑이 없으면 아무리 신령한 방언과 천사의 말을 할지라도 그것은 소리 나는 구리와 같고 울리는 꽹과리와 같을 뿐이다. 데살로니가 교인들을 향한 바울 사도의 고백은 모든 설교자의 고백이 되어야 한다. "오직 우리가 너희 가운데서 유순한 자 되어 유모가 자기 자녀를 기름과 같이 하였으니 우리가 이같이 너희를 사모하여 하나님의 복음으로만 아니라 우리 목숨까지 너희에게 주기를 즐겨함은 너희가 우리의 사랑하는 자 됨이니라."_{살전 2:7-9}. 설교자가 사역을 하는 것인지 직업에 열중하는 것인지는 교인들을 향한 진실한 사랑이 그 척도가 된다. 루돌프 보렌의 말에 귀 기울여 보라.

> 오늘날 놀라운 사실은 성경이 침묵하고 있다는 것이다. 설교자는 많으나 말씀이 적다. 마치 볼륨을 낮추어버린 TV의 아나운서와 같다. 성경 자체가 침묵을 깨기 위해서는 설교자가 먼저 말씀 안에서 하나님의 음성을 듣는 기쁨을 가져야 한다. 기쁨이 없는 설교자는 자신이 듣지 못한 것을 설교하는 자다. 말씀을 받는 것은 곧 기쁨을 받는 것이다. 할렐루야! 말씀을 받는 것, 자기가 먼저 하나님의 음성을 듣는 것은 기쁨을 받는 것이다. 이때에 비로소 설교의 기적을 기대할 수 있다. 설교자와 청중이 다같이 설교에 기대를 가질 수 있다. 말씀이 육신이 되게 하고 보배를 담은 질그릇이기를 철저하게 원하는 자는 이 기쁨을 알고 있다. 배고픈 아이들에게 먹을 것을 들고 가는 엄마에게 왜 기쁨이 없겠는가?[10]

미 캘리포니아에 있는 갈보리교회의 목사인 척 스미스는 설교단으로 나갈 때 늘 종종걸음으로 뛰어간다고 한다. 누가 "왜 좀 점잖게 걸음을 옮기지 않느냐?"고 물었더니 그는 "이제부터 말씀을 선포한다는 흥분이 나를 점잖게 걸어 나가도록 내버려두지 않는다."고 대답했다. 그에게는 배고픈 아이들에게 먹을 것을 들고 가는 엄마의 기쁨이 충만했던 것이다.

필립스 브룩스도 이렇게 말한다. "우리 다같이 기뻐하자. 기쁘지 않은 일이 세상에 많지만 그 가운데서 하나님은 우리에게 최상의 일, 가장 행복한 일을 맡기셨고 그의 진리를 증거하는 설교자로 삼아 주셨다." 그렇다. 설교자들이여, 기쁨으로 강단에 서라. 그리고 그들에게 당신 자신을 주라. 당신의 모든 것을 기쁨으로 주라.

---

10) Rudolf Bohren, *Predightlehre*, 박근원 역, 『설교학 실천론』(서울: 기독교출판사, 1980).

확신

설교는 결코 "나는……라고 생각합니다."라는 애매한 말로 장식되어서는 안된다. 설교는 분명한 확신이요 단호한 선언이어야 한다. 설교자는 강단에 설 때 하나님에 대해서, 사람에 대해서, 구원받은 자아에 대해서, 복음에 대해서 확신을 가져야 한다. 농부가 포도 넝쿨을 흔들리는 갈대에 매지 않고 단단한 나무 기둥에 붙들어 매듯이 확신 있는 설교자의 선언만이 흔들리는 심령들을 진리의 기둥에 단단히 매어 놓을 수 있다.

선이스트라는 영국 설교자의 저서에 나오는 이야기이다. 목사와 배우가 만나서 대화하는 가운데 목사가 물었다. "우리는 위대한 진리인 하나님의 말씀을 전하기 위해 일주일에 한 번 교인들을 불러 모으는 데도 힘이 드는데, 당신들은 기껏 희곡을 가지고 연기를 하는 데도 어떻게 그렇게 사람들을 매일 극장 안에 모이게 할 수 있습니까? 그 비결이 무엇입니까?" 배우가 대답했다. "목사님은 진리를 마치 소설처럼 말씀하시지만 저희는 소설을 마치 진리처럼 연기하기 때문에 사람들이 모이는 것입니다."

설교자가 확신 있게 외치기 위해서는 먼저 자신에게 은혜의 체험이 있어야 한다. 자신에게 체험이 없으니 진리를 말하면서도 흥분됨이 없고 그저 앵커가 뉴스를 보도하듯 담담하기만 한 것이다. 진리를 마치 연기하듯이 하는 설교자는 자신의 고매한 직분을 헛되이 허공에 날려버리는 사람이다.

유머

로이 언더힐은 대중 연설에서 유머가 차지하는 긍정적인 역할을 다음과 같이 말한다.

유머는 창조적 활동을 받아들이고 발전적 사고를 자극한다. 두뇌는 몸무게의 2퍼센트에 지나지 않지만 호흡하는 산소량의 4분의 1을 소비한다. 소리 내어 웃으면 혈액 속의 산소량이 늘어나서 두뇌 회전이 활성화된다. 모든 유머는 청중을 즐겁게 하고 청중의 흥미를 계속 유지시키는 데 이용될 수 있다. 주제와 관련 된 유머는 요지를 전달하는 데 이용될 수 있다. 고도로 대비되는 유머는 기억에 깊이 각인되는 갈고리이다. 웃음은 성공의 느낌, 해냈다는 성취의 순간을 제공한다. 그리하여 별로 보람을 느끼지 못하는 방대한 자료에 주의를 기울이게 해 준다. 함께 웃는 것은 집단의 경험까지도 한데 묶어 준다.[11]

설교에 있어서도 유머는 청중의 주의를 환기시켜 설교에 대한 집중을 고양시키며 말씀의 수용성을 높이는 유익한 도구가 될 수 있다. 유머는 때로는 비판을 잠재우기도 한다. 유머 감각을 갖춘다는 것은 설교자에게 매우 유익한 자질이다. 건강한 유머 감각은 열등의식에 사로잡히지 않고, 세상을 냉소적으로 보지 않는 밝고 긍정적인 마음 자세에서 나오는 것이다. 설교자에게 생에 대한 그런 자세는 꼭 필요하다.

스펄전은 젊은 목회자들에게 다음과 같이 조크했다고 한다. "천국에 대해서 설교할 때는 기쁨이 당신 얼굴에까지 번져나도록 하십시오. 그러나 지옥에 대해서 설교할 때는 당신 평소 얼굴대로라도 괜찮습니다." 이런 유머는 간단하면서도 재치 있게 정곡을 찌르는 것이다.

하지만 설교자는 유머를 목적으로 해서는 안 된다. 사람들로 하여금 진리의 심각성은 뒤에 제쳐둔 채 유머만 붙잡게 하는 잘못에 빠질 수 있기 때문이다. 브로더스의 충고를 들어 보라. "설교 중에 유머를 사용할 때는 즉흥적인 것이어야지 그것을 미리 연구해서는 안 된다. 어떤 사람은 괴짜와 같은 표현을 했지만 곧바로 설교의 본 주제로 돌아감으로 오히려 설교의 효과를 높이는 것을 본다. 그런 경우에 유머와 설교자의 열정은 밀접한 상관관계가 있다. 그러나 사람들을 웃기려고 시도하는 것은 어떤 모양이든지 진리의 심각성과 진지함을 해칠 수밖에 없다."[12]

---

11) Roy Underhill, *Khrushchev's Shoe*, 이종인 역,『청중을 사로잡는 기술』(더난출판, 2004), 109-10.
12) John Broadus, *On the preparation and Delivery of Sermons* (New York: Harper & Brothers, 1926), 26.

다시 말해 유머는 설교자의 밝고 긍정적인 삶에서부터 자연스럽게 우러나 오는 것이어야 한다. 틸리케는 스펄전의 유머 감각에 대해 논하면서 이렇게 말한다. "웃음이란 항상 설교자나 청중이 그 설교에 몰두하고 있다는 것을 의미한다. 만약 내가 천성적으로 밝은 사람인데도 그 명랑함이 설교에 투영되지 않는다면 그것이 뜻하는 바는 단 한 가지이다. 나는 내가 말하는 것에 전인적으로 참여하지 못하고 있는 것이다. 스펄전이 강단에서 사람들을 웃기며 유머를 사용하고 있을 때, 그는 그 자신을 설교에 투영시킨 것에 불과했다. 그는 자신의 성품을 있는 그대로 다 동원해서 설교에 몰두하고 있었던 것이다."[13]

긍정적인 자세

교인들의 잘못을 지적하고 질책하는 부정적인 설교가 있는가 하면 교인들을 격려하고 바른 믿음의 길을 제시해 주는 긍정적인 설교가 있다. 교인들은 전자보다는 후자에 더 잘 반응한다. 유명한 설교자 헨리 비처는 긍정적 자세의 중요성을 이렇게 말한다. "종교적인 문제에 있어서 사람들의 의식과 감성에 접근하는 바람직한 방법은 그들 속에 호전적이고 저항적인 자세가 아니라 희망과 가능성을 불러일으키는 것이다."[14]

이것은 책망하는 설교는 안 된다는 말이 아니다. 교인들의 잘못을 지적하고 책망하는 것은 선지자로서 마땅히 감당해야 할 사명이다. 문제는 소망과 비전을 함께 제시해 줄 수 있는 설교가 되어야지, 책망을 위한 책망으로 그쳐서는 안 된다는 것이다. 그러나 현실을 보면 정죄와 질책을 설교의 본질로 생각하는 설교자들이 많다. 그들은 책망만을 일삼으며 그것으로 설교를 다 한것으로 생각한다. 그런 설교는 어렵지 않다. '저 멀리' 있는 청중을 향하여 야단만 치고 끝내면 된다. 설교자가 깊은 묵상을 할 필요도 없고, 어떻게 하면 성도들을 참된 믿음의

---

13) Helmut Thielicke, *Encounter with Spurgeon* (Philadelphia: Fortress Press, 1963), 25.
14) Henry Beecher, *Yale Lectures on Preaching* (New York: Fords, Howard and Hurlbert, 1892), III, 241.

길로 이끌 것인가에 대해 고민할 필요도 없다.

그러나 성도들에게 참된 믿음을 제시하면서 그런 삶을 살 수 있는 구체적인 방안을 설득력 있게 제시하는 것은 쉬운 일이 아니다. 그런 설교자는 더 이상 교인들을 '저 멀리' 있는 집단으로 여기지 않고 그들의 문제를 나의 문제로 동일시하면서 그 모든 짐을 끌어안고 씨름하는 사람이다. 이와 같이 설교자는 교인들이 처해 있는 삶의 자리를 이해하면서 거기서부터 한 발을 더 내디딜 수 있도록 격려하고 소망을 주는 긍정적인 사고의 소유자여야 한다.

이제 설교자가 사역을 위해 갖추어야 할 구체적인 삶의 준비에 대해 생각해 보자.

설교자의 영적 생활

설교자는 다른 어떤 것보다도 영적인 삶에 민감하게 깨어 있어야 한다. 설교자가 자신의 옛사람을 쳐서 복종시키며, 영혼에 대한 사랑과 말씀에 대한 확신 속에서 살기 위해서는 영적으로 충만해야 한다. 설교는 기록된 계시를 통하여 현재적으로 말씀하시는 하나님의 영음靈音을 전하는 것이다. 그러므로 교인들에게 설교하기에 앞서 설교자 자신이 먼저 하나님의 음성을 듣는 것이필수적이다. 교인들에게 하나님에 대해 말하기 전에 자신이 먼저 하나님을 만난 체험이 있어야 한다.

설교자에게 무엇보다 중요한 것은 하나님과 함께 거하는 시간이다. 예수께서도 제자들을 불러 훈련시키실 때에 그들을 3년 동안 자신과 함께 있게 하셨다. 위대한 설교자들은 한결같이 하나님과의 풍성한 교제 속에 산 사람들이었다. 알프렛 깁스는 영적 교제의 중요성을 이렇게 강조한다. "하나님을 위하여 사람에게 많은 말을 해야 하는 사람은, 사람을 위하여 하나님께 많은 말을 해야 할 것이다. 신학theology은 '무릎학'kneeology이 수반되어야만 한다."[15] 많은 목사들이 설교

---

15) A. Gibbs, *The Preacher and His Preaching* (Kansas: Waterrick Publishers, 1964), 44.

사역에 쫓기듯이 허덕이고 있다. 한 주 한 주를 메우기에 급급한 땜질식 사역을 이어가고 있다. 급기야는 남의 설교를 베껴서 사용하는 영적 노예로 전락하기도 한다. 왜 그렇게 되는가? 하나님과 규칙적으로 교제하는 영적인 삶이 황폐해져 버렸기 때문이다. 심령 깊은 곳에 내재하는 생수의 원천이 고갈되어 버렸기 때문이다. 땜질 사역을 피하기 위해서는 무엇보다도 먼저 성경으로 돌아가야 한다. 설교거리를 찾기 위해 성경을 뒤적이는 것이 아니라 자신의 영적 양식을 위해 성경을 펴야 한다. 성경을 하루에 30장씩만 읽어 보라. 한 달이 가기 전에 떠오르는 아이디어를 노트에 옮겨 적기가 바쁠 만큼 영감의 샘이 솟아나는 것을 경험할 것이다. 시냇가에 심은 나무가 시절을 좇아 과실을 맺듯이 말씀에 뿌리를 내린 삶에는 넘치는 영감의 부요가 있다. 설교자는 오직 '한 책의 사람'homo unius libri이 되어야 한다.

목회자는 바쁜 사람들이다. 목회 사역은 태산 같은 업무의 연속이다. 그러나 그 많은 '하나님의 일들' 때문에 정작 하나님과의 만남을 잃어버린다면 그것같이 잘못된 것은 없다. 요한복음 6:29은 "하나님의 보내신 자를 믿는 것이 하나님의 일이니라."고 말씀한다. 하나님과 함께 나누는 교제야말로 진정한 '하나님의 일'이라는 뜻이다. 시내산에서 하나님의 영광을 대면하고 내려오는 모세의 얼굴에 거룩한 광채가 있었듯이 오늘날의 설교자에게 필요한 것도 바로 이 광채이다.

또한 설교자에게는 세속적 욕망을 이기기 위해 부단한 기도생활이 있어야 한다. 토저는 다음과 같이 간구한다.

> 아버지여, 주를 알기 원하지만 저의 유약한 마음은 삶의 장난감들을 포기하기를 두려워합니다. 저는 내적인 피 흘림 없이는 그것들을 끊어버릴 수 없습니다. 저는 그 절연의 두려움을 주 앞에서 감추기를 원치 않습니다. 그러므로 떨면서도 주 앞에 나아옵니다. 제가 오랫동안 품어왔던, 그래서 저의 자아의 일부분이 되어버린, 그 장난감들을 뿌리째 뽑으셔서 주님만 내 마음속에 와서 거하옵소서.[16]

---

16) A. W. Tozer, *The Pursuit of God* (Harrisburg, Pa.: Christian Publications, 1948), 31.

여기서 토저는 세속적 욕망을 가리켜서 '장난감'이라고 표현했지만 많은 사람들에게 그것은 삶의 목표요 지향점이 되고 있다. 그 욕망들은 내적인 피흘림의 투쟁이 없이는 결코 이길 수 없다. 그것들을 꺾기 위해서는 바울 사도와 같이 자신을 쳐서 복종시키며, 날마다 자신을 죽음에 넘길 수 있어야 한다. 기도만이 이 거룩한 투쟁을 감당할 수 있게 해 준다.

목회자는 성도들을 위해서 엎드리는 기도의 제사장이 되어야 한다. 기도하는 것과 말씀 전하는 일에 전무하는 것이 목회자의 일차적 사명이다_{행 6:4}. 기도하지 않는 사람은 영혼에 대한 애착이 없는 사람이다. 기도 외에 다른 어떤 것으로 사람들의 심령을 변화시킬 수 있단 말인가? 리처드 백스터는 다음과 같이 강조한다. "설교와 함께 우리들의 일을 이끌어 가는 것은 기도이다. 자기 교인들을 위하여 기도하지 않는 사람은 그들에게 마음속으로부터 설교하지 않는 사람이다."[17]

위대한 교부 어거스틴도 기도의 절대성에 대해서 그의 책『기독교 교리에 관하여』에서 이렇게 말한다. "그가 이 목적에서 성공을 거두었고 지금까지 성공하고 있다면, 그는 설교의 은사보다는 기도 중의 경건에 의해 더욱 성공할 것을 의심할 필요가 없다. 설교자는 자신과 설교하려는 대상을 위해 설교하기 전에 기도해야 한다. 그리고 설교할 시간이 다가오면 설교자는 입을 열기 전에 자신의 목마른 영혼을 하나님께 들어올려 그가 쏟아내고자 하는 것을 마시고 그가 공급하고자 하는 것으로 자신을 채워야 한다."[18]

설교자는 항상 성령의 불이 타오르는 사람이어야 한다. 설교자가 입으로는 얼마든지 말씀 증거의 고귀함을 말할 수 있지만, 진정으로 말씀의 능력을 확신하는 것은 오직 성령의 능력에 사로잡힐 때이다.

17세기 영국 교회에 지대한 영향을 미쳤던 리처드 백스터는 본래는 심각한 폐

17) 존 스토트, 『설교자상』(서울: 한국개혁주의 신행협회, 1972), 124에서 재인용.
18) Saint Augustine, *Great Books of the Western World*, Vol. 18 eds., Robert Hutchins and Mortimer Adler (Chicago: W. Benton, 1952), 685.

병으로 도무지 사역을 할 수 없는 사람이었다. 그가 키드민스터 Kidderminster로 교구를 배정 받아 갔을 때 사람들은 그가 무언가 할 수 있을 것이라고는 전혀 기대하지 않았다. 그 당시 영국 교계는 어두울 대로 어두워져 있었다. 마을마다 술집이 넘쳐나고 노름꾼이 득실대고 교회는 텅텅 비어 있었다. 백스터 목사는 영혼들을 바라보며 언제 쓰러질지 모르는 몸을 이끌고 혼신의 힘을 다하여 외쳤다. 영혼들을 불쌍히 여기는 간절함이 그를 온전히 삼켜버렸다. 사람들은 단 한 주도 그의 얼굴에서 눈물이 번지지 않는 것을 보는 날이 없었다. 거기에 역사가 일어났다. 사람들이 회개하고 주께로 돌아오기 시작한 것이다. 얼마 가지 않아 그 교구에는 술집과 노름꾼이 사라지고 교회마다 마당까지 사람들로 가득 차게 되었다. 한 기자가 백스터 목사가 인도하는 예배에 참석한 후에 신문 타이틀을 이렇게 뽑았다. "죽어 가는 사람이 죽어 가는 사람들에게 복음을 전한다!"from a dying person to dying people!

그렇다! 설교자는 그리스도 없이 죽어 가는 사람들에게 복음을 외치는 사람이다. 필요하다면 자신의 생명을 던져서라도 그들을 건지기 원하는 사람이다. 그것은 결코 자신의 인간적인 열심으로는 이룰 수 없다. 하나님의 열심, 죄인을 구원코자 하시는 성령의 열심에 삼킨 바 되어야 한다. 백스터는 그의 책 『참 목자상』에서 이렇게 질타한다.

아! 우리는 졸린 듯이 너무나 조용하게 설교하기 때문에 잠든 죄인들이 들을 수가 없다. 매가 너무 가볍게 떨어지니 굳은 마음을 가진 자들이 이것을 느낄 수가 없다.……오, 목사들이여. 영원한 생명과 영원한 죽음이 여기에 달려 있는데 우리는 메시지를 얼마나 분명하고 세밀하고 열정적으로 설교해야 하겠는가! 하나님을 위하여, 그리고 사람의 구원을 위하여 부름 받은 사람이 그처럼 차갑게 말을 하다니. 사람의 구원을 위해서 설교한다면 그들이 우리 설교를 들을 때 그 설교를 느낄 수 있도록 우리의 모든 힘을 다해서 외쳐야 한다.[19]

---

19) 존 스토트, 『설교자상』, 120에서 재인용.

성령 충만하지 못한 설교자는 하나님의 구원 사역에 쓰임 받기를 기대할 수 없다. 바울 사도가 고린도교회를 향하여 "내가 너희 가운데 거할 때에 약하며 두려워하며 심히 떨었노라."고전 2:3고 고백한 것은 설교자의 직무는 인간적 지혜와 능력이 아니라 오직 성령의 나타남과 능력으로만 감당할 수 있다는 자각 때문이었다.

설교자가 영적으로 깨어있지 못할 때에 나타나는 역기능이 있다. 그는 점차 자신의 직무를 습관적으로 감당하게 되고 마침내는 그것을 하나의 직업과 같이 여기게 된다. 설교자를 '직업주의'professionalism로 이끌어 가는 타락의 과정에는 몇 단계가 있다.

먼저, 자신은 자신이 설교하는 만큼 살고 있지 못하다는 양심의 가책으로 괴로워하는 단계이다. 이것은 어떤 의미에서는 정상이다. 성경의 표준만큼 완전할 수 있는 사람이 몇이나 되겠는가? 양심의 소리를 들을 귀가 있고, 그 소리에 고통을 느끼는 정직함이 있다면 그는 아직도 소망이 있는 사람이다.

그 다음 단계는 점차 타성화되는 것이다. 양심의 가책이 점점 둔하고 무디어져 간다. 이 시점이 갈림길이다. 여기서 자신을 이기기 위해 깨어 몸부림치는 사람은 사명의 끈을 놓지 않을 수 있지만, 이 단계에서 영적으로 잠들어 버리면 그는 계속되는 실패에 적응하면서 점차 습관화되어 버린다. 그러면서 그는 "완전한 사람이 누가 있나?", "설교가 꼭 자신이 행하는 것만 말할 수 있는 것은 아니지 않은가?" 등의 말로 자신을 합리화하기 시작한다.

그런 상태가 계속되면 마침내 그는 직업적인 사람으로 전락한다. 성경도 설교거리를 찾기 위해 뒤적이게 된다. 교인들의 영적 성숙은 뒷전이고 오직 머릿수에만 집착하게 되며, 교인들의 영혼에 대한 관심보다는 그 사람이 내 목회에 도움이 되는지 아닌지의 관점에서만 보게 된다. 이것은 용납할 수 없는 타락이다. 조지 맥도널드는 "습관적으로 거룩한 것의 외형을 다루는 것같이 목회자들에게 치명적인 것은 없다."고 한다.[20]

---

20) George MacDonald, *An Anthology* (New York: Macmillan, 1947), 113.

목사는 교회 목양을 통해 자기 생활을 영위한다는 데 큰 딜레마가 있다. 클라이드 라이드Clyde Reid의 지적은 일리가 있다. "목사가 기독교의 증언을 선포하면서 급료를 지급 받는다는 사실이 그의 증언을 헤아릴 수 없이 무디게해 버린다." 목사가 교회로부터 생활비를 지급 받는 것이 결코 잘못은 아니다. 곡식을 밟아 떠는 소에게 망을 씌우지 않는 것과 같이 일꾼이 자기 육신을 위하여 거두는 것은 마땅하다고전 9:9-11. 그러나 바울은 그리스도의 복음에 장애가 없게 하려고 그 권을 쓰지 않는다고 했다고전 9:12. 솔직히 오늘날도 유급 사역자보다는 아무런 보수 없이 자신을 철저히 희생하면서 복음을 전하는 평신도 사역자에게 더 큰 신뢰감을 느끼는 경우가 많지 않은가?

그뿐 아니라 설교자는 자기 직책상 좋은 말을 할 수밖에 없을 것이라는 사람들의 선입견을 감수해야 한다. C. P. 스노우의 소설 The Affair에서 주인공 마르틴은 이렇게 말한다. "아, 그래 줄리앙. 만일 켄터베리 대주교가 하나님을 믿는다고 하면 그것은 그의 직책상 당연한 거지. 그러나 그가 만일 하나님을 믿지 않는다고 한다면 사람들은 그것을 거짓말이 아니라고 받아들일 수 있을 거야."[21] 말하자면 설교자가 무슨 말을 하더라도 사람들은 그가 자기 직책 때문에 그런 말을 한다고 여기게 된다는 것이다. 여기에 설교자의 딜레마가 있다. 그런데 만약 설교자가 영적으로 둔감해져서 정말로 직업꾼의 냄새를 피운다면 그 사역이 어떻게 되겠는가?

직업주의에 젖은 설교자는 모두 외식한다는 공통점이 있다. 그는 새벽기도 시간에 자리를 제일 오래 지키기는 하지만, 기도가 길어져서가 아니라 그저 목사 체면 때문에 앉아 있을 따름이다. 대화 중에도 "주여, 주여"를 연발하지만 그것은 하나의 종교적인 수사어일 뿐이다. 이런 사람은 결코 남의 설교에 은혜 받는 일이 없다. 자신의 설교도 하나의 직업적 행위job가 되어 버렸는데 남의 설교를 순수한 마음으로 받기에는 그 마음이 이미 너무 굳어져 버렸기 때문이다.

타락한 설교자의 최종적인 단계는 화인 맞은 양심의 소유자가 되는 것이다.

---

21) 헬무트 틸리케,『설교의 위기』, 90에서 재인용.

상습적으로 남의 설교를 베끼면서 아무 가책도 없고, 사실이 아닌 예화를 인용하면서도 능청스럽게 사실같이 얘기한다. 필자가 학창시절에 만난 어떤 목사는 음행의 죄에 대해 힘주어 설교하곤 했다. 이성끼리는 서로 눈도 마주치지 말라고 목청을 돋우었다. 그런데 그 시점에 바로 자기 자신이 음행을 저지르고 있었다는 사실이 나중에 드러났다. 어떻게 그런 이중인격을 가질 수 있는가? 직업꾼이 되어 설교와 자신을 분리시켜 생각하는 데 익숙해지면 얼마든지 그럴 수 있다. 아무리 좋은 말이라도 자꾸 들으면 면역성이 생겨 나중에는 예사로 여기게 된다. 듣는 사람도 그렇게 되는데 하물며 날마다 자기 입으로 온갖 좋은 말을 뱉어내는 사람은 얼마나 더 타성화되기 쉽겠는가?

이렇게 설교자가 직업꾼으로 전락하게 되면 그것은 자신을 파멸로 인도할 뿐 아니라, 교회에 크나큰 불행이 된다. 천국 문을 가로막고 서서 자신도 들어가지 못하고 들어가려는 사람도 막게 된다. 그래서 야고보 사도는 "너희는 선생 된 우리가 더 큰 심판 받을 줄을 알고 많이 선생이 되지 말라."고 했다약 3:1. 그러므로 설교자들이여! 당신의 영적 삶에 사활을 걸라. 말씀 충만, 기도 충만, 성령 충만에 생명을 걸라. 당신 자신이 살기 위해서라도 그렇게 하라.

불붙는 논리

설교자는 우선적으로 성도들을 진리에 대해서 깨닫게 할 수 있어야 한다. 참된 깨달음에서 감동이 오며, 마음에 감동이 있어야 의지의 변화를 기할 수 있다. 그러므로 설교 사역에서 중요한 요소는 성도들에게 빛을 비추어줄 수 있는 분명한 논리를 갖추는 것이다. 그 논리로 성도들을 압도하고 설득할 수 있어야 한다. 감화력이 떨어지는 설교를 보면 논리가 너무 빈약하거나 피상적인 경우가 많다. 뻔한 소리, 늘 듣는 소리를 그냥 목청만 돋우어 외쳐댄다. 혹은 무언가 이론은 있는데 그것을 제대로 설명하지 못해서 괜히 설교를 어렵게 만드는 경우도 있다. 그것은 설교자가 자신도 잘 소화하지 못한 설익은 상태로 강단에 서기 때문이다.

강의든 설교든 어려운 진리도 쉽고 분명하게 전달할 수 있는 사람이 유능한 강사이다.

본문의 사상을 정확하게 파악하고, 그것을 교인들에게 설득력 있게 전하기 위해서 분명한 논리를 세우고, 그 논리를 확증하기 위해 다양한 자료들을 동원해서 설교를 구성하는 것은 많은 독서와 사색과 경륜을 통해 쌓은 내적실력이 없이는 불가능한 일이다. 그러므로 설교자는 연구를 게을리하지 말아야 한다. 공부하고 책읽기를 좋아하지 않는 사람은, 그것이 몸에 배어 있지않은 사람은 설교자 되기를 포기하는 것이 좋다. 바울은 젊은 목회자 디모데에게 "읽는 것과 권하는 것과 가르치는 것에 착념하라."고 권고한다딤전 4:13. 존 웨슬리는 설교자들에게 하루에 적어도 5시간은 책을 읽는 데 사용하라고 권고한다. 설교자라면 스펄전의 충고를 명심해야 한다. "배우기를 멈추는 자는 가르치기를 멈추는 자이다. 서재에서 뿌리지 않으면 강단에서 아무것도거두지 못한다."

백 년 전에 신학자 워필드도 이렇게 강조했다. "우리가 강단에서 필요로 하는 것은 학자요 성자인 사람scholar-saints이 설교자로 서는 것이다. 그렇게 만드는 것이 신학교의 유일한 기능이 되어야 한다."[22] 뛰어난 외과의사가 되기 위한 조건은 세 가지라고 한다. 사자의 강철 같은 심장, 독수리의 예리한 눈, 어머니의 섬세한 손길이 그것이다. 이것은 설교자에게도 마찬가지이다. 설교자는 사자의 심장 같은 불굴의 영성을 가져야 하며, 깊은 연구를 통해 문제의 핵심을 꿰뚫어 볼 수 있는 독수리의 예리한 눈을 가져야 하고, 동시에 넘치는 사랑으로 교인들의 상처를 어루만지는 어머니의 섬세한 손길을 가져야 한다.

설교자는 먼저 성경에 정통해야 한다. 성경 각 책의 중심 사상이나, 그 배경과, 개괄적 흐름 등에 대해 꿰뚫고 있어야 한다. 신학적으로 중요한 비중을 차지

---

22) Benjamin B. Warfield, "The Purpose of the Seminary," in *The Selected Shorter Writings of Benjamin B. Warfield* , 2 vols., ed. John E. Meeter(Nutley, N.J.: Presbyterian and Reformed, 1970), 1:378.

하는 구절들에 대해서 분명한 이해가 있어야 하며, 교리적으로나 경건 생활에 있어 핵심이 되는 구절들은 암송할 수 있어야 한다. 명실공히 성경의 전문가가 되도록 성경 자체를 부단히 파고드는 노력이 있어야 한다. 미 남침례교의 신약학과 설교학의 권위자였던 존 브로더스는 그의 마지막 강의에서 설교자는 "말씀 속에서 강해야 할 것"행 18:24을 강조하고 또 강조했다.

사람들은 루터나 칼빈이 종교개혁을 일으켰다고 생각하는데 사실은 그들이 종교개혁을 일으킨 것이 아니다. 루터는 갈라디아서를 읽으면서 성경에 귀를 기울인 것밖에 없다. 그런데 갈라디아서의 진리가 그의 마음속에서 폭발을 일으킨 것이고 그는 그것을 사람들에게 외치지 않을 수 없었던 것이다. 칼빈도 마찬가지이다. 그는 성경을 주일마다 한 구절 한 구절 강해한 것밖에 없는데 그것이 역사를 바꾸어 놓았다.

설교자는 성경을 기능적으로 읽어서는 안 된다. 설교거리를 얻기 위해 성경을 뒤적인다면 그것이야말로 설교꾼이 되는 지름길이다. 말씀 속에서 생명의 풍성함을 누리고, 하나님과의 산 교제를 체험하며, 그리스도의 장성한 분량에 이르기 위한 영적인 갈급함으로 성경을 대해야 한다. 조나단 에드워즈는 자신이 20대에 성경에 집착했던 이유를 이렇게 고백한다. "말씀을 그렇게 꾸준히, 지속적으로, 그리고 자주 공부했던 것은 내가 그 진리 속에서 성장하는 것을 보기 위해서, 그리고 단순히 인식하기 위해서였다."[23] 스펄전은 존 번연에 대해 이렇게 말한다. "그를 아무 데나 찔러보라. 성경에 젖은 피를, 성경의 진수가 분출되는 것을 볼 것이다. 그의 영은 하나님의 말씀으로충만했기 때문에 그는 성경을 인용하지 않고는 말하지 않았다."[24]

설교자는 신학 정보에도 밝아야 한다. 역사적 정통신학의 유산에도 분명한 이해를 가져야 하지만 현대 신학계의 동향이나, 새로운 이론들, 새로운 관점들에

---

23) John Piper, *The Supremacy of God in Preaching* (Inter-Varsity Press, 1990), 43.
24) Iain Murray, *The Forgotten Spurgeon* (Edinburgh: Banner of Truth, 1966), 36.

대해서도 뒤떨어지지 않아야 한다. 이를 위해 기본적인 신학 잡지나 신학자들의 저작물을 꾸준히 섭렵하는 연구 자세를 견지해야 한다.

또한 설교자는 시대의 상황에 대한 정확한 정보를 가지고 있어야 한다. 설교는 본문에 담겨 있는 항구적인 진리가 이 시대 사람들에게는 어떻게 적용되는지를 보여 주는 것이다. 그러므로 설교자에게는 무엇보다 이 시대의 가치관과 사고방식과 사상적 배경 등을 정확하게 파악하는 것이 필수적이다. 설교자는 성경 본문을 해석할 뿐 아니라 현대인들에 대한 해석 작업도 겸해야 한다. 따라서 설교자는 신문이나 잡지, 베스트셀러 등과 같은 소설류는 물론이고 연극이나 영화, 음악 같은 대중문화까지도 관심을 가지고 살펴야 한다.

윌로우 크릭 커뮤니티교회의 빌 하이벨스·목사는 농담반 진담반으로 "자신의 설교 사역의 최대 목표는 스펄전의 예화를 사용하지 않는 것"이라고 한다. 현대인들이 공감할 수 있는 시의적절한 예화를 스스로 발굴해서 사용하겠다는 말일 것이다. 그것을 위해 그는 신문, 잡지를 특징에 따라서 몇 종류씩 정기 구독하며, 베스트셀러는 놓치는 일이 없고, TV 뉴스도 빠짐없이 보고, 드라이브할 때는 라디오를 틀어놓는 것이 필수라고 한다. 그의 설교가교회에 처음 발을 들여놓는 구도자들에게 공감을 불러일으키고 감동을 주는 것은 우연한 일이 아니다. 우리는 그의 '열린 예배' 스타일에 주목하지만 사실은 열린 예배 이전에 '열린 설교'가 있다는 것을 놓쳐서는 안 된다.

이렇게 해서 얻어지는 지식은 체계적으로 수록해 놓아야 한다. "또렷한 기억보다 희미한 잉크가 더 낫다."는 말과 같이 사람의 기억에는 한계가 있기 때문이다. 또한 주제별로 잘 정리해 놓아야 필요할 때 즉각 사용할 수 있다. 구슬이서 말이라도 꿰어야 보배다. 수록해 놓는 방법은 자신에게 편리한 대로 형편에 맞게 하면 될 것이다. 컴퓨터에 체계적으로 수록해 놓을 수도 있고, 주제별로 파일을 만들어 서류함에 보관할 수도 있다.

이와 같은 연구가 가능하기 위해서는 규칙적으로 공부할 수 있는 생활 시스템을 확립해야 한다. 주간 중 오전 시간은 연구를 위해 확보한다든지, 화요일,

목요일은 심방을 자제하고 연구에만 몰두한다든지 하는 식이다. 설교 사역은 교인들을 향하여 날선 검을 휘둘러 그들의 영과 혼과 관절과 골수를 찔러 쪼개는 시간이다. 그런데 도끼날이 무디어 있으면 아무것도 쪼갤 수 없다. 그러므로 평소에 내 도끼가 무도 벨 수 없는 녹슬고 무딘 것이 되지 않도록 열심히 갈고 닦는 작업이 중요하다. 설교 사역은 하루 이틀 하고 말 것이아니라 평생토록 감당해야 할 장거리 경주와 같은 것이므로 그 사역을 성공적으로 감당하기 위해서는 체계적이고 지속적인 연구 생활이 뒷받침되지 않으면 안 된다.

어떤 사람이 계속되는 설교 사역에 그만 지쳐버렸다. 자신에게는 더 이상 아무것도 줄 것이 없다는 허탈감이 엄습해 왔다. 마음 한구석이 텅 빈 것 같은 허전함을 견딜 수가 없어서 그는 짐을 싸들고 깊은 산속 기도원을 찾았다. 거기서 한 경건한 수도사를 만나 자신의 고민을 털어놓았다. "저는 이제 완전히 고갈되었습니다. 어떻게 해야 합니까?" 수도사의 대답은 간단했다. "고갈되었으면 더 깊이 파십시오." 그렇다. 더 깊이, 더 깊이 파야 한다.

건강한 육체가 건강한 설교를 낳는다

건강한 육체에 건강한 정신이 깃들 듯이 건강한 육체가 건강한 설교를 낳는다. 많은 설교자들이 육체적인 곤고함으로 인해 영혼이 침체에 빠지는 것을 경험한다. 주일 저녁에는 마음이 텅 빈 것같이 허전하고 말수가 적어진다. 하루에 열 집씩 심방하고 돌아오면 이상하게 울적한 마음에 사로잡힌다. 정신적 배터리가 다 소진되어 어떤 것도 생각하기 싫어진다. 왠지 나 자신이 왜소해 보이고 자신감이 사라지고 우울해진다. 육체적인 피곤이 영혼을 위축시키는 것이다.

선지자 중의 선지자인 엘리야가 죽기를 구할 정도로 극도의 슬럼프에 빠진 것은 여러 가지 이유가 있겠지만 그의 육체적 곤고함도 한 중요한 이유였다왕상 19장. 그는 엄청난 긴장 속에 기도 사역을 하고, 바알의 선지자들을 처단하고, 아합의 병거 앞에서 30km를 달렸다. 그리고 쉬지 않고 브엘세바로 140km의 여행을 하고, 다시 32km를 타는 열기 속에서 광야로 들어갔다. 그는 기진맥진할 수밖에 없었고 마침내 로뎀나무 아래에서 "주여 이제는 넉넉하오니 내 생명을 취하옵소서." 하며 주저앉아 버린 것이다.

육체적 피곤은 우리에게 부정적인 감정을 일으키며, 무력감을 주고, 우리를 위축시킨다. 상황을 사실 이상으로 비관적으로 보게 만든다. 때로는 고독감이 엄습해서 견디기 힘들게 만들기도 한다. 이러한 감정은 순식간에 확대되고 증폭되어 때로는 자신도 추스를 수 없는 탈진burn-out의 지경에까지 이르게 된다. 그래서 엘리야같이 '내가 이 사역을 계속할 수 있을 것인가?' 하는 상태에까지 이르는 것이다. 빌 하이벨스는 자신의 탈진 경험을 이렇게 고백한 적이 있다.

그야말로 저는 승승장구하고 있었고, 하나님은 나의 사역을 통해 큰 영광을 받으신다고 확신하고 있었습니다. 그런데 1989년 12월의 어느 날 아침, 드디어 올 것이 오고야 말았습니다. 저는 그때 제 사무실에서 주일설교를 준비하고 있었고 몇시간 후면 결혼주례를 서야 했습니다. 그런데 설교 준비 도중에 갑자기 온몸의 힘이 빠져 나가는 듯한 기분이 들면서 저는 평생 처음으로 책상에 엎드려 엉엉 울어버렸습니다.

빌 하이벨스의 탈진은 여러 가지 이유가 있겠지만 그중 중요한 것이 과중한 사역으로 인한 감정적 에너지의 소진이었다.

설교 후 그 많은 사람들의 아픔을 일일이 나누면서 저는 완전히 제 안의 마지막 감정적 습기마저 다 말라버리는 것을 느꼈습니다. 그런데도 저는 월요일 아침이면 그 메마른 심령을 가지고 교회 사무실로 나가서 수요일에 있을 기성 신자 예배를 위한 메시지를 또 준비하곤 했습니다. 그리고 그날 저녁에는 대개 대여섯시간 이상 끄는 당회를 진행했고, 그 다음날인 화요일에도 스태프 회의와 설교준비를 했습니다. 그리고 수요일부터 주일까지 다시 여러 설교 준비와 교회의 행정을 다루는 격무에 시달려야 했습니다. 저는 그런 생활의 끝없는 반복이 제 안에 있는 감정을 얼마나 메마르게 하는지를 전혀 깨닫지 못하고 정신 없이 마지막 남은 에너지까지 퍼내 가며 코피가 나게 뛰었습니다. 문제는 저의 감정지수가 내려가는데도 그것을 영적으로(금식기도와 말씀 묵상), 그리고 육체적으로만(더 잘 먹고, 더 많이 운동하고) 해결하려고 했다는 것입니다.[25]

이 고백을 보면 한국 목사만 죽도록 충성하는 줄 알았는데 미국 목사도 마찬가지이고, 한국 목사만 탈진에 시달리는 줄 알았는데 미국 목사도 마찬가지이다. 그럴 때는 무조건 쉬어야 한다. '이걸 영적으로 이겨야 한다', '기도로 이겨야 한다' 하지 말고 우선 푹 쉬어야 한다. 하나님도 엘리야에게 먹을 것을 든든히 공급해 주시면서 푹 쉬게 하셨다. 기력을 회복한 후에 새로운 기분으로 뛰는 것이 훨씬 효과적이다.

목회자는 일과 휴식 사이에 나름대로의 적절한 리듬을 가져야 한다. 매일의 사이클에 오전 중에는 독서와 연구, 오후에는 심방과 다른 목회 활동, 저녁에는 휴식 하는 식의 리듬이 필요하고, 주간 사이클에도 월요일은 운동과 교제, 주중에는 연구와 목회 활동, 주말에는 설교 작성 식의 리듬이 필요하다. 연간 사이클도 교회의 형편에 따라 적절한 리듬을 가져야 한다. 그런 규칙적인 삶은 예측 가능한 목회 활동을 의미하므로 교인들에게는 안정감을 줄 수 있고, 목회자에게는 건강한 몸과 정신을 유지하는 데 도움이 된다.

무엇보다 건강을 유지하기 위해 목회자는 규칙적인 운동을 하는 것이 좋다. 함께 어울려 하는 운동은 비단 육체뿐만 아니라 정신 건강에도 좋다. 동호회를 통해 불신자들과 함께하는 운동이라면 세상 사람들의 가치관과 관심사를 엿볼 수 있는 좋은 기회가 될 것이며, 동료 목회자들과 어울리는 운동이라면 목회 정보의 교환과 교제는 물론이거니와 속에 응어리져 있는 고민과 스트레스를 발산할 수 있는 탈출구 역할도 한다.

25) 한세완, 『평신도가 갈망하는 설교』(아가페, 1999), 157-58에서 재인용.

군대에서 별을 달기 위해서는 비만이어서는 안 되는 것같이 영적 장군인 목회자에게도 비만은 바람직하지 않다. 배는 불뚝하고 얼굴에는 기름이 번지르한 사람이 그리스도를 위해 고난을 받자고 외치면 아무래도 호소력이 떨어지지 않겠는가? 그러므로 목회자는 식습관도 잘 조절할 수 있어야 한다. 모임도 많고 식사할 기회도 많은 목회 생활이므로 칼로리를 조절하지 못하면 불규칙한 식사로 인해 금방 비만이 될 수 있다. 사람은 자기가 먹는 대로 되기 때문이다.

목사가 어느 정도의 취미 생활을 가지는 것은 좋은 일이다. 빌 하이벨스는 요트를 몰고 바다로 나가기를 즐기며, 척 스윈돌은 할리 데이비슨 모터사이클을 몰고 도로를 질주한다고 한다. 그렇게 잠시 동안 모든 것을 잊고 바람냄새를 맡으며 자연과 함께 호흡하는 것은 소진된 감정적 에너지의 재충전을 위해서 좋은 일이다.

그러나 취미에 중독되어 목회 사역에 지장을 초래할 정도가 되어서는 곤란하다. 밤낮 낚시질을 다녀서 사람 낚는 어부가 아니라 진짜 고기 낚는 어부로 전락해서는 안 된다. 바둑에 미쳐 강단에서 내려다보는 교인들의 머리가 검은 돌, 흰 돌로 보인다면 낭패가 아닐 수 없다. 취미생활은 그것을 통해 세상 돌아가는 것에 대해 견문도 넓히고, 폭넓게 인생을 이해하고, 정신 건강, 육체적 건강에 도움이 될 정도로 활용할 수 있으면 좋을 것이다.

긍정적인 인간관계들

어떤 목사는 "그리스도인은 언제 어디서나 풍성한 기쁨의 삶을 누릴 수 있다."고 강조하면서도 막상 설교하는 자신의 얼굴은 경직되고 일그러져 있다. 교인들은 목사가 당회원들과의 갈등과 스트레스 때문에 그렇다는 것을 금방 알아차린다. 그런 상황에서 그 메시지가 무슨 설득력을 갖겠는가? 목사가 가정이나 교회, 이웃들, 친구들과 원원만한 관계를 맺지 못하면 그것은 어떤 형태로든지 그의 설교 사역에 영향을 미치게 된다. 메시지를 확신 있게 외칠 수 없음은 물론이고, 설교자의 시각과 교인들을 포용하는 자세에 상당한 부정적인 영향을 미치게 된다.

데이비드 씨맨즈의『상한 감정의 치유』에 이런 얘기가 나온다. 한 목사가 씨맨즈에게 상담을 청해 왔다. 그는 늘 자기 아내를 힐난하고 비판하는 사람이었다. 아내가 하는 일에 대해서는 언제나 비난만을 일삼았다. 그래서 결혼생활이 거의 파경에 이르러 있었다. 목회도 늘 교인들을 질책하고 비판하는 설교를 해서 교회가 황폐할 대로 황폐해져 있었다. 상담을 계속하는 동안 서서히 원인이 드러났다. 그는 젊은 시절 군에서 휴가 나왔을 때 너무 외로워 한두 차례 윤락가에 출입한 일이 있었다. 그 후로 그 일이 계속 망령과 같이 그를 따라다니며 괴롭혔다. 수없이 회개했지만 양심의 가책에서 헤어날 수 가 없었다. 결혼은 했지만 자신은 아내를 대할 자격이 없다고 생각했다. 그 내재해 있는 고통과 죄책감이 다른 사람을 향한 파괴적인 행동으로 나타났던 것이다. 자신을 용납하지 못하니 다른 사람을 용납할 마음의 여유도 없었던 것이다.

나는 이와 같은 예를 종종 목도한다. 당장이라도 내적 치유를 받아야 할 목회자가 많다. 그러므로 설교자에게 건강한 자아상은 무엇보다 중요하다. 설교자는 그리스도 안에서 생을 밝고 긍정적으로 보는 낙천적인 자세를 가져야 한다. 자신을 바르게 사랑하지 못하는 사람은 다른 사람도 결코 사랑할 수 없기 때문이다.

설교자에게 가정의 중요성은 아무리 강조해도 지나치지 않다. 가정생활이 원만치 못한 사람에게 성공적인 설교 사역을 기대하기는 거의 불가능하다. 목회자는 자신의 사역을 모든 면에서 아내와 함께 나눌 수 있어야 한다. 어떤 사람은 교회에서 생긴 일을 집에 와서는 일체 노코멘트로 일관하는데 그런 태도는 아내에게 큰 소외감을 안겨 주고 결국은 서로 간의 신뢰에 심각한 문제를 야기한다. 평생을 서로 돕는 배필로 살도록 부름 받았다면 사역을 통해 얻는 기쁨과 슬픔, 염려와 짐도 함께 나누는 것이 마땅하다. 자녀 양육 문제 만 어느 정도 해결되면 심방이든 모임이든 목회자는 부부가 늘 함께 움직이는 것이 좋다.

목사들에게는 대개 신학교 동기생 모임이 있다. 그런데 동기생 모임에 부부가 함께 오지 않고 늘 혼자 오는 사람은 대개 가정에 문제가 있는 사람이다. 그런 사람은 목회도 순탄치 않다. 필자가 가 본 어느 교회는 특이하게 당회로 모일 때 부인들까지도 함께 모이는 것을 제도화하고 있었다. 그렇게 하면 부인들 앞에서 싸울 수는 없으니 당회 분위기가 좋고, 시간도 빨리 마쳐서 좋고, 당회 마치고 자기 집에 가서 새로 당회하는 일이 없어서 좋고, 모든 것이 다 좋다고 한다.

가정은 설교자에게 복음을 이해하는 깊이를 더해 준다. 우리는 부부생활이나 부모 자식의 관계 속에서 하나님의 무조건적인 사랑과 인내, 희생과 용서를 더 깊이 이해할 수 있다. 성경이 하나님의 용서를 탕자를 용서하는 아버지에 비유하며, 하나님의 사랑을 음녀가 된 아내를 받아들이는 남편에 비유하는 것은 우연이 아니다. 필자는 설교 중에 가족에 관한 이야기를 예화로 자주 드는데 그것은 복음의 진수를 보여 주는 데 가정만큼 설득력 있는 자료가 없기 때문이다.

설교자에게는 폭넓고 다양한 친구 관계를 가지는 것도 중요하다. 친구를 통해 우리는 세상을 향한 균형 잡힌 시각을 얻을 수 있고, 다양한 체험의 세계를 접할 수 있다. 때로는 우정 어린 충고 한마디가 백 권의 책을 읽는 것보다 더 목회 사역에 도움이 될 때도 있다.

신학생들 중에는 대학을 갓 졸업한 사람도 있고 여러 해 직장생활을 거쳐 사십이 넘어 입학한 사람도 있다. 그런데 가만히 보면 늦깎이 학생이 공부는 힘들게 따라가지만 막상 설교나 목회 사역에서는 더 원숙하고 깊이가 있음을 목도하게 된다. 자신의 다양한 인생 경험이 삶을 이해하는 깊이를 더해 준 것이다. 심지어는 고난마저도 유익할 때가 많다. 고난과 시련의 골짜기를 통과해 본 사람이 가슴속에서 토해내는 한마디는 그렇지 못한 사람이 머리에서짜낸 한마디와 무게가 같을 수 없다. 루터는 "기도와 연구와 고난이 목회자를 만든다."Prayer, study and suffering makes a pastor.고 했다.

그러므로 설교자는 가정이나 친구 문제에 있어서 밝고 건강한 관계를 유지하기 위해 각별히 신경을 써야 한다. 그들의 위로와 격려는 인간 설교자에게는 사막에서 만나는 생수와 같다. 그런 관계성 속에서 설교자는 배우고 성장하며, 그들에게 더욱 많은 것을 줄 수 있는 사람으로 서게 된다. 설교자를 둘러싸고 있는 다양한 인간관계는 그를 감화력 있고 사려 깊은 복음의 증거자로 세우기 위해 준비되어 있는 보이지 않는 서재요 기도실과도 같다.

우리가 결론지을 수 있는 것은 설교자의 삶 전체가 그의 설교 사역에 그대로 투영된다는 것이다. 킬링거는 포스딕이 감화력 있는 설교자가 될 수 있었던 이유에 대해 이렇게 말한다.

> 포스딕은 설교에 관해 "자신의 생명의 피에 회중을 흠뻑 젖게 하는 것"이라고 말했다. 그는 자기 삶의 모든 것, 즉 창조적인 에너지, 가정과 인간관계, 학문적인 일, 상담 등을 자기의 목소리를 들으려고 앉아 있는 사람들에게 희망과 새 삶을 주는 설교로 전해 주는 것, 그 단 하나의 위대한 일에 초점을 맞추었다. 그는 단지 설교만 하지 않았다. 자서전인 『요즈음의 삶』이란 책을 읽어보면 누구나 알 수 있듯이, 그는 특별하게 풍성한 삶을 살았다. 그러나 그는 경건한 생활, 지적인 노력, 강인한 체력, 풍성한 인간관계 등 이 모든 것을 설교를 준비하고 전달하는 데바쳤다.[26]

설교 작성이란 설교자의 영감과 지식과 경험과 인간관계의 모든 것을 녹여서 만들어 내는 종합예술과도 같다. 한 편의 설교를 위해 우리는 평생을 바친다.

---

26) John Killinger, *Fundamentals of Preaching*, 곽주환 역, 『평생 유용한 설교방법의 백과사전』(서울: 도서출판 진흥, 1997), 304.

3장

강해설교로의 부름

설교에는 다양한 형태가 있다. 설교는 성경 본문에 담겨 있는 진리로서 청중에게 바른길을 제시하는 것이지만 그것을 어떤 방식과 어떤 구조로 구성하느냐는 다양성을 가질 수 있는 문제이다. 예컨대 명제적 진리를 먼저 선포하고 그것을 증명해 나가는 연역적 설교가 있는가 하면, 본문의 스토리를 들려준 후에 청중이 스스로 진리를 깨닫게 하는 귀납적 설교도 있다. 설교의 목적에 따라서는 구원의 진리를 선포하는 선포적 설교가 있는가 하면, 성도들을 믿음 안에서 세우는 교육적 설교, 교인들이 세상에서 부딪치는 다양한 문제들에 대해 말씀으로 그 해결책을 제시해 주는 목양적 설교, 교인들이 세상 속에서 빛과 소금으로 살도록 도전하는 예언적 설교 등이 있다. 설교 구성의 측면에서 보면 본문을 따라가면서 해석하는 주해설교, 성경 어휘의 다양한 용법에 초점을 맞추는 관주설교, 하나의 토픽을 선정해서 그것을 중심으로 설교를 구성하는 제목설교, 본문으로부터 중심 사상과 대지들을 파악하여 설교하는 강해설교 등이 있다.

이 중에 꼭 어떤 형태만을 사용해야 한다고 고집할 필요는 없다. 교회의 형편과 교인들의 영적 상태에 따라 설교는 다양한 옷을 입고 나타날 수 있다.설교 형태의 다양성으로 인해 예배 중에 선포되는 하나님의 말씀은 더욱 풍성하고 부요해질 수 있다. 다만 한 가지 분명한 사실은 본문의 중심 사상을 가장 정확하게, 효율적으로 전달할 수 있는 것은 강해설교의 형태라는 것이다. 그러므로 이 장에서는 설교의 각 형태를 설명한 후에 강해설교의 장점을 집중적으로 소개하려고 한다. 먼저 교회 안에서 설교형태가 어떻게 변화되어 왔는지 그 변천의 역사를 살펴보기로 하자.

설교 형태의 변천사

신약시대의 설교

기독교는 태동의 때로부터 '말씀의 종교'로 시작되었다. 땅에 오신 예수 그리스도의 첫 사역은 하나님의 복음을 전파하는preaching 것이었다막 1:15. 회당예배의 형식을 빌려 행해진 예수님의 설교는 철저하게 구약의 본문을 해설하는 주해적 설교였다눅 4:16-22 참조. 또한 "이 글이 오늘날 너희 귀에 응하였느니라."눅 4:21는 선언에서 볼 수 있듯이 본문의 메시지가 현실의 삶에 던져 주는 의미를 추구하는 예언적 설교였다. 브릴리오드는 예수의 설교를 다음과 같이 규정한다. "신적 권위로 현재를 향해 외치며, 역사적 계시를 그 시대의 역동적 현실로 변형시키는 것이 예언의 본질인 한 그의 설교는 깊은 의미에서 예언적이었다."[1]

예수님의 설교의 주제는 언제나 하나님의 나라와 연관되어 있었다. 그러나 예수님은 그것을 지적, 윤리적 범주 안에서 다루기보다는 그것이 구체적인 삶과 연관될 때 어떤 모습으로 나타나는지를 집중적으로 밝히셨다. 그분이 다룬 토픽은 염려, 분노, 성, 재물, 의심, 믿음, 기도, 금식, 위선, 결혼과 이혼, 세금, 청지기직 등 광범하고 다양했다. 예수님은 진리를 구체화하셨을 뿐 아니라, 농부와 어

---

1) Yngve Brillioth, *A Brief History of Preaching*, 홍정수 역, 『설교사』(서울: 신망애출판사, 1987), 18.

부, 서민들, 종교인들과 같은 다양한 계층을 대할 때 그들에게 적절한 소재와 어휘를 사용하심으로 진리를 소박하고 단순하게설명하셨다. 자주 이야기 형식의 비유를 사용함으로 청중 스스로 진리를 깨우치도록 유도하는 귀납적 방법을 구사하셨다. 1980년대에 들어 미국 강단에서 유행하기 시작한 이야기체 설교Narrative preaching의 주창자들은 자신들의 귀납적 방법론이 한결같이 예수님의 비유 사용을 그 효시로 하고 있음을 주장한다.[2]

사도들의 설교

사도들의 초기 설교 사역은 주로 가정이나 회당에서 소수의 사람들을 대상으로 이루어졌다. 그런 설교는 사적 대화와 유사한 개인적이고 직접적인 형태의 담화였다. 사도 바울은 자연이나 시, 예술, 전쟁, 체육 등과 같은 일상적 삶에서 소재를 끌어와 논증하기를 즐겨했다. 기독교가 전파되어 감에 따라 점차 이방 기독교와 유대 기독교 사이에 뚜렷한 대조가 생기게 되었다. 이방 기독교에서는 카리스마적 언설言說이 우세했고 설교의 어떤 고정된 형식이 없었다. 반면 유대 기독교는 회당 전통에 의존했는데 선포는 보통 본문의 해석에 기초를 두었다.[3]

사도시대 설교의 주제는 언제나 자신들이 경험한 케리그마kerygma였다.[4] 하나님의 나라가 예수 그리스도의 십자가와 부활로 말미암아 도래하게 되었고, 교회 안에 임한 성령이 그 현재적 축복의 증표는 케리그마는 사실상 신약 성경 전체의 요약이고 핵심이다. 이러한 구속사의 사건을 설교의 주제로 삼은 전통이야말로

---

2) Eugene L. Lowry, *How to Preach a Parable* (Nashville: Abingdon Press, 1989), 19-21; Ralph Lewis and Gregg Lewis, *Inductive Preaching* (Wheaton, Illinois: Crossway Books, 1983), 67ff.; Ralph Lewis and Gregg Lewis, *Learning to Preach like Jesus* (Westchester, Illinois: Crossway Books, 1989), 15-34. 귀납적 설교방식에 이론적 바탕을 놓은 크래독은 구약 저자들의 기술방식 자체가 이야기를 통해 메시지를 전달하는 것이었다고 한다. Fred B. Craddock, *Overhearing the Gospel* (Nashville: Abingdon, 1978), 57ff.

3) Brillioth, op. cit., 30.

4) Charles. H. Dodd, *The Apostolic Preaching and Its Developments: Three Lectures with Appendix on Eschatology and History* (New York: Harper & Row, 1964), 27. 사도시대 설교의 주제를 *kerygma*라는 한 가지 개념으로 파악한 것은 Dodd의 기념비적인 업적이다.

사도들이 기독교 설교 전통에 이바지한 최대의 공헌이라고할 것이다.

교부시대의 설교[5]

기원 후 몇 세기 동안 교회의 언어는 헬라어였다. 서방교회에서 처음 얼마 동안은 헬라어로 설교가 이루어졌다. 기독교의 설교는 그 당시 마지막 전성기를 구가하던 헬라 수사학rhetoric의 영향권에 놓여 있었다.[6] 고대인은 수사학을 최대의 예술 형태로 생각했으며, 고대 후기의 교육은 주로 수사학교에 의존하고 있었다. 따라서 그 시대를 살던 교회도 수사학의 영향을 배제하기는 불가능했을 것이다. 수사학의 유산을 물려받음으로 설교는 사도시대에 볼 수 있었던 대화하며 묻고 질문하던 소박한 방식에서 탈피해 점차 일방적 전달의 형태를 갖추게 되었다.

우리는 폴리갑에게 보내는 이그나티우스의 편지에서 처음으로 *homilia*(설교)란 말을 발견한다. 이것은 '회중에게 선포되는 말씀'을 뜻하는 헬레니즘적 관용어로서 '교훈적 언설'이란 의미를 가지고 있었다.

대부분의 교부들은 수사학과 웅변술의 훈련을 잘 받았으며 크리소스톰이나 어거스틴과 같이 그 방면의 교사들도 있었다. 그 시대 수사학의 스타일은 복음의 단순함과는 어울리지 않게 화려하기까지 했다. 어떤 설교자들은 진리보다는 웅변이나 표현, 혹은 문장 등에 더 신경을 썼고, 멋있는 말이나 비유를 하나님의 말씀을 전하는 수단이 아니라 그 자체를 목적으로 남용하는 경향도 있었다. 설교자의 말에 사람들이 소리를 내어 박수갈채를 보내거나 환호하는 일이 흔히 있었으며, 손수건을 흔들거나 옷을 공중에 던지기도 했다.[7]

---

5) Joseph T. Lienhard, S.J., "Preaching in the Apostolic and Subapostolic Age," ed. David G. Hunter, *Preaching in the Patristic Age* (New York: Paulist Press, 1989), 19-35를 참조하라.

6) 크랙은 "헬라 설교는 성경적 교훈의 필요성과 비성경적인 헬라 수사학의 개념이 함께 어우러진 혼합주의의 결과"라고 한다. Kevin Craig, "Is the 'Sermon' Concept Biblical?", *Searching Together* 15(Spring/ Summer 1968): 28.

7) DeWitte T. Holland, *The Preaching Tradition* (Nashville: Abingdon, 1980). 홍성훈 역, 『설교의 전통』(서울: 도서출판 소망사, 1986), 30.

그러나 전체적으로 보아 교부시대는 설교의 이론과 기술에 있어서 대체적으로 빠르게 성장한 시대였다. 그들의 설교와 저술-속기에 의해 기록된 구두 강화가 많았다-은 사상이 풍부하고 감동적이며, 품위가 있으며, 어떤 것은 탁월한 수사의 귀감이 된다. 현존하는 설교문을 보면 대개 30분이 채 안 되는 길이지만 어떤 설교는 한 시간 가량 걸리는 것도 있다. 4세기경의 예배에는 성구집lectionary을 따라 세 번의 성경봉독이 있었는데 설교는 그 봉독들과 시편으로 하는 응답송이 있은 후에 이루어졌다. 설교는 세 번의 봉독을 연결시켜 구성하는 경우가 많았는데 일반적으로 본문에 관해 연속된 주석을 가하는 해설적인 방법이 사용되었다. 먼저 주어진 구절의 의미를 상세히 풀이한 다음에 특정한 상황이나 경우에 맞게 적절히 적용시키거나 교훈을 주는 방식이다.

희랍식 설교는 오리겐185년경-254년경의 주석적 설교에서 꽃을 피우게 된다. 그는 연속 강해를 했는데 175편의 설교문이 현존하고 있으며 그중 39편은 누가복음에서, 나머지는 대부분 구약에서 설교한 것이다. 그는 사람이 몸, 혼, 영으로 나누어져 있듯이 성경의 단어도 문자적, 도덕적, 신비적인 의미를 가진다고 주장한다. 그중에서도 그는 자주 신비적 의미에 치중하였다. 예컨대 다윗의 물맷돌 다섯 개가 곧 모세오경을 가리킨다는 식이다. 이런 알레고리적 해석은 그가 물려받은 스토아적 전통의 영향이기도 하려니와, 도덕적 교훈으로 해석하기 곤란한 구약 본문을 대할 때 해석학적 기초가 미미하던 그 당시로서는 어쩔 수 없는 돌파구로 채택한 것으로 보인다. 주석이라는 면밀한 문헌학적 연구를 무제한적 영적 해석으로 변형시켜 버린 오리겐식의 해석방법은 교부시대와 그 후의 중세에 이르기까지 설교자들에게 지대한 영향을 미치게 된다.

희랍식 설교는 크리소스톰337년경-407년에 이르러 최고봉을 이루게 된다. 그의 이름이 '황금의 입'(헬라어 Chrysostomos에서 유래함)이란 의미를 가진 것이나, 교황 비오 10세가 그를 설교자의 수호성자로 명명한 것은 우연이 아니다. 그는 오랜 기간 동안 매일 설교했으며, 하루에 두 차례씩 설교하기도 했고, 어떤 때는 준비

없이 즉흥적으로 설교하기도 했다. 현존하는 설교문만해도 610편이 넘는다.

크리소스톰은 알렉산드리아 학파의 알레고리적 해석을 거부하고 안디옥 학파의 계열을 따라 사실적이고 정확한 성경해석에 치중했다. 그는 오리겐주의의 유혹에서 벗어나 그 시대인들과는 대조적으로 본문의 한 절 한 절을 문헌적, 사실적으로 강해했다.[8] 이것은 그가 고대의 다른 강해자들과는 달리 비유의 본질을 파악하고 있었으며 비유와 은유의 차이를 정확히 이해하고 있었음을 보여 준다. 그는 설교자의 임무는 본문을 정확하게 강해하는 것이라는 확신 위에 서 있었다. 나아가 그의 설교에는 적절한 적용과 도덕적 삶을 담대하게 요청하는 열정이 있었다.

라틴 설교는 터툴리안160년경-220년경 시대로부터 그 족적을 찾아낼 수 있으나 4세기 북부 이탈리아 교회의 최고의 설교자는 암브로우스였다. 시편 119편과 누가복음 강해가 그가 남긴 중요한 설교 유산이다. 그의 설교에는 알레고리는 많지 않으며, 설교를 대조구절에 의존해서 구성한 것이 특징적이다. 그가 밀란에서 설교할 때 매 주일 어거스틴이 그 설교를 경청하면서 지대한 영향을 받았다는 것은 특기할 만하다.

라틴 설교는 어거스틴354년-430년에 이르러 절정을 구가하게 된다. 이 때에 이르러 라틴 설교는 희랍의 영향권에서 벗어나 독자적 형태를 띠게 된다. 어거스틴은 근면하고 정열적인 설교자로서 그가 남긴 600편 이상의 설교문은 초기 교회의 설교에 대한 광범한 자료가 되고 있다. 그는 요한복음, 요한일서, 시편 등을 연속 강해했으며, 교회력에 따른 절기설교도 했다. 그는 날마다 설교하기도 했으며, 독경사가 실수로 그 날에 읽기로 지정된 시편이 아닌 다른 시편을 봉독하는 바람에 뜻하지 않게 즉흥적으로 설교한 적도 있었다.

---

8) Philip Shaff, *A Selected Library of the Nicene and Post-Nicene Fathers* (reprint, Grand Rapids: Eerdmans, 1983), 9:17.

어거스틴의 설교문은 설교 현장을 생생하게 연상할 수 있을 정도의 분명한 구어체 문장으로 되어 있는데 이것은 설교사에서도 보기 드문 일이다. 그는 설교 원고에 얽매이지 않았고 청중과의 끊임없는 대화를 통해 살아 있는 말씀의 능력을 생생히 전하려고 노력했다. 이것은 그가 받은 수사학적 조예와 웅변 교사로서의 광범한 경험을 암시해 주는 대목이다. 그는 청중을 자주 "*Caritas Vestra*"(너희 사랑하는 자들)이라고 불렀으며, 이 애정 어린 시선 앞에서 청중은 종종 눈물을 흘리며 그의 말을 경청했다고 한다.

그의 저작 『기독교 교리에 관하여』De Doctrina Christiana의 제4권은 교회사상 최초의 설교학 교과서라고 할 수 있다. 그는 여기서 영적 강설의 기술에 관해 논하고 있는데, 고전적 수사학의 원리를 설교의 목적과 다양한 표현 양식에 적용시켜 설명하고 있다. 그는 설교자의 임무를 *docere*(가르치다), *delectare*(기쁘게 하다), *flectere*(영향을 주다)라는 세 단어로 설명한다. 즉 청중의 지성과 감성과 의지에 호소하는 전인적인 접근을 강조한 것이다.

어거스틴은 시편, 복음서, 요한일서 등을 강해했다. 본문 해석은 문자적, 본질적 의미에 치중했으나 알레고리적 해석도 적지 않다.[9] 그러나 알레고리로 해석할 때에도 성경의 중심적 개념에서 이탈하지 않으려 한 것은 분명해 보인다. 때로는 신약은 구약 안에 숨어 있으며 구약은 신약 안에 계시되었다고 하는 모형론적typological 관점을 따르기도 했다. 본문의 의미가 신앙적으로 가치가 있는 경우라면 빠뜨리지 않고 그 의미를 구체적인 삶에 적용하려고 노력했다.[10]

중세시대의 설교

5세기에 이르면 교회 내에서의 설교 사역이 현저히 감퇴하게 된다. 홀란드는 그 원인을 다음과 같이 든다. 첫째, 참회와 고행을 중요하게 여기는 금욕주의가

---

9) G. Wright Doyle, "Augustine's Sermonic Method", *Westminster Theological Journal 39*(Spring 1977): 215, 234-35.
10) Brillioth, 『설교사』, 82.1983), 9:17.

대두됨에 따라 말씀 선포의 중요성이 반감되게 되었다. 둘째, 예배가 의식적인 면에 치중하게 됨으로 케리그마의 선포로서의 설교는 뒷전으로 밀려나게 되었다. 셋째, 기독교가 국교가 됨으로 모든 사람이 명목상으로는다 신자가 되었다. 따라서 교회는 회개와 하나님의 뜻에 대한 복종을 강조하는 설교 사역보다는 교회의 의식과 법규를 더 강조하게 되었다. 넷째, 교회가 권력과 금력에 맛을 들여 세속화되면서 영적으로 어두워지게 되었다.[11]

중세로 진입하면서 점차 미사는 의식 위주가 되었고 설교가 차지하는 비중은 미약해졌다. 설교는 미사의 필수적 순서에서 점차 밀려나 특별 참회일이나 사순절과 같은 금식 기간, 축제일 등에만 행해지게 되었다. 지역에 따라서는 오랜 세월 동안 설교가 전혀 행해지지 않는 곳도 많았다. 사제들은 교육적 수준이 낮아서 성경 해설을 감당하기에 역부족이었으므로 설교는 주로 감독들의 직무가 되었는데, 감독들도 교부들의 설교나 교황 그레고리 같은 사람들의 설교에 의존하는 경우가 많았다. 로마교회는 인가 받지 않은 설교자나 잘못된 교리를 전파하는 설교자를 제한한다는 취지에서 설교자의 자격을 제한하는 데만 관심을 기울였다.

그런 가운데 중세교회의 설교 사역은 수도원주의에 의해 근근이 연명되었다. 13세기 초에 설립된 도미니크 수도회와 아시시의 프란체스코의 가난한 형제단(탁발수도사들)은 '설교하는 형제들'fratres praedicatores이라고 불렸다. 도미니크 수도회에는 설교를 통해 이교도들을 개종시키는 책임이 주어졌으며 그들의 영향력 아래 대중 설교의 부활이 서구 전역에서 일어났다. 많은 군중이 그들의 설교를 듣기 위해 모여들었으며 야외 설교가 정기적인 관례가 되었다. 프란체스코 수도사들의 설교는 조용했으며 좌담식인 데 반해, 도미니크 수도사들은 대단한 박력과 열정을 가진 설교자들이었다. 이들 모두 설교가 거의 행해지지 않던 시기에 설교 사역을 감당함으로써 설교이론과 관행에 중대한 공헌을 하였다.

---

11) Holland, *The Preaching Tradition*, 31ff.

트렌트 종교회의의 신조에 의하면 "성경과 하나님의 율법을 선포하는 것" sacram scripturam divinamque legem annuntiare이 설교자의 의무이다. 이처럼 중세설교에도 성경적 설교에 대한 원칙적 동의는 있었으나, 신학과 철학을 융합시킨 스콜라철학의 영향과 아리스토텔레스 류의 논리학의 영향 아래 이성이 우위를 점하고 분석과 추론이 중시됨으로 실제로는 성경적 설교가 희귀했다.[12] 본문 해석에 있어서 중세 설교자들은 라틴 설교의 전통 속에서 오리겐의 유산을 물려받아 더욱 발전시켰다. 그들은 본문 속에서 문자적 의미, 도덕적 (비유적) 의미, 풍유적 의미 allegorical의 삼중적 의미를 찾았다. 때로는 제4의 의미, 즉 신비적 의미analogical가 추가되기도 했다. 예를 들면 예루살렘은 문자적 의미로는 유대의 수도를 의미하지만, 도덕적으로는 공동체 생활의 질서 정연한 상태를 뜻하며, 풍유적으로는 교회를, 그리고 신비적으로는 거룩한 도성, 곧 영원한 생명을 뜻한다는 식이다. 이런 해석의 풍토 가운데서 진정한 주석설교의 가능성을 기대하기란 어려운 일이다. 이런 해석의 남용은 에카르트 같은 소위 '영적인 설교자들'에게서도 현저하게 나타난다. 또한 설교가 도덕적 덕목의 강조로 흘렀다. 성경 본문을 윤리적 교훈의 출발점으로 삼았으며 설교의 목적을 주로 참회와 금식과 선행에 대한 교회의 교훈을 강조하는 데 두었다.

이 시대의 설교구성론에 대해서는 14세기 영국 설교자인 베이스본의 로버트가 쓴 *Forma Praedicandi*(설교의 형식), 수도사 웰리즈의 토머스Thomas of Waleys가 쓴 *De Modo Componendi Sermones*(설교의 준비 방법) 등이 관심을 끈다. 그들에 의하면 설교자는 우선 주제thema를 발견해야 한다. 나무 둥치로부터 가지가 뻗어나듯이 전체 설교는 주제로부터 유기적으로 발전해야 한다. 설교의 서두에서 주제의 도입introductio thematis을 여러 가지 방법으로 할 수 있다. 주제를 분할divisio thematis하여 대지를 구성해야 하는데 3중 분할이 청중을 지치게 할 가능성이 가장 낮은 것으로 권장되고 있다. 소분할(소지)도 가능하다. 분할에 대한 지침은 매우

---

12) Erwin R. Gane, "Late-Medieval Sermons in England: An Analysis of Fourteenth-and Fifteenth-Century Preaching", *Andrew University Seminary Studies* 20(1982): 201-03.

세부적이고 때로는 까다롭기까지 하다. 마지막으로 분할의 완성부가 나온다. 여기서 예화라든지 성경의 증거구절, 교부들의 저작물 등이 재료로 사용된다. 이러한 필수적 요소 이외에 기교를 부리는 장식 부분이 아주 많은 것이 특징이다.[13]

중세 설교자들은 예화를 과도하게 사용했다. 설교자들을 위한 갖가지 예화집이 범람했는데 그것들은 이야기나 기적 사화, 일화, 우화, 여행담, 모험담 등을 총망라하고 있었다. 설교문과 요지를 수록해 놓은 설교집도 나돌았다. 그중에는 *Dormi Secure*(안심하고 자라)라는 적나라한 제목이 붙은 것도 있다. 설교에 관한 자료를 집대성해 놓은 대설교사전도 볼 수 있다. 서민들의 삶을 반영하는 이러한 문집들이 번창함으로 설교가 중세의 대중 문학발전에 중요한 한 요인이 되었다.

말씀이 희귀했던 중세의 암흑을 깨우는 신호탄은 존 위클리프로부터 시작되었다. '종교개혁의 샛별'이라고 불리는 위클리프는 설교의 중요성을 옹호하는 일에 열심을 다했다.[14] 그는 설교자는 청중들의 모국어로 설교해야만 참된 교훈이 된다는 것을 강조하면서 성경을 영어로 번역하였다. 그의 라틴어설교는 스콜라적 특징을 나타내며 풍유적 해석의 지배를 받고 있으나, 영어설교는 실제적이고 대중적이며, 성경에 기초를 둔 설교였다. 또 다른 선각자인 윌리엄 틴데일은 본문의 해석방식을 문자적literal 해석, 모형론적typolical 해석, 풍유적allegorical 해석, 유추적analogical 해석의 네 가지로 구분하면서 문자적 해석이 모든 해석의 뿌리요 기초라고 강조하였다.

에라스무스 같은 인문주의자는 헬라성경을 통한 원문 공부와 출판을 장려함으로 본문에 충실하기 원하는 강해설교의 발전에 기여했다.[15] 그러나 그의 설교는 플라톤주의의 영향 아래 도덕적 특성을 노출하고 있으므로 복음의 기본주제

---

13) Brillioth,『설교사』, 115-19.

14) Clyde E. Fant and William M. Pinson eds., *Twenty Centuries of Great Preaching* (Word Books, 1971), Vol 1, 234.

15) 종교개혁자들의 설교에 대해서는 Paul Scott Wilson, *A Concise History of Preaching* (Nashville: Abingdon, 1992), 87-106을 참조하라.

는 잘 드러나지 않는다.

종교개혁시대의 설교

종교개혁자들의 가장 큰 공로는 말씀을 회복한 것이었다. 그들은 '오직 성경'*Sola Scriptura*이라는 구호와도 같이 설교가 예배의 중심이 되어야만 한다고 역설했다.[16] 루터는 성경의 모든 책 안에는 구원에 관한 단일 메시지가 선포되어 있다는 성경관 위에 확고히 서 있었다. 그는 본문의 자유로운 구사를 통해 믿음으로 의롭게 된다는 이 한 가지 복음이 들려지게 하려고 노력했다. 때로는 이러한 강조가 지나쳐서 시편 저자가 분명히 자신의 행위로 말미암는 의를 지칭하고 있는 본문조차 믿음에 의한 의로 해석하기도 했다. 그에게 있어 설교란 구원의 소식을 입으로 선포하는 임무 바로 그것이었다. 이런 확신 가운데 그는 비텐베르그에서는 주일에 세 번씩 설교했다. 새벽설교는 서신서를 본문으로 했고, 오전 예배에는 복음서를 가지고 설교했으며, 오후에는 성경의 특정한 책을 연속적으로 다루었다. 평일에도 매일 설교하는 정열적인 사역을 감당했다.

루터는 주석서를 많이 저술함으로 강해설교자로서의 면모를 유감없이 드러내었다. 그는 문자적 의미에 치중했으나 때로는 영적 해석을 추구하기도 했다. 그는 설교는 단순해야 하고 성경연구는 겸손히 해야 한다는 지론을 가지고 있었다. 청중에게 진리를 납득시키고 그들을 감동시키려는 간절한 열망이 그로 하여금 설교의 짜여진 형식을 무시하고 단순화한 설교를 선호하게 만들었던 것이다. 그는 될 수 있는 대로 "단순하게 아이들같이, 대중적으로, 그리고 통상적으로" 가르칠 수 있는 자가 최선의 설교자라고 주장했다.[17] 어떤 자세로 설교해야 하는가에 대한 그의 조언은 뛰어난 유머 감각을 느끼게 한다. "첫째, 강단에 올라가야 한다는 것을 기억하라. 둘째, 얼마간 거기에 머물러야 한다는 것을 생각하라. 셋

---

16) 흔히 "에라스무스는 달걀을 낳았고 루터는 그것을 부화시켰다."고 하는데 그것은 옳은 말이다.
17) Martin Luther, *Table Talk* (Philadelphia: Fortress, 1967), 382-84.

째, 다시 내려와야 한다는 것을 기억하라."

개혁자 츠빙글리는 언어와 주석에 탁월한 사람이었다. 그는 성경을 원문으로 깊이 연구하여 하나님의 뜻을 밝히는 데 주력했다. 그에게 있어 가장 이상적인 설교자의 모델은 크리소스톰과 어거스틴이었다.

제네바의 개혁자 존 칼뱅1509년-1564년은 주일마다 두 번씩, 주중에는 한 번 설교했으며 구약에서만 2,000번 이상을 설교한 열정적인 말씀의 종이었다. 그가 설교하고 가르친 것은 오늘날 방대한 주석으로 남아 있다. 그가 가진 본문 중심적 설교의 신념은 다음과 같은 말에서 잘 드러난다. "설교에서 중요한 것은 성경을 연구해서 설명한다는 것이다. 그것을 어떻게 설명하는가 하는 것은 부차적인 일이다."[18]
그는 설교를 철저하게 본문을 해석하는 것으로 이해했으며 본문의 자연스럽고 참된 성경적 의미를 찾으려 애썼다. 그리고 본문의 진리를 가지고 회중의 삶과 체험에 적용시키려고 노력했다.[19]

대중적인 설교자로서 칼뱅은 루터에 미치지는 못했다고 볼 수 있다. 그의 설교는 건조하고 객관적이며, 때로는 딱딱하기까지 했다. 그러나 그의 깊이 있는 성경해석과 주석적 관심은 개혁파 교회에 지대한 영향을 미쳤다. 그는 본문이 복음서든 구약이든 그 본문의 위치에 대해 근시안적인 제약을 받지 않고 오직 그 내용만을 심오하게 분석해 들어감으로써 말씀이 청중에게 하나님의 메시지가 되게 하려고 노력했다. 칼뱅에 이르러 교회는 비로소 알레고리에서 완전히 벗어나 전통적 주석방식을 확립하게 되었다고 할 수 있다. 또한 그는 구약성경을 놀라울 만큼 많이 인용함으로써 성경의 통일성에 대한 확고한 믿음을 심어 주었다.

---

18) T. H. L. Parker, *Calvin's New Testament Commentaries* (Grand Rapids: Eerdmans, 1971), 50.
19) John H. Leith, "Calvin's Doctrine of the Proclamation of the Word and Its Significance for Today in the Light of Recent Research", *Review and Expositor* 86(1989): 32, 34.

청교도시대의 설교

종17세기경 미국의 청교도 사회에서 목사는 지역사회의 영향력 있는 지도자였다. 그들은 하나님의 사자로서 영적 양식도 공급해 주었지만 시민 생활 전반에 대해서 조언해주는 훌륭한 상담자이기도 했다. 그러나 무엇보다 그들은 설교자였다. 청교도 목사들은 제단 대신 강대상을 강단 중앙에 위치시킴으로 설교가 예배의 중심 순서임을 표현했다.

청교도 설교는 하나님의 말씀에 대한 충실한 강해가 특징이었다.[20] 때로는 세 시간씩이나 걸리는 긴 설교였고 신학 강의와 같은 냄새를 풍길 때도 있었지만 기본적으로 본문을 분석하고 해석하는 데 치중했다. 청교도들은 본문에서 대지와 소지를 나누어 설교를 구성하는 방식을 선호했다. 설교의 주제를 논리적으로 전개하기 위해 필요하면 때로는 본문에 없는 사상이라도 대지로 첨가하기도 했다.[21]

18세기의 설교

18세기의 설교는 감리교의 창시자인 존 웨슬리와 휫필드 두 사람으로 대변된다고 하겠다. 웨슬리는 하루에 5번씩, 한 주간에 15번 이상을 설교했으며 일생 동안 4만 번의 설교를 했다. 휫필드도 브리스톨교회에서 3만명, 어떤 때는 5만 명의 군중 앞에서 설교한 대중적인 설교자였다. 그의 설교는 운율적인 음성과 변화 있는 표현의 명쾌함이 특징이었다.

웨슬리나 휫필드의 설교는 개혁파 교회의 설교와 같이 주석적이지는 않았다. 대개짧은 본문을 자유로이 선택하여 설교했는데 화목, 죄, 은총 등과 같은 성경의 중심 메시지를 생동적인 말씀으로 전달하려고 노력했다. 웨슬리에게는 이 중심 주제가 성화에 대한 열망으로 연결되어 있으며 이것이 이후에 일어난 감리교

---

20) D. M. Lloyd-Jones, *The Puritans: Their Origins and Successors* (Edinburgh: Banner of Truth, 1987), 375, 378, 서문강 역,『청교도 신앙-그 기원과 계승자들』(서울: 생명의말씀사).
21) Frederick Roth Webber, *A History of Preaching in Britain and America* (Milwaukee: Northwestern, 1957), 1:202-03.

의 윤리에 그대로 반영되어 있다. 휫필드에 있어서는 성화에 대한 강조가 예정론과 연결되어 있으며, 그럼으로써 회개에 대한 그의 요청은 강력한 설득력을 발휘할 수 있었다.[22]

이들은 모두 '당신'에게 말한다고 하는 개인을 향한 언설 형식을 사용했는데, 이것은 전통적 설교의 점잖은 권면과는 대조적이다. 초대 감리교 설교의 특징으로 인식된 이런 방식은 후대의 부흥사들에게 그대로 전수되게 된다.

미국에서는 조나단 에드워즈가 칼빈주의의 기본 교리, 즉 하나님의 절대주권을 힘 있게 선포함으로 대각성운동의 발단을 장식했다. 그의 '진노하시는 하나님의 손 안에 있는 죄인들'이라는 설교는 성령의 강력한 역사가 나타나서 큰 회심을 일으킨 설교로 유명하다. 그는 교리를 교인들의 영적 삶에 적절하게 적용시키는 방식을 선호했다.

19세기의 설교

스펄전은 좌석 6만 석의 메트로폴리탄 터버너클교회에서 목회했는데 그 교회는 30년 동안 매주 만원을 이루었다. 그는 즉흥적 설교를 하거나 요점만 담겨 있는 요약 원고를 가지고 하는 방식을 주로 사용했다. 설교의 구성은 본문을 성경적 아이디어에 따라 조직화했으며 때로는 본문에 언급되지 않은 것도 첨가시키기도 했다. 그는 청교도의 전통을 따라 신구약 성경 전체에서 설교 본문과 주제를 가져왔지만 특히 죄의 심각성과 은총의 부요함을 강조함으로 바울주의적인 복음노선에 섰다.

스펄전은 특히 청중에게 전달하는 능력이 탁월했다. 그는 종종 대화식으로 설교함으로 청중의 집중을 유도했으며, 예화는 중세의 소재를 가지고 시대에 맞게 적절히 사용하기를 좋아했다.

맥클라렌은 성경을 자신이 세운 철저한 연구 스케줄에 따라 연구한 성실한 설

---

22) Brillioth, 『설교사』, 244; Edwin charles Dargan, *A History of Preaching* vol III, 김남준 역, 『설교의 역사 III』(서울: 도서출판 솔로몬, 1994), 395ff.

교자였다. 그의 설교는 분명한 아웃라인과 대지들, 신선한 예화, 적절한 적용으로 유명하다. 그의 설교에 선명함과 힘이 느껴지는 이유가 거기에 있다.

뉴욕에 소재한 플리머스 회중교회의 헨리 비처는 아웃라인도 없는 즉흥설교를 자주 했다. 노예제도나 이민, 세금, 여성의 위치 등 당시의 사회적, 정치적 쟁점을 포함한 시사문제들을 자주 설교함으로 당대에 적지 않은 영향을 끼쳤다.

보스턴에 소재한 트리니티 감독교회의 필립스 브룩스 또한 당대의 명설교자였다. 그의 주의 깊은 성경 연구와 열정적 전달은 그로 하여금 해박하고 감동적인 설교자로 명성을 얻게 했다.

이 외에도 제임스 쏜웰, 존 브로더스 등이 그 시대의 영향력 있는 설교자였다.

20세기의 설교[23]

'강해의 왕자'라고 불리는 캠벨 몰간은 본문을 문맥 가운데서 파악하여 그 정확한 의미를 밝혀 주는 데 탁월한 설교자였다. 그는 설교의 개요outline 작성이 중요함을 강조했으며, 그 자신이 본문의 깊이 있는 분석을 통해 적절한 대지를 뽑아내는 데 탁월했다. 그것은 본문을 40-50번씩 읽고 깊이 묵상하는 습관이 뒷받침되지 않으면 할 수 없는 일이었다.[24]

로이드 존스는 설교란 오직 성경 각 권을 연속해서 강해하는 것이라는 확신을 가진 설교자였다. 그는 본문의 세밀한 주석과 신학적 해석에 집중했으며 본문의 의미를 시대 상황에 맞도록 적용하는 데 심혈을 기울였다. 그는 설교를 전도설교, 교육설교, 강해설교 등으로 나누었으나 형식에 상관없이 모든 설교는 강해적이어야 함을 강조했다.[25]

---

23) 20세기 설교에 대한 상세한 분석은 David L. Larsen, *The Company of the Preachers* (Grand Rapids: Kregel Publications, 1998)의 제11장 "The Glory and Agony of Twentieth-Century Preaching"을 참조하라.

24) Warren W. Wiersbe, *Walking with the Giants* (Grand Rapids: Baker Book House, 1976), 129ff.

25) D. Martin Lloyd-Jones, *Preaching and Preachers* (Grand Rapids: Zondervan, 1971), 63, 75-76.

존 스토트는 강해설교에 있어서 중요한 것은 본문의 진리를 전하는 것이지 그 것을 꼭 즉석 주석running commentary 식으로 해야 하는 것은 아니라고 했다. 그에게 강해란 본문의 "닫힌 것을 열어 보여주고, 모호한 것을 분명히 해주며, 잠긴 것을 풀어주고, 감추어진 것을 풀어헤쳐 주는 것"이었다.[26] 따라서 그에게 exposition 의 반대는 imposition(본문에 없는 것을 집어넣는 것)이었다. 그는 본문은 한 단어 가 될 수도 있고, 한 절이 될 수도 있고, 한 장이 될 수도 있고, 책 전체가 될 수도 있다고 했다.

설교의 다양한 형태들

우리는 지금까지 시대를 따라 설교 형태가 어떻게 변해 왔는지를 살펴보았다. 그 다양한 형태들을 본문 해석법과 설교 구성의 측면에서 보면 다음과 같이 나눌 수 있다.

풍유적 설교 allegorical sermon

풍유(알레고리)는 원 개념을 감추고 보조 개념을 통해서 저자가 말하고자 하 는 바를 표현하는 은유의 일종이다. 성경에는 알레고리가 상당수 포함되어 있다. 그런데 문제는 알레고리가 아닌 것을 억지로 알레고리화하여 해석하는 풍유적 해석 방법이다.[27] 소위 '참된' 의미를 찾는다며 문자적 의미 이면에 있소위 '참된' 의미를 찾는다며 문자적 의미 이면에 있는 숨겨진 의미를 무리하게 찾는 것이다. 그러면서 원래 저자가 생각하거나 의도하지도 않은 의미를 억지로 본문에 부가 한다. 이런 풍유적 해석 방법은 원래는 이방 헬라세계에서 시작된 것으로서 이

---

26) John Stott, *Between Two Worlds* (Grand Rapids: Eerdmans, 1982), 125-26.
27) 케어드는 알레고리와 알레고리제이션(allegorization)을 구분해야 한다고 한다. 알레고리는 은유의 일종이 지만 알레고리제이션은 알레고리가 아닌 것을 억지로 알레고리로 해석하기 때문에 잘못된 것이다. G. B. Caird, *The Language and Imagery of the Bible* (Philadelphia: Westminster, 1980), 165.

것이 알렉산드리아의 유대인들에게 전수되어 교회로 흘러 들어왔으며 종교개혁 전까지 교회에 만연하게 되었다.[28]

풍유적 해석의 일례를 들면 선한 사마리아인의 비유녹 10:30-37에서 예루살렘에서 여리고로의 여행은 세상에서 천국으로 나아가는 것을 가리키고, 제사장은 율법을 가리키고, 레위인은 제사를, 사마리아인은 예수를, 강도 만난 자는 모든 인간을, 강도는 사탄을, 동전 두 닢은 신약과 구약을, 주막은 교회를, 그리고 "다시 오리라"고 한 것은 재림을 가리킨다고 해석하는 것이다. 이렇게 해석하면 설교가 저자의 원래 의도와는 다른 이상한 방향으로 나아가게 된다. 예수님은 여기서 어려움을 당한 사람의 진정한 이웃이 되어 주라고 하는 하나의 포인트one point message를 말씀하신 것이지, 알레고리화한 해석과 같이 다중 은유를 말씀하신 것이 아니다.

어떤 목사는 잠언에 나오는 사반(토끼)이라는 단어를 가지고 다음과 같이 대지를 잡는다. "첫째, 토끼는 귀가 큽니다. 우리도 늘 하나님의 말씀에 귀를 쫑긋 세우고 살아야 합니다. 둘째, 토끼는 눈이 빨갛습니다. 우리도 늘 애통하는 눈물의 사람이 되어야 합니다. 셋째, 토끼는 앞발이 짧고 뒷발이 길어서 위로 잘 뛰어갑니다. 우리도 늘 위를 보며 걷는 생활을 해야 합니다. 넷째, 토끼는 하얗습니다. 우리도 흰 세마포로 단장한 삶을 살아야 합니다." 이렇게 해서 토끼 항문까지 가면 대지가 스무 개도 더 나올 것이다. 본문의 저자는 결코 이런 식으로 의미를 부여하면서 토끼를 인용하지 않았다. 문맥의 흐름 속에서 그 단어가 가지는 자연스러운 의미를 찾아야 한다.

벤자민 키츠의 전 5권으로 된 『성경 은유 영해』에는 이런 풍유적 해석이 집대성되어 있다. 한 예를 들면 잠언 31:14의 "상고의 배와 같아서 먼 데서 양식을 가져오며"라는 말씀을 가지고 저자는 아무런 해석적 근거도 없이 상선은 오늘날의 교회를 가리킨다고 단정한다. 그리고는 다음과 같이 그 의미를 설명한다.

---

28) Bernard Ramm, *Protestant Biblical Interpretation*: A Textbook of Hermeneutics (Grand Rapids: Baker, 1970), 28.

상선이 한 곳에서 다른 곳으로 물건을 교역하는 것같이 교회는 하늘로 물건을 보내고 거기로부터 영적 상품을 가져와야 한다. 상선에는 능란한 안내자가 있듯이 교회에도 가장 전문가인 예수 그리스도가 있다. 상선은 나침반이 있어서 운항하듯이 교회에도 하나님의 말씀이 나침반이 되어야 한다. 상선은 어망으로 고기를 잡아 올리는데 교회도 복음의 어망을 가져야 한다. 상선이 폭풍을 만나면 모든 승객이 똑같이 고난을 당하듯이 교회의 성도들도 다 같이 책임을 감당해야 한다.[29]

이상은 중략한 것인데 저자는 밑도 끝도 없이 늘어놓는다. 이런 식으로 설교하는 것은 본문의 의미를 치명적으로 왜곡시키는 것이다.[30]

영해설교 spiritual sermon, analogical sermon

이것은 본문의 역사적, 자연적 의미를 찾지 않고 본문의 사건을 우리의 영적 삶에 곧바로 유추시켜 해석하는 것이다. 예를 들면 이스라엘과 이방 족속과의 전쟁을 모두 다 전도로 해석해 버리는 식이다. 혹은 가나 혼인잔치에서 물이 포도주가 된 기적을 두고 예수 믿으면 맹물같이 맛없던 삶도 포도주같이 향기로운 삶으로 변한다는 식으로 해석하는 것이다. 그러면 첫 번째 기적을 통해 자신의 메시아 됨을 확증하시는 본문의 원 의도는 사장될 수밖에 없다. 한국 교회 강단에는 이런 종류의 영적 해석이 횡행하고 있다.[31] 본문은 역사적 문맥 속에서 당대의 청중에게 어떤 의미로 전달되었는지를 먼저 살펴야 한다. 그 다음 그것이 구속사적 관점에서는 어떤 의미가 있는지, 즉 전체 성경의 문맥 속에서 본문이 차지하

---

29) Benjamin Keach, *Preaching from the types and metaphors of the Bible*, 김경선 역, 『성경 은유 영해』(서울: 여운사, 1987).

30) 이 책을 추천하면서 박창환 교수는 "설교자들에게 좋은 자료가 된다." 신성종 목사는 "비유 해석에서 가장 권위적인 해석서로 평가한다."라고 말한다. 책의 내용을 훑어보고 하는 평가인지 의문스럽다.

31) 영해설교의 문제점에 대해서는 다음을 참고하라. Sidney Greidanus, *The Modern Preacher and the Ancient Text* (Grand Rapids: Eerdmans Publishing Company, 1988), 160-61.

는 자리를 살펴야 한다. 그런 후에 본문을 통해 오늘날에도 통용되는 원리를 찾아내어 적용해야 하는데, 그런 과정 없이 본문을 곧바로 오늘날의 청중에게 적용시키면 심각하게 왜곡될 가능성이 많다.[32] 어떤 목사는 열왕기하 4:1 이하의 기사를 다음과 같이 해석한다.

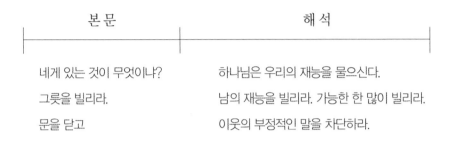

본 문	해 석
네게 있는 것이 무엇이냐?	하나님은 우리의 재능을 물으신다.
그릇을 빌리라.	남의 재능을 빌리라. 가능한 한 많이 빌리라.
문을 닫고	이웃의 부정적인 말을 차단하라.

그리고는 자신의 해석에 근거해서 다양한 적용을 한다. 그러나 그 본문은 곤경에 처한 선지자 생도의 가정을 돌보시는 하나님의 사랑을 증거하며, 나아가 기적의 역사를 통해 엘리사의 선지자 됨을 확증해 주기 위한 것이다. 그와 같은 본문의 주된 의도는 희석시켜 버린 채 사건의 지엽적인 가지를 비약해서 우리의 영적 삶에 연관시켜 적용하는 것은 바른 접근이 아니다.

교부 오리겐은 창세기 24:16의 "그 소녀는 심히 아리땁고 지금까지 남자가 가까이 하지 아니한 처녀더라."는 말씀을 가지고, 사람이 타락하면 사탄이 그 남편이 되고 회개하면 예수님이 영혼의 남편이 되는데, 리브가가 남자를 가까이 하지 않았다는 것은 그녀가 깨끗한 영혼의 소유자였다는 말이라고 해석한다. 또한 리브가가 우물가에 물 길러 갔다가 종을 만난 것과 같이 우리도 예수를 만나기 위해 성경이라는 우물로 가야 한다고 한다. 이는 전형적인 영적 해석의 예이다.

헌팅던W. Huntingdon은 이사야 11:8의 "젖 먹는 아이가 독사의 구멍에서 장난하며 젖 뗀 어린아이가 독사의 굴에 손을 넣을 것이라."는 구절을 가지고 '독사'란 알미니안주의자요, '독사의 구멍'이란 알미니안주의자의 입이라고 해석한다. '젖 먹는

---

32) Greidanus, *The Modern Preacher*, 160-61.

아이'는 은혜 안에 있는 갓난아이를 말하는데, 그래서 처음 믿은 신자라도 알미니안주의자의 지혜를 너끈히 이길 수 있다는 논지로 해석한다.[33] 이런 식의 극단적인 영해가 본문을 심각하게 훼손시킬 것은 두말할것도 없다.

창세기 3장을 본문으로 '선악과를 따 먹지 말라'는 제목으로 설교하면서 다음과 같이 대지를 잡는 목사가 있다.

1. 십일조의 선악과를 따 먹지 말라.
2. 주일성수의 선악과를 따 먹지 말라.
3. 봉사의 선악과를 따 먹지 말라.

이것은 아담이 하나님의 명을 어기고 선악과를 따 먹은 것과 같이 우리도 신앙생활을 하면서 하나님의 명을 어기는 일이 많다는 것을 유추해서 대지를 엮은 것이다. 이런 영적 유추는 성경 저자의 의도와는 상관없이 설교자 자신의 직관과 사상으로 본문을 끌고 갈 위험이 크다.

관주설교

단어의 사전적 용법에 의존해서 설교를 구성하는 방식이다. 예를 들어 본문에 '율법'이라는 단어가 나오면 그것을 성구사전concordance에서 찾는다. 거기에는 성경 전체에서 추출한 율법의 다양한 용법이 실려 있다. 그것에 의지해서 설교 대지를 작성하는 것이 관주설교이다. 이것은 일종의 제목설교이다. 단어의 진정한 의미는 문맥 속에서 파악되는 것인데 관주설교는 문맥은 별로 고려치 않고 그저 사전적 의미에만 치중하여 백화점식으로 나열하는 것이기 때문에 바람직한 방식이 아니다.

---

33) Charles H. Spurgeon, *Lectures to My Students*, 원광연 역, 『스펄전 설교론』(서울: 크리스찬 다이제스트, 2003), 156.

제목설교 thematic sermon, topical sermon

한 가지 소재를 선택한 후에 전체 성경을 동원해서 그에 대해 가르치는 방식으로 진행하는 설교이다. 예를 들어 용서, 이혼, 낙태, 성령의 은사 등의 테마를 택해서 성경이 가르치는 바를 체계를 세워 설교하는 것이다. 18세기 '영국식' 설교 방법으로 역사상 많은 설교자들이 선호했던 방식이다. 이것은 선택된 테마에 대해서는 분명한 성경적 사상을 전할 수 있다는 장점이 있지만, 설교가 설교자가 선호하는 이슈들에 치중될 가능성이 높으며 따라서 교인들에게 영적 양식을 고르게 공급하지 못할 위험이 있다.

제목설교는 본문을 택하지만 그 본문은 단순히 테마를 포함하고 있는 단락이라는 것 외에는 별 의미가 없다. 이것은 본문을 충실히 강해하는 스타일이 아니라 전 성경에서 관련된 교훈을 가져오는 것이기 때문에 제목설교의 실제적 본문은 성경전체라고 할 수 있다. 예를 들어 고린도전서 13:8-13을 본문으로 '사랑의 우월성'이라는 제목을 정한 후에 다음과 같이 대지를 설정한다고 하자.

1. 사랑은 희생하는 것입니다 막 15:21.

2. 사랑은 관심을 베푸는 것입니다 눅 10:33.

3. 사랑은 용서하는 것입니다 눅 15:22.

4. 사랑은 헌신하는 것입니다 요 21:16.

이런 대지는 설교자가 성경 이곳저곳에서 임의로 선택한 것이지 본문에서 추출한 사상이 아니다. 이런 방식은 설교가 제목을 중심으로 강력한 통일성을 갖출 수는 있으나, 본문의 사상이 아닌 설교자 자신의 사상을 전개할 위험이 크다. 본문은 하나의 도약대jumping board에 불과해서 일단 본문에서 시작은 하지만 그 다음부터는 전적으로 설교자가 자신의 의향대로 설교를 끌고 가는 것이다. 이단도 성경의 자의적 해석으로부터 생겨나듯이 아무리 성경을 인용한다 해도 그런 것은 잘못될 여지가 많다. 스티븐슨이 이런 설교의 맹점을 적절히 지적하고 있다. "만일 젊은 목사들이 이런 식으로 설교를 해 나간다면 결국 그들은 진정한 성경 지식보다는 얕은 성경 지식만으로 계속 살아가게 될 것이다.……더욱이 그들은 말씀의 종이 되어 본문을 위해 봉사하기보다는 본문의 주인이 되어 본문을 이용하게 될 것이다."[34]

본문제목설교 textual-thematic or textual-topical sermon

짧은 본문에 담긴 주제를 가지고 성경 전체를 관통하면서 밝혀 주는 방식이다. 예를 들면 십계명이나 산상수훈, 성령의 아홉 가지 열매, 혹은 하나님의 전신갑주 등에 대해 연속적으로 설교할 때 사용하게 되는 방식이다. 예를 들어 '진리의 허리띠'에 대해 설교한다면 그것이 담겨 있는 짧은 본문만을 근거로 설교를 구성하기는 어렵다. 그와 연관된 진리를 성경 전체를 통해 추출하여 조직적으로 발전 전개시켜 나가야 한다. 반하우스Barnhouse나 로이드 존스가 즐겨 사용했던 방식이다. 이것은 성경과 신학에 해박한 설교자들에게는 진리의 풍성함을 보여줄 수 있는 좋은 방식이 될 수 있으나, 그렇지 못한 경우에는 교리적으로 치우칠 수 있고, 설교자의 개인적 성향에 따라 설교가 왜곡될 가능성도 있다.

주해설교 exegetical sermon

이것은 본문설교textual sermon라고도 하는데, 본문의 흐름을 따라가면서 해석하고 적용하는 즉석주해 방식의 설교이다. 17세기 '화란식' 설교가 그 대표적인 예이다. 그중에서도 짧은 본문을 가지고 해석하고 권면하는 것을 homily라고 한다. 긴 정식 설교를 하기에는 부담스러운 상황에서, 예를 들면 장례식, 결혼식, 개업식 등과 같은 경우에 간단하게 본문을 중심으로 위로하고 권고하는 방식이다.[35]

주해설교는 성경 중심적이며 본문을 떠나지 않고 철저히 본문을 해석하고 적

---

34) Dwight E. Stevenson, *In the Biblical Preacher's Workshop* (Nashville: Abingdon Press, 1967), 155f.
35) David L. Larsen, *The Anatomy of Preaching* (Grand Rapids: Kregel, 1989), 31.

용해 주는 장점이 있다. 그러나 이 방식은 본문의 통일성을 밝혀 주는 데는 약하다. 본문의 중심 사상이 무엇이며 본문의 각 부분은 그 중심 사상에 어떻게 연관되어 있는지를 드러내지 못한다. 따라서 청중은 많은 내용을 듣기는 하나 핵심 교훈이 무엇인지 파악하지 못할 때가 많다. 바우만은 기차가 철로를 벗어나지 못하듯이 주해설교는 본문을 기계적으로 따라가는 엄격한 주석의 범주를 벗어나지 못한다고 지적한다.[36] 말하자면 주해설교는 설교를 효과적으로 조직하지 못한다는 약점이 있다. 제목설교가 종합적이라면 주해설교는 지나치게 분석적이어서 나무는 보고 숲은 보지 못하는 우를 범하기 쉽다. 한때 한국에서 강해설교가 유행할 때 이런 주해설교 방식을 강해설교로 오해하는 사람들이 많았다. 브리드는 주해설교와 강해설교의 차이를 이렇게 설명한다. "강해설교는 주해의 산물이지만 결코 그것의 나열은 아니다. 강해설교는 본문의 각 부분을 연속적으로 설명해 가는 즉석주석 방식을 택하지 않는다. 강해설교는 그 이름이 암시하듯 일종의 수사적 기법-설교-이다.[37]

강해설교 expositional sermon

'강해'exposition라는 영어 단어는 라틴어 expositio 에서 유래한 것으로서 강해설교란 본문에 대해 자세히 해설해 주는 설교를 가리키지만 주해설교와는 다르다. 강해설교는 주해설교와 제목설교가 가진 장점을 취한다. 말하자면 분석analysis과 종합synthesis의 조화를 이룬 설교 방식이다. 먼저 본문을 깊이 분석하고 연구한 후 그것을 종합한다. 즉 본문의 중심 되는 사상main point이 무엇인지를 파악한다. 그 중심 되는 사상을 뒷받침하는 대지들sub points을 파악한다. 그런 다음 대지들을 중심으로 설교를 조직하는 것이다.

윗셀은 제목설교와 주해설교와 강해설교의 차이를 이렇게 설명한다. 큰 참나

---

36) 바우만, 『현대 설교학 입문』, 147.
37) David R. Breed, *Prepare to Preach* (New York: George H. Doran Co., 1911), 387.

무 한 그루가 있다고 하자. 제목설교 방식은 그 나무의 한 부분-예를 들면 줄기-을 택해 그 날의 주제로 삼고 다른 부분은 배제해 버린다. 모든 나무의 줄기를 가지고 와서 그 가치나 용도 등을 논하면서 줄기 자체만을 다루는 것이다. 주해설교는 뿌리와 줄기와 가지 등, 나무 전체에 대해 관심을 갖는다. 참나무에 대한 정보들을 가지고 다른 나무의 뿌리와 줄기와 가지와 비교하고 대조해 가면서 다룬다. 강해설교 방식은 뿌리와 줄기와 가지뿐만 아니라, 그 잎과 토양, 기후, 고유한 특징들, 생명주기, 나아가서는 주위 다른 나무들과의 관계에 이르기까지 모든 포괄적이고 상세하고 철저한 정보를 찾는다. 그런 다음 이 정보들에 기초해서 참나무에 대해 말할 것을 조직한다. 주제와 중심논지, 논리적 아웃라인, 그리고 건실한 전개를 추구한다. 참나무에 대해 축적한 정보 모두를 사용하지 않을 수는 있지만 대부분은 사용하게 된다.[38]

강해설교는 본문 중심적이며 그것을 논리적으로 조직화한 것으로서 가장 바람직한 형태의 설교라고 할 수 있다. 이후로 본서에서 논하는 모든 설교 구성방식은 강해설교 방식을 전제로 한 것이다. 그러면 강해설교의 특징을 좀 더 자세히 살펴보자.

강해설교의 특징

성경적이다. 강해설교는 본문을 성경 저자의 마음속에 있었던 본래적인 의미와 문맥 속에서의 자연스런 의미를 살려서 해석하며, 그것을 오늘날의 청중에게 적용시키는 것이기 때문에 성경적이라고 할 수 있다.[39] 제목설교도 성경을 재료

---

38) Fairs D. Whitesell, *Power in Expository Preaching* (Fleming H. Revell Company, 1963), xiiixiv.

39) Merrill Unger, *Principles of Expository Preaching* (Grand Rapids: Zondervan, 1955), 33. 밀러는 "모든 참된 설교는 강해설교이다. 강해가 아닌 것은 설교라고 할 수 없다"고 한다. Miller, *Way to Biblical Preaching*, 22. 다안은 "만일 강해설교가 성경적 진리를 밝혀 주는 것이라면 모든 설교는 강해설교가 되어야 한다. 모든 진정한 설교는 성경을 강해하는 것이어야 하기 때문이다."라고 한다. *Daane, Preaching with Confidence*, 55-56. 그 외에도 Haddon Robinson, Biblical Preaching, 20; Stott, *Between Two Worlds*, 125 등을 참조하라.

로 사용하긴 하지만 그것은 본문보다는 설교자의 의중을 따라가기 때문에 진정한 성경적 설교라고 하기는 어렵다. "강해 설교자는 본문에 대한 확실한 지식 기반 위에서 신실하게 말한다는 점에서, 그리고 진리의 말씀을 바르게 다룬다는 점에서 아무 부끄러움 없이 강단에 오를 수 있는 자이다."[40)

조직적이다. 건축가는 공사장에 널려 있는 자재들을 손에 잡히는 대로 무작정 끌어와서 집을 짓지는 않는다. 정확한 설계도를 따라 체계적으로 재료를 사용하여 집을 지어간다. 마찬가지로 강해 설교자는 본문의 내용을 그저 기계적으로 따라가면서 설명하지 않는다. 본문의 중심 사상이 무엇인지를 먼저 파악하고 그것을 효과적으로 드러내기 위해 설교의 서론과 본론과 결론을 적절히 조직한다. 따라서 강해설교에는 설교개요가 중요한 위치를 차지한다. 그것은 설교의 설계도와도 같다. 그 개요에 살을 붙이되 언제나 하나의 초점-설교의 주제-을 놓치지 않는다. 본문에 담겨 있는 다양한 교훈은 하나의 재료에 불과하며 그것을 얼마나 효과적으로 요리하느냐 하는 것이 성공적인 강해설교의 관건이다. 호윙톤이 강해설교를 묘사한 말은 적절하다. "주해를 진주를 캐기 위해 바닷속으로 뛰어드는 잠수부라고 한다면, 강해는 그것들을 적절히 꿰매어 정연한 모양으로 만드는 보석 세공인과 같다."[41)

현실적이다. 강해 설교자는 결코 청중의 중요성을 망각하지 않는다. 필립스 브룩스는 설교란 "한 사람이 여러 사람들에게 진리를 전달하는 것"이라고 규정한다.[42) 설교 사역을 결정짓는 요소는 진리와 설교자와 청중이라는 말이다. 설교 사역은 설교자가 하나님의 말씀을 구체적인 상황 속에 있는 청중에게 자신의 인

---

40) Greer W. Boyce, "A Plea for Expository Preaching," *Canadian Journal of Theology* 8(January 1962): 18-19.

41) Nolan Howington, "Expository Preaching," *Review and Expositor 56*(January 1959), 62.

42) Phillips Brooks, *Lectures on Preaching*, 서문강 역, 『설교론 특강』(서울: 크리스챤 다이제스트, 1995), 16.

격이라는 필터를 통하여 선포하는 것이다. 그러므로 강해설교에는 적용이 중요한 부분을 차지한다. 설교자는 본문의 진리가 그 설교를 듣는 청중과 무슨 상관이 있는지를 밝혀 주어야 한다. 그러기 위해서 설교자는 청중의 가치관과 영적 필요를 잘 알아야 한다. 본문을 연구하는 것 이상으로 청중을 연구하여 그들에게 적실한 메시지를 전달할 수 있어야 한다.

효과적이다. 강해설교는 설교 전달의 중요성을 무시하지 않는다. 아무리 좋은 내용이라도 전달이 잘 안된다면 그 효과는 반감될 수밖에 없다. 설교는 궁극적으로 청중의 변화를 목적으로 하는데 전달이 미흡하여 청중이 반응하지 않는다면 그 설교자는 자신의 사명을 효과적으로 감당하지 못하고 있는 것이다.

강해설교는 설교자에게는 성경 본문에 충실하게 하는 장점이 있고, 청중에게는 참으로 하나님의 말씀을 듣고 있다는 확신을 줄 수 있다. 그것은 설교자와 청중 모두가 하나님의 말씀에 겸허하게 귀 기울이게 함으로써 교회 안에서 설교가 현재적인 하나님의 현현으로 다가오게 한다.

발견의 진짜 여정은 새로운 땅을 찾는 것이 아니라
새로운 눈을 갖는 것이다.
마르셀 프루스트

4장

본문 연구

깊은 샘과 같은 설교

C3TV, 기독교TV, 교회 홈페이지, 기독교방송, 극동방송, 수많은 테이프들……. 범람하는 설교의 홍수는 은혜인가 공해인가? 만약 넘쳐나는 설교가 교인들의 귀만 높인다면, 그리고 설교자에게는 도용盜用의 유혹만 안긴다면 그것은 분명 재앙일 것이다. 엘리 제사장 시대는 말씀이 희귀한 비극이 있었다면, 오늘날은 말씀이 넘쳐나서 비극이 되는 아이러니를 경험하고 있다. 이 비극을 이기는 길은 내 손으로 본문을 파고 연구하는 것이다. 내 우물에서 물을 마시는 것이다. 제네바의 개혁자 칼빈은 훌륭한 설교자가 되기 위해서 신학자가 되었다고 한다. 우리도 설교자이기에 조직신학자도 되고 성경신학자도 되어야 한다.

설교 준비는 결코 개인 묵상QT과 같은 직관적인 방법에만 의지해서는 안된다. 본문을 성경해석 원리에 따라 깊이 있게 연구하여 그 본래적 의미를 정확히 파악할 수 있어야 한다. 당신의 설교가 혹시 다음과 같은 증상을 띠지는 않는가?

• 설교 준비가 늘 초읽기에 몰린다.
• 내가 봐도 도무지 깊이가 없다.

- 20년 전의 예화를 반복한다.
- 주중에 교단 일에는 20시간, 설교 준비에는 2시간을 할애한다.

그렇다면 병은 하나이다. 당신은 연구하지 않고 있다. 산고를 치르지 않고 그냥 제왕절개로 아이를 잉태하고 있다. 그런 사람은 무늬만 설교자이지 진정한 말씀의 종은 아니다. 이 장에서는 설교 준비를 위해 필요한 본문 연구의 여러 단계들을 다루려고 한다.

본문 선택

설교자라면 누구나 본문 선택이 쉽지 않다는 것을 잘 안다. 매 주일 어떤 본문을 선택해야 할지를 두고 고민해 보지 않은 사람은 별로 없을 것이다. 디머레이는 설교자들이 본문을 선택하는 데 설교 준비의 50%를 소비해 버린다고 한다.[1] 본문 선택을 위해 고려해야 할 큰 원리는 두 가지이다. 첫째는 성경 말씀 전체를 고르게 전해야 한다는 것이고, 둘째는 하나님의 백성들이 처해 있는 삶의 현장을 진지하게 살펴야 한다는 것이다.[2] 이 원칙하에서 다음과 같은 방법으로 본문을 선택할 수 있다.

연속적 본문
연속 강해설교를 할 때는 본문을 책의 흐름을 따라 순서대로 정하면 된다. 하나의 주제를 내포하고 있는 단위만큼 잘라서 본문으로 삼으면 된다. 이렇게 주일마다 연속적인 본문을 선택하는 것을 연속적 봉독lectio continua, continuous lesson이라고 부른다. 이것은 초기교회가 사용했던 방법이며, 칼빈도이 방법을 따라 성경을 연속적으로 강해했다. 연속 강해설교에는 다음과 같은 장점이 있다.

1) Donald E. Demaray, *An Introduction to Homiletics* (Grand Rapids: Baker, 1974), 73.
2) Paul Scott Wilson, *Imagination of the Heart* (Nashville: Abingdon, 1988), 53-58.

말씀을 고르게 전할 수 있다. 연속 강해설교를 하면 설교자 자신이 선호하는 본문만을 전하는 잘못을 방지할 수 있다. 교인들을 편식시키지 않고 하나님의 말씀을 균형 있게 섭취시킴으로 교인들이 말씀 안에서 건전하게 성장할 수 있게 해준다. 반하우스는 3년 반 동안 로마서를 강해했는데 강해가 끝날 즈음에 그가 목회하던 교회는 말씀을 사모하는 사람들로 가득 차게 되었다. 댈러스 제일침례교회의 목사였던 크리스웰은 18년에 걸쳐 전 성경을 강해했다. 처음 창세기 강해를 시작할 때는 주위 목사들이 그런 식으로 설교하면 교회가 텅 빌 것이라고 충고했지만, 강해가 끝날 즈음에 그 교회는 7,000명의 출석 교인에 교회 재정은 미 전역에서 최고 수준에 이르렀다. 교인들은 말씀에 굶주려 있으며 연속 강해설교가 그 해답이다.

설교자는 열심히 연구하게 된다. 연속 강해설교가 아닐 때는 남의 설교집이나 자료를 참조해서 적당히 준비하고 넘어갈 수 있다. 그러나 연속 강해설교는 주일마다 본문이 정해지기 때문에 어떻게 하든지 그 본문을 충실히 연구하지 않으면 안 된다. 그렇게 규칙적으로 연구하다 보면 설교자 자신이 영적으로 성장하고 풍성해진다. 설교자가 영적으로 부요해지면 교인들도 덩달아 그 열매를 누릴 수 있게 된다.

본문 선택의 갈등이 사라진다. 책의 순서를 따라 본문이 운명적으로 주어지기 때문에 본문 선택을 두고 고민하지 않아도 된다. 임의적인 선택을 따라 간다면 도무지 택하지 않았을 본문-예를 들면 예수님의 족보 기사-도 연속 강해설교 시에는 피할 수 없다. 그런데 그런 본문도 깊이 연구하고 묵상하면 전에는 깨닫지 못했던 보화와 같은 진리를 발견하게 된다. 연속 강해설교를 하면 장기간의 설교 계획도 수립할 수 있다.

설교자는 확신을 가질 수 있다. 연속 강해설교를 하는 사람은 자신이 하고 싶다고 말하고, 자신이 하기 싫다고 말하지 않는 것이 아니다. 자신의 취향과는 상관없이 기록된 말씀을 따라 입을 벌려 외쳐야 한다. 그러므로 설교자는 자신의 권위가 아니라 성경의 권위를 가지고 말한다는 확신을 가질 수 있다. "주께서 말씀하시느니라." 하는 담대함으로 외칠 수 있다.

그러나 연속 강해설교를 할 때 주의해야 할 점도 있다. 연속 강해가 질질 끈다는 인상을 주는 것은 좋지 않다. 물론 로이드 존스 목사에게서 보듯이 면도날같이 날카롭고 세밀한 연속 강해를 할 수 있고 교회적으로 그렇게 자세히 가르쳐야 할 상황도 있을 수 있다. 그러나 그런 경우를 일반화시키는 것은 조심해야 한다. 우리가 기억해야 할 것은 크리소스톰이나 루터나 칼뱅 같은 분들이 전한 위대한 연속 강해설교는 대개 주중에 매일 설교한 것들이기 때문에 그런 강해를 몇 년씩 끌지는 않았다는 사실이다.

연속적으로 본문을 택하다 보면 교회력에 전혀 맞지 않는 본문을 가지고 설교해야 할 때가 있다. 고난주간에 예수님의 탄생 기사를 설교해야 하는 경우 같은 것이다. 그러나 연속적으로 강해를 하다가도 교회력상 특별한 절기가 되면 그때는 절기에 맞게 본문을 정하고 그 후에 다시 연속적인 본문으로 돌아오는 식으로 적당히 조절하면 큰 문제는 안 된다.

더 큰 문제는 교인들의 삶의 현장과는 동떨어진 설교를 해야 할 때가 있다는 것이다. 예를 들어 지하철 화재사고로 온 나라가 정신이 없는데 본문을 따라서 마귀에 대한 설교를 해야 하는 경우이다. 그럴 때는 본문을 무리하게 현실에 적용시키려고 해서는 안 된다. 현장성이 너무 결여되어 있을 때는 차라리 다른 본문을 택하는 것이 낫다.

또한 연속 강해를 하다 보면 설교가 주해 식으로 흐르기 쉽다. 연속 강해라도 설교를 설교개요를 따라 조직해서 전하는 강해설교의 장점을 놓치지 말아야 한다.

성서일과 Lectionary

성서일과를 따라서 본문을 정할 수 있다. 성서일과(혹은 성구집이라고도 한다)란 성경학자들이 매 주일 예배 시에 봉독할 성경을 체계적으로 수록해 놓은 책을 말한다. 현재 영미 계통의 교회에서 폭넓게 사용하고 있는 성서일과는 『개정판 공동성서일과』The Revised Common Lectionary이다. '교회 일치를 위한 협의회'COCU, Consultation on Church Union 산하의 '공동본문 위원회'CCT, Consultation on Common Text에서 1992년에 처음 펴낸 것이다. 한국에는 정장복의 『예배와 설교 핸드북』을 통해 소개되어 있다. 이 성서일과는 3년에 걸쳐 성경을 한 번 개괄할 수 있도록 설계해 놓았다. 성경의 중요한 부분들을 따라가며 설교하기 때문에 준 연속적인 방법이라고 할 수 있다.

임의적 선택

설교자가 매 주일 자유롭게 본문을 선택할 수 있다. 이럴 때 설교자는 특히 영적인 민감성을 견지해야 한다. 성경을 읽다가 영감 받는 대로 본문을 선택할 수도 있고, 다른 서적이나 자료들을 통해서 힌트를 얻을 수도 있다. 교인들의 영적 상태나 필요 등을 고려해서 그에 맞는 본문을 찾아갈 수도 있고, 목사가 선지자적 목소리를 발해야 할 사회적 이슈에 초점을 맞추어 본문을 선택할 수도 있다. 이렇게 본문을 선택하면 설교가 막 쪄낸 찐빵과 같이 따끈따끈하다는 장점이 있다. 교인들은 목사가 오늘은 어떤 본문으로, 무엇에 대해서 설교할지 호기심을 가지고 기다리게 된다. 이것은 테마 중심으로 본문을 선택하는 것이기 때문에 해돈 로빈슨은 이런 설교를 '제목강해설교'라고 부른다.[3]

임의적 선택을 따를 때에는 설교자에게 처음 떠오르는 아이디어가 중요하다. 소설가 헨리 제임스는 아이디어를 세균이라고 부른다. 세균이 박테리아 배양의 시작이 되듯이 모든 예술이나 창조 활동에 있어 아이디어는 착상의 시작점이 되

---

3) Haddon Robinson, *Biblical preaching*, 57.

기 때문이다. 이이것은 설교에 있어서도 마찬가지이다. 아이디어는 세균이요, 통찰력이며, 이것으로부터 설교에 대한 구상이 싹트게 된다. 아이디어는 언제든지 떠오를 수 있다. 나의 경우에는 불을 끄고 자리에 누우면 아이디어가 떠오를 때가 많다. 그래서 아예 침대 머리맡에 메모지를 두고 잔다.

일상생활 중에 떠오르는 아이디어들을 재빨리 메모해 놓는 습관은 설교자에게는 필수적이다. 당장 그것을 설교로 발전시키지는 않더라도 그 아이디어들은 반드시 쓰일 때가 오게 된다. 킬링거는 이것을 멜빌Herman Melville의『백경』Moby Dick에 나오는 고래 잡는 사람에 비유한다. 고래잡이들은 고래 떼를 만나면 할 수 있는 한 많은 고래에게 상처를 입혀 놓는다고 한다. 왜냐하면 나중에 시간이 있을 때 다시 돌아가서 그들을 포획할 수 있다는 것을 경험적으로 알고 있기 때문이다.[4]

존 스토트는 목사와 교인들이 설교에서 다룰 주제를 함께 의논해서 본문을 선택하는 것도 좋은 방법이라고 한다. 그것은 설교자가 자신의 고유한 권한을 포기해서가 아니라, 교인들이 안고 있는 문제에 대한 유효적절한 답을 말씀을 통해 제공함으로써 설교가 허공에 뜬 이야기가 되지 않게 하기 위해서이다.[5]

설교자는 위의 여러 방법 중 자신의 취향이나 교회의 형편에 맞게 본문을 선택하면 된다.[6] 혼용해서 사용하는 것도 좋은 방법이다. 예를 들면 주일 낮에는 본문의 임의적 선택을 통해 대중적인 설교를 하고, 주일 저녁에는 연속 강해를 통해 교인들을 정예화시키는 것이다. 어떤 방법을 따르든지 다음 몇가지는 주의해야 한다.[7]

---

4) John Killinger,『평생 유용한 설교방법의 백과사전』, 82.
5) John Stott, *Between Two Worlds*, 198-200.
6) 존 스토트는 예전적 요소, 외부적 요소, 그리고 목회적 요소에 따라 본문을 선택하면 된다고 한다. *Between Two Worlds*, 214-18.
7) 이에 대해서는 Covenant Theological Seminary의 설교학 교수인 Bryan Chapell이 쓴 *Christ-Centered Preaching* (Grand Rapids: Baker Books, 1994), 62-64을 참조하라.

- 교인들에게 편식이 되지 않도록 주의하라. 늘 교인들에게 영합하는 설교만을 하려고 해서는 안 된다. 블랙우드는 "강단에 선 사람은 회중석에 앉은 사람들이 꿈도 꾸지 않았던 문제에 대해 계속해서 대답을 던지는 사람이다."라고 했다.[8]

- 교인들이 잘 아는 본문이라고 회피하지 말라. 스펄전은 삭개오 이야기, 여호수아의 행적, 탕자의 비유 등과 같이 익숙한 본문으로도 자주 설교했다.

- 애매한 본문만을 가지고 설교하지 말라. 설교가 늘 '어려운 말씀 풀이' 식으로 흐르는 것은 바람직하지 않다. 그런 설교는 교인들의 지적 호기심은 만족시켜 줄지 모르나 설교는 무엇보다 영적 양식이 되어야 한다.

- 어떤 본문이라도 의도적으로 배제시켜서는 안 된다. 바울은 "이는 내가 꺼리지 않고 하나님의 뜻을 다 너희에게 전하였음이라."고 고백했다행 20:27.

- 일단 본문을 택했으면 그 본문을 충실하게 연구해서 거기서 주제를 포착해 내야 한다. 설교자의 관심이나 의도를 본문에 억지로 주입시켜서는 안 되며, 본문이 스스로 말하게 해야 한다.

어떤 방식으로 본문을 택하든지 '설교 달력'을 만들어 보는 것은 유익하다. 커버넌트 신학대학원의 설교학 교수인 브라이언 채플은 설교 일정을 일목요연하게 담은 설교 달력을 만들면 설교 사역이 체계적이고 균형 잡힌 사역이 될 수 있다고 한다. 신구약을 고르게 설교하는지, 성경 전체를 빠짐없이 전하고 있는지, 얼마만 한 주기로 성경을 한 번 훑는지 등을 일목요연하게 볼 수 있기 때문이다. 또한 사려 깊은 설교자라면 교인들에게 영적인 양식을 얼마나 고르게 먹이는지

---

8) Blackwood, Preaching from Prophetic Books (New York: Abingdon-Cokesbury, 1951), 194-95.

를 알기 위해 매 주일 설교의 주제만 표시해 놓은 '주제 달력'을 만들어 체크해 보기도 할 것이다.[9)]

본문의 길이

본문을 얼마만 한 길이로 정해야 되는지에 대한 철칙은 없다. 한 절이 될 수도 있고, 한 장이 될 수도 있고, 책 한 권이 다 본문이 될 수도 있다. 다만 어떤 경우든지 문학 형태로 볼 때 하나의 통일된 장르 안에서 본문을 끊는 것이 좋다. 시와 예언을 묶어서 하나의 본문으로 잡는 것은 바람직하지 않다는 말이다. 왜냐하면 시에 대한 해석 방법과 예언에 대한 해석 방법은 그 접근방식이 다르기 때문이다. 특별히 제목설교의 경우, 하나의 통일된 문학 형태에 대한 고려 없이 이곳저곳에서 대지들을 뽑아오기 쉬우므로 조심해야 한다.

문학 형태로 볼 때 하나의 통일된 단위가 되는 것은 가장 크게는 전체 성경이고, 그 다음으로는 장르며, 그 다음이 각 책들, 문단, 문장, 절의 순서가 된다. 이 중에 문단paragraph은 우리가 손쉽게 본문으로 삼을 수 있는 단위이다. 앤드류 블랙우드도 "설교 본문으로 가장 흔한 단위는 문단이다. 성경을 기술함에 있어 단위를 이루는 것은 문단이다."라고 한다. 단지 역사적 사건을 묘사하는 서사문학이나 욥기서의 대화 등은 예외가 될 수 있다. 한 문장sentence이나 한 절이라도 그것이 그 문단의 내용을 잘 요약하고 있다면 본문이 될 수 있다.

본문을 잡는 또 하나의 기준은 하나의 중심 사상을 포함하는 단락으로 끊는 것이다. 그것이 한 절이든 다섯 절이든 하나의 주제를 내포하는 사상의 단위가 본문이 된다.[10)] 칼 크로밍거는 설교 본문은 한 설교에서 합리적으로 다룰 수 있는 하나의 중심 메시지를 포함하는 만큼의 분량으로 끊으면 된다고 한다. 서신서

---

9) Chapell, *Christ-Centered Preaching*, 56.
10) Haddon Robinson, *Biblical Preaching* , 55; Craddock, *Preaching* , 110; Greidanus, *The Modern Preacher*, 221f.

와 같은 교훈문학인 경우 사상의 흐름이나 논지의 전개 등에 유의해서 단락을 끊어야 한다. 스토리를 소개하는 서사문학의 경우에는 사건의 중간에서 단락을 끊으면 그 의미를 충분히 드러낼 수 없을 때가 많다. 바벨탑 이야기나 고넬료의 이야기 등을 다룬다면 그 이야기의 시초부터 마지막 종결까지를 한눈에 읽어야 저자가 말하고자 하는 바를 바르게 파악할 수 있다.[11] 시편과 같은 시가문학의 경우 저자는 주제를 다루다가 한참 후에 동일 주제를 다시 끄집어내기도 하므로 몇 장 뒤의 내용이나, 혹은 책 전체의 흐름도 잘 살펴서 단락을 지어야 한다.

본문을 끊을 때 한글 성경의 장, 절 구분을 절대적으로 의존하는 것은 바람직하지 않다. 한글 성경이 문단을 구별하기 위해 표시해 놓은 동그라미가 꼭 맞는 것도 아니다. 예를 들어 우리는 통상 고린도전서 13장을 '사랑장'이라고 하면서 1절부터 13절까지를 하나의 단위로 생각하지만 사실은 12:4부터 14:1a까지가 하나의 단락이다. 바울은 여기서 교회 안에 주신 여러 은사들에 대해 설명한다. 그 모든 은사들은 섬김을 위해 주신 것으로서 사랑을 따라 구해야 한다고 강조한다. 13장은 그 사랑의 성격을 설명하므로 말하자면 13장은 괄호와 같은 부분이다. 그러므로 본문을 끊을 때 한글 성경의 장, 절구분을 기계적으로 따라갈 것이 아니라 본문의 문맥과 사상의 흐름을 주의 깊게 관찰해야 한다.

본문 확정

본문을 연구하기에 앞서 본문을 확정하는 것이 필요하다. 한국 교회가 폭 넓게 사용하는 한글개역성경은 번역본이므로 필연적으로 번역의 정확성 문제가 야기된다. 예를 들어 요한복음 4:23의 '신령과 진정'으로 예배하라는 말씀은 원어적으로는 '영과 진리'spirit and truth로 번역하는 것이 옳다. '신령과 진정'이라고 하면

---

11) Gordon D. Fee & Douglas Stuart, *How to Read the Bible for All Its Worth* (Grand Rapids: Zondervan, 1982), 77.

이 구절이 예배자의 바른 자세에 대해 말하는 것처럼 이해하기 쉬운데, 사실 이 구절은 하나님께 드리는 예배는 '영과 진리'로 드리는 것이라는 예배의 본질적 성격에 대해서 말하는 것이다.

그러므로 설교자는 무턱대고 한글 성경만으로 설교 준비에 돌입해서는 안되며 먼저 원어 성경이나 영역본 성경 등을 통해서 본문의 번역이 정확한지를 점검해야 한다. 근래에 한글 성경도 「표준 새번역」을 위시하여 여러 번역본이 출간되어 있으므로 이들을 상호 비교해 봄으로써 본문에 대한 이해도를 높이는 것이 좋다.

영역본 성경 중 흠정역KJV은 1611년 완성된 이래 가장 우월한 번역본으로 인정받아 왔다. 흠정역이 걸작품이기는 하나 그것은 어디까지나 원본이 아닌 번역본이다. 근래에 이송오가 대표로 있는 말씀보존학회는 KJV와 그 한국어 번역판(한글 킹 제임스 성경)만이 유일무이한 성경이고, 그 외의 모든 번역판은 사탄의 모조품이며 하나님의 말씀을 변개한 것이라고 주장하는데 그것은 받아들일 수 없는 주장이다. 새흠정역NKJV은 KJV의 문체는 그대로 따르지만 KJV에서 드러난 고어나 오역 등은 수정한 것으로서 독자들에게 유용하게 사용될 수 있는 번역본이다. 개정표준역RSV은 수려하고 정확한 번역본이지만 가끔씩 나타나는 신학적 논란의 여지가 있는 번역 때문에 보수 진영에서는 외면당하고 있다. 대표적인 경우가 이사야 7:14의 '처녀'를 '젊은여자'로 번역한 것이다.

새개정표준역NRSV은 성性의 포괄적 표현이 특징이다. 성삼위에 대해서도 포괄적인 언어를 사용하고 있다. 새미국표준성경NASB은 원문에 충실한 번역본이다. 문자적인 번역 원칙을 따르고 있으므로 다소 딱딱하기는 하지만 원문에 가까운 의미를 파악하기에는 가장 용이한 번역본이다. 새국제역NIV은 좋은 번역이기는 하지만 원문의 의미 전달에 치중하여 때로는 직역보다 의역을 채택하고 있는 것이 특징이다. 한국 설교자들에게는 NASB나 NKJV 등이 무난한 번역본이라고 할 수 있으며, 거기에 NIV를 비교해서 본다면 본문의 의미를 바르게 파악하는 데 무

리가 없을 것이다.[12]

본문을 가장 정확하게 보려면 물론 원어 성경으로 돌아가야 한다. 현재까지 사용되고 있는 원어 성경은 구약은 *Biblia Hebraica Stuttgartensia*BHS이고, 신약은 *Nestle-Aland* (27판), 혹은 세계 성서공회연합회United Bible Societies의 *Greek New Testament*GNT 제4판이다. 그러나 설교자들 대부분은 이런 원어 성경을 읽고 설교를 준비하기가 힘든 상황에 있으므로 좋은 번역본을 참조해서 본문을 확정하거나, 원어를 잘 설명하고 있는 주석을 참조해서 본문에 접근해 가는 것이 무난할 것이다.

관찰

본문을 확정했으면 이제 정교하게 그것을 관찰해 들어가야 한다. 우리는 흔히 영감 있는 설교를 들을 때 '나도 저 본문을 읽었고 묵상도 했는데 왜 저렇게 깊이 깨닫지 못했을까?' 하는 의문을 가진다. 이에 대해서는 명탐정 셜록 홈스의 대답을 소개하는 것이 좋겠다. "당신은 보기는 보았지만 관찰하지는 않았기 때문입니다."

하버드대 교수요, 저명한 생물학자였던 루이스 아가시가 은퇴할 때 한 기자가 물었다. "당신이 수십 년의 교수 생활을 통해서 이룩한 최고의 공헌이 있다면 무엇이라 생각합니까?" 그의 대답은 뜻밖이었다. "학생들에게 관찰하는 법을 가르친 것입니다." 그는 신입생들이 들어오면 첫 수업시간에 학생들 앞에 열대어가 담긴 어항 하나를 갖다 놓고 "잘 관찰해서 발견되는 것 모두를 기록하라."는 과제를 남기고는 나가 버린다고 한다. 그러면 학생들은 수십가지를 적어놓고는 자신만만하게 다음 시간을 기다린다. 다음 날 나타난 교수는 "잘 했지만 열 가지를 더

---

12) 각 영역본 성경의 특징에 대해서는 Robert L. Thomas, "Bible Translations and Expository Preaching," John MacArthur, Jr., *Rediscovering Expository Preaching* (Dallas: Word publishing, 1992), 김동완 역, 『강해설교의 재발견』(서울: 생명의말씀사), 303ff.를 참조하라.

관찰해서 기록하라."는 숙제를 준다. 눈이 빠지도록 열대어를 지켜보면서 열 가지를 발견하면 다음 날 와서는 열 가지를 더 발견해 내라고 하고, 그렇게 두 주간을 계속한다는 것이다. 그런데 학생들이 놀란 것은 그렇게 주의 깊게, 세심하게 관찰해 보니 이전에는 무심코 넘겨버렸던 수많은 사실들을 새롭게 발견할 수 있었다는 것이다.

이것은 영적인 진리를 발굴해 내는 설교자들에게도 마찬가지이다. 우리가 진리의 광맥을 세밀히 탐사하고 그것을 깊이 파면 팔수록 천혜의 보고寶庫는 우리 앞에 찬란한 광채로 나타날 것이다. 필자가 댈러스신학교에서 수학할 때 하워드 헨드릭스 교수가 사도행전 1:8을 가지고 자신이 깨달은 120가지의 영적 진리를 학생들에게 소개하는 것을 보았다. 한 절 안에도 신령한 세계는 끝없이 펼쳐지고 있었다. 시인이 "내 눈을 열어서 주의 법의 기이한 것을 보게 하소서."라고 간구한 것은 우리 모두의 기도가 되어야 한다시 119:18.

트라이나는 관찰을 다음과 같이 정의한다.

> 관찰은 본질적으로 인식하는 것이다. ……관찰의 일반적 기능은 독자가 본문의 한 구절 한 구절에 깊숙이 스며들어서 거기에 무슨 문제가 있는지를 발견하고 그것을 설명할 필요성에 대해 철저하게 인식하게 하는 것이다. 관찰의 과정을 통해 본문의 자료들은 독자의 정신세계의 일부분이 된다. 관찰은 독자가 해석과정으로 돌입할 수 있도록 그 마음에 기초 자료들을 제공하는 것이다.[13]

즉 관찰이란 주어진 본문 안에 감추어져 있는 특징이나 강조점이나 구조나 의문점 등을 발견해 내는 작업을 말한다. 과학자들이 새로운 이론을 내세우기 위해서는 우선 현상에 대한 정확한 관찰이 전제되어야 하듯이, 설교자들에게도 본문의 해석 작업에 들어가기 전에 본문에 대한 철저한 관찰이 필요한 것은 두말할

---

13) Robert A. Traina, *Methodical Bible Study* (Wilmore, Ky.: by the author, 1952), 31f.

필요가 없다. 설교란 오직 본문 속에 감추어져 있는 진리를 발굴해서 전하는 것이기 때문이다. 존 스토트도 성경을 강해exposition한다는 것은 본문에 담겨져 있는 진리를 가져와 밝혀 주는 것일 뿐이며, 그에 반하는 것, 즉 본문에 없는 것을 말하는 것은 오직 설교자 자신의 생각을 부과하는 것imposition에 불과하다고 한다.[14] 그러면 무엇을 관찰할 것인지를 생각해 보자.[15]

강조된 것

저자는 중요한 사상이나 의미 있는 사건은 여러 가지 방식을 통해 강조한다.

- 인물이나 사건에 대해 상술함으로써 강조한다. 창세기 12-50장에서 몇몇 족장들의 생애를 장황하게 소개하는 것은 그들이 선민의 역사를 열어 가는 데 있어서 중요한 위치를 차지하고 있기 때문이다.

- 기록 목적을 명시함으로써 강조한다. "항상 기도하고 낙망치 말아야 될 것을 비유로 하여 가라사대"눅 18:1라고 기록 목적을 나타냄으로 '불의한 재판관의 비유'는 기도의 인내를 가르치기 위한 것임을 밝혀 준다.

- 기록 순서를 조절함으로 강조한다. 사도행전 1:8에 기록된 "예루살렘과 온 유대와 사마리아와 땅 끝"의 순서는 세계를 향한 복음의 확장을 암시한다. 시편1:1에 나타나는 '악인', '죄인', '오만한 자'의 순서와 그와 짝을 이루는 '꾀를 좇다', '길에 서다', '자리에 앉다'라는 표현의 순서를 관찰하면 성령께서 주시는 깊은 교훈을 발견할 수 있다.

반복된 것

저자는 꼭 전달하기 원하는 지식이나 교훈은 반복한다.

---

14) Stott, *Between Two Worlds*, 125-26.
15) Howard G. Hendricks and William D. Hendricks, *Living by the Book* (Chicago: Moody Press, 1991), 143-63을 참조하라.

- 단어, 구절, 문장을 반복한다. 빌립보서에는 '기쁨'이라는 단어가 반복된다. 창세기 39장에는 "여호와께서 요셉과 함께 하심으로 그가 형통했다."는 표현이 반복되어 나타난다.

- 인물에 대해 반복적으로 서술한다. 사도행전 저자는 바나바에 대해 사도행전 4:36, 9:27, 11:22, 15:36-39 등에 반복적으로 서술함으로 그의 사역과 헌신에 대해 소개한다.

- 어떤 사건이나 배경에 대해 반복적으로 서술한다. 사사기는 각 단락의 초두마다 "그 때에 이스라엘 백성들이 하나님 보시기에 악을 행하여"라고 반복하여 언급한다. "그 때에 이스라엘에 왕이 없으므로 사람이 각각 그 소견에 옳은 대로 행하였더라."는 표현도 반복되어 나타난다삿 21:25. 이런 언급은 저자의 사사시대에 대한 이해를 단적으로 드러내는 것이다.

연관된 것
사건이나 교훈들이 가지는 상호 연관성을 파악해야 한다.

- 일반 원리와 그것의 구체적 적용을 관찰하라. 일반적인 원리가 어떻게 특수화된 교훈으로 진전되는지를 살펴야 한다. 마태복음 6장은 "사람에게 보이려고그들 앞에서 너희 의를 행치 않도록 주의하라 그렇지 아니하면 하늘에 계신 너희 아버지께 상을 얻지 못하느니라."는 큰 원리를 진술한 후에 그 원리를 실제 삶에 어떻게 적용할 수 있는지를 구제와 기도와 금식을 가지고 설명한다.

- 질문과 대답의 관계를 관찰하라. 로마서 6:1은 "그런즉 우리가 무슨 말 하리요 은혜를 더하게 하려고 죄에 거하겠느뇨?"라고 질문한 후 2절에서는 곧바로 "그럴 수 없느니라."고 답한다.

- 원인과 결과의 상관관계를 관찰하라. 사도행전 1:8에는 "성령이 임하면(원인) 권능을 받고 예수의 증인이 될 것(결과)"고 말한다.

- 명령과 약속의 결합을 관찰하라. 에베소서 6:2-3에는 "네 아버지와 어머니를 공경하라."는 명령과 "이는 네가 잘 되고 땅에서 장수하리라."는 약속이 결합되어 있다.

- 서로 상반된 관계를 관찰하라. 갈라디아서 5:19부터 바울은 육체의 일에 대해 상술하다가 22절에서는 "오직 성령의 열매는"이라고 하면서 성령의 열매를 언급한다. 여기서 '오직'은 '그러나'but와 같다. 육체의 일과 성령의 일을 대비시켜 드러내려고 하는 저자의 의도를 엿볼 수 있다.

이와 같은 깊이 있는 관찰을 통해 본문에 담겨 있는 진리의 보화를 캐낼 수 있다. 본문을 앞에 두고 질문하라. 이것은 무슨 뜻인가? 이것이 왜 여기 있나? 왜 이런 순서로 되어 있나? 이 말들은 서로 무슨 연관이 있나? 이 말은 어디에 걸리는가? 본문의 단어 하나도 빠뜨리지 말고 질문하라. 관찰자는 질문하는 사람이다. 마르틴 루터는 자신의 성경공부 방법을 사과를 따는 것에 비교하곤 했다. "나는 먼저 나무를 통째로 흔든다. 그러면 가장 잘 익은 사과는 떨어질 것이다. 그 다음에는 나무에 기어 올라가 큰 가지를 흔들고, 그 다음에 작은 가지를, 그리고는 곁가지를 흔든다. 그런 다음에는 잎 하나하나를 들추어본다."[16] 우리도 본문을 가지고 끈질기게 질문하고 분석하고 해부하고, 단어 하나라도 들추어보는 일을 게을리하지 않는다면 풍성한 수확은 이미 보장된 것이다.

본문과 더불어 씨름하는 산고産苦의 고통이 없이는 결단코 깊이 있는 메시지를 토해낼 수 없다. 설교자는 본문에 귀를 기울인 사람, 본문에 흠뻑 젖은 사람, 본문과 함께 숨쉬는 사람, 그것을 씹고 또 되씹는 사람, 그것에 온전히 삼킴을 당한 사

---

16) Richard Mayhue, How to Interpret the Bible for Yourself (Winona Lake, Ind.: BMH, 1986), 49.

람이 되어야 한다.

해석

설교자는 관찰을 통해 얻은 많은 정보들을 기초로 해서 본문의 해석 작업에 들어가게 된다. 해석이란 '그 구절은 무엇을 의미하느냐?'를 묻는 것이다. 그것에 바르게 답하기 위해서는 저자의 원 의도 내지는 본문의 원 의미를 파악할 수 있어야 한다. 성경은 초역사적인 하나님의 계시를 담고 있지만, 그것은 또한 고유한 시대적 상황과 특수한 필요 속에서 기록된 책이다. 성경과 오늘날의 독자 사이에는 언어적, 문화적, 지리적, 역사적으로 엄청난 간격gap이 있다. 따라서 성경본문은 오늘의 시각으로만 보면 저자가 의도했던 원의미를 정확하게 파악할 수 없을 때가 많다. 그것은 그 시대의 시각으로 볼 때에만 밝혀질 수 있다. 여기에 본문에 대한 정밀하고도 과학적인 연구가 필요하게 된다. 그래서 그 시대의 안경을 쓰고 본문의 진정한 의미에 접근할 때에만 본문이 교훈하고자 하는 바 진리를 바르게 파악할 수 있다. 그럴 때 또한 본문은 시대적 차이를 뛰어넘어 오늘날 우리에게도 의미 있는 말씀으로 다가오게 된다.

성경 본문과 현재의 청중 사이에 존재하는 문화적, 역사적 간격을 결코 본문의 메시지를 이해하는 데 걸림돌이 되는 것으로 생각해서는 안 된다. 그것은 뒤집어 말하면 성경 본문은 그 당시의 사람들에게는 자신들의 문제를 피부에 와 닿게 적실하게 다루고 있었다는 말이다. 따라서 문화적, 역사적 간격은 오늘날 우리들의 설교도 현재적 청중에게 구체적이고도 적실하게 전파해야 한다는 하나의 도전으로 받아들여야 한다.[17] 그러면 본문의 바른 해석을 위해서는 어떤 연구가 필요한지 살펴보자.

---

17) Sidney Greidanus, *The Modern Preacher and the Ancient Text* (Grand Rapids: Eerdmans, 1988), 159.

문법적 • 문학적 연구

단어 연구. 먼저 단어 연구에서 출발해야 한다. 단어 하나가 본문 이해에 결정적인 영향을 끼칠 때가 많으므로 단어 연구를 소홀히 해서는 안 된다. 예를 들어 마태복음 18:3의 "너희가 돌이켜 어린아이들과 같이 되지 아니하면 결단코 천국에 들어가지 못하리라."는 구절을 가지고 이것이 어린아이들의 착한 성품을 지칭한다고 해석하는 경우가 많다. 그러나 그렇게 해석하면 이 신칭의의 구원론에 어긋난다. 우리는 믿음으로 구원받는 것이지 성품으로 구원받는 것이 아니기 때문이다. 해답은 '돌이켜'라는 한 단어에 있다. 헬라어 στραφητε 는 '180도로 방향 전환을 하여'turn around 라는 뜻이다. 예수님은 "누가 크냐?"고 자기 확대에 혈안이 되어 있는 제자들에게 너희가 '거기서 180도로 방향 전환을 하여' 어린아이들과 같이 되지 않으면 천국에 들어가지 못한다고 하신다. 그러므로 여기서 '어린아이같이'라는 말은 자기 확대에 대해 아무런 욕망이 없는 아이들의 특성을 가리킨다.

단어 연구 시에는 원 단어에서 파생된 부차적 이미지를 가지고 원 단어에 의미를 부여하지 않도록 주의해야 한다. 사도행전 1:8의 '권능'이라는 단어는 헬라어 'δύναμις'이다. 이 단어를 어원으로 해서 영어의 '다이너마이트'가 파생되었다. 그래서 혹자는 성령의 권능을 설명하면서 다이너마이트가 가지는 힘과 폭발력을 끌어와서 설명한다. 그러나 성경 저자가 δύναμις라는 단어를 사용할 때는 그 후대에 발명된 다이너마이트를 연상하면서 그 말을 사용하지 않았을 것은 자명하다. '다이너마이트'라는 후대에 형성된 이미지를 가지고 성경의 단어에 무리하게 의미를 첨가하는 것은 잘못이다.

단어 연구를 위해서는 다양한 자료들이 필요하다.[18] 사전lexicon은 Brown, Driver,and Briggs, A Hebrew and English Lexicon of the Old Testament Oxford: Clarendon, 1952와 Bauer, Arndt, Gingrich, and Danker, A Greek-English Lexicon

---

118) 보다 상세한 정보를 위해서는 James F. Stitzinger, "Study Tools for Expository Preaching," John MacArthur, Jr. ed., *Rediscovering Expository Preaching*, 191-93을 참조하라.

of the New Testament and Other Early Christian Literature 2nd ed.University of Chicago, 1979을 사용할 수 있다. 성구사전 concordance은 George Wigram, The Englishman's Hebrew and Chaldee Concordance of the Old Testament Zondervan, 1970와 역시 Wigram의 The Englishman's Greek Concordance가 좋다. 이것들은 기독교문화협회에 의해 『성구사전 I, II』로 번역되어 있다. 혹은 Moulton and Geden, A Concordance to the Greek Testament 5th ed.T.&T Clark, 1978 등이 사용된다. 신학적으로 깊이 있는 단어 연구를 위해서는 Theological Dictionary of the Old TestamentTDOT와 Theological Dictionary of the New TestamentTDNT를 사용할 수 있다. 이것들은 요단출판사에서 『구약원어 신학사전』, 『신약원어 신학사전』이란 제목으로 번역되어 있다. 그 외 Vine's Expository Dictionary of New Testament Words , 그리고 Vine's Expository Dictionary of Old Testament Words도 유용하게 사용된다.

문법 및 구문 연구. 구문이란 단어와 단어, 문장과 문장이 서로 연결되어 있는 방식을 가리킨다. 본문의 구문과 문법 구조를 제대로 파악하면 저자가 의도하는 진정한 의미와 뉘앙스를 이해하는 데 큰 도움을 얻을 수 있다.

예를 들어 골로새서 2:6-7을 한글 성경으로만 보면 '그 안에서 행하되', '뿌리를 박으며', '믿음에 굳게 서서', '넘치게 하라'를 각각 동격의 동사로 보기 쉽다. 그러나 원어 성경이나 영어 성경을 살펴본 사람은 주동사는 어디까지나 '그 안에서 행하되'임을 알게 된다. 나머지 '뿌리를 박으며', '믿음에 굳게서서', '넘치게 하라'는 모두 분사형으로서 '그 안에서 행하되'를 수식한다. 그러므로 본문의 뜻은 "너희가 그리스도 예수를 주로 받았으니 그 안에서 행하되 그 안에 뿌리를 박음으로 그 안에서 행해야 하고, 믿음믿음에 굳게 섬으로 그 안에서 행해야 하며, 감사함을 넘치게 함으로 그 안에서 행해야 한다."는 것이다. 이렇게 문법적인 구조에 따라 의미가 달라지므로 우리는 본문의 동사가 주동사인지 종속동사인지, 본문의 부정사가 목적을 나타내는지 결과를 나타내는지 등을 파악하는 데 세심한 주의를 기울여야 한다.

문학 양식 연구. 성경의 문학 양식(장르)은 나름대로 독특한 기술 방식과 스타일을 가지고 있으므로 바른 해석을 위해서는 그 장르의 특징을 이해함이 필요하다.

- 교훈문학prose: 서신서는 구체적인 수신인을 향한 구체적인 편지이다. 따라서 원 저자가 원 수신인에게 말하고자 했던 바가 무엇인지를 파악하는 것이 중요하다. 또한 서신서는 책 전체의 관점에서 부분을 보는 것이 중요하다. 그러므로 흐름을 바로 파악하기 위해서는 책 전체를 한자리에서 읽는 것이 좋다.[19]

- 시가문학poetry: 시는 따로 떨어진 구절로서가 아니라 전체적인 관점에서 해석해야 한다. 시의 본래적 목적과 정황을 따라 해석해야 한다. 시의 주요 단락과 개개 단락의 요점, 그리고 전체 메시지에 대한 각 단락의 기여 등을 살펴야 한다. 공동체를 위한 시는 공동의 차원에서 해석해야 한다. 그것은 한 국가인 이스라엘의 간구를 표현하는 것이지 개인의 간구를 나타내는 것은 아니다.

- 서사문학narrative: 역사는 마치 오케스트라와 같다. 일련의 개개의 목소리들 (기사들)이 한데 어우러져서 공통의 주제들을 노래한다. 이러한 주제들을 발견하려면 독자는 개개의 기사들의 강조점을 분석해야 하며, 그렇게 함으로써 이들 기사들이 어떤 공통점을 갖고 있는지를 볼 수 있어야 한다.[20]

- 지혜문학wisdom: 잠언에 담겨 있는 명령은 잠정적인 제안이 아니라 절대적인 순종을 요구하고 있음을 기억해야 한다. 명령이나 금지에 대해 진지하게 대해야 한다. 본문을 추상

---

19) Gordon D. Fee & Douglas Stuart, *How to Read the Bible for All Its Worth*, 47.
20) William W. Klein, Craig L. Blomberg, Robert L. Hubbard, Jr., *Introduction to Biblical Interpretation*, 류호영 역, 『성경 해석학 총론』(서울: 생명의말씀사, 1997), 509.

적인 논문이 아니라 긴박한 청원으로 들어야 한다.

• 예언문학apocalyptic: 한 본문의 모든 상징적인 세부 조목들에 주의를 기울이기 보다는 본문의 주요 요점들을 이해하려고 노력해야 한다. 즉 예언의 목적이 무엇인지-인내를 북돋우고자 하는지 다가올 심판에 대한 경고인지 등-하나님의 성품에 대해서 무엇을 계시해 주고 있는지, 이스라엘의 죄악에 관해 무엇이라 말하는지 등이다. 해석하기 난해하거나 불분명한 본문에 대해서는 겸손한 자세로 임해야 한다. 적용은 본문이 강조하는 영적 진리를 가지고 그때의 상황과 유사한 현재의 삶의 정황들을 발견하여 적실하게 적용해야 한다.

수사법 연구. 아리스토텔레스는 수사학적 표현 중에 비유의 중요성에 대해 이렇게 말한다. "이상한 표현은 우리를 어리둥절하게 하고, 평이한 표현은 우리가 이미 알고 있는 것을 옮길 따름이지만, 비유적인 표현은 어떤 것을 가장 신선하게 붙들게 한다. 시인이 노인을 '마른 줄기'라고 한다면 그는 새로운 아이디어, 새로운 사실을 옮기고 있는 것이다."[21] 따라서 그는 "가장 위대한 일은 비유의 천재가 되는 것"이라고 했다.[22] 성경은 비유의 보고이다. 성경이 비유를 가득 담고 있는 것은 단순히 표현의 극적 효과 때문이 아니라, 하나님에 대한 영적 진리를 밝혀 주기 위해서는 비록 온전치는 못하다 해도 유비analogy 외에는 다른 언어가 없기 때문이다.[23] 따라서 우리가 비유적 표현의 성격을 바로 이해하고 본문에 접근하기 전까지는 결코 저자가 의도했던 바를 온전하게 깨달을 수 없다.

• 직유법: 하나의 사물을 '같이', '처럼' 등의 매개어를 사용하여 다른 사물과 직접 비교하는 방식이다. 예를 들어 "갓난 아이들 같이 순전하고 신령한 젖을 사모하라"벧전 2:2에서는 성

---

21) Aristotle, "Rhetoric," *Complete Works of Aristotle*, Jonathan Barnes, ed., vol. 2(Princeton and Oxford: Princeton University Press, 1984), 2250.
22) Aristotle, "Poetics," *Complete Works of Aristotle*, 2334.
23) G. B. Caird, *The Language and Imagery of the Bible* (Philadelphia: Westminster, 1980), 144.

도가 은혜를 사모하는 것을 갓난아이가 젖을 사모하는 것으로 표현한다. 이때는 동원된 보조관념을 충분히 살려 해석해야 한다. 그러나 때로는 직유가 과장의 분위기 가운데 사용되기도 하므로 너무 문자적으로 이해하면 성경 저자의 의도를 곡해할 수도 있다.[24]

• 은유법: 다른 사물을 끌어와 원 개념을 표현한다는 점에서 직유와 동일하지만, '같이', '처럼' 등의 매개어를 사용하지 않고 바로 연결한다는 점에서는 차이가 있다. "여호와는 산성이시다."에서와 같이 여호와가 가지신 특징을 산성의 이미지를 끌어와서 생생하게 보여 준다. 은유는 알레고리로 접근하지 않도록 조심해야 한다.

• 의인법: 사물을 인간적인 속성을 가진 것으로 비유하여 표현하는 것이다. 시편 98:8의 "큰 물이 박수하며 산악이 함께 즐거이 노래할찌어다."는 구절은 강물이 손뼉 치고 산들이 노래한다고 함으로써 온 천지가 기쁨에 겨워함을 인간화하여 생생하게 표현한다. 하나님을 의인화하여 표현할 때는 해석에 주의를 요한다. 예를 들어 "질투하시는 하나님"이라고 할 때 하나님이 인격적인 미성숙으로 인한 시기와 질투를 가진 분이라는 말은 아닐 것이다. 그것은 사랑의 관계를 유지하려는 열정과 집착을 의미한다. 곧 이스라엘을 놓지 않으려는 하나님의 열심을 '질투'라는 인간적 차원으로 표현한 것이다. 이와 같이 하나님을 의인화하면 거기에 필연적으로 인간적인 제약과 한계가 스며들 수 있으므로 저자가 비유법을 통해 드러내고자 하는 역동성을 훼손하지 않으면서도 원 의미를 주의 깊게 파악할 수 있어야 한다.

• 아이러니: 겉으로 드러난 표현과는 반대의 의미를 가지고 있는 반어법적 표현이다. 미갈이 다윗왕을 향하여 "이스라엘 왕이 오늘날 어떻게 영화로우신지"라고 한 것은 왕을 칭송하는 말이 아니라 왕의 처신을 힐난하기 위한 것이다삼하6:20.
• 과장법: 사물을 강조하기 위해 실제보다 과장하여 표현하는 기법이다. "어찌하여 형제

---

24) 김지찬, 『언어의 직공이 되라』(서울: 생명의말씀사, 1996), 115.

의 눈속에 있는 티는 보고 네 눈속에 있는 들보는 깨닫지 못하느냐" 마 7:3. 눈 속에 들보가 있을 수는 없으므로 이것은 과장법이다. 과장법은 허위나 거짓을 말하려는 것이 아니라 저자가 말하고자 하는 바를 파격적으로 강조하기 위한 일종의 충격요법으로 이해해야 한다. "무릇 내게 오는 자가 자기 부모와 처자와 형제와 자매와 및 자기 목숨까지 미워하지 아니하면 능히 나의 제자가 되지 못하고"눅 14:26라는 말씀도 그런 이해로 접근해야 한다. 문자적으로 가족을 미워하라는 것이 아니라 주님을 따르는 일보다 더 우선되는 것은 없어야 한다는 것을 강조하기 위한 표현이다.

이 외에도 환유법, 제유법, 상징, 풍자, 패러디 등 다양한 수사법이 있다.

문학 연구. 문맥을 의미하는 영어 context는 라틴어 *con*together과 *textus*woven의 합성어이다. 문맥이란 ' 함께 엮어 짜여진' 단락을 의미한다. 본문의 의미를 정확하게 파악하기 위해서는 이렇게 연속된 사상의 흐름으로 짜여져 있는 단락 속에서 본문을 보아야 한다. 본문은 결코 거두절미하고 읽어서는 안 된다.

우리는 흔히 천고마비天高馬肥의 계절을 독서와 연관시킨다. 그러나 원래 그 말의 유래는 하늘은 높고 말이 살찌면 오랑캐들이 말을 타고 침략해 오니까 오랑캐를 철저히 대비해야 한다는 의미에서 왔다. 문맥을 잘 알지 못함으로 엉뚱하게 의미 변천이 된 것이다.

이사야 34:16의 "너희는 여호와의 책을 자세히 읽어보라 이것들이 하나도 빠진 것이 없고 하나도 그 짝이 없는 것이 없으리니" 하는 말씀은 흔히 성경의 완전무오성, 정경의 온전성 등을 확증해 주는 구절로 인용된다. 그러나 여기서 '이것들이'라는 말은 '여호와의 책'을 가리키는 것이 아니라 그 앞에 있는 심판의 날에 열국이 숫염소와 올빼미와 부엉이와 솔개들의 처소가 될 것을 가리킨다. 그 짐승들이 하나도 빠짐없이 폐허가 된 궁궐에 거하게 될 것이라는 말이다. 지시대명사가 무엇을 가리키는지 문맥 속에서 바로 파악하지 못한 어처구니없는 실수이다.

문맥을 살필 때는 먼저 본문의 앞뒤 가까운 문맥부터 살펴야 한다. 어디까지가 하나의 단락을 구성하는지, 그것들을 하나로 묶고 있는 중심 사상이 무엇인지, 어떤 연결고리로 엮어져 있는지, 무엇을 가리키는지 등을 파악하라. 먼 문맥에 대한 이해도 필요하다. 본문이 속해 있는 책의 전체적인 목적과 구조, 저자의 저술 방식 등을 아는 것이 필요하다.[25)]

역사적 • 문화적 연구

성경은 특수한 정황 가운데서 기록된 문서occasional documents이다. 성령의 감동하심으로 기록되었으므로 시대를 초월하는 진리를 담고 있지만, 저자도 자신의 특수한 상황이 있고 수신인도 특수한 정황 가운데 처해 있다. 이 특수한 시대적인 정황을 잘 이해해야 본래적 의미에 바르게 접근해 갈 수 있다.

시편 126편을 예로 들어 보자. 1-3절에는 포로를 돌이켜 주신 것(개역성경에는 '돌리신다'라는 애매한 표현으로 되어 있음) 즉, 바벨론 포로 생활에서 해방시켜 주신 것에 대한 기쁨과 찬양이 나타나 있다. 4절에서는 남은 포로를 "남방 시내들 같이 돌리소서."라고 간구한다. 이 말의 의미는 네게브(남방) 사막 지역을 잘 알지 못하고는 이해할 수 없다. 네게브 지역은 '와디'라는 골짜기들이 많은데 평소에는 물이 말라있는 건천이나 한번 비가 오면 금방 물이 모여 홍수같이 쏟아져 내린다. 건천의 바닥이 물을 먹으면 단단해져서 빗물을 흡수하지 못하고 그대로 흘려내려 보내기 때문이다. 즉 4절의 뜻은 '남은 포로들을 네게브 골짜기의 강물이 콸콸 쏟아져 내리듯이 그렇게 돌려 보내주소서.' 하는 말이다.

6절에는 "울며 씨를 뿌리러 나가는 자"이라는 표현이 있다. 씨를 뿌리러 나가는데 왜 울면서 가는가? 네게브 지역은 연중 강수량이 200mm 정도밖에 되지 않는 건조한 지역이다. 따라서 꼭 필요한 시점에 비를 내려주시는 하나님의 특별

---

25) 문맥을 따른 해석에 대해서는 다음을 참조하라. Moises Silva, *Biblical Words and Their Meaning* (Grand Rapids: Zondervan, 1983), 138ff.; Walter Kaiser, *Toward an Exegetical Theology* , 69-85; A. Berkeley Mickelsen, *Interpreting the Bible*, 99-100; Roy B. Zuck, *Basic Bible Interpretation*, 106-12.

한 권고하심과 돌보심이 있어야 농사를 지을 수 있는 지역이다. 그러므로 씨를 뿌리러 나갈 때는 과연 제대로 싹이 돋을 수 있을지 걱정스러운 마음으로(울면서) 나갈 수밖에 없다. 그러나 수확을 거둘 때는 하나님의 권고하심으로 풍성하게 곡식을 거두게 될 것을 소망하며 노래하는 것이다.

신약의 예를 든다면 마태복음 5:33-37에서 예수님은 맹세하지 말 것을 강조하신다. 맹세하는 것이 무엇이 중요해서 그렇게 강조하시는가? 우리는 결혼식장에서, 법정에서 맹세하는데 이 말씀을 따르면 그것도 하지 말아야 하는가? 이 말씀의 의미를 바로 알기 위해서는 당대의 상황을 이해하는 것이 필수적이다. 그 당시 유대사회에는 맹세가 횡행했다. 다양한 맹세의 형식이 생겨났고, 그러다 보니 '어떤 어떤 말로 맹세하면 다른 맹세보다 더 무게가 있다.'는 식으로까지 발전했다. 그 역작용으로 나타난 것이 그냥 하는 말은 별로 신빙성이 없는 것으로 받아들이는 언어의 평가절하 현상이었다. 예수님은 그것을 책망하고 계신 것이다. 즉 예수님은 우리가 아무런 맹세를 안 붙여도 언제나 믿을 수 있는 사람이 되도록 해야 한다는 것이다.

고린도후서 2:16의 "이 사람에게는 사망으로 좇아 사망에 이르는 냄새요 저 사람에게는 생명으로 좇아 생명에 이르는 냄새라 누가 이것을 감당하리요." 하는 말씀도 배경을 이해하지 않고는 그 의미를 바로 깨달을 수 없다. 이것은 로마시대 개선장군의 행렬을 염두에 둔 것이다. 거창한 개선 행렬에는 향이 타오르는 향로를 흔들며 따라가는 제사장들이 있었다. 그 향로의 향기는 이중적인 것이다. 개선한 군사들에게 그 향기는 기쁨과 생명의 냄새이지만 사슬에 매여 끌려가고 있는 포로들에게는 슬픔과 죽음의 냄새이다. 그와 같이 복음이 전파될 때 그 복음을 받아들이는 자에게 그것은 생명의 향기가 될 것이지만 거부하는 사람에게는 사망의 냄새가 될 것이다.[26]

역사적, 문화적 연구를 위해서도 여러 가지 참고자료를 준비해 놓는 것이 필

---

26) 로마시대의 개선행렬에 대해서는 바클레이 주석, 『고린도서』, 264-65를 참조하라.

요하다.[27] 성경사전은 『성서 대백과』기독지혜사나 『기독교 대백과사전』기독교문사 등을 사용할 수 있다. 그 외 Merrill C. Tenney ed., *Zondervan Pictorial Encyclopedia of the Bible*Grand Rapids: Zondervan, 1975. 5 vol. 이나, J. D. Douglas ed., New *Bible Dictionary*Grand Rapids: Eerdmans, 1962, 혹은 F. F. Bruce, *New Testament History*Doubleday, 1971 등을 사용할 수 있다. 문화적 배경을 알기 위해서는 Alfred Edersheim, *The Life and Times of Jesus the Messiah*Grand Rapids: Eerdmans, 1954나, 롤랑드 보Roland de Vaux, 『구약시대의 생활 풍속』대한기독교출판사, 혹은 프레드 와이트 Fred Wight, 『성지 이스라엘의 관습과 예의』보이스사 등이 있으면 되겠다. 지리적 배경을 위해서는 *The Macmillan Bible Atlas*, 혹은 *Wycliffe Historical Geography of Bible Lands* 정도를 구비하면 된다.

우리는 이상에서 본문의 문법적·문학적 연구와 역사적·문화적 연구에 대해 살펴보았다. 악티마이어는 이런 연구가 설교 준비를 위해 필수적임을 다음과 같이 강조한다. "만약 설교자가 본문을 이와 같이 상세히 연구한다면 그 의미를 놓치는 일은 결코 없을 것이다. 무엇보다, 설교자가 본문의 메시지를 형성하는 것이 아니라 본문의 메시지가 설교자의 사고를 형성하게 된다. 모든 진정한 성경적 설교가 태어나는 것은 이와 같은 본문의 주의 깊은 분석에 의해서이다."[28]

신학적 연구

이상과 같은 연구들과 함께 우리가 놓치지 말아야 할 것이 본문의 신학적 해석을 위한 연구이다. 신학적 해석이란 한마디로 말해서 '본문에서 하나님은 자신에 대해 어떻게 계시하고 있는가?' 또는 '그 메시지는 전체 성경의 맥락 속에서 무엇을 의미하는가?' 하는 질문을 던지는 것이다. 이 질문이 중요한 이유는 성경은 근본적으로 하나님과 그분의 구원 사역에 대해 밝혀 주는 책이기 때문이다.

---

27) 더 상세한 자료를 위해서는 Stitzinger, "Study Tools for Expository Preaching," 195-95을 참조하라.
28) Achtemeier, *Preaching from the Old Testament*, 44.

성경 저자들의 이런 근본적인 기술 의도를 떠나서는 결코 본문에 대한 바른 접근을 할 수 없다. 다음과 같은 바트릭의 지적은 전적으로 옳다. "참된 성경적 설교란 (본문의) 메시지에 충실할 뿐 아니라 의도에도 충실한 설교이다. '본문이 의도하는 바가 무엇인가?' 하는 질문은 설교자가 지녀야 할 순종의 출발점이다."[29] 신학적 해석은 다음과 같은 초점을 가진다.

하나님 중심. 설교자는 항상 하나님 중심(혹은 그리스도 중심)으로 본문을 이해하려고 노력해야 한다.[30] 성경은 크게 보면 하나님과 인간과의 관계에 대한 이야기이다. 두 존재에 있어서 주도권은 항상 하나님께 있다. 하나님이 약속하시고, 명령하시고, 구원하시고, 심판하신다. 인간은 거기에 대해 때로는 믿음으로, 때로는 불신앙으로, 때로는 순종으로, 때로는 반항으로 반응할 뿐이다. 그러므로 어떤 본문이든지 하나님에 관한 진리를 먼저 캐려는 노력은 본문을 정당하게 이해하기 위해서는 필수적이다. 만약 그런 노력 없이 인간 행위를 출발점으로 삼는다면 본문을 심각하게 왜곡할 수 있다. 라이켄은 이렇게 말한다. "성경은 일관되게 하나님 중심의 세계관을 유지한다. 이것은 하나님이 최상의 가치라는 의미일 뿐 아니라, 그분이 다른 모든 경험들의 관점에 정체성을 부여하신다는 의미이다."[31] 우리는 본문을 볼 때 하나님이 무엇을 행하셨는지, 무엇을 원하셨는지, 무엇을 의도하셨는지의 관점에서 먼저 살피고 그 다음에 인간의 반응과 행동을 살펴야 한다.

구원 사역 중심. 출애굽기는 모세의 생명을 건진 두 히브리 산파의 이름은 가

---

29) David Buttrick, "Interpretation and Preaching," *Int 35*/1(1981): 46-58.

30) 칼빈은 '하나님 중심 방법'(theocentric method)으로, 루터는 '기독론적 방법'(christological method)으로 표현했으나 하나님의 구원 역사가 그리스도에 와서 완성된다는 점에서 두 표현은 다르지 않다.6-58.

31) Leland Ryken, *The Literature of the Bible* (Grand Rapids: Zondervan, 1974), 16. 하나님 중심의 구속사적 해석에 대해서는 다음을 참조하라. C. 트림프, 「설교학 강의」, 63ff.; 고재수(N. H. Gooties), 『교의학의 이론과 실제』, 169-245; Bryan Chapell, *Christ-Centered Preaching*, 263-88; Sidney Greidanus, *Sola Scriptura*, 권수경 역, 『구속사적 설교의 원리』, 218-69; 고재수, 『구속사적 설교의 실제』, 193-208.

르쳐 주면서도 그 당시 대제국 애굽을 통치했던 바로의 이름은 거명하지 않는다. 세상 역사가들은 오므리 왕이 이스라엘의 가장 강력한 왕들 가운데 하나라고 보지만 열왕기상은 그에 대해 단 여덟 절만 할애할 뿐이다. 이와 같이 우리는 성경이 역사를 바라보는 독특한 시각에 주목해야 하며, 그것을 살려서 우리의 메시지를 구성해야 한다.

성경은 신약은 물론이려니와 구약도 그리스도 한 분에 초점을 맞추어 기록한다. 구약은 토막 난 산발적인 사건의 집합이 아니라 하나의 핵심 되는 사건, 즉 오실 메시아를 증거하는 책이다. 성경의 핵심 주제가 구원이므로 우리의 설교도 그리스도와 그의 구원 사역에 초점을 맞추는 구속사救贖史적 관점내지는 믿음의 관점analogia fidei, rule of faith을 가져야 한다.

따라서 어떤 본문을 대하든지 먼저 그 본문의 자연적이고 역사적인 문맥에서의 의미를 추구한 후에 그것이 더 높은 차원, 즉 하나님의 구원 역사의 문맥에서는 어떤 위치를 점하고 있으며 어떤 의미를 가지고 있는지를 살펴야 한다. 고든피와 더글러스 스튜어트는 자신들의 공저에서 이렇게 설명한다. "구약의 모든 역사적 사건(기본 단계)은 최소한 세계 속에서의 이스라엘의 더 큰 역사(중간 단계)의 일부분을 이룬다. 그리고 그것은 하나님의 창조와 구속이라는 궁극적인 역사(상층 단계)의 부분을 이룬다. 이 궁극적 역사는 구약을 넘어 신약에 이르기까지 성경을 관통한다. 당신은 구약의 어떤 사건을 다루더라도 다른 두 단계 속에서의 그것의 위치를 인식함 없이는 결코 그것을바르게 다룰 수 없을 것이다."[32]

이 세 가지 단계에 대해 예를 들어 보자. 다윗과 골리앗의 기사에서 기본 단계는 다윗이 골리앗을 죽였다는 개인의 무용담이다. 많은 목사들은 이 기본 단계에만 머물러 있다. 즉 다윗의 개인적인 용기와 믿음에 대해서만 설교한다. 그러나 성경 저자의 참된 관심은 거기에 머무르는 것이 아니다. 사무엘은 목동 다윗을 은밀하게 왕으로 세웠지만 그 기름 부음 받은 왕 다윗이 이스라엘을 구원했

---

32) Fee and Stuart, *How to Read the Bible*, 74-75.

고 약속의 땅에서 안전하게 살게 했다는 것이다(중간 단계). 이것이 하나님의 구속 역사와는 무슨 관계가 있는가? 다윗은 "오늘 여호와께서 너를 내 손에 붙이시리니……전쟁은 여호와께 속한 것인즉"이라고 선언한 다_{삼상 17:46-47}. 즉 본문의 저자가 궁극적으로 말하고자 하는 것은 이스라엘의 왕이 적을 무찌른 것을 넘어서서 하나님께서 친히 자기 백성의 대적을 물리치신다는 것이다(상층 단계). 이것은 왕이신 예수께서 사탄을 물리치시고 승리하신 신약적 정점을 향해 곧바로 나아가는 것이다.[33]

구속사적 설교를 한다고 해서 매 설교마다 그리스도와 그의 구원을 기계적이고 습관적으로 언급해야 한다는 말은 아니다. 그렇게 하면 교인들은 곧 식상하고 말 것이다. 죄는 비단 우리 영혼에만 영향을 미친 것이 아니라 우리의 육체적인 생활이나, 인간관계나, 사회생활 전반에 영향을 미치고 있다. 온 세상이 죄의 세력 아래 있다. 그러므로 죄로부터의 구원은 우리의 모든 삶에 새로운 변화를 가져옴을 의미한다. 따라서 설교자는 삶의 어떤 영역을 다루더라도 예수 그리스도의 구원에 근거해서 말할 수 있고 또 그래야 한다.[34] 심지어 올바른 부부생활에 대해 설교하더라도 그 근거와 능력은 그리스도의 구속의 축복으로부터 와야 하기 때문에 얼마든지 구속사적 관점에서 다룰 수 있다.

또한 구속사적 설교라고 해서 늘 위로하고 축복하는 말로 채워져야 하는 것으로 오해해서도 안 된다. 인간은 본래 죄의 세력 아래 갇혀있다. 따라서 구원 받기 위해서는 죄 아래서 사는 생활에 대해 당연히 책망과 경고가 있어야 한다. 하나님의 심판에 대한 메시지가 선포되어야 한다. 구원과 심판은 동전의 양면과 같은 것으로서 구원의 복을 누리기 위해서는 심판의 메시지를 받아야 한다. 그러므로 성령의 엄중한 책망도 구속사적 설교에서는 중요한 비중을 차지한다.

그러나 실제 강단을 보면 하나님 중심보다는 인간 중심의 설교가 넘쳐난다.

---

33) Sidney Greidanus, *Preaching Christ from the Old Testament*, 238-39 참조.
34) 고재수(N. H. Gooties), 『교의학의 이론과 실제』, 175-76을 참조하라.

여호수아 2장의 라합 사건을 예로 든다면 많은 목사들이 이렇게 설교를 구성할 것이다.

1. 라합은 하나님에 대한 소식을 들었다. 믿음은 들음에서 난다.
2. 라합은 정탐꾼을 용감히 영접했다. 믿음은 결단이다.
3. 라합은 예수의 공로(붉은 줄)를 의지했다.
결론: 우리도 라합과 같은 믿음을 갖자.

이 설교는 철저하게 라합으로 시작해서 라합으로 끝나는, 라합이 주인공이 된 설교이다. 이것을 구속사적 설교로 구성하면 다음과 같이 설교개요를 작성할 수 있다.

1. 하나님은 자기 백성이 어디에 있든지 찾으신다.
2. 하나님은 어떤 방법을 통해서든지 자기 백성을 찾으신다.
3. 하나님은 자기 때에 자기 백성을 찾으신다.
결론: 이 하나님이 당신을 찾으신다.

이렇게 하나님의 구원 사역 중심으로 설교를 구성하면 본문은 전혀 다른 옷을 입고 우리 앞에 나타나게 된다.

모범적 설교의 문제점. 여기서 우리는 성경에 나오는 역사적 인물을 모범example 으로 사용하여 설교하는 모범적 설교방식의 문제점을 짚고 넘어가야 한다.[35] 모범 적 설교는 전통적으로 많은 설교자들이 즐겨 사용해 온 방식이다. 1940년대의 설

---

35) 모범적 설교에 대한 세밀한 논의는 다음을 참조하라. Sidney Greidanus, *Sola Scriptura*, 113-216.

교학자 앤드루 블랙우드는 "설교를 시작하는 젊은 목회자들에게 가장 손쉬운 방법은 아마 전기설교로 준비하는 것일 것이다."라고 말한 적이 있다. 화이트셀은 "성경 인물들의 인생 경험은 시간을 초월한 우주적 진리를 예시해 준다. 설교자는 그것들을 오늘날의 인생살이에 적용시킬 수 있다."고 단언한다.[36] 그러나 그런 식으로 성경 인물을 곧바로 모범으로 삼으면 해석이 곤란해질 때가 많다.

예를 들면 창세기 12장에는 아브라함이 바로에게 거짓말하는 장면이 나온다. 그 거짓말이 적중해서 아브라함은 바로에게 선물까지 받는다. 더 이상한 것은 나중에 하나님이 아브라함에게 벌을 내리시는 것이 아니라 바로에게 벌을 내리시는 것이다. 이 본문을 가지고는 어떻게 메시지를 전할 수 있겠는가? 신자는 거짓말해도 된다고 하겠는가? 여기서 핵심은 하나님은 바로보다 더 권능이 있어서 인간적인 거짓말로 위기를 모면하려고 할 필요가 없다는 사실에 있다. 또한 하나님은 아브라함을 통해 그리스도를 보내시려는 자신의 계획을 반드시 이루신다는 것이다. 어떤 세상 군왕도 하나님의 뜻을 막을 수 는 없다. 바로가 벌을 받은 것은 그가 하나님의 계획을 막으려고 한 죄가 크기 때문이다. 이와 같이 구약의 역사적 본문은 구속사적 접근으로만 해석이가능할 때가 많다.

성경은 우리에게 완전한 인물을 제시하기 위한 목적으로 기록된 책이 아니다. 오히려 불완전한 인간을 들어 사용하시는 하나님의 사랑과 섭리를 보여 주는 책이다. 고완의 지적은 정확하다. "우리는 성경을 일련의 도덕적 모범을 담고 있는 책으로 보기를원한다. 그러나 성경 대부분은 완벽한 행위의 모델에 대한 이야기가 아니라 하나님이 어떻게 보편적이고 불완전한 인간을 다루시고 계시느냐에 대한 이야기이다."[37]

그러므로 설교의 주제나 핵심 대지를 인물의 모범에서 끌어내려고 할 때는 조

---

36) Faris D. Whitesell, *Preaching on Bible Characters* (Grand Rapids: Baker, 1955), 15.
37) Donald E. Gowan, Reclaiming the Old Testament for the Christian Pulpit (Atlanta: John Knox, 1980), 3.

심해야 한다. 다윗이 자신에게 모욕을 가한 시므이를 용서해 주도록 명령하는 것을 두고 혹자는 다윗이 마치 용서의 화신인 것 같이 설교한다삼하19:22-23. 그러나 그런 사람은 다윗이 임종 시에 시므이를 가만두지 말라고 유언하는 것에 대해서는 해석이 궁해질 것이다왕상 2:9. 모범적 설교를 하면 일관성 없는 해석을 하기 쉽다. 설교의 구성상 곤란한 부분은 임의로 생략해 버림으로 결국 본문의 의도가 아니라 설교자 자신의 의도대로 설교를 끌고 갈 위험이 크다.

성경 인물을 설교의 한 예증으로 사용할 수는 있다. 그들의 연약과 불신과 승리와 실패는 우리의 삶의 모습이기도 하므로 예증으로는 좋은 자료가 될 수 있다. 그러나 성경 인물을 너무 완전시하여 그들에게서 절대적이고 항구적인 진리를 끌어내려 하면 무리가 따를 수밖에 없다. 혹자는 요셉이나 모세를 예수님의 모형으로 설명하는데 그런 접근은 조심해야 한다. 모세를 통해 하나님이 자기 백성을 구원하셨던 역사적 사건으로만 보면 모세는 구세주 예수의 모형일 수 있지만, 애굽사람을 쳐 죽일 때도 그가 예수의 모형일 수는 없는 것이다. [38] "한번 모형이면 영원한 모형"Once a type, always a type이라는 것은 잘못된 인식이다.

묵상

성경적 진리는 근본적으로 영적인 깨달음으로만 알 수 있다. 고린도전서2:14은 "육에 속한 사람은 하나님의 성령의 일을 받지 아니하나니 저희에게 는 미련하게 보임이요 또 깨닫지도 못하나니 이런 일은 영적으로라야 분변함이니라."고 말씀한다. 요한복음 14:26도 "보혜사 곧 아버지께서 내 이름으로 보내실 성령 그가 너희에게 모든 것을 가르치시고 내가 너희에게 말한 모든 것을 생각나게 하시리라."고 증거한다.

---

38) 이 부분에 대해서는 Greidanus, Preaching Christ from the Old Testament, 257ff.를 참조하라.

성경을 깨닫는 것은 단순한 지적 작용이나 기계적인 연구로만 될 수 있는 것이 아니고 성령의 조명이 있어야 한다는 말이다. 성령께서 우리 눈을 열어 주셔야 한다. 그러므로 본문에 담긴 영적 진리를 바로 깨닫기 위해서는 깊은 영적 묵상을 통한 성령의 도우심이 필수적이다. 설교자는 객관적, 학문적 연구 이상으로 본문을 묵상하는 데 시간을 보내야 한다. 트라이나도 이렇게 강조한다. "개인 속에 있는 도덕적이고 영적인 요소들이 피할 수 없이 해석의 과정에 개입하게 된다. 비록 그것이 무형의 것이기는 하나 객관적이고 유형적인 요소에 못지않게 실제적이며, 오히려 더 중요하기도 하다."[39]

영적 묵상의 중요성에 대해 르안더 켁은 이렇게 말한다. "설교자에게는 말하는 기술보다 듣는 기술이 더 중요하다. 이것은 특별히 강해설교일 때 더욱 그러하다. 왜냐하면 (설교자가) 하나님의 말씀을 먼저 듣지 않고서는 전달re-said할 수 없기 때문이다."[40] 설교자가 먼저 하나님의 말씀에 사로잡힌 바 되지 않고는 결단코 다른 사람들을 말씀으로 사로잡을 수 없다. 설교자는 신앙 공동체를 대표한 듣기의 개척자pioneer listener가 되어야 한다.

존 맥아더는 자신의 설교 준비에 대해 이렇게 소개한다. 그는 본문이 정해지면 그것을 계속 읽고 묵상한다고 한다. 주초에 설교 준비에 돌입하기 때문에 묵상할 시간은 넉넉하다. 설교 준비에 들어가기 전에 계속 읽고 묵상함으로 그 본문에 사로잡히려고 노력한다는 것이다. 본문이 자신의 생각과 대화와 독서와 모든 삶을 지배하도록 한다는 것이다. 그러면 의식적으로 본문을 암송하려고 하지는 않지만 설교 준비를 마칠 즈음에는 본문을 거의 암송할 수 있게 된다고 한다.[41]

묵상은 영적인 말씀을 깨닫기 위한 영적인 작업이다. 따라서 묵상에는 우리 속에 내재해 있는 근본적인 동기와 마음 자세가 중요하다. 바른 묵상을 위해 어

39) Robert A. Traina, *Methodical Bible Study* (Grand Rapids: Francis Asbury Press, 1985), 136f.
40) Leander Keck, *The Bible in the Pulpit: The Renewal of Biblical Preaching* (Nashville: Abingdon, 1978), 184.
41) John MacArthur, *Rediscovering Expository Preaching*, 219.

떤 자세가 필요한지 살펴보자.

시간을 바치는 노력. 값진 진주를 발견하고는 자기 소유를 다 팔아 그 진주를 사는 상인과 같이, 우리는 진리를 얻기 위해 시간과 노력을 투자하는 것을 아까워하지 않아야 한다. 성경은 게으른 자에게는 그 보화를 열어 보이지 않는다.

하나님을 향한 열린 마음. 말씀 묵상은 결국은 하나님을 더 잘 알기 위함이다. 그러므로 하나님을 향하여 사모하는 마음, 열린 마음이 중요하다. 설교자의 타락은 설교거리를 찾기 위해 성경을 뒤적이는 것에서부터 시작된다. 내가 하나님을 만나고 하나님의 뜻대로 살기 위해 성경을 펼쳐야 한다. 그럴 때에 진정으로 사람들에게 말할 것을 가지게 된다. 어거스틴의 명언은 늘 기억할 만하다. "나는 내가 의존해서 사는 것만을 사람들에게 나누어 줄 수 있다."

예수님의 교훈을 의심의 눈으로 바라보는 유대인들에게 예수님은 이렇게 말씀한다. "사람이 하나님의 뜻을 행하려 하면 이 교훈이 하나님께로서 왔는지 내가 스스로 말함인지 알리라"요 7:17. 진리를 진정으로 깨닫기 위해서는 자신 속에 있는 선한 의지가 중요하다는 말이다. 잠언 기자는 이렇게 말한다. "누구든지 내게 들으며 날마다 내 문 곁에서 기다리며 문설주 옆에서 기다리는 자는 복이 있나니 대저 나를 얻는 자는 생명을 얻고 여호와께 은총을 얻을 것임이니라"잠 8:34-35.

덴마크의 기독교 철학자 쇠렌 키에르케고르는 성경을 연애편지처럼 읽으라고 말한다. 당신이 만약 성경의 언어와 문화와 그 밖의 장벽들과 씨름하고 있다면, 그것들을 당신을 사랑하는 사람의 메시지를 받아들이는 데 필수적인 작업이라고 생각하면서 그 장벽들마저 사랑하라는 것이다.

성령의 조명을 위한 기도. 설교자는 해석의 원리를 따라 본문을 열심히 연구해야 할 뿐 아니라 동시에 성령의 조명을 위해서도 기도해야 한다. 바른 해석은 말씀의 영과 인간의 정신의 합력함에 의해 주어질 수 있기 때문이다. 스와틀리는 이렇게 말한다. "말씀의 영과 인간 정신이 함께하는 창조적인 순간에 성경 본문과 해석자는 성령의 능력에 의한 삶을 경험하게 된다. 이러한 경험이 없다면 해석은 해석이 지녀야 할 궁극적인 잠재력과 목적을 상실케 된다."[42] 제임스 패커는 깨달음을 위해 하나님과의 친밀한 영적 관계가 중요함을 다음과 같이 강조한다.

"우리는 성경과 하나님 아래에 있는 자로서 살아 계신 하나님 앞에서 성경을 공부한다. 공부하는 그 시간은 마치 하나님께서 자신의 편지를 우리에게 건네주시고 우리가 그 편지를 읽고 무엇이라고 대답할지 들으시기 위하여 우리 곁에 가만히 서 계시는 것과 같다. 그런 의식을 가지고 '나로 깨닫게 하소서. 내가 주의 법을 준행하며 전심으로 지키리이다.'라고 기도하면서 성경을 읽어야 한다. 또한 성경을 읽을 때 성부와 성자와 성령께서 우리를 만나시고, 가르치시고, 물으시고, 도전하시고, 겸손케 하시고, 치유하시고, 용서하시고, 힘을 주시고, 회복시키시기를 기대하면서 읽는 것(혹은 전파되는 성경을 듣거나 성경의 주해를 듣는 것)은 해석에서 중요한 단계이다."[43]

변화를 두려워하지 않는 자세. 말씀 묵상은 우리의 삶을 변화시키는 것으로 그 열매가 나타나야 한다. 그러므로 우리는 변화에 대해 열린 마음을 간직해야 한다. 말씀이 지적하고, 책망하고, 교훈하고, 인도할 때는 무엇이든지 순종하기 원하는 어린아이 같은 겸손함이 필요하다. 순종을 가로막는 전통에 대한 집착이나, 자기 합리화 그리고 세속적 가치관은 묵상의 최대의 적이다.

신선한 기대감. 본문을 통해 하나님이 주실 은혜를 사모하는 기대감이 중요하

42) Klein, Blomberg, Hubbard, Jr., 『성경 해석학 총론』, 184.
43) J. I. Packer, *Truth and Power*, 서원교 역, 『하나님의 대변자』(서울: 아가페, 2000), 156.

다. 우리는 어떤 본문이든지 처음 읽는 듯이 읽어야 한다. 성경 묵상에 있어 최대의 걸림돌은 '나는 이미 그 구절은 알고 있다.'는 생각이다. 혹자는 중요하다고 생각되는 구절들에 밑줄을 그어놓는데 그렇게 하면 다음에 읽을 때는 밑줄 친 부분에만 눈이 가고 그렇지 못한 구절은 건성으로 읽기 쉽기 때문에 좋지 않다. 성경 공부를 위해서 밑줄을 칠 수 있으나 그럴 때는 성경책을 묵상용과 공부용으로 따로 준비하는 것이 좋다. 그래서 묵상할 때는 어떤 표시도 되어 있지 않은 책을 사용하는 것이 좋다.

충실한 본문 연구는 설교를 마르지 않는 은혜의 샘이 되게 할 것이다. 설교자들이여! 벵겔이 말한 대로 "기도하면서 읽고, 읽으면서 기도하라"*Betend lese, lesend bete.*

장기적 설교 준비

'어떻게 하면 감화력 있는 설교를 할 수 있을까' 하는 것은 모든 설교자의 공통된 고민이다. 설교자 치고 풍성한 내용에, 빼어난 문장과, 적절한 보조 자료가 갖추어진 완벽한 설교를 소망하지 않는 사람은 아무도 없을 것이다. 그러나 일주일에 십여 차례 설교해야 하는, 그러면서도 다른 과중한 목회 사역도 동시에 감당해야 하는 한국 목사들의 현실을 감안하면 그런 소망은 그저 소망으로만 그칠 공산이 크다.

문제는 교인들이 목사의 이런 애로를 이해해 주지 않는다는 것이다. '우리 목사님은 너무 바쁘시니까 설교는 아무래도 좋아.' 하는 교인들 보았는가? 교인들은 일단 목사가 강단에 서면 지상에서 가장 은혜로운 설교를 해 주기를 바란다. 요즈음 교인들은 헌금시간에 한쪽 주머니에는 만 원짜리, 한쪽 주머니에는 오천 원짜리를 넣고는 설교를 들어 보고 어느 것을 꺼낼지 결정한다고 한다. 교인들의 이런 요구를 잘 알기 때문에 목사들은 정신없이 뛰다가 주말에는 또 무리하게 설교 준비를 하게 된다. 그런 생활이 되풀이되면 결국 정신적으로나 육체적으로 탈진하게 된다. 목사들 중에 심각한 월요병을 앓는 사람이 많다. 과도한 목회 사역 때문에 충분한 설교 준비를 못하게 되고, 그러니 자연히 설교가 시원찮고, 그런 설교를 하고 나면 스트레스 받고, 그 스트레스 때문에 다음 설교 준비에 제대로 집중도 되지 않고, 그래서 또 죽을 쑤게 된다. 이런 악순환을 어떻게 해결해야 하는가?

장기적 설교 준비는 이런 문제를 깨끗이 해결해 준다. 무엇을 설교할까, 어떻게 준비할까에 대한 염려를 깨끗이 덜어준다. 목사가 주말에 벼락치기로 설교 준비하면 쫓기는 다급함 때문에 될 것도 더 잘 안 된다. 그러나 장기적 준비 시스템을 갖추어 놓으면 목사는 정신적으로나 심리적으로 여유를 가지게 된다. 이미 준비된 내용과 자료를 가지고 있으므로 오히려 신선한 기대감으로 설교 준비를 시작할 수 있다.

장기적 설교 준비는 연속 강해설교를 할 때 적용할 수 있다. 예를 들어 요한복음을 1년에 걸쳐 준비한다고 하자(다른 책은 책의 길이에 따라 혹은 9개월, 혹은 2년이 걸리기도 할 것이다). 그 1년을 네 단계로 나눈다. 첫 3개월은 요한복음을 개괄적으로 읽는 데 투자한다. 두 번째 3개월은 본문 연구를 통한 관찰과 해석에 주력하고, 세 번째 3개월은 주제와 설교개요를 작성하는데 보내고, 마지막 3개월은 내용전개를 위한 자료나 기타 보조 자료를 수집하는 데 사용한다. 그러면 1년 후에는 요한복음으로 연속 강해설교를 할 수 있는 모든 준비가 갖추어지게 된다. 그 준비된 자료들을 가지고 매주 설교문을 작성하면 된다. 이 네 단계 준비법을 좀더 자세히 살펴보자.

첫째 단계

선택된 책을 개괄적으로 읽는다. 읽으면서 책의 흐름이나 내용, 전체적 논지 등을 파악한다. 이것은 대단히 중요한 작업이다. 흔히 마음이 급한 설교자는 이 단계를 생략하고 바로 설교할 본문의 현미경적 연구에 돌입하는 것을 본다. 그러나 성경 해석의 가장 중요한 원리는 문맥을 바로 파악하는 것이다. 책 전체의 흐름을 알지 못하고 미시적 관찰에만 몰두하다 보면 큰 오류를 범할 수 있다.

어느 정도 책 전체의 흐름에 익숙해지면 책의 배경에 대해 공부한다. 좋은 주석의 서론에는 책의 배경에 대한 자세한 설명이 실려 있다. 책의 저자나, 수신인, 기록 연대, 기록 목적, 그 외 다른 참고가 되는 자료들을 취하면 그 책을 훨씬 더 잘 이해할 수 있다. 신약총론이나 구약총론에 대한 책들에도 유익한 자료가 많이 담겨 있다.

이런 통독 단계에서도 읽으면서 떠오르는 생각이 있으면 가벼운 마크나 노트를 해 놓는다.

둘째 단계

미시적 연구에 돌입하는 단계이다. 책을 적절하게 나누어서 매일 연구할 분량을 정한다. 아직 설교의 본문을 정확하게 나누지는 않았으므로 대략적으로 분량을 정한다.

그날에 해당되는 본문을 최소 서른 번 이상 읽는다. 본문이 거의 입에서 줄줄 나올 수 있을 때까지 계속 읽는다.

본문을 자세히 관찰하고 해석한다. 관찰과 해석하는 방법에 대해서는 이미 앞에서 다루었다. 발견한 것들을 자신에게 익숙한 방법에 따라 컴퓨터에 담거나 노트에 빠짐없이 기록한다.

본문 연구가 마칠 즈음에는 책 전체의 사상적 흐름이나 논지의 발전에 대해서 상세히 파악할 수 있게 될 것이다. 그 연구 결과를 중심으로 설교를 위한 단락을 나눈다. 설교 본문의 길이를 적절하게 잡는다. 하나의 중심 사상을 포함하는 통일된 단위가 한 설교의 본문이 된다.

각 단락의 파일을 준비한다. 예를 들어 설교를 위한 본문을 20개로 나누었으면 20개의 파일이 필요하다. 그래서 이후에 수집되는 모든 자료는 각각 해당되는 본문의 파일에 모아 놓게 된다. 파일은 설교자의 편의에 따라 서류용 파일을 사용해도 되고 컴퓨터에 자료들을 저장해도 된다.

셋째 단계

각 단락의 석의적 주제와 설교적 주제를 뽑아 본다. 이 본문의 중심 사상은 무엇인지, 저자의 기술 의도는 무엇인지를 집중적으로 살피라. 설교의 주제는 주어부와 술어부를 가진 완전한 문장으로 작성해야 한다. 주제를 파악하는 방법에 대해서는 다음 장에서 자세히 다룰 것이다.

각 단락의 주제가 책의 전체 흐름과 일치하는지를 염두에 두어야 한다. 벼락치기로 설교 준비를 할 때의 문제점이 바로 이것이다. 본문의 주제를 설정한다고 했지만 그것이 그 책 전체의 흐름과 일치하지 않게 되는 잘못을 범하는 경우가 생기게 되는 것이다. 그러나 장기적 준비는 그런 잘못을 교정할 장치를 갖출 수 있다.

주제를 뒷받침하는 대지들을 찾아내어 설교개요를 작성한다. 대지는 주제를 향한 통일성과 점진성을 가져야 한다. 주제를 청중에게 설득력 있게 심어주기 위한 논리적 급소가 바로 대지이다.

넷째 단계

이미 작성된 설교개요를 중심으로 설교의 전개를 위한 작업에 들어간다. 설교의 전개를 위해서는 매 대지마다 설명, 증명, 적용의 단계가 필요하다. 설명은 대지와 주제와의 관계를 밝히는 것이고, 증명은 대지의 사상을 청중에게 설득력 있게 제시하는 것이며, 적용은 대지의 의미를 삶에 적용시키는 것이다.

설교 전개를 위해서는 둘째 단계(본문의 관찰과 해석)에서 얻은 자료를 최대한 활용해야 한다.

보조 자료들을 수집한다. 예화를 위시한 통계, 인용문, 간증 등과 같은 보조 자료는 청중에게 말씀의 현대적 의미를 깨닫게 하는 창과 같다. 이 단계에서는 본문을 잠시 내려놓고 보조 자료들을 수집하기 위한 독서에 열중해야 한다. 수집된 자료들은 해당되는 설교 파일에 체계적으로 정리해 놓으면 된다.

이런 네 단계의 준비는 한 책을 연속으로 강해하기 위한 포괄적 준비를 의미한다. 이 단계들을 다 마치면 그 책을 강해할 수 있는 모든 준비가 완료된 셈이다. 그러면 언제든지 연속 강해를 시작하면 된다. 완전한 설교문의 작성은 설교할 그 주간에 하면 된다. 준비되어 있는 파일을 뽑아서 그것을 문장으로 옮기면 된다. 이미 본문 연구를 마쳤고 자료가 다 준비되어 있는 상태이므로 설교문을 작성하는 것은 별 부담이 되지 않는다. 완성된 원고는 반복해서 정독함으로 자신의 것으로 소화해야 하며, 기도로 준비하는 것을 잊어서는 안 된다.

매 주일 벼락치기로 설교 준비를 하다 보면 무엇보다 설교자 자신이 본문 말씀으로부터 하나님의 음성을 듣는 것이 어려워진다. 그저 원고를 메우기 위해 급급할 뿐이다. 그러나 장기적 준비를 하면 본문을 충분히 묵상하고 연구하게 됨으로 본문을 통해 설교자 자신이 하나님 앞에 서게 된다. 그렇게 설교자 자신을 변화시킨 말씀이라면 청중에게도 강력한 감화를 끼치게 될 것은 자명한 일이다.

또한 매 주일 벼락치기 준비를 할 때는 독서의 낭비가 많다. 찾은 자료가 그 주일의 설교에 적합하지 않으면 버린다. 다른 설교에는 꼭 필요한 자료일 수 있는데도 당장 필요치 않기 때문에 뒤로 밀쳐놓게 된다. 그러나 장기 준비는 어떤 자료든지 버릴 것이 없다. 그것에 해당되는 설교 파일에 끼워 넣기만 하면 훗날에 유용한 자료로 사용할 수 있게 된다. 그러므로 장기 준비는 설교자의 독서의 효용도를 100% 발휘할 수 있게 해 준다.

이상과 같은 장기적 준비를 위해서는 일주일에 1-3시간 정도를 투자하는 것으로 족하다. 첫째와 넷째 단계는 상대적으로 시간이 적게 들 것이고, 둘째와 셋째 단계는 조금 더 시간을 요할 것이다. 그러나 이 정도의 시간은 설교 사역의 중요성을 감안하면 전혀 과한 것이 아니다. 부지런한 개미는 겨울이 와도 걱정이 없다. 매주 한두 시간을 투자해서 평생토록 설교 준비에 대한 스트레스에서 해방될 수 있다면 그것을 누가 마다하겠는가? 만약 매주 두 종류의 연속 강해설교를 하기 원한다면 장기 준비도 두 개의 트랙으로 진행하면 된다. 화요일 오전에는 신약 중 한 권을 연구하고, 목요일 오전에는 구약중 한 권을 연구하는 식으로 하면 된다.

체계적인 설교 사역을 위해서는 설교 달력을 만들어 놓는 것이 필요하다. 어떤 책을 언제 시작해서 언제 마칠 것이며, 신약과 구약의 배분을 어떻게 하며, 대략 몇 년 걸려서 성경 전체를 강해할 것이라는 설교 계획표가 필요하다. 이런 설교 달력을 작성할 때 부활절, 성탄절 등과 같은 특별절기를 고려해야 하며, 목회의 특별한 이벤트나 교인들의 영적 필요 등을 감안해서 융통성을 발휘할 수 있는 여지를 남겨두어야 한다.

설교의 장기적 준비는 우리를 설교 사역의 부담에서 해방시켜 줄 뿐 아니라 오히려 그 사역을 즐길 수 있게 해 준다. 설교자는 영적으로, 지적으로, 정서적으로 여유를 가지게 됨으로 더욱 효과적이고 열매 있는 사역을 감당할 수 있다. 평생을 설교할 사람들이라면 하루라도 빨리 자신에게 맞는 장기적인 준비 시스템을 갖추어야 한다.

내가 그들을 위해서 또는 그들에게 설교하는 것이 아니라
그들과 더불어 설교하기 때문에 그 설교에 참으로
귀를 기울이는 것을 발견하게 되었다.

토머스 스틴

5장

청중 분석

타깃을 명중시키는 설교

사우스이스턴 침례신학대학원의 설교학 교수였던 세비 혼 박사에게 한 청년이 이렇게 말했다. "목사님의 설교는 언제나 나를 향한 메시지 같습니다. 설교가 3분의 1가량 진행되면 나는 이 본당에 혼자만 앉아 있고 목사님은 나만을 위해 말씀하고 계신 듯한 착각을 하게 됩니다." 뉴욕의 유서 깊은 리버사이드교회를 시무했던 포스딕도 비슷한 평을 듣곤 했다. 존 록펠러는 그의 설교를 이렇게 평했다. "그의 설교를 들으면서 교인들은 저분이 나를 향하여 외치고 있다고 느꼈다. 교인들의 한결같은 반응은 목사님이 내 문제를 어떻게 저렇게 잘 아실까 하는 것이었다." 그러나 그 반대의 경우도 있다. 교인들과는 별 상관이 없는 설교, 교인들은 땅에 있는데 늘 하늘에만 머무는 설교도 있다. 그래서 교인들은 온실 속에서만 사는 목사가 비바람 치는 광야를 어떻게 이해하겠느냐고 생각하기까지 한다. 혹시 당신의 설교가 다음과 같은 증후군을 앓고 있지는 않은가?

- 별 뚜렷한 적용이 없다.
- 자주 '그래서 어쨌단 말인가?' 하는 의문이 생긴다.

- 설교 듣고 변했다는 사람이 별로 없다.
- 같은 원고로 아무 교회나 가서 설교해도 된다고 생각한다.

그렇다면 원인은 하나이다. 당신은 설교 준비에 있어 청중이라는 요소를 고려치 않고 있다.

설교의 위기

20세기 중반에 들어 설교에 대한 회의가 부쩍 대두되었다. 현대교회의 설교는 영력도 없고, 감화력도 상실되었고, 삶과도 무관하며, 지루하기만 할 정도로 잘못 전달되고 있다는 것이다. 독일의 신학자요 대설교자였던 헬무트틸리케는 "오늘날의 설교는 이제 임종의 단계에 이를 정도로 쇠하고 붕괴되었다."고 개탄했다.[1] 여기저기서 설교의 전성기는 지나갔다는 자조적인 탄식이 쏟아지고 있으며, 한국 교회도 이제 목회는 설교만으로는 안 된다는 공공연한 단언과 함께 설교를 보완할 대체 프로그램 개발에 부쩍 관심을 기울이고 있다.

이런 설교의 위기를 초래한 원인에 대해서는 다양한 분석이 있을 수 있다. 오늘날의 설교자들은 과거 대각성운동을 주도하던 목사들이 가졌던 열정과 확신을 가지고 있지 못하다. 설교자가 자신의 삶으로 모범을 보여주어야 하는데 그러지 못한 인격적 감화의 상실integrity crisis이 뚜렷하다. 다양화, 전문화된 사회에서 오늘날의 목사는 과거와 같은 지역사회의 정신적 리더로서의 권위를 가지고 있지 못하다. 교인들이 강퍅하고 영적으로 둔감해졌기 때문에 웬만한 설교로는 영향력을 미치기 어렵게 된 측면도 있다.[2]

---

1) Helmut Thielicke, *The Trouble with the Church*, 심일섭 역, 『현대교회의 고민과 설교』(서울: 대한기독교출판사, 1982), 9.
2) 그 외에도 현대교회 설교의 문제점에 대한 심층적 분석으로는 Thielicke, 『현대교회의 고민과 설교』, 8-40; Clyde Reid, *The Empty Pulpit*, 정장복 역, 『설교의 위기』(서울: 대한기독교출판사, 1982), 20-41; Reuel L. Howe, *Partners in Preaching* (New York: The Seabury Press, 1967), 26-33 등을 참조하라.

이와 같은 분석이 다 나름대로 타당성을 가지고 있다. 그러나 한 가지 더 첨가한다면 설교자들의 커뮤니케이션에 대한 이해의 부족이 현재와 같은 설교의 위기를 초래한 것이다. 설교가 의미 전달의 다른 한 축인 청중을 배제한 채 설교자의 독백으로만 이루어지고 있는 것이 문제이다. 커뮤니케이션의 혁명과 같은 시대를 살면서 여전히 재래적인 방식으로 전달하려고 하는 데 근원적인 문제를 안고 있다. 그러면 먼저 커뮤니케이션으로서의 설교의 특징을 살펴보자.

커뮤니케이션으로서 설교

설교는 아리스토텔레스, 키케로 등에서 기원하는 서구 수사학의 영향 아래 발전하면서 흔히 일방적 커뮤니케이션의 일환으로 이해되어 왔다. 이런 이해에서는 메시지가 중요하고 그 메시지를 들고 서는 설교자가 중요할 뿐, 그것의 수용자인 청중에 대해서는 별로 관심을 기울이지 않는다. 청중을 그저 메시지를 전달받는 수동적인 대상으로 여길 뿐 그들을 효과적인 의사소통의 한 변수로 인식하지는 않는 것이다. 이것은 다음과 같은 심각한 문제점을 야기시킨다.

메시지 전달의 정확성

커뮤니케이션에 있어 메시지의 전달 과정을 보면 연사는 먼저 전하고자 하는 아이디어를 언어나 상징, 기호 등의 도구를 사용하여 신호화한다. 그런후 그 신호를 청중에게 전달하며, 청중은 그 신호를 해독하여 자신의 아이디어로 수용하게 된다.[3] 다음 그림을 보라.

---

3) 의미 전달 과정에 대한 상세한 설명은 Charles H. Craft, *Communication Theory for Christian Witness*(Maryknoll, New York: Orbis Books, 1991), 81-88; Myron R. *Chartier, Preaching as Communication*, 차호원 역, 「설교에 있어서의 커뮤니케이션」(도서출판 소망사, 1985), 31ff.를 참조하라.

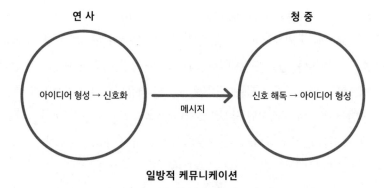

연 사　　　　　　　　　　　　　청 중

아이디어 형성 → 신호화　메시지　신호 해독 → 아이디어 형성

일방적 케뮤니케이션

연사는 컴퓨터에서 파일을 복사하듯 그렇게 자신의 사상을 그대로 청중의 머릿속에 복제해 넣을 수는 없다. 그림에서와 같이 자신의 사상을 신호화해서 전달할 뿐이며 청중은 이 신호를 해석함으로 의미를 전달받는다.

그러므로 정확한 메시지 전달을 위해서는 연사가 신호를 채택할 때 그것이 함의하는 의미가 청중이 가지고 있는 신호체계 속에서의 의미와 일치해야한다.[4] 그렇지 않으면 연사가 전하고자 하는 의미는 굴절될 수밖에 없다. 예를 들어 예수께서 "거듭나야 한다."고 하셨을 때 그 '거듭남'이라는 용어는 니고데모의 신호체계 속에는 존재하지 않았기 때문에 그는 예수의 말씀의 의미를 바로 파악할 수 없었다. 다행히 그 순간은 묻고 답할 수 있었기 때문에 문제가 해결되었지만 만약 설교와 같은 일방적 전달이 이루어졌다면 니고데모는 풀리지 않는 의문을 안고 돌아갔을 것이다. 이와 같이 일방적 커뮤니케이션에서는 연사가 전하고자 하는 메시지를 청중에게 정확히 전달하는 데 문제가 발생할 수 있다.

메시지의 정확한 전달을 위해서는 연사는 신호를 채택할 때 청중의 수준과 청중의 신호체계를 잘 고려해야 한다. 청중을 자신의 수준으로 끌어올릴 수는 없기 때문에 자신이 청중의 수준으로 내려가야 한다.

---

4) Eugene A. Nida, *Message and Mission : The Communication of the Christian Faith* (Pasadena: William Carey Library), 74.

'communication'이라는 단어는 '공통적'이라는 의미의 라틴어 *communis*에서 왔다. 연사와 청중과의 공통성의 기반 위에서 의사소통을 해야 그것이 잘 전달될 수 있다는 말이다. 그러나 일방적 커뮤니케이션은 신호채택이 청중 중심보다는 연사 중심으로 이루어지기 때문에 정확한 메시지 전달에 애로가 생기게 된다.

메시지 전달의 효과

1950년대부터 메시지의 일방적 전달로는 효과적인 커뮤니케이션을 이룰 수 없다는 연구가 쏟아져 나왔다. 커트 러윈은 육류만 먹는 것보다는 소의 심장이나 지라, 콩팥 같은 내장을 곁들여 먹는 것이 건강에 좋다는 것을 강의하게 되었다. 그는 부인들을 두 그룹으로 나누어 한 그룹은 강의만 하고 다른 그룹은 강의 외에 구성원들의 토의도 병행시켰는데, 그 결과는 강의만 한 그룹은 3%만이 내장을 식탁에 올렸지만 토론을 병행한 그룹은 32%가 그렇게 했다. 그의 결론은 "강의의 경우는 청중이 수동적으로 되어버리지만 토의는 올바로 지도만 하면 의미 전달에 있어 훨씬 높은 정도의 효율성을 가져올 수 있다."는 것이었다.[5] 사회 각 분야에 걸쳐 이런 류의 실험이 이루어졌고 그 결과, 그룹 토의와 같은 상호적 커뮤니케이션이 의식 변화 내지는 의미 전달에 훨씬 더 효과적이라는 사실을 알게 되었다.

이것을 대중연설에 적용하면 청중의 피드백feedback이 중요하다는 것으로 요약된다. 연사는 피드백을 통해 청중이 메시지를 어떻게 이해했는지를 파악할 수 있으며 그것은 다음의 메시지에 영향을 미치게 된다. 청중은 피드백의 기회가 주어질 때 상호 의견 교환을 통해 이해를 증진시키게 될 뿐 아니라, 주체적으로 커뮤니케이션의 과정에 참여했다는 자부심으로 마음을 열게된다.

---

5) Kurt Lewin, "Group Decision and Social Change," *Reading in Social Psychology* , ed. Theodore M. Newcomb and Eugene L. Hartley (New York: Henry Holt and Company, 1947), 334-35, Reid, 『설교의 위기』, 60-61에서 재인용.

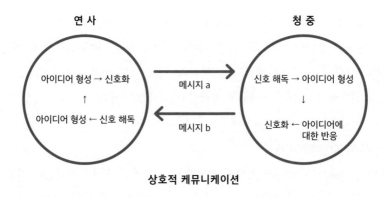

<table>
<tr><td>연 사</td><td></td><td>청 중</td></tr>
</table>

연 사

아이디어 형성 → 신호화
↑
아이디어 형성 ← 신호 해독

메시지 a
메시지 b

청 중

신호 해독 → 아이디어 형성
↓
신호화 ← 아이디어에
대한 반응

상호적 케뮤니케이션

그림에서와 같이 상호적 커뮤니케이션에서는 메시지를 전달받은 청중은 그 것을 자신의 신호체계 속에서 다시 기호화해서 어떤 형태로든지 연사에게 전달 하게 된다. 그러면 연사는 그것을 수용하여 다음의 메시지 작성에 반영하게 된 다. 이런 상호 작용은 연사와 청중 모두에게 의미 전달을 증진시키는 긍정적인 요소로 작용한다.

그러나 이런 상호적 커뮤니케이션이 결여된 대표적인 현장이 바로 설교강단 이다. 설교에 있어서 청중에게는 어떠한 의견 표시나 피드백도 허용되지 않는다. 지루해서 졸거나 화가 나서 나갈 수는 있어도 질문은 허용되지 않는 '제로 피드 백'의 상황이 연출되는 곳이 설교단이다. 이런 철저한 폐쇄 구조에서는 결코 효 과적인 커뮤니케이션이 일어날 수 없다. 라이드Reid는 제로 피드백 상태에서는 연사에 대한 적대감이 형성되기도 한다고 지적한다.[6] 교인들이 앞자리를 비워놓 고 가능한 한 뒤에 멀찌감치 자리를 잡는 것이나, 예배에 지각을 하는 것 등은 이 런 적대감의 무의식적인 발로라는 것이다.

웨인 오우츠는 초대교회 안에 있었던 복음의 커뮤니케이션은 결코 일방적인 과정이 아니었다고 한다. 전도자의 증거를 받은 사람들은 자유롭게 그 의미에 대 해서 대화하고 토론할 수 있었다. 그러나 설교가 서구 세계의 수사학파의 영향

---

6) Reid, 『설교의 위기』, 77.

아래 들어가게 되자 그것은 "아주 다른 형태의 것"으로 전락해 버렸다. 즉 웅변이 대화를 대신해 버렸렸다. 즉 웅변이 대화를 대신해 버렸으며, "말하는 사람과 듣는 사람 사이의 대화는 독백 형식의 설교 속으로 사라져 버렸다."[7]

돈 와드로는 1세기 기독교 설교의 압도적인 형태는 하나님이 그리스도 안에서 행하셨고, 행하시고, 행하실 일들을 회상하는 이야기 형식이었다고 한다. 그러다가 기독교가 헬라세계 내로 전파되어 갔던 2세기경부터는 추론적인 웅변discursive rhetoric 방식이 도입되기 시작했다고 한다. 이 새로운 방식 속에서 이야기는 그저 논증을 위한 예화나 유추를 위한 자료 정도로 사용되게 되었고, 추론적인 웅변 방식은 그로부터 1970년대 이야기체 설교가 대두되기까지 설교단을 지배하게 되었다고 한다.[8]

의미 전달의 효율성에 있어 상호적 커뮤니케이션이 단연 유리하다면 이런점은 설교에도 마땅히 적용되어야 한다. 즉 설교는 설교자의 독백이 아닌 청중과의 대화가 되어야 한다.[9] 이것은 단순히 설교 전달행위가 대화식으로 이루어져야 한다는 말은 아니다. 설교자는 설교의 준비단계에서부터 설교 후의 반응에 이르기까지 청중의 관심사와 필요, 그들의 삶의 자리를 최대한 반영한 메시지를 구성해야 한다는 것이다. 설교는 청중과 밀착된 청중 중심 audience-centered의 메시지가 되어야 한다.

구약의 율법은 오늘날의 관점에서는 가혹하고 부적절하게 보이기도 한다. 그러나 그 당시 주변 지역의 법과 비교해 볼 때 그것은 대단히 너그럽고 부드러운 것이었다. 피의 복수, 노예제도, 일부다처제, 형수혼兄嫂婚이 만연한 시대에 구약 율법은 복수에 한계를 두었으며 도피성을 제도화했다. 백성들의 기본적인 복지 규정을 제정하고 있으며, 가난한 자들을 존중하고 환경을 살피는 일을 소중히 하

7) Wayne Oates, Protestant Pastoral Counseling (Philadelphia: Westminster Press, 1962), 167.
8) Don Wardlaw, "Need for New Shapes," ed. Don Wardlaw, Preaching Biblically (Philadelphia: The Westminster Press, 1983), 11-12.
9) Henry J. Eggold, Preaching is Dialogue (Grand Rapids: Baker Book House, 1980), 11ff.

고 있다. 말하자면 하나님은 특정한 환경 속에 있는 사람들에게 그들이 이해할 수 있는 언어로 말씀하시면서 당신의 백성을 이방인들과는 다르게 조금씩 다듬어가신 것이다. 존 칼빈은 "보모가 흔히 아기에게 하듯이 하나님께서는 우리에게 말씀하실 때 '혀짤배기소리'에 다소간 익숙하시다."고 했다. 특히 구약에서 하나님은 영적 갓난아이와 같은 이스라엘 백성에게 혀짤배기소리로 말씀하신다. 구약의 메시지 자체가 철저하게 청중을 고려하여 '조절된' 말씀이라는 말이다.

복음서에 나타난 예수님의 강론도 이런 청중 지향적 성격이 뚜렷하다. 그는 자신이 선택한 주제보다는 자주 청중의 질문이나 청원으로부터 강론을 시작하셨다.[10]

윈햄에 의하면 복음서에 나오는 약 125개의 교훈 기사 가운데 54%는 청중에 의해 시작되었으며, 그를 이어 나오는 교훈도 강의나 설교가 아니라 질문과 대답, 반대, 논쟁, 동의와 거부 등으로 이루어진 대화라고 한다.[11] 예를 들면 수가성 여인과의 대화에서 예수님은 여인이 직면하고 있는 문제와 필요로부터 대화를 시작하셨다. 이런 현실적 대화로부터 여인으로 하여금 참 생수가 무엇인지를 깨닫도록 유도하셨다.[12]

예수님의 전달방법도 철저하게 청중의 수준과 특성을 고려한 것이었다. 농부와 어부, 서민들, 종교인들 같은 다양한 무리들 앞에서 그분은 소재 선택이나 어휘 사용에 있어 청중을 깊이 의식하셨다. 비유를 사용할 때도 청중에게 친근한 이야기를 동원해서 현실감을 고취시켰다. 예수님의 이 같은 청중 중심 방법론은 자신의 강론의 결론을 청중 스스로 대답하도록 하는 것에서 절정을 이룬다. 선한 사마리아인의 비유에서 결론은 "자비를 베푼 자니이다." 하는 청중의 대답으로부터 왔고눅 10:37, 수가성 여인과의 대화에서도 메시아에 대한 결론적 언급은 여인

---

10) Craft, *Communication Theory*, 157.

11) Albert M. Windham, "Preaching is Not a One-Man Show," M.A. Thesis(Wheaton College Graduate School, 1969), 42.

12) 그 외에도 마 9:14-17; 11:2-19; 12:38-45; 15:1-20; 16:13-20; 18:1-10; 18:21-35; 19:3-12; 19:16-26; 22:23-33; 24:3-51 등과 그 병렬구를 참조하라.

의 입술로부터 나오도록 유도하셨다요 4:25. 예수님의 강론은 진정한 의미에서 대화였으며 그는 결코 독백과 같은 일방적선포로 일관하지 않았다.

예수님의 청중 지향적 강론은 자신을 청중의 삶의 자리까지 낮추는 동일시의 작업에서 시작된다. 그는 청중들과 함께 살고, 동행하고, 대화하면서 전했다. 그는 앉아서 청중을 기다리지 않고 가정이나 길거리, 언덕이나 들판, 해변, 일터, 기도처, 심지어는 결혼식장까지 찾아가셨다. 그의 성육신 자체가 '지금 여기서' 현실적 문제들과 고투하는 구체적 인간들을 찾아오신 사건이다. 그러므로 청중 중심이란 커뮤니케이션의 한 기술에 국한된 것이 아니라 청중을 향하여 사랑과 연민으로 다가가는 화자話者의 근본적인 마음의 자세에 관계된 것이다.

청중을 알면 설교가 보인다

우리는 지금까지 일방적 커뮤니케이션이 지니는 한계를 고려할 때 설교는 상호적 커뮤니케이션이 되어야 함을 살펴보았다. 설교자는 먼저 청중으로부터 들을 준비를 갖추어야 한다. 찰스 바토우는 설교에 있어서 "전파는 반쪽, 그것도 덜 중요한 반쪽일 따름이다. 보다 더 중요한 반쪽은 바로 청취이다."라고 한다.[13] 잠언 18:13도 "사연을 듣기 전에 대답하는 자는 미련하여 욕을 당하느니라."고 말씀한다. 그러므로 설교자는 청중을 분석하고 연구해야 한다. 본문을 분석하는 것은 물론이고 청중도 세밀히 분석해서 그 자료를 손에 쥐고 설교 준비에 들어가야 한다. 청중 분석에는 세 단계가 있다.

설교 전의 분석

교차로에서 교통사고가 났다. 의사와 변호사, 목사, 카센터 정비공이 그 현장을 목격했다. 그런데 네 사람의 관심사는 달랐다. 의사는 운전자의 부상정도가

---

13) Charles Bartow, *The Preaching Moment* (Nashville: Abingdon Press, 1980), 13.

얼마나 심각한지를 먼저 살폈고, 변호사는 자동차의 위치와 책임소재가 자동적으로 머리에 떠올랐으며, 목사는 사고를 당한 사람에게 정신적이 고 영적인 필요가 없을까를 생각했고, 정비공은 저 정도 되면 수리비가 얼마가 나오겠다는 계산이 앞섰다고 한다. 사람들은 같은 사건을 대할 때에도 자신이 처한 입장과 시각에 따라 다르게 반응한다. 설교에 있어서도 마찬가지이다. 교인들은 메시지 앞에 자신을 선별적으로 노출시킨다. 자기가 좋아하는 메시지는 받아들이고 싫어하는 메시지는 한 귀로 듣고 한 귀로 흘려버리는 것이다.

인본주의 심리학자인 에이브러햄 마슬로우는 모든 인간의 행위는 자신의 필요와 욕구를 충족시키려는 노력의 결과라고 한다. 그러면서 그는 인간의 기본적 욕구 다섯 가지를 든다. 식욕, 성욕, 수면욕과 같은 육체적 욕구, 안전하고 예측 가능한 삶을 바라는 안전의 욕구, 소속되기 원하고 사랑받기 원하는 사랑의 욕구, 타인으로부터 존경과 인정받기 원하는 자긍심의 욕구, 그리고 보다 높고 고귀한 삶을 추구하는 자기실현의 욕구 등이 그것이다. 중요한 것은 이 욕구들은 피라미드와 같은 계층을 이루고 있다는 것이다. 육체적 욕구가 충족되지 않는데 자기실현의 욕구 때문에 고민하는 경우는 없다는 것이다.

성도의 경우 마슬로우의 분석을 그대로 적용하는 것은 무리이다. 성도들은 욕구마저도 세례를 받은 새로운 피조물이다. 그러나 성화된 욕구라 해도 성도에게도 욕구가 있는 것은 사실이고, 이 욕구를 충족시키기 위해 움직이는 것도 사실이다. 따라서 교인들에게 꼭 적실한 메시지를 전하기 위해서는 교인들의 욕구수준에 대한 감이 있어야 한다.[14] 교인들이 무엇 때문에 고민하고 있는지, 그들의 관심사가 무엇인지를 알 때에 진정으로 그들에게 도움이 되는 메시지를 외칠 수 있다. 이것은 교인들이 싫어하고 부담스러워 하는 말은 하지 말라는 뜻이 아니다. 설교자는 교인들의 호불호를 개의치 않고 전해야 하는 선지자적인 사명이 있다. 요점은 교인들의 내적 상태를 잘 알면 지혜로운 접근을 할 수 있고, 그럼으로

---

14) 그 외에도 마 9:14-17; 11:2-19; 12:38-45; 15:1-20; 16:13-20; 18:1-10; 18:21-35; 19:3-12; 19:16-26; 22:23-33; 24:3-51 등과 그 병렬구를 참조하라.

써 메시지를 설득력 있게 제시할 수 있다는 것이다.

나는 계룡대에 있는 삼군본부교회에서 집회를 인도한 적이 있다. 대한민국 육해공군의 브레인들이 다 모여 있는 특이한 교회였다. 첫날 저녁집회에 한 군목이 대표기도를 하는데 아주 은혜롭게 인도를 했다. 여기저기서 훌쩍거리는 소리가 났다. 주로 상처받은 교인들의 아픈 마음을 싸매어 달라는 내용이었는데 무엇 때문에 상처를 받은 것인지 궁금했다. 기도가 계속됨에 따라 그것이 얼마 전에 시행된 정기 승진에서 탈락한 가정들에 대한 것임을 알게 되었다. 그 순간 나는 당황하지 않을 수 없었다. 왜냐하면 그날 설교 중에 "승진이 뭐가 중요하냐? 하나님의 나라를 먼저 구해야지." 하는 내용이 많이 들어 있었기 때문이다. 준비된 원고대로는 도무지 설교할 수 없을 것 같았다. 그러다가는 반발만 살 것 같았다. 기도가 끝나면 곧바로 설교해야 되는데 어떻게 하나 걱정했는데 그때 평소에 집회를 많이 인도한 덕분에 순발력이 작동하기 시작했다. 설교 구조를 확 바꾸고, 강조할 포인트를 설정하고, 예화를 몇 개 끼워 넣고, 대략의 줄거리를 머리에 담았다. 머리에 불이 나도록 펜티엄 컴퓨터보다도 더 빠르게 돌아갔다. 마침내 하나님이 살려주셔서 그날 집회를 은혜롭게 마칠 수 있었다.

그날 내가 혼이 난 것은 청중의 삶을 잘 알지 못한 채 강단에 섰기 때문이었다. 청중이 부담스러워할 말을 하면 안 되는가? 아니다. 그날 나는 결국 승진이 우리 삶의 전부는 아니라는 말을 했다. 그러나 접근을 달리했다. 승진에 목을 매지 말라고 소리만 높이고 책망할 것이 아니라, 교인들의 아픔을 이해하면서 그러나 우리에게는 더 높은 가치가 있다는 것을 설득력 있게 전개해 가는 것이 중요하다. 청중을 알면 그들이 마음 문을 열 수 있도록 진지하면서도 효과적인 접근을 할 수 있다.

설교자는 본문을 연구하는 것 외에 청중에 대해서도 연구해야 한다. 그래야 본문에서 추출한 진리를 가지고 '지금 여기'라는 구체적 삶의 정황에 적실하게 적용시킬 수 있다. 설교는 본문을 설명하는 것을 넘어서 본문에 나타난 명제적 진리를 청중의 삶의 자리에까지 끌어내릴 때 비로소 현존하는 '계시적' 메시지의 기능을 감당하게 된다.

그러므로 설교자에게 요구되는 해석 작업은 언제나 본문text과 청중context모두에 대한 것이어야 한다. 설교자의 뇌리 속에 성경 본문만 있어서는 안 되며 구체적 현실 가운데 살면서 고민하고, 염려하고, 씨름하는 청중도 함께 있어야 한다. 윌리엄 윌리몬은 다음과 같이 강조한다. "기독교 설교의 첫 번째 임무는 성경 본문을 심각하게 취하는 것이다. 기독교 설교의 두 번째 주된 임무는 회중이 처해 있는 자리를 똑같은 심각성을 가지고 취하는 것이다."[15]

도널드 수누키얀에 의하면 사도행전 13, 17, 20장에 나타나는 바울의 설교의 현저한 특징은 메시지를 청중에게 철저하게 적응시켰다는 것이다. 바울은 설교를 전개함에 있어 매 포인트마다 청중의 기대와 필요와 이해를 세심하게 고려했다. 설교의 주제나 구조, 형태, 보조자료, 심지어 분위기까지 청중을 철저히 고려해서 선택했다.[16]

존 조웨트는 1923년까지 34년 동안 영국과 미국 교회 강단에 큰 영향을 끼쳤던 사람이다. 그는 설교를 준비할 때 각각 다른 환경 가운데 있는 교인들을 최소한 12명은 마음속에 떠올렸다고 한다. 시장에서 장사하는 사람, 선생, 중소기업인, 학생, 주부 등을 떠올리면서 나의 설교가 그들에게 어떻게 들릴 것인가, 그들에게 어떤 의미가 있을 것인가, 얼마나 생생하게 들릴 것인가, 얼마나 구체적으로 그들의 관심사와 고민을 건드릴 것인가, 그들에게 어떤 의문을 불러일으킬 것인가 하는 것들을 숙고했다고 한다. 그렇게 함으로써 자신의 설교가 사람들이 살아가는 실제적 삶과 밀착되도록 노력했다는 것이다.

---

15) William Willimon, *Preaching and Learning* (Philadelphia: Westminster, 1984), 69. 청중 이해의 중요성에 대해서는 다음을 참조하라. J. Daniel Baumann, *An Introduction to Contemporary Preaching*, 정장복 역, 『현대 설교학 입문』(서울: 양서각, 1983), 61-80. Reuel L. Howe, *Partners in Preaching* (New York: The Seabury Press, 1967). Gail R. O'Day & Thomas G. Long, eds. *Listening to the Word* (Nashville: Abingdon Press, 1993), 167-206. Henry J. Eggold, *Preaching is Dialogue* (Grand Rapids: Baker, 1980), 51-60.

16) Donald R. Sunukjian, "Patterns for Preaching: A Rhetorical Analysis"(Th. D. dissertation, Dallas Theological Seminary, 1972), 184-94. 그 외 Jay E. Adams, *Studies in Preaching*, 정양숙, 정삼지 역, 『설교 연구』(서울: 기독교문서선교회, 1994)의 제2부를 참조하라.

청중 분석은 한순간의 통찰로 되는 것은 아니다. 복잡하고 다양한 삶을 살아가는 청중을 제대로 이해하기 위해서는 다양하고도 지속적인 노력이 필요하다. 교인들의 삶을 주의 깊게 관찰해야 하며 가능한 한 그들과 같은 체험을 나누는 끊임없는 노력이 있어야 한다. 찰스 크래프트는 효과적인 커뮤니케이션을 위해서는 청중을 이해하려고 노력할 것, 청중의 삶의 자리까지 낮아질 것, 청중과 동일시할 것, 청중의 삶에 실제적으로 참여할 것, 자신을 솔직히 드러낼 것 등을 제시하고 있다.[17]

교인들의 선先 이해를 살피는 것도 유익한 방법이 될 수 있다. 예를 들면 다음 주의 설교 본문을 가지고 앞선 수요일에 소그룹 성경공부를 미리 하는 식이다. 그 본문을 통해서 교인들이 깨닫는 의미나 적용들을 미리 들어 보는 것은 설교를 준비하는 데 큰 유익이 된다. 왜냐하면 그것은 교인들의 수준을 가늠케 함으로 설교를 교인들의 눈높이에 맞게 작성하는 데 중요한 힌트를 주기 때문이다. 이런 방식은 설교 후에 교인들의 반응을 듣는 피드백feedback과는 달리 설교 전에 교인들의 반응을 듣는 것이므로 '피드포워드'feedforward라고 한다. 혹자는 그렇게 하면 교인들의 설교에 대한 흥미나 신선도가 사라지지 않겠느냐고 질문할 수 있는데 사실은 그 반대이다. 페닝턴의 보고에 의하면, 교인들은 자신들이 공부한 그 본문을 목사는 과연 어떻게 다룰지에 대해 호기심을 가지고 설교를 더 잘 경청하게 되고 따라서 메시지 전달의 효과는 오히려 증진된다고 한다. 또한 자신들도 목사의 설교 사역에 동참하고 있다는 자부심을 가지고 설교에 더 마음을 열게 된다고 한다.[18]

설교 중의 분석

설교자는 설교를 하는 도중에도 청중을 향하여 열린 자세와 의식을 가지고 있어야 한다. 설교는 사람들이 듣든지 말든지 거리에서 외쳐대는 전도자의 행위와

---

17) Craft, *Communication Theory*, 151-53.
18) Chester Pennington, *God has a Communication Problem* (New York: Hawthorn Books, 1976), 78.

는 다르며, 신문을 집안 아무 곳이나 던져 버리고 사라지는 신문배달원의 행위와도 다르다. 그것은 구체적인 청중을 앞에 두고 그들의 삶과 인격을 변화시키기 위한 진지한 설득이다. 그러므로 설교자는 끊임없이 청중을 주목하면서 청중과 마음을 주고받는 대화의 자세로 설교에 임해야 한다.

그렇게 하기 위해서 설교자는 청중을 구체적인 환경 속에서의 실존으로 볼 수 있어야 한다. 목사는 흔히 교인들을 집단으로 본다. 교인들의 삶을 막연하게 일반화시켜 상정한다. 그러나 교인들을 얽히고설킨 복잡한 관계 속에 존재하는 한 개인으로 보지 않으면 결단코 그들이 씨름하는 문제의 근원에 바로 접근할 수 없다.

이에 대해 틸리케는 이웃 사랑에 관해 설교한 어떤 목사의 경우를 예로 들어 설명한다. 그 목사는 고아와 소년소녀 가장을 돕는 것이 이웃 사랑이라고 역설한다. 그런데 예배를 마친 후에 한 사업가가 다가와서 하는 말이 그 메시지는 자기와는 별 상관이 없다고 한다. 그런 일은 이미 힘껏 실천하면서 살고 있기 때문이라는 것이다. 자기가 정말로 이웃 사랑에 대해 고민하고 있는 것은 그런 것이 아니라 지금 자기와 치열한 경쟁관계 속에 있는 이웃의 사업가를 어떻게 대해야 하는지에 대한 것이라고 한다. 자신의 능력을 풀로 가동해서 그 사람을 쓰러트리고 한 달에 얼마씩 도와주어야 하는지, 아니면 자기 공장을 적당히 가동해서 같이 살도록 하는 것이 이웃 사랑인지 그것이 고민스럽다는 것이다.[19] 목사는 상식적이고 도식적인 적용을 하였지만 교인들이 처해 있는 상황은 그것보다 훨씬 더 구체적이고 복잡하다는 것을 틸리케는 예리하게 지적하고 있다.

집단 개념으로서의 막연한 인간은 결코 그의 실재적 모습이 아니다. 목사가 그런 식으로 설정된 청중을 향해 설교한다면 그것은 존재하지도 않는 인간을 향하여 설교하는 것이 된다. 틸리케는 청중을 추상적인 집단으로 이해함으로 그들을 그들이 처해 있는 진정한 삶의 자리로부터 분리시킬 때 그것은 인간을 가현설적假現說的으로 이해하는 것이라고 공박한다.[20] 그런 설교는 청중에게 삶의 회색지

---

19) 틸리케, 『현대교회의 고민과 설교』, 103-05.
20) Ibid., 109.

대를 어떻게 바르게 살아갈 수 있는지를 알려주지 못하고 그저 값싼 도덕론만 선포하게 된다. 설교가 흑백만을 다루며, 모호한 황색지대에 어떻게 대처해야 하는지는 알려주지 못하게 된다.[21]

또한 설교가 청중과의 대화가 되기 위해서는 설교자가 청중의 자리에까지 내려가는 감정적 동일시의 자세가 있어야 한다. 인간적 연약성에도 불구하고 부름 받은 거룩한 삶으로 나아가기 위해 고투하는 그들의 삶에 대한 연민의 정이 있어야 한다. 이러한 연약성의 공유가 없으면 진정한 의미에서의 대화는 이루어지기 어렵다.

설교자는 흔히 너무나 크고 완벽한 삶을 당연하게 요구하는 경향이 있다. '믿음'이라는 미명 아래 입만 열면 기계적으로 크고 완전한 것을 요구한다. 설교자가 이렇게 하늘에만 머물고 땅으로 내려오지 않으면 그는 땅에서 한 걸음을 더 내디뎌야 하는 교인들에게 별다른 도움을 주지 못한다. 다니엘 바우만은 이렇게 지적한다. "선포된 이상과 듣는 사람의 현재 상황 사이의 간격이 너무 커서 흔히 듣는 사람은 좌절에 빠져 아무것도 하지 못한다. 즉 '무슨 소용이 있는가? 그건 불가능하다.'라고 하는 것이다. 설교는 여기에 대처하여 그 이상의 방향으로 다음 단계를 제시해 주어야 한다. 바로 그 다음 단계가 자세하게 설명되지 않는 한 커뮤니케이션은 실패하고 만다. 왜냐하면 모든 커뮤니케이션은 행동의 변화라는 형태로 끝날 필요가 있기 때문이다."[22]

박영재는 설교자가 청중과 동일시할 수 있는 여러 가지 방법을 제시한다. 첫째, 의도적인 동일시이다. 낙태 반대를 주장하는 청중에게 자신도 낙태 반대자임을 밝히면서 연설하면 청중은 기꺼이 마음을 열고 그를 경청하게 된다. 둘째, 친구의 적을 적대시함으로 친구와 하나가 되는 방법이다. 이단에 대해서 설교자가 분노를 발할 때 청중은 설교자와 하나됨을 느낀다. 셋째, 청중을 무의식적으로 설득당하게 하는 방법이 있다. 설교자의 훌륭한 일거수 일투족을 보면 성도들

21) 틸리케, 『현대교회의 고민과 설교』, 103-05.
22) Ibid., 109.

은 자신도 모르게 설교자와 동일하게 되려는 마음을 갖는다.[23] 이런 방법들이 설교의 효과를 노리려는 임기응변적인 것이 되어서는 안 된다. 중요한 것은 청중의 자리까지 내려가려는 설교자의 근본적인 자세이다.

청중을 향해 마음을 열고 있는 설교자는 설교 중에 주의 깊게 청중의 반응을 살핀다. 청중은 끊임없이 다양한 신호를 보내오며 유능한 설교자는 그러한 반응을 놓치지 않는다. 따라서 설교자에게는 무엇보다도 청중과의 시선교환eye contact이 중요하다. 시선교환은 청중에 대한 관심과 애정의 표시로서 상호적 커뮤니케이션을 위해서는 필수적이다. 존 스토트는 효과적인 전달을 위해 음성 다음으로 중요한 것은 표정이며 표정은 바로 눈에 의해 좌우된다고한다.

설교자에게는 청중이 어떻게 청취하고 있는지에 대한 기본적인 이해가 있어야 한다. 청중 이해는 청취the way of listening에 대한 이해에서부터 시작해야 한다. 바르게 잘 청취하는 것은 쉬운 일이 아니다. 그것은 상당한 집중력과 자기 훈련을 요한다. 왜냐하면 듣기는 말하기보다 더 빠르게 진행되기 때문에 청자에게는 언제나 뇌의 지각 활동에 여유가 발생한다. 이 여유를 상상이나 잡념, 공상 등에 쏟아버리면 자기도 모르게 강연의 흐름에서 이탈하게 된다. 사람이 한 가지 자극에 계속적으로 주의를 집중할 수 있는 시간은 불과 수초밖에 되지 않는다고 한다.[24] 그 수초 안에 아이디어가 빨리빨리 진행되지 않으면 청중은 곧 다른 곳으로 주의를 옮기게 된다. 그럼에도 불구하고 청중이 계속 연사에게 주의를 집중하기 위해서는 육체적, 정신적 피곤을 수반하는 상당한 노력이 필요하다. 영어 표현에 '주목하다'를 'pay attention to'라고 하듯이 주목하기 위해서는 '지불'pay해야 하는 것이다.

오늘이라는 이 시대는 청취에 있어 취약점을 가지고 있는 시대이다. 마샬 맥루한이 말한 대로 서구사회는 기본적으로 청각 중심ear-oriented이라기보다는 시각 중심eye-oriented의 사회이다.[25] 거기다가 현대는 TV, 영화, 인터넷, 멀티비전 같은 극도의 영상문화가 우리 삶을 지배하고 있다. 이런 환경에 익숙한 교인들에게 30

---

23) 박영재, 『설교자가 꼭 명심할 9가지 설득의 법칙』(규장, 1997), 60-62
23) 박영재, 『설교자가 꼭 명심할 9가지 설득의 법칙』(규장, 1997), 60-62
24) A. Duane Litfin, *Public Speaking* (Grand Rapids: Baker Book House, 1981), 38.

분을 꼼짝 않고 듣게 만든다는 것은 예삿일이 아니다. 설교자는 말하기의 어려움을 호소하지만 교인들에게는 듣기의 어려움도 만만찮게 존재한다는 사실을 기억해야 한다.

그러므로 청중을 이해하는 설교자라면 그들이 잘 듣지 않는다는 것을 책망만 할 것이 아니라 어떻게 하든지 그들에게 들리는 설교를 하려고 노력해야 한다. 강조 부분은 충분히 강조하고, 강약 완급의 조절, 어조의 변화, 제스처나 자세의 변화 같은 전달의 변화를 잘 살려서 장면이 빨리빨리 변할 수 있게 해야 한다.[26] 한 번씩 질문을 던지는 것도 청중의 집중을 끌어오는 데 효과적이다. 때로는 말을 멈추고 청중을 묵묵히 바라보는 휴지pause가 청중을 끌어올 수 있으며, 유머나 예화는 청중의 고개를 번쩍 들게 만들 수 있다.

설교 후의 분석

설교자는 설교 후에 피드백을 통해 메시지의 결과를 검증하도록 노력해야 한다. 피드백은 설교자에게 청중이 실제로 무엇을 어떻게 들었는지, 그들의 삶에 어떤 변화가 왔는지를 파악할 수 있게 한다. 이 과정에서는 설교자는 청자가 되고 청중이 오히려 화자가 된다. 이런 상호적 커뮤니케이션 과정을 통해 교인들은 메시지를 더 분명하게 자신의 것으로 체화하게 되며, 설교자는 다음의 설교 준비에 자극과 도움을 받게 된다.

규칙적인 피드백을 위해서는 특별한 그룹을 조직하는 것도 한 방법이다. 존 스토트는 한 평신도들의 그룹 모임에 자주 참석하는데 그 모임에서는 세속적 시각에서 쓴 책을 읽고 그것을 기독교적인 관점에서 토론한다고 한다. 그는 그들 곁에서 그들이 접근하는 관점과 문제의식을 관찰하면서 많은 것을 배운다고 한

---

25) Marshall McLuhan, *Understanding Media: The Extensions of Man* (New York: Signet Books, 1964), 15.

26) 리트핀에 의하면 사람들의 집중을 끌기 쉬운 요소들은 다음과 같다: 신기함, 움직임, 근린성(시공간적으로 가까운 자극이 효과적이다), 구체성, 친근함, 긴장감, 유보성(전체 그림 중에 몇 조각이 빠져 있으면 빠진 부분을 집중하게 된다), 농축성(느슨한 것보다는 조밀하고 집중되어 있는 것), 유머, 현장성. 설교에도 이런 요소들을 염두에 두면 좋을 것이다. Litfin, *Public Speaking*, 42-43.

다. 그리고 시사적인 주제를 가지고 설교할 때는 그들에게 꼭 피드백을 요청한다고 한다. 그럴 때 좀더 실제적이고 현실감 있는 설교를 할 수 있었다는 것이다.

설교자에게 자기 아내는 가장 손쉽게 피드백을 얻을 수 있는 존재가 될 수 있다. 한국 교회에서는 교인들에게 피드백을 요청하면 잘못하면 그것이 목사 성토장으로 돌변할 수 있지만 목사 사모는 그런 걱정은 안 해도 된다. 해돈 로빈슨이 학장으로 있던 시절, 덴버신학교에서는 설교자의 부인들이 남편의 설교를 객관적으로 평할 수 있도록 한 과목 강의를 개설했다. 성경해석 방법이나 설교에 대한 기본적인 지식을 가르쳐서 남편의 설교에 대해 실질적인 도움을 줄 수 있도록 하기 위해서였다. 요즈음과 같이 비디오가 흔한 시대에는 자기 설교를 녹화해서 직접 보는 것도 좋다. 실제로 보면 "주여, 죄인이로소이다." 하는 소리가 절로 나오게 된다.

한국 교회는 설교의 홍수에 빠져 있다. 교인들은 메시지를 되새겨보고 자기것으로 만들기도 전에 또 새로운 설교를 듣는다. 보스턴대학 communication school의 교수인 데이비드 화이트는 "설교의 현실은 과도한 커뮤니케이션의 고전적 사례"라고 지적한다.[27] 그 결과 사람들은 귀만 높아지고 메시지에 대해 오히려 무감각해지고 있다. 그러므로 피드백을 통해 메시지가 온전히 자기 것이 될 수 있도록 음미하고 되새기는 것은 교인들의 영적 생활에도 꼭 필요한 것이다.

설교자의 가슴에는 청중이 있어야 한다. 설교자가 한 손에는 본문, 한 손에는 청중을 들고 서지 않으면 결코 감화력 있는 설교를 할 수가 없다. 특히 보수 진영의 설교는 기존의 일방적인 선포에서부터 탈피할 필요가 있다. 루돌프 보렌이 지적한 대로 전통적인 "본문에서 설교로"라는 문제 설정은 "설교자에서 청중으로"라는 질문, 좀더 상세히 말하면 "설교자의 입에서 청중의 귀로"라는 질문으로 바뀌어야 한다.[28] 제임스 엥겔이 말한 바와 같이 청중은 설교에 있어서도 '주권자'이다.[29]

---

27) Clyde Reid, 『설교의 위기』, 87.
28) Rudolf Bohren, *Predigtlehre*, 박근원 역, 『설교학 실천론』(서울: 기독교출판사, 1980), 135-36.
29) James F. Engel, *Contemporary Christian Communication: Its Theory and Practice* (Nashville: Thomas Nelson, 1979), 46.

잘 준비된 설교는 한 핵심적인 사상의 구현이요
발전이며 완전한 진술이다.

그래디 데이비스

6장

주제

날선 검과 같은 설교

설교자에게 주일 저녁은 만감이 교차하는 시간이다. 하루의 책임을 다했다는 안도감, 텅 빈 속을 들여다보며 느끼는 상실감, 보잘것없게만 느껴지는 설교에 대한 허탈감 등이 혼란스럽게 머릿속을 맴돈다. 그럴 때 문득 떠오르는 말씀 한 구절은 우리를 더욱 맥빠지게 만든다. "하나님의 말씀은 살았고 운동력이 있어 좌우에 날선 어떤 검보다도 예리하여 혼과 영과 관절과 골수를 찔러 쪼개기까지 하며"히 4:12. '내 설교는 솜방망이 같기만 한데 도대체 무엇이 잘못되었을까?'

'예리한 검과 같은' 설교란 결코 단순한 수사학적 표현은 아니다. 당신의 설교가 좁고 분명한 한 가지 주제만을 다룰 때 그렇게 될 수 있다. 설교란 본문에 근거해서 하나의 통일된 주제를 전달하는 것이다. 주제를 '중심 사상', '중심 아이디어', '중심 논지', '중심 명제' 등의 여러 가지 단어로 표현할 수 있으나 모두가 본문을 관통하고 있는 하나의 핵심적인 사상을 가리키는 데는 동일하다. 본문을 따라가면서 구절들을 해석하고 적용해 가는 주해설교 방식을 강해설교로 잘못 이해하는 사람이 많다. 그런 방식은 많은 내용을 전해 줄 수는 있으나 통일성이 결여됨으로 산만해지기 쉽다. 나무는 보고 숲은 보지 못하는 우를 범하는 것이다. 그런 산만함 가운데서는 청중을 움직일 강한 힘을 기대하기 어렵다. 설교란 모름지기 뚜렷한 한 가지 주제를 가지고 시종일관 그것을 강조함으로 청중의 뇌리 속에 강렬한 인상을 심어야 한다. 혹시 당신의 설교가 다음과 같은 증상을 나타내지는 않는가?

·들은 것은 많은데 남는 것은 별로 없다.
·무엇을 강조하는지 도무지 감을 잡을 수 없다.
·매 주일의 설교가 비슷비슷하게 느껴진다.
·집에 가서 아무리 생각해도 요약이 안 된다.

이러한 증상의 원인은 단 한 가지이다. 당신의 설교는 주제가 분명치 않기 때문이다.

주제는 하나여야 한다

우리의 삶은 자신이 신봉하는 어떤 원리나 명제에 따라 움직인다. 살아가 면서 부딪치는 다양한 체험들로부터 어떤 원리를 터득하게 되면 그 원리가 삶을 이끌어 가게 된다. 예를 들어 '기도는 우리의 환경을 변화시킨다.'는 원리를 터득한 사람은 어려움에 봉착하면 자신이 아는 원리를 따라 기도해 보려고 할 것이다. '행복은 소유에 있는 것이 아니라 섬김에 있다.'는 원리를 터득한 사람은 자신의 인생을 섬김을 위해 투자하려고 노력할 것이다. 그러므로 설교에는 성경적 진리에 근거한 이런 원리가 분명히 제시되어야 한다.[1]

---

1) 이야기체 설교의 신봉자들은 원리 제시를 위주로 하는 연역적 설교는 청중을 감화시키는 데 한계가 있다고 주장한다. 그것은 청중의 이성과 논리에 호소하는 것으로서 청중의 좌뇌만을 터치하는 방식이라는 것이다. 감화력 있는 설교를 위해서는 인생의 깊은 체험과 고뇌를 담은 이야기를 통해서 청중 스스로 진리를 깨닫는 귀납적 호소가 되어야 한다고 주장한다. 이야기체 설교의 장단점은 다음에 다룰 기회가 있을 것이다. 그러나 아무리 귀납적 방식의 설교를 하더라도 이야기라는 그럴듯한 포장을 다 벗겨보면 결국 중심에 있는 것은 성경적 진리이다. 이야기는 그 진리를 설득력 있게 전하기 위한 하나의 용기에 불과하다. 중심에 있는 성경적 진리가 곧 여기서 말하는 원리요, 그것이 교인들의 가치관을 형성하여 그들의 삶을 이끌어 간다.

한 설교에 원리가 여러 개 제시되는 것은 바람직하지 않다. 예를 들어 한 설교에서 '성령 충만을 사모해야 한다.'고 했다가, '전도 열심히 해야 한다.'는 것도 강조하고, '주의 재림을 소망해야 한다.'는 것도 말하고, 심지어는 '교역자 잘 섬겨야 한다.'는 것까지 잡다하게 강조하면 그 설교는 초점이 선명치 않게 된다.

효과적인 연설을 위해서는 한 가지 논지를 일관되게 전개시키는 것이 좋다는 것은 고대 수사학에서부터 강조되어 온 것이다. 아리스토텔레스는 토픽topoi에 대해 논하면서 수사가 효과적으로 전달되려면 단선적인 논지를 따라서 말하고 청중의 참여를 유도하는 것이 좋다고 강조했다.[2] 밀러는 이렇게 말한다. "이상적으로 말해서 한 설교에는 하나의 중심 사상이 있어야 한다. 하나의 중심 사상의 일부분이 아닌 두 개, 세 개, 네 개의 사상들로 설교를 구성해서는 안 된다. 만약 그렇게 하면 한 자리에서 두 가지, 세 가지, 네 가지의 설교를 말하는 것이 된다."[3]

거리 조정이 잘못 되어 초점이 산만하게 퍼진 볼록렌즈는 아무리 오래 들고 있어도 종이에 구멍을 뚫을 수 없다. 주제가 여러 개인 설교는 초점이 산만하게 퍼져 있는 볼록렌즈와 같다. 그래서는 결코 강퍅한 심령들을 날 선 검과 같은 말씀으로 찔러 쪼갤 수 없다. 마치 융단폭격이라도 하듯 한 설교에서 여러 개의 대지와 소지들을 한꺼번에 쏟아놓으면 교인들은 아예 마음을 닫아 버린다. 뇌가 추적할 수 있는 정보의 양을 넘어섰기 때문에 아예 포기해버리는 것이다.

루얼 호위는 평신도들이 느끼는 설교의 첫 번째 문제점은 설교가 너무 많은 아이디어를 담고 있어서 청중이 도저히 따라갈 수 없도록 빨리빨리 지나가는 것이라고 한다.[4] 여러 개의 초점을 가지면 그것은 아무 초점도 없는 것과 같다. 선명한 하나의 초점, 그것이 바로 설교의 한 가지 주제가 되어야 한다.

---

2) Keith Willhite and Scott M. Gibson, eds. *The Big Idea of Biblical Preaching* (Grand Rapids: Baker Books, 1998), 20. 이 책은 미국에서 강해설교의 기초를 닦는 데 크게 공헌한 설교학자 Haddon Robinson을 위해 댈러스신학교를 나온 그의 제자들이 헌정한 것이다.
3) Donald G. Miller, *Way to Biblical Preaching* (Nashville: Abingdon, 1957), 53.
4) Reuel Howe, *Partners in Preaching*, 26.

프린스턴 신학교의 설교학 교수였던 토마스 롱은 설교의 초점에 대해서 이렇게 말한다. "그것은 설교의 중심 되는, 설교를 통제하는, 설교를 통합하는 사상을 간결하게 표현한 것이다. 한마디로 말해서 전 설교는 이 초점에 대한 설명이다."[5] 해돈 로빈슨은 "설교는 명중탄bullet이 되어야지 산탄buckshot이 되어서는 안 된다."고 한다.[6] 헨리 조웨트는 "주제가 선명할 때 하나님의 말씀은 우리의 마음을 지배하게 되며, 가슴에 불을 지피게 되고, 강해의 전개를 조절하며, 후에 청중에게는 지속적인 감동을 끼치게 된다."라고 한다.[7]

흔히 설교자들은 자신의 설교에서 광범한 것을 다루기를 원한다. 포괄적으로 다룰 때에 할 말도 더 많아지고 청중에게 더 큰 영향력도 미칠 수 있을 것이라고 생각한다. 그러나 그런 생각의 허점을 존 브로더스는 이렇게 지적한다. "경험이 없는 설교자나 저자가 흔히 갖기 쉬운 망상은 충분히 말할 거리를 얻기 위해 매우 광범위한 주제를 정하는 것을 잘하는 일로 여기는 것이다. 하지만 대개 큰 주제의 어떤 한 가지 측면을 선정하는 것이 훨씬 더 낫다. 그렇게 하면 설교자가 신선한 내용을 전할 수 있고, 청중에게 주제 전체에 대해 생생한 관심을 가질 수 있게 만들 가능성이 훨씬 더 커지기 때문이다."[8] 설교자는 주제의 폭을 좁힐수록 더 깊은 사상과 더 큰 영감을 얻을 수 있다. 그럴수록 본문의 강조점은 더욱 두드러지게 부각되며 청중은 선명한 인상을 받게 된다.

청중은 설교에 통일성unity을 원한다. 인간은 본성적으로 혼란스럽고 헝클어진 것을 좋아하지 않는다. 복잡한 자연 현상을 볼 때 본능적으로 그 속에서 어떤 통

---

5) Thomas G. Long, *The Witness of Preaching* (Louisville, Kentucky: Westminster/ John Knox Press, 1989), 86. 한 가지 주제의 중요성에 대해서는 다음을 참조하라. Litfin, *Public Speaking*, 80-83, Bryan Chapell, *Christ-Centered Preaching* (Grand Rapids: Baker, 1994), 139-42, William T. Brooks, *High Impact Public Speaking* (Englewood Cliffs, N.J.: Prentice Hall, 1988), 105-6

6) Robinson, 『강해설교』, 37.

7) J. H. Jowett, *The Preacher: His Life and Work* (New York: George H. Doran, 1912, Reprint. Grand Rapids: Baker, 1968), 133.

8) J. A. Broadus, *On the Preparation and Delivery of Sermons*(New York: Harper & Brothers, 1926), 90.

일된 원리를 찾으려고 한다. 북두칠성은 서로 아무 연관도 없는 수만광년씩 떨어져 있는 별들이지만 인간은 그것들을 하나로 묶고서는 '북두칠성'이라고 이름 붙이기를 좋아한다. 그와 같이 청중은 설교에 있어서도 파편과 같은 많은 교훈들이 백화점 식으로 나열되기보다는 그 모두를 하나로 통합하는 어떤 통일된 명제가 제시되기를 바란다.

청중은 설교에 질서order를 원한다. 설교의 각 부분들이 논리적으로 질서 정연하게 전개되기를 바란다. 마치 톱니바퀴가 서로 맞물려서 빈틈없이 돌아가듯이 설교도 논리적 비약 없이 전후 관계, 원인 결과의 관계가 정연하게 고리를 걸고 전개되어야 한다. 흔히 어떤 사람은 "오늘 제가 두서없이 말한 것을 용서하십시오."라고 하는데 그런 사과를 하기 전에 두서없이 말하지 말았어야 한다.

청중은 설교에 진행progress을 원한다. 오케스트라 연주를 예로 들어 보자. 교향곡은 많은 악기들의 소리로 이루어진다. 그러나 교향곡이 연주되는 동안에도 한순간에는 하나의 소리 묶음밖에는 들을 수가 없다. 청중이 그 곡이 표현하고자 하는 바를 느끼게 되는 것은 오케스트라의 연주가 진행되어 가는 움직임 속에서이다. 이것은 소설이나, 영화, 연극 등에도 마찬가지이다. 스토리가 정점을 향해 진행되어 가면서 작가가 말하고자 하는 바가 드러나게 된다. 이와 같이 설교도 정점을 향해 나아가는 진행성이 있어야 한다.

글렌 네트는 이렇게 반문한다. "만일 제대로 짜여진 구조나 연결되는 절이 없다든지 또 클라이맥스를 향하여 치닫는 것이 없다면 3분 간격으로 단절되어 전달되는 토막토막들이 메시지의 의미나 능력을 어떻게 축적할 수 있겠는가?"[9]

설교가 이렇게 통일성과 질서와 진행을 가지기 위해서는 주제가 분명해야 한다.[10] 주제가 분명치 못한 설교는 통일성이 결여된 중구난방 식의 강화講話가 되기

---

9) Glen C. Knecht, "Sermon Structure and Flow", Samuel T. Logan ed., *The Preacher and Preaching*. 서창원, 이길상 공역, 『설교자 지침서』(서울: 크리스찬 다이제스트, 1999), 314.
10) Reg Grant & John Reed, *The Power Sermon*, 김양천, 유진화 역, 『탁월한 설교 이렇게 하라』(도서출판 프리셉트, 1996), 188-91.

쉽다. 또한 설교의 각 부분을 질서 있게 배치하기도 어렵다. 설교가 어디로 가는지 지향점이 분명치 않기 때문에 논리의 선후관계를 규정짓기가 곤란하기 때문이다. 주제가 분명치 않으면 설교의 정점을 설정하기가 어렵기 때문에 설교의 점진적 진행도 기대할 수 없게 된다.[11] 흐레이다누스는 설교의 주제가 가지는 기능을 이렇게 설명한다. 첫째, 설교를 바른 궤도 위에 머물게 한다. 둘째, 설교의 통일성을 확실히 한다. 셋째, 설교의 진행성을 고양시킨다. 넷째, 적용의 방향을 바르게 제시해 준다.[12]

화란 캄펀신학교의 설교학 교수였던 트림프는 설교에 주제가 필요함을 다음과 같이 설명한다. 첫째, 주제를 표현하는 것은 우리에게 분명히 관련 있는 메시지를 주시는 하나님의 말씀을 존경하는 증거이다. 둘째, 설교자의 끝없는 논설-클라이맥스도 없이 산발적인 교훈들과 판에 박힌 표현으로 가득찬-을 원치 않는다면 주제는 필수적이다. 셋째, 회중은 짧은 시간에 설교를 듣고 모든 것을 파악해야 하는데 그러기 위해서는 설교에 주제가 분명해야 한다.[13]

그러므로 설교가 청중을 변화시키는 하나님의 강력으로 역사하기 위해서는 한 가지 주제가 선명하게 제시되어야 한다. 설교자라면 다음과 같은 조웨트의 말을 명심해야 한다.

내가 가진 신념은 설교자가 그 설교의 주제를 수정같이 투명하며, 짧고 함축성있는 표현으로 나타낼 수 있기 전까지는 설교 준비가 끝나지 않았다는 것이다. 그렇게 주제를 나타내는 것은 내게는 설교 준비에 있어 가장 어렵고, 정확성을 요하는, 그러면서도 열매가 있

11) Litfin, *Public Speaking*, 74-76.
12) Greidanus, *The Modern Preacher and the Ancient Text*, 139-40. 그 외 Craddock, *Preaching*, 156; Miller, *Way to Biblical Preaching*, 54; Daane, *Preaching with Confidence*, 52; Davis, Design for Preaching, 35-6; Stott, *Between Two Worlds*, 225-26.
13) C. Trimp, *De Preek* . 고서희, 신득일, 한만수 공역, 『설교학 강의』(서울: 기독교문서선교회, 1996), 34.

는 작업이다. 스스로 그러한 문장을 만들어내고, 희미하고 잘 맞지 않고 모호한 모든 말을 버리며 빈틈없이 정확하게 주제를 규정해 주는 것, 이것이야말로 설교를 준비할 때 가장 중요하고 본질적인 요소이다. 주제가 맑은 하늘의 달과 같이 선명하고 밝게 떠오를 때까지는 설교를 해서는 안될 뿐 아니라 심지어는 원고를 작성해서도 안 된다고 생각한다.[14]

설교의 승패는 주제의 선명성에 있다고 해도 과언이 아니다. 설교의 서론은 그날의 주제가 무엇인지를 밝히며, 교인들의 관심을 그 주제로 집중시키는 역할을 해야 한다. 설교의 대지들도 일관되게 주제를 향해 나아가야 한다. 대지들이란 주제를 다양한 관점에서 바라보고 강조하는 것에 불과하다. 설교의 요소요소에서 제시되는 적용들도 물론 주제와 연관해서 교인들에게 도전하는 것이 되어야 한다. 설교의 결론은 주제에 관한 최종적인 도전과 호소로 장식되어야 한다.

피트 왓슨은 이렇게 강조한다. "모든 설교는 사정없이 주제 일변도로 구성되어야 한다. 이것이 크고 첫째 되는 계명이다!······중심 주제와 관련 없는 것은 무엇이든지 사정없이 잘라버려야 한다."[15]

그렇다. 설교자는 삭제의 묘미를 아는 사람이어야 한다. 거기에 날 선 검과 같은 설교와 솜방망이 같은 설교의 갈림길이 있다. 설교를 듣고 나면 오직 그날의 주제가 교인들의 심비에 깊이 각인 되도록 해야 한다. 예배를 마치고 돌아가는 교인들 어느 한 사람이라도 붙들고 "오늘 목사님이 무슨 말씀을 전하셨지요?"라고 물으면 그 자리에서 곧바로 "예, 오늘은 고난 중에서도 기뻐하라고 하셨어요."라고 대답할 수 있어야 한다. 그렇지 못하고 머뭇거린다면 그날의 설교는 주제가 선명치 못한 설교라고 단정지을 수밖에 없다. 설교자는 교인들이 가슴속에 한 가지 위대한 진리를 품고 돌아갈 수 있도록 해 주어야 한다.

---

14) Jowett, *The Preacher*, 133.

15) Ian Pitt-Watson, *A Kind of Folly :Toward a Practical theology of Preaching* (Edinburgh: St. Andrews, 1976), 65f.

주제란 무엇인가?

그러면 설교의 주제란 무엇인지, 또 그 주제는 어떻게 표현되어야 하는지를 생각해 보자.

본문의 중심 사상. 주제는 본문을 관통하고 있는 중심 되는 사상이다. 에베소서 6:10-17을 예로 들어 보자. 이 단락에서 저자가 핵심적으로 강조하는 것은 '성도는 영적 싸움에 승리하기 위해 하나님의 전신갑주를 입어야 한다.'는 것이다. 이것이 설교의 주제가 된다. 주제를 쉽게 찾을 수 있는 방법이 있다. 먼저 본문에서 저자는 무슨 문제를 다루고 있는지, 즉 주어부subject matter를 파악한다. 본문을 주의 깊게 읽어보면 저자는 '성도의 영적 싸움'에대해 말하고 있음을 알게 된다. 다음 단계로 저자는 그 문제에 대해 어떤 대답을 제시하고 있는지, 즉 술어부complement를 찾는다. 그것은 '하나님의 전신갑주를 입어야 한다.'는 것이다. 그런 다음 주어부와 술어부를 합하면 주제가 된다.[16]

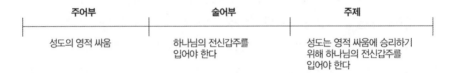

주어부	술어부	주제
성도의 영적 싸움	하나님의 전신갑주를 입어야 한다	성도는 영적 싸움에 승리하기 위해 하나님의 전신갑주를 입어야 한다

완전한 문장. 주제는 완전한 문장으로 표현되어야 한다. 만약 '성도의 영적 싸움'이라고 표현한다면 그것은 설교의 제목은 될 수 있어도 주제로는 미흡하다. 주제는 술어까지 포함한 완전한 문장이 되어야 한다. 그래야 본문의 중심 되는 사상을 온전하게 나타낼 수 있다. 흐레이다누스도 "설교의 주제는 단순한 주제어나 제목이 아닌 선언문이 되어야 한다. 설교의 메시지를 하나의 짧은 문장으로

---

16) Robinson, 『강해설교』, 44-46.

축약한 것이 되어야 한다."[17]고 했다. 다음과 같은 주제문의 예들을 참조하라.

성도는 심판주 앞에서 두려움으로 살아야 한다벧전 1:17-19.

성도간의 문제를 세상 법정에 송사하지 말라고전 6:1-7.

하나님을 청종하면 복을 얻는다사 55:1-5.

주의할 점은 주제를 온전한 문장으로 표현하되 되도록 단순화해야 한다는 것이다. 주제가 간단명료해야만 그것이 설교를 준비하는 설교자의 뇌리 속에 선명하고 강렬하게 남아 있을 수 있다. 또 그럴 때 그것이 청중에게도 분명하게 심겨질 수 있다.[18] 만약 에베소서 6:10-17의 주제를 "말세를 살아가는 성도는 공중 권세 잡은 자인 사탄과의 영적 싸움에서 승리하기 위해서 자기 육신을 의지하지 말고 철두철미하게 하나님의 전신갑주로 무장하고 싸워야 한다."고 한다면 이것은 불필요한 수식어로 너무 장황해져 버린 것이다. 주제는 되도록 수식어나 관계절 등을 지양하고 한두 줄로 간단하게 표현할 수 있어야 한다.[19]

하나의 주어부. 야고보서 1:2-8의 본문에서 주제를 '성도가 시련을 기쁘게 여겨야 하는 이유는 그것이 인내를 이루기 때문이며, 지혜가 부족할 때는 믿음으로 구해야 한다.'로 뽑는다고 하자. 그러면 주어부가 둘이 된다('성도가 시련을 기쁘게 여겨야 하는 이유'와 '지혜가 부족할 때'). 이렇게 주어부가 둘이 되면 설교의

---

17) Greidanus, *The Modern Preacher and the Ancient Text* , 136. 그 외 Greidanus, Sola Scriptura, 164-66; Davis, *Design for Preaching*, 68 참조.

18) 바우만은 주제의 특징을 다음과 같이 설명한다. 첫째, 단순한 문장이 되어야 한다. 둘째, 명쾌하고 분명한 명제가 되어야 한다. 셋째, 보편적 진리로 진술해야 한다. 넷째, 설교의 전체 사상을 요약하는 것이 되어야 한다. 다섯째, 청중의 반응을 권유하는 것이 되어야 한다. Baumann,『현대 설교학 입문』, 175f.

19) 글렌 네트도 "주제는 한 문장이 넘어서는 안 된다. 그렇지 않으면 부담스럽게 되고 설교에서 다룰 내용보다 더 많은 것이 포함되게 된다."고 지적한다. Glen C. Knecht, "Sermon Structure and Flow." 320.

초점이 분명치 않게 될 우려가 있으므로 바람직하지 않다. 그럴 때는 차라리 두 편의 설교로 나누어 하는 것이 낫다.

그러나 술어부가 둘이 되는 것은 허용될 수 있다. 야고보서 4:1-10의 주제는 '하나님의 은혜를 받기 위해서는 세상 정욕을 끊고 겸손히 순복해야 한다.'이다. 이 경우는 하나의 주어부가 '세상 정욕을 끊고'와 '겸손히 순복해야 한다.'는 두 개의 술어부를 가지고 있다. 이런 경우는 두 술어부가 모두 한 주어부에 대한 등가等價의 해답임으로 가능하다.

이렇게 본문의 중심 사상을 하나의 간결한 주제문으로 뽑는 것은 여러 가지 유익이 있다. 데이빗 클라인스는 주제문의 유익을 이렇게 말한다. "첫째, 주제문은 본문을 가리키는 방향 제시 역할을 한다. 어떻게 하면 가장 잘 본문에 접근할 수 있을지를 보여 주는 진술이 된다." 즉, 주제문은 본문에 대한 저자의 관점이 어떠한지를 보여 준다. 이 관점을 알면 본문 안에서 무엇이 핵심인지 무엇이 부차적인 것인지를 바로 파악할 수 있게 된다. "둘째, 주제문은 본문에 대한 근본적인 오해를 방지해 준다." 따라서 주제문은 사람들이 본문의 부차적인 내용이나 지엽적인 문제로 치중하게 되는 것을 방지해 준다. 본문에 포함되어 있는 여러 작은 아이디어들을 서로 아무 연관 없는 파편적 인 것으로 취급하지 않고 하나의 핵심 사상에 연관지어 보는 눈을 갖게 해 준다. "셋째, 주제문은 역사적인 문맥 안에서 본문이 가지는 메시지를 깨닫게해 준다. 그것은 다른 역사적 배경 안에서 본문을 대하게 되는 미래의 독자들이 합당한 의미를 깨달을 수 있도록 가이드라인을 제공한다."[20] 말하자면, 본문의 주제문은 성경 전체의 맥락 속에서 그 본문의 의미를 깨닫게 하는안내자의 역할을 하며, 그것은 곧 오늘날의 청중에게 적실한 메시지로 적용될 수 있다.

---

20) David Cleins, The Theme of the Pentateuch (Sheffield: JSOT, 1978), 18-19.

주제 파악하기

주제를 바르게 파악하는 것은 결코 쉬운 일이 아니다. 만약 각 문단의 주제를 모두 붉은 글씨로 인쇄해 놓은 성경이 있다면 얼마나 좋을까? 그러나 그런 성경은 없다. 주제는 설교자가 본문을 열심히 연구하고 분석해서 찾아내야만 한다. 그것을 위한 몇 가지 지침은 다음과 같다.

저자의 의도를 파악하라. 본문을 기술하고 있는 저자의 의도와 목적을 안다면 저자가 말하고자 하는 핵심 사상을 파악하는 것은 한결 쉬울 것이다. 저자의 의도가 명백히 나타나 있는 본문이 있다. 예를 들어 누가복음 18:1-8의 '불의한 재판관의 비유'를 보면 예수님이 그 비유를 말씀하시는 의도가 1절에 잘 나타나 있다. "항상 기도하고 낙망치 말아야 될 것을 저희에게 비유로 하여 가라사대." 이런 경우의 주제 파악은 어렵지 않다. 저자의 의도대로 '기도에는 인내가 있어야 한다.'로 보면 된다.

카이저는 저자의 의도를 파악하기 위한 방법들을 다음과 같이 제시한다. "첫째, 저자가 서언이나 결론이나 몸체 부분에서 자기의 기술 목적을 명백히 밝히고 있는지를 살핀다. 둘째, 괄호 부분을 잘 연구한다(특히 서신서의 경우). 보통 저자의 간곡한 권고는 그의 기술 목적과 직결되어 있을 경우가 많다. 셋째, 역사적 서사문학에서는 저자가 무엇을 상술하고 있는지, 그리고 그것을 어떻게 배치하고 있는지를 살핀다. 넷째, 주어진 본문의 주제를 밝혀 주기 위해 개개 문단의 주제 격이 되는 문장들이 어떻게 상호 작용하는 지를 살핀다."[21]

저자의 의도가 쉽게 파악되지 않는 경우에는 본문을 되풀이해서 읽는 가운데 저자가 무엇에 대해 논의하고 있는지 그 큰 그림을 보아야 한다. 빌립보서 4:10-13을 보자.

---

21) Walter Kaiser, Toward an Exegetical Theology : Biblical Exegesis for Preaching and Teaching (Grand Rapids: Baker, 1981), 79.

내가 주 안에서 크게 기뻐함은 너희가 나를 생각하던 것이 이제 다시 싹이 남이니 너희가 또한 이를 위하여 생각은 하였으나 기회가 없었느니라 내가 궁핍하므로 말하는 것이 아니라 어떠한 형편에든지 내가 자족하기를 배웠노니 내가 비천에 처할 줄도 알고 풍부에 처할 줄도 알아 모든 일에 배부르며 배고픔과 풍부와 궁핍에도 일체의 비결을 배웠노라 내게 능력 주시는 자 안에서 내가 모든 것을 할 수 있느니라.

많은 설교자들이 이 단락의 주제를 13절에 근거해서 '성도는 그리스도 안에서 모든 것을 할 수 있다.'로 설정한다. 그리고는 '모든 것'을 불가능을 극복하는 것, 기적을 체험하는 것 등등으로 설교한다. 그러나 여기서 '모든 것'을 할 수 있다고 한 것은 그 앞 절에서 고백한 대로 비천과 풍부의 모든 환경에 처할 수 있다는 것을 뜻한다. 저자는 본문에서 자신은 어떤 환경 가운데서도 자족하며 감사하는 삶을 살 수 있다는 것을 강조하고 있다. 따라서 본문의 주제는 '성도는 모든 환경 가운데서 자족할 줄 알아야 한다.'는 것이다. 13절은 어디까지나 그것에 대한 부연 설명에 불과하다.

설교자는 본문 중의 한 낱말이나, 부분적 스토리, 혹은 묵상 중에 얻은 지엽적인 교훈들을 가지고 설교의 주제로 삼지 않도록 조심해야 한다. 사도행전 8:25-39은 빌립이 광야에서 에티오피아 내시를 만나 복음을 전하고 세례를 베푸는 사건이다. 혹자는 이 본문의 주제를 '성도는 광야로 내려가야 한다.'로 설정한다. 그리고는 우리도 우리의 광야로-그것이 개척교회든 선교지든-내려가야 한다고 열변을 토한다. 그러나 그 본문에서는 '광야'란 단어는 중심 되는 의미를 가지지 않는다. 본문은 복음이 유대라는 울타리를 넘어 이방세계로 확산되어 가는 과정을 보여 준다. 복음의 세계화에 있어 주역은 바로 하나님이심을 보여 준다. 그러므로 본문의 주제는 '하나님은 이방 땅에 복음의 씨를 뿌리신다', 내지는 '하나님은 사모하는 자에게 구원을 베푸신다.'등이 적절하다. 설교는 당연히 그 주제에 초점을 맞추어 증거 되어야 한다.

여기서 보듯이 개인묵상QT과 설교를 위한 본문 연구에는 큰 차이가 있다. 개인묵상은 하나님과 그 개인과의 관계가 중요하다. 개인이 말씀을 통로로 해서 하나님과 영적 교제를 나누는 것이다. 그러므로 개인묵상에서는 본문의 모든 단어, 모든 구절이 중요하며, 그 모두를 통해 하나님의 음성을 듣기 위해 노력해야 한다. 그러나 거기서 깨닫는 것은 그 순간에 성령께서 묵상자의 마음을 움직여 주신 것으로서 어디까지나 개인적인 차원의 교훈으로 그쳐야 한다.

어떤 목사는 마태복음 24:29-30의 예수 재림의 징조를 다루면서 "해와 달이 떨어지면 인자가 오신다."는 구절을 이렇게 적용한다. "여러분에게 해와 달 같은 존재는 무엇입니까? 남편입니까? 재물입니까? 그 해와 달이 떨어질 때 여러분은 진정으로 예수를 만날 수 있습니다." 기발하기는 하지만 본문의 바른 적용은 아니다. 자신이 개인적으로 그렇게 깨닫고 은혜를 받을 수는 있으나 그것을 설교로 옮기는 것은 곤란하다. 설교는 회중을 향해 말씀을 증거하는 공적 행위임으로 결코 개인묵상을 통해 반짝하는 것에 치중해서는 안된다. 정확한 주석 작업과 연구를 통해 본문의 주제를 바르게 파악해서 전달해야 한다.

문맥에서 주제를 발견하라.[22] 성경구절을 인용할 때 문맥을 무시하면 본의아니게 잘못을 범할 수 있다. 예를 들어 요한계시록 3:20의 "볼 지어다 내가 문 밖에 서서 두드리노니 누구든지 내 음성을 듣고 문을 열면 내가 그에게로 들어가 그로 더불어 먹고 그는 나로 더불어 먹으리라."는 구절을 우리는 흔히 불신자 전도용으로 사용한다. 그러나 여기서 "문을 열라."고 하신 것은 불신자를 향한 명령이 아니라, 라오디게아 교인들을 향하여 마음 문을 열고 주님과 친밀한 교제를 나눌 것을 촉구하는 말씀이다. 이런 실수는 그 구절이 위치한 앞뒤 문맥을 잘 살피지 않았기 때문에 빚어진다. 열왕기상 19:7의 "일어나서 먹어라 네가 길을 이기지 못할까 하노라."는 말씀으로 성찬식 설교를 하는 사람, 요한복음 2:2의 "예수와 그 제자들도 혼인에 청함을 받았더니"라는 말씀으로 결혼식 설교를 하는 사람, 마태

---

22) Donald G. McDougall, "Central Ideas, Outlines, and Titles," MacArthur, eds., *Rediscovering Expository Preaching*, 231f.

복음 17:8의 "제자들이 눈을 들고 보매 오직 예수 외에는 아무도 보이지 아니 하더라."는 말씀으로 임직식 설교를 하는 사람은 모두가 문맥을 도외시하고 있다.

설교의 주제를 정하는 데에도 마찬가지이다. 베드로전서 2:18-21을 살펴보자.

> 사환들아 범사에 두려워함으로 주인들에게 순복하되 선하고 관용하는 자들에게만 아니라 또한 까다로운 자들에게도 그리하라 애매히 고난을 받아도 하나님을 생각함으로 슬픔을 참으면 이는 아름다우나 죄가 있어 매를 맞고 참으면 무슨 칭찬이 있으리요 오직 선을 행함으로 고난을 받고 참으면 이는 하나님 앞에 아름다우니라 이를 위하여 너희가 부르심을 입었으니 그리스도도 너희를 위하여 고난을 받으사 너희에게 본을 끼쳐 그 자취를 따라 오게 하려 하셨느니라.

여기에 그리스도의 고난에 대한 언급이 나오니까 이 본문의 주제를 '그리스도의 고난을 본받는 자가 되자.'로 설정하는 사람이 종종 있다. 그러나 여기서 그리스도의 고난을 말한 것은 사환이 애매히 고난을 받을 때 어떻게 해야 하는지를 설명하기 위한 한 예로서 언급한 것이다. 그것은 어디까지나 지엽적인 것이다. 저자의 중심 논지는 주인에 대한 사환의 바람직한 자세에 대한 것이다. 이것은 앞뒤 문맥을 통해서 확인할 수 있다. 베드로 사도는 2:11부터 선한 행실을 가질 것을 강조하면서 13절부터는 인간 사회의 제도에 순종해야 함을 말한다. 그 구체적인 예로 18절부터는 사환들의 자세를 말하며, 3장으로 넘어가면 부부 사이의 바른 관계에 대해서 교훈한다. 따라서 위의 본문의 주제는 '사환은 주인에게 범사에 두려움으로 순복해야 한다.'는 것이다.

마태복음 6:25-34을 가지고 독특하게 설교하는 목사가 있다. 그는 예수님이 그냥 "새를 보라."고 하지 않고 "공중의 새를 보라."고 한 것은 공중의 새가 먹이를 구하기 위해 부지런히 날아다니는 것을 지적한 것이라고 한다. 또 그냥 "백합화를 보라."고 하지 않고 "백합화가 어떻게 자라는가 보라."고한 것도 백합화가 부지런히 수분과 자양분을 빨아들이며 일하는 것을 지적한 것이라고 한다. 따라서 그의 설교의 결론은 '예수님이 염려하지 말라고 했다고 해서 일도 하지 않고 태평하게 있으라는 말은 아니다. 우리는 열심히 노력해야 한다.'는 것이었다. 그의 설교의 주제는 아마 '하나님은 열심히 노력하는 자를 돕는다.' 정도가 될 것이다. 그러나 그는 본문의 흐름을 잘못 파악했다. 본문의 문맥은 우리를 신실하게 돌보시는 아버지가 있으니 염려에 사로 잡혀서는 안 된다는 것을 말하고 있다. 따라서 본문의 주제는 '성도는 염려하지 말아야 한다.'는 것으로 보아야 한다. 우리 편에서 노력도 해야 한다는 것은 설교를 진행하면서 말할 수 있으나 그것은 어디까지나 보충적인 설명에 그쳐야 한다.

문학적, 수사학적 특징으로부터 힌트를 얻어라. 본문에서 반복되는 단어들은 주목할 필요가 있다. 어떤 표현이 반복되어 나타난다면 저자가 그것을 강조하고 있다는 말이 될 것이요, 따라서 그것이 주제와 연관되어 있을 가능성이 많다.[23] 마태복음 6:25-34을 보면 '염려하지 말라.'는 말이 수차례 반복되어 나타난다. 과연 이 본문의 주제는 '성도는 염려하지 말아야 한다.'는 것이다.

이와 같이 본문의 문학적, 수사학적 특징을 잘 관찰하면 주제를 파악하는데 큰 도움이 된다. 본문이 책의 어느 부분에 위치하고 있는지, 교차대구법chiasm의 어떤 부분에 위치하는지, 어떤 접속사가 사용되고 있는지, 본문에서 반복되는 핵심 단어가 무엇인지 등을 눈여겨 보아야 한다. 역사적 사건을 서술하는 서사문학이나 비유가 본문일 경우에는 갈등의 원인이 무엇인지, 갈등이 어떻게 해결되었는지, 결론이 무엇인지, 성경 저자가 어떤 평가나 코멘트를 하고 있는지 등을 살펴야 한다.

---

23) Ibid., 232f.

문법적 구조는 무게 중심이 어디에 있는지를 암시한다. 본마태복음 28:19-20을 보자. "그러므로 너희는 가서 모든 족속으로 제자를 삼아 아버지와 아들과 성령의 이름으로 세례를 주고 내가 너희에게 분부한 모든 것을 가르쳐 지키게 하라." 우리말 성경으로는 여기서 어떤 것이 주동사이고 어떤 것이 조동사인지 구별이 가지 않는다. 그러나 헬라어 성경이나 영어 성경을 보면 주동사는 '제자를 삼아라.'make disciples는 것이고 나머지 '가서'going, '세례를 주고'baptizing, '가르쳐'teaching 등은 다 그것을 수식하는 동명사인 것을 금방 알 수 있다. 그러므로 본문의 바른 의미는 "가서 제자를 삼고, 세례를 줌으로 제자를 삼고, 가르침으로 제자를 삼아라."는 것이다. 따라서 주제는 당연히 '전도자에게 주어진 사명은 모든 사람을 제자로 삼는 것이다.'로 설정해야 한다.

성령께서는 인간 저자들을 감동시켜 성경을 기록하게 할 때 어느 한 구절도 건성으로 취급하지 않았다. 어떤 동사가 주동사로서 무게를 가진다면 성령은 그것을 강조하고 싶었기 때문에 그렇게 한 것이다. 그러므로 설교자도 성령의 의도를 그대로 살려 전하기 위해서는 문법 구조를 정확히 파악해야 할 필요가 있다.

역사적 배경을 알면 저자의 기술 의도가 보인다. 본문을 기술한 역사적, 문화적 배경을 알게 되면 저자가 강조하고자 하는 바가 무엇인지 깨닫게 된다. 예를 들어 요한계시록 3:14-22의 라오디게아 교회에 대한 말씀을 생각해 보자. 그냥 보면 이 본문의 주제는 '바른 행위를 가지라'(차든지 덥든지 하라)는 것 같기도 하고, '교만하지 말라'(나는 부자라)는 것 같기도 하고, '영의 눈을 떠라'(안약을 사서 눈에 발라 보게 하라)는 것 같기도 하다. 그럴 때 역사 배경을 아는 것은 큰 도움이 된다. 라오디게아는 고대 사회에서도 부유한 도시로 유명했다. 부유한 도시의 자만심이 교회 안에까지 스며들어 와 있었으나그 교회는 영적으로는 곤고하고 가련한 교회였다. 라오디게아는 물 사정이 매우 좋지 않았다. 그래서 그 도시는 남쪽에 있는 골로새의 차가운 지하수 물을 끌어다 썼는데 그 물이 라오디게아에 도달할 즈음에는 미지근하게 되어버린다. 북쪽 히에라폴리스의 뜨거운 온천수도 라오디게아에 도달하면 역시 미지근하게 되어버린다. 그래서 라오디게아 사람들은 미지근한 물을 마시는 데 질려버린 사람들이었다.[24] 주님께서 "네가 이같이 미지근하여 덥지도 아니하고 차지도 아니하니 내 입에서 너를 토하여 내치리라."고 하실 때 라오디게아교인들은 그 말씀의 뉘앙스를 생생하게 감지할 수 있었을 것이다. 그러므로 이런 역사적 배경을 이해하고 본문을 보면 저자가 진정으로 강조하고자 하는 바가 무엇인지 깨닫게 된다. 이 본문의 주제는 '교회는 열심을 가지고 주님을 섬겨야 한다.'는 것이다.

석의주제와 설교주제

본문의 주제는 석의주제와 설교주제로 구별할 수 있다. 석의주제란 원 저자와 원 청중의 관점에서 본문의 중심 사상을 표현한 것이고, 설교주제는 석의주제를 오늘날의 청중에게 적용할 수 있는 보편적 진리로 나타낸 것이다. 빌립보서 3:1-12의 석의주제와 설교주제는 다음과 같다.

- 석의주제: 바울이 육체를 신뢰하지 않은 이유는 참된 의는 그리스도를 믿는 믿음으로 말미암기 때문이었다.
- 설교주제: 성도는 육체적 조건이 아니라 그리스도를 믿는 믿음으로 의를 얻는다.

여기서 보듯이 석의주제는 원 저자와 원 청중을 그대로 살린 채 본문의 내용을 축약한 것이다. 이것이 본문의 중심 사상인 것은 분명하지만 설교할 때는 그것만 설명하다가 마칠 수는 없다. 그것이 오늘날의 청중에게 무슨 의미가 있는지를 밝혀 주어야 한다. 즉 석의주제를 모든 시대, 모든 사람에게 적용할 수 있는 항

---

24) C. J. Hemer, *The Letters to the Seven Churches of Asia in Their Local Setting*, JSNTSup 11(Sheffield, UK: JSOT, 1986), 186-91.

구적 형태의 명제로 바꾸어야 한다. 그것이 설교주제이다. 설교자가 붙들고 외쳐야 하는 것은 결국 이 설교주제이다. 흐레이다누스는 "고대의 모퉁잇돌이 건물의 기초요 안내역을 했듯이 본문의 주제는 설교의 기초요 안내역을 하는 것이다."고 설명한다.[25] 또 다른 예를 들어 보자.

고린도전서 6:1-7
- 석의주제: 바울은 고린도 교회의 성도들에게 서로간의 문제를 세상 법정에 송사하지 말라고 명한다.
- 설교주제: 우리는 성도간의 문제를 세상 법정에 송사하지 말아야 한다.

누가복음 1:1-4
- 석의주제: 누가가 복음서를 기록한 목적은 데오빌로에게 확실한 진리를 깨닫게 하기 위해서이다.
- 설교주제: 성경은 우리에게 확실한 진리를 깨닫게 한다.

여기서 한 가지 주의할 점은 '바울'이나 '누가'와 같은 원 저자를 '우리'와 같은 보편적 주체로 기계적으로 대입시키기만 하면 석의주제가 설교주제로 변환되는 것은 아니라는 사실이다. 예컨대, 디모데후서 2:3-4의 석의주제는 '바울은 디모데에게 그리스도의 좋은 군사로 고난 받을 것을 명한다.'이다. 이것의 설교주제를 '우리는 그리스도의 좋은 군사로 고난을 받아야 한다.'고 변환하면 조금 문제가 있다. 디모데는 보통 성도가 아니라 목회자이다. 바울은 디모데에게 목회자로서 어떻게 사역해야 할지를 말하고 있다. 그러므로 이 본문을 가지고 설교할 때는 이것이 원래는 목회자에 대한 말씀이지만 성도들에게도 이와 유사한 사명이 있다는 것을 잘 설명한 후에 고난에 대한 것을 말해야 한다. 설교주제도 '우리

---

25) Greidanus, The Modern Preacher and the Ancient Text, 137.

는……고난을 받아야 한다.'가 아니라 '전도자는……고난을 받아야 한다.'로 되어야 한다. 이와 같이 석의주제를 기계적으로 설교주제로 변환시킬 것이 아니라 원저자와 원 청중의 특징을 바로 파악한 후에 그 속에 흐르는 원리를 찾아 오늘날의 청중에게 적용시킬 수 있어야 한다.

설교가 본문의 중심 사상을 파악해서 그것을 전하는 것이라고 한다면 한 본문으로는 하나의 설교밖에는 할 수 없는 것이 아니냐 하는 의문이 생길 수 있다. 그러나 그렇지는 않다. 본문을 넓게 잡으면 그 안에 핵심 되는 사상이 여러 개가 있을 수 있으므로 그 중에 하나를 주제로 삼아 각각 설교를 작성하면 여러 개의 설교가 만들어질 수 있다. 중요한 것은 설교의 주제가 하나여야 한다는 것이지 본문의 주제가 하나여야 한다는 것은 아니다. 경우에 따라서는 본문 안에 비중이 비슷한 사상이 복수로 있을 수 있다.

동일한 주제를 가지고 설교를 작성해도 그것을 펼쳐가면서 강조점이나, 예증, 적용 등을 달리 함으로 얼마든지 다른 설교를 만들 수 있다. 예를 들어 누가복음 15:11-24에 나오는 탕자의 비유의 주제는 '하나님은 회개하는 자를 용납하시는 사랑의 아버지시다.'는 것이다. 이 한 주제로 여러 번의 설교를 할 수 있다. 아들을 오래 기다리시는 아버지의 사랑을 부각시킬 수도 있고, 회개하는 자를 용납해 주신다는 회개의 필요성을 부각시킬 수도 있고, 아들이 돌아올 때 놀라운 자리로 회복시켜 주심을 강조할 수도 있다. 물론 어떤 경우에도 '아버지의 사랑'이라는 큰 흐름에서 이탈하면 안 된다. 무엇을 좀 더 부각시키느냐는 교인들의 영적 상태와 필요에 따라 목사가 결정할 일이다. 이렇게 강조점을 달리 하면 설교는 전혀 다른 옷을 입고 나타날 수 있다.

청중들의 상황과 필요에 따라 설교의 주제는 좁힐 수도 있고 넓힐 수도 있다. 시편 150편의 설교의 주제는 '성도들은 여호와를 찬양해야 한다.'는 것이다. 여기서 저자는 찬양 생활의 실제에 대해 자세히 교훈한다. 1절은 어디에서 찬양할 것인지를 말하며, 2절은 왜 찬양해야 하는지, 3-5절은 어떻게 찬양해야 하는지, 6절

상반절은 누가 찬양해야 하는지, 하반절은 언제까지 찬양해야 하는지를 각각 밝히고 있다. 따라서 150:1-6 전체를 본문으로 삼고 '성도들은 여호와를 찬양해야 한다.'는 주제 아래 위의 것들을 대지로 삼아서 설교할 수 있다. 혹은 본문을 좁혀서 2절만을 본문으로 삼고 '왜'에 초점을 맞추어 '성도는 하나님의 전능하심을 인해 찬양해야 한다.'를 주제로 설교할 수 도 있다. 또는 3-5절의 '어떻게'에 초점을 맞춘다면 '성도는 음악과 춤으로 하나님을 찬양해야 한다.'가 주제가 될 것이다.

이상에서 우리는 한 가지 주제의 중요성을 살펴보았다. 본문의 주제를 바르게 파악하기 위해서는 행간에 숨어 있는 저자의 의도나, 본문의 강조점, 본문을 둘러싸고 있는 문맥의 흐름 등을 종합적으로 분석하고 파악하는 능력이 있어야 한다. 독자들은 중·고등학교 시절 국어 시험을 칠 때 어디에서 문단을 나누는 것이 좋은지, 문단의 중심 사상은 무엇인지, 다음 단락에서는 무슨 얘기가 나올 것인지 등등의 문제를 접한 기억이 있을 것이다. 국어 실력이 있는 학생들은 그런 문제들을 정확히 알아맞힌다. 성경 본문에 대해서도 마찬가지이다. 나는 신학교에서 설교학을 가르치면서 종종 본문의 중심 사상을 파악하는 데 전혀 오리무중인 학생들을 본다. 국어 실력이 없어서이다. 그것은 기도 많이 하고 묵상 오래 한다고 해서 되는 일이 아니다. 본문의 주제를 제대로 파악하지 못하니까 정말 자신의 주제도 모르고 남의 다리 긁듯이 영 엉뚱한 것을 설교하게 된다. 설교자가 되기를 원하는 사람은 국어 실력부터 길러야 한다.

다음 구절들의 석의주제와 설교주제를 말하라. 부록 1의 모범과 비교해 보라.

베드로전서 1:17-19

누가복음 18:1-8

창세기 45:4-11

하박국 1:5-11

갈라디아서 6:6-10

로마서 12:1-2

이사야 55:1-5

설교는 청중에게 요청하는 것이다. 그들의 가슴 속에 변화가
요동치게 하는 것이다. 목표 설정은 그 변화에 대한
희망을 구체화한다.

토마스 롱

7장

목표

불꽃같이 타오르는 설교

예배 시간에 제일 은혜 받기 힘든 사람이 교역자라고 한다면 틀린 말일까? 부목사의 설교에 은혜 받는 담임목사가 과연 몇이나 있을까? 그러나 그저 허점이나 찾고 앉아 있을 목사의 가슴마저도 뒤엎어 놓는 설교가 있다. 달변이어서도 아니고 근사한 예화 때문도 아니다. 교인들을 향한 절절한 마음이 파도같이 밀려오는 것을 느끼기 때문이다. 그런 설교는 어떻게 가능한가? 목표설정이 그 해답을 준다.

설교에는 분명한 목표telos가 있어야 한다. 설교자는 내가 이 설교를 통하여 교인들을 어떻게 변화시키겠다는 분명한 목표target를 가지고 설교해야 한다. 연설에는 여러 가지 형태가 있다. 첫째는 지식 전달을 위한 연설이 있다. 어떤 주제에 대해 청중의 지식을 넓히는 데 목적을 둔 연설이다. 둘째는 설득을 위한 연설이 있다. 청중이 믿고, 받아들이고, 동조하도록 만드는 데 목적을 둔 연설이 그것이다. 정치인들의 연설이 이 범주에 속한다. 셋째는 행동을 위한 연설이 있다. 청중의 행동과 삶의 변화를 목표로 하는 연설이다. 사람의 마음을 움직이는 가장 강력한 촉매는 화학물질도 아니고 전기 쇼크나 야구 방망이도 아니다. 그것은 '말'이다.

심금을 울리는 말 몇 마디가 사람의 행동과 운명을 바꾼다.

설교는 행동을 위한 연설의 범주에 속한다. 설교는 결코 청중들의 성경 지식을 고취시키는 것으로 끝나서는 안 된다. 본문에 대한 이해의 지평을 넓히는 것이 중요하지만 그렇게 하는 이유는 그것을 통해 삶의 변화를 이룰 수 있기 때문이다.

삶의 변화를 지향하지 않는 설교는 성경 공부나 교리 해설은 될 수 있을지언정 설교는 아니다. 그러므로 설교자는 본문에 근거해서 구체적이고도 강력한 설교의 목표를 설정해야 한다. 그리고 그 목표를 이루기 위해서 최선의 구도로 설교를 조직해야 한다. 강단에 서서도 그 목표를 이루기 위한 한 가지일념으로 외쳐야 한다. 혹시 당신의 설교가 다음과 같은 증후군을 앓고 있지는 않은가?

- 남의 말을 하듯 해서 도무지 간절함이 느껴지지 않는다.
- 무슨 말을 하고 싶은 것인지 도무지 감이 잡히지 않는다.
- 중요하지도 않은 것을 장황하게 설명해서 지루하게 만든다.
- 엉뚱한 데서 열을 올려 교인들을 어리둥절하게 한다.

그 이유는 단 한 가지, 당신의 설교는 목표 설정이 분명치 않기 때문이다. 설교의 목표가 분명하면 다음과 같은 유익이 있다.

목표 설정의 유익

강력한 호소력을 가진 설교가 된다. 설교자들 가운데에는 할 말이 있어서 선 사람이 있는가 하면 설교 시간이 되었기 때문에 선 사람도 있다. 할 말이 있어서 선 설교자는 속에서 불이 타는 사람이다. 무언가를 전해 주고 싶어서 가만히 있지를 못하는 사람이다. 자기 말을 교인들이 제대로 듣고 있는지 애가 타는 사람이다. 그런 사람은 얼굴부터 다르고 말하는 톤이 다르다. 교인들은 '저 분이 우리에게 무언가를 주고 싶어 하는구나.' 하는 것을 단번에 느낀다. 그런 설교자의 말은 당연히 호소력이 있고 감화력이 있다. 내용은 차치하고 라도 그 열정과 간절함 앞에 교인들은 감동을 받는다. 이렇게 할 말이 있어서 선 설교자가 곧 설교의 목표 설정이 분명한 설교자이다. 그 목표를 이루기 위한 열망이 곧 설교의 열정으로 나타나는 것이다.

북미에서 가장 큰 교회의 하나인 미국 인디아나주의 해몬드제일침례교회의 잭 하일스 목사는 설교 준비를 목표 설정으로부터 시작한다고 한다. 주일 저녁 집회가 끝나면 서재에 올라가 다음 주에는 교인들에게 무슨 말씀을 전할지를 생각한다고 한다. 그들이 실천하기 원하는 한 가지, 그들이 결심하기 원하는 한 가지, 그들이 함께 성숙해 가기 원하는 한 가지를 그려본다. 자신의 설교를 통해 교인들에게 일어나기 바라는 한 가지 변화를 마음에 그려보는 것이다. 말하자면 설교의 종착지를 먼저 생각하는 것이다. 그런 다음에 그 목표를 달성하기에 가장 적합한 진리를 담고 있는 성경 본문을 정한다. 그리고는 한 주간 내내 그 말씀에 몰두해서 산다는 것이다. 그 말씀을 집안 곳곳에 붙여 놓고, 찬송을 불러도 그 말씀과 관계된 찬송을 부르고, 기도를 해도 그 말씀을 생각하며 한다고 한다. 그 말씀으로 말미암아 교인들에게 일어날 영광스러운 변화를 상상하며, 그 말씀으로 설교하는 것은 오직 한 번밖에 없다는 종말론적인 자세로 최선을 다한다는 것이다.[1]

하일스 목사의 고백에서 보듯이 설교 준비에 있어서 분명한 목표 설정은 너무나 중요하다. 설교자는 이루어야 할 목표가 있기 때문에 강단에 선 사람이다. 목표를 가지고 강단에 선 설교자는 전의戰意에 불타는 사람이다. 목이 곧고 완고한 백성들을 향하여 '저 사람들을 변화시킬 수 없다면 차라리 내 생명을 취하소서.' 하는 일사각오를 가진 사람이다. 그런 설교에는 영혼을 파고드는 강력한 호소력이 있다.

1) Jack Hyles, *Teaching on Preaching*. 이황로 역, 『잭 하일즈의 설교가 보인다』(서울: 도서출판 예향, 1997), 19-27.

효과적인 조직을 가진 설교가 된다. 설교의 목표가 정해지면 그 목표를 달성하기 위해 어떻게 설교를 조직하는 것이 효과적일지가 드러나게 된다. 예컨대 어떤 설교자는 대지를 잡을 때 항상 본문에 기록되어 있는 순서대로 잡는 사람이 있다. 1절의 내용이 첫째 대지, 3절이 둘째 대지, 5-6절이 셋째 대지, 하는 식이다. 그러나 설교에 따라서는 5-6절이 첫째 대지가 되고, 1절이 둘째 대지가 되고, 3절이 마지막 대지가 되는 것이 설교의 흐름상 더 효과적일 때도 있을 것이다. 그럴 때는 당연히 순서를 바꾸어야 한다. 그렇게 순서를 바꾸어야겠다고 생각할 수 있는 것은 바로 설교의 목표 때문이다. 어떤 순서로 대지를 잡는 것이 설교의 목표를 이루는 데 보다 더 효과적이겠는가의 관점에서 생각하면 금방 판단이 서게 된다.

짜임새 있는 설교가 된다. 흔히 균형을 잃어버린 설교가 많다. 어떤 설교는 서론이 너무 길어서 초반에 진을 다 빼는가 하면, 어떤 설교는 특정 구절에 대한 설명이 너무 자세해서 머리를 복잡하게 만들기도 한다. 배경 설경에 너무 치우쳐서 막상 강조해야 할 주제는 가려지는 설교도 있다. "마지막으로"해 놓고는 10분이나 계속해서 교인들을 화나게 만드는 설교도 있다.

왜 이렇게 균형을 잃어버린 설교가 생산되는가? 설교자에게 설교의 목표가 분명치 않았기 때문이다. 목표가 분명하면 상술할 필요가 있는 것과 없는 것을 쉽게 판단할 수 있다. 목표를 이루기 위해서 어떤 부분을 강조하고 어떤 부분을 간단히 넘어가야할지 판단하는 것이 어렵지 않다. 목표를 달성하기위해 어디에 보조 자료를 쓰는 것이 좋을지, 어디에 감동적인 예화를 삽입하는 것이 좋을지 하는 등등의 아이디어도 생기게 된다. 제임스 애덤스는 "설교의 모든 것-설교개요, 자료의 조직, 스타일, 전달-이 목표를 위해 기여해야 하며, 목표에 의해 조절되어야 한다."[2]고 강조한다.

설교자는 서론에서 설교의 목표를 암시할 수 있다. 서론에서 문제 제기를 하는 경우가 있는데 그것은 역으로 말하면 설교자가 원하는 설교의 목표를 암시하

---

2) Jay E. Adams, *Preaching with Purpose* (Grand Rapids: Baker Book House, 1982), 27.

는 것이다. 메시지를 적용해 가는 데 있어 설교의 목표는 뚜렷이 드러난다. 적용을 통해서 설교자는 청중에게 자신의 목표를 체감할 수 있도록 집중적으로 외쳐야 한다. 결론 부분에서 설교자가 청중을 향해 던지는 최종적 도전은 설교의 목표를 이루기 위한 가장 강력한 몸부림이 되어야 한다.

목표는 어떻게 설정하는가?

목표는 주제와 연관되어야 한다. 아무리 유효적절한 목표라 할지라도 본문의 주제와 연관되지 않으면 곤란하다. 설교란 본문의 주제를 증거하는 것이므로 설교의 목표 달성도 결국 주제를 통해 이루어져야 하기 때문이다. 주제를 청중들의 삶에 구체적으로 적용시킨 것이 목표라고 할 수 있다. 다음의 예에서 보듯 주제는 명제적 진리를 나타내며, 목표는 그 주제를 통하여 이룰 수 있는 삶의 변화를 구체적으로 제시하는 것이다.

본문: 마태복음 6:25-34
주제: 성도들은 염려하지 말아야 한다.
목표: 염려와 불안에 사로잡힌 자들이 찬양의 사람으로 바뀔 수 있도록

본문: 열왕기상 19:1-18
주제: 하나님은 낙담 중에 있는 자를 위로해 주신다.
목표: 낙담 중에 있는 자들이 위로의 하나님을 바라보고 일어서게 하기 위해

청중에게 절실한 영적 필요가 목표를 결정한다. 목회자는 청중에게 어떤 영적인 필요가 있는지를 잘 아는 사람이다. 그 필요가 자연히 설교의 목표 설정에 작용한다. 설교 준비를 할 때 앞에서 소개한 잭 하일스의 경우와 같이 목표를 먼저 생각하고 그에 맞는 본문을 선택하는 방법이 있다. 그러나 일반적으로는 본문

을 먼저 선택하고 그 본문의 주제를 파악한 후에 목표를 설정하게 된다. 그럴 때 주제가 청중들에게 어떤 유익을 줄 수 있을지를 생각해 보라. 주제가 담고 있는 진리로 말미암아 청중들이 어떻게 변화되었으면 좋겠는지를 생각하라.

예를 들어 성령의 은사에 대해서 여전도회 회원들에게 설교한다고 하자. 그들에게 일어나기 바라는 변화는 여러 가지가 있을 것이다-은사에 관한 무지에서 벗어나야겠고, 은사를 자랑하는 교만을 버려야겠고, 은사에 대해 사모하는 마음을 가져야겠고, 은사를 섬김을 위해 사용해야겠고. 이 여러 가지 필요 가운데 여전도회 회원들에게 가장 절실하게 요구되는 것이 무엇인가를 생각해서 설교의 목표로 설정하는 것이다.

설교자에게 울려 퍼지는 하나님의 음성이 목표를 결정한다. 말씀을 읽는 중에 설교자에게 강하게 와 닿는 교훈이 있다. 청중은 그것을 별로 기대하지도 않고 좋아하지도 않을 수 있다. 그러나 그것이 성령의 감동으로 주어진 것이라면 설교자는 청중의 반응과는 상관없이 그 말씀을 전해야 한다. 만약 그런 말씀을 전하지 않는다면 마음에 불이 일어 견딜 수 없을 정도가 되어야 사명을 제대로 감당하는 설교자라고 할 수 있을 것이다. 구약의 선지자들도 불같이 임하는 하나님의 말씀을 거부할 수 없어 핍박을 무릅쓰고 어두운 영혼들을 향하여 외쳤다.

애덤스의 말을 들어 보라. "당신은 성령께서 왜 본문을 성경 속에 포함시켰는지를 분명히 깨닫기 전까지는 결코 설교해서는 안 된다. 성령께서 본문말씀을 듣는 수신인들에게 의도했던 목적을 붙들 때에-단지 그 때에만-당신은 당신 설교의 목표를 가진 것이고, 그럴 때-단지 그 때에만-당신은 하나님께서 당신의 설교를 통해 교인들에게 무엇을 이루기 원하시는지를 바로 이해한 것이다."[3] 설교자는 이렇게 성령으로 말미암아 자신의 심령 속에 울려 퍼지는 하나님의 음성을 듣고 그 가운데서 설교의 목표를 설정하게 된다.

---

3) Ibid., 27.

목표는 간결하고 구체적이어야 한다. 설목표는 간결하게 표현해야 한다. 지나친 수식어는 오히려 말하고자 하는 바를 흐리게 한다. 예를 들어 다음과 같이 목표를 설정한다고 하자. "정보화 시대, 전문화 시대의 급변하는 환경 속에서 불안하고 염려에 사로잡혀 사는 성도들이 믿음의 확신과 하나님의 신실성을 의지하는 가운데 모든 염려를 이기고 승리함으로 세상의 빛과 소금으로 살아가기에 부족하지 않도록 하기 위해서."

이와 같이 지나치게 미사여구로 장식하는 것은 좋지 않다. 복잡하게 표현된 목표는 설교자의 뇌리 속에 생생하게 남아 있기가 어렵다. 목표를 여러 개로 설정하는 것도 전열을 흩트리는 것이다. 이 경우에는 그냥 '성도들이 염려를 이기고 믿음으로 사는 자들이 되게 하기 위해' 정도가 좋다. 짧고 간결한 목표를 설정해서 한 주간 내내 그 목표에 사로잡혀 살아야 한다.

목표는 현실감이 있는 구체적인 것일수록 좋다. 그래야만 타깃이 분명해 진다. 청중들이 어떻게 변화되기 원하는 것을 구체적으로 표현해야 한다. 너무 피상적이거나 포괄적인 것은 잘못하면 아무런 목표도 아닌 것이 될 수 있다.

설교의 주제는 본문의 중심 사상이고, 설교의 목표는 그 주제를 통해 교인들에게 영향을 미치고자 하는 구체적 타깃임으로 이 둘은 설교 사역에서 짝을 이루는 핵심적인 요소이다. 토마스 롱은 설교의 주제를 초점focus으로, 설교의 목표를 기능function으로 표현하면서 이 둘은 단 하나의 공통된 사명을 지닌다고 한다. 그 둘은 설교가 어디로 나아가야 할지를 보여 주는 지표인 것이다.[4] 그러므로 모든 설교에는 주제와 목표가 분명히 설정되어 있어야 한다.그것에 익숙지 못한 설교자는 차라리 설교하지 않는 것이 더 낫다.

교인들을 변화시키는 감화력 있는 설교의 비결은 먼 데 있지 않다. 설교의 목표를 분명히 설정하라. 그리고 한 주간 내내 그 목표만을 생각하라. 그 목표를 생

---

4) Long, *The Witness of Preaching*, 89-91.

각하면서 잠이 들고 그 목표를 생각하면서 눈을 떠라. 자다가도 벌떡 일어나 "주여, 우리 교인들이 이렇게 변화되기를 원합니다."라고 소리쳐라. 교인들이 내가세운 목표대로 성숙해지는 영광스러운 광경을 상상하라. 설교자는 설교의 목표에 완전히 삼킴을 당한 자가 되어야 한다.

다음 본문의 주제를 따라 설교의 목표를 설정해 보라. 모범을 부록 2에서 찾아 비교해 보라.

베드로전서 1:17-19
- 설교주제: 우리는 공의의 아버지 앞에서 두려움으로 살아야 한다.

누가복음 18:1-8
- 설교주제: 기도에는 인내가 있어야 한다.

창세기 45:4-11
- 설교주제: 하나님은 고난을 통하여 선을 이루신다.

하박국 1:5-11
- 설교주제: 하나님은 세상나라를 사용하여 성도들을 징계하신다.

갈라디아서 6:6-10
- 설교주제: 심은 대로 거둔다(혹은, 우리는 성령을 위해 심는 자가 되어야 한 다).

로마서 12:1-2
- 설교주제: 성도는 자신의 몸을 산 제사로 드려야 한다.

이사야 55:1-5
- 설교주제: 하나님께 나아와 청종하는 자는 복을 얻는다.

설교의 능력은 여러 가지 장식물에 있지 않고 그 조직에 있다.
루콕

8장

조직

탄탄한 설계도를 가진 설교

진을 빼듯 힘들여 설교 준비를 마쳤다. 한숨 돌린 후에 처음부터 찬찬히 읽어 보니 갑자기 눈앞이 캄캄해진다. 이게 아니다. 이대로 했다가는 논리 전개가 영 자연스럽지 못하고 설득력도 없을 것 같다. '처음에 구조를 이렇게 잡는 것이 아 닌데.' 아무리 후회해도 소용이 없다. 벌써 토요일 밤 10시가 넘어가고 있다. 그 순간의 황당함과 낙담이란 아마 경험해 보지 않은 사람은 알 수 없을 것이다. 힘 들여 쌓은 모래성이 한 순간에 무너지는 것 같다.

그래서 설교의 조직이 중요하다. 설교의 주제와 목표를 설정했으면 그 다음 단계는 설교를 위한 골격을 갖추는 일이다. 빌딩을 건축할 때도 기초를 놓은 후 에는 그 위에 철골구조물로 뼈대를 세워야 한다. 기초 위에 곧바로 벽돌을 쌓아 올리는 건축물은 없다. 이와 같이 설교에도 반드시 뼈대가 있어야 한다. 뼈대 없 이 곧바로 설교문을 작성하다가는 방향성을 상실하기 십상이다. 논리 정연한 전 개도 힘들어지고 설교 각 부분을 적절하게 배분하는 균형도 취하기 어렵게 된다. 적절하게 구성된 뼈대 위에 살을 붙이고 옷을 입힐 때 비로소 온전한 설교가 된 다. 이런 뼈대를 만드는 작업이 곧 설교를 조직하는 것이다. 당신의 설교가 다음과 같은 증후군을 앓지는 않는가?

- 도무지 두서가 없다.
- 한쪽으로 치우쳐 짜임새가 없다.
- 자주 삼천포로 빠진다.
- 늘 변화가 없이 꼭 같은 형태이다.

그렇다면 원인은 하나, 당신의 설교는 조직이 제대로 되어 있지 않기 때문이다.

탄탄한 설계도가 관건이다

설교의 조직을 일목요연하게 보여 주는 것이 설교개요outline이다. 다음 설교개요를 살펴보자.

본문: 마태복음 6:19-24

주제: 성도는 땅에 재물을 쌓아두면 안 된다.

설교개요:

1. 땅에 재물을 쌓아두면 낭패를 당한다19-20절.

　① 땅에 쌓아둔 재물은 안전하지 않다19절.

　② 하늘에 쌓아둔 재물은 안전하다20절.

2. 땅에 재물을 쌓아두면 우리의 마음을 빼앗기게 된다21절.

3. 땅에 재물을 쌓아두면 우리의 판단력을 잃게 된다22-23절.

　① 눈이 성하면 온몸이 밝다22절.

　② 눈이 나쁘면 온몸이 어둡다23절.

4. 땅에 재물을 쌓아두면 잘못된 주인을 섬기게 된다24절.

　① 한 사람이 두 주인을 섬길 수 없다24상반절.

② 땅에 재물을 쌓아둔 사람은 재물을 주인으로 섬기게 된다24하반절.

본문을 주의 깊게 읽어 본 사람은 본문의 중심 주제가 '성도는 땅에 재물을 쌓아두면 안 된다.'는 것임을 알 수 있다. 또한 본문에는 작은 사상들이 있어서 주제를 여러 각도에서 뒷받침하고 있음을 발견할 수 있을 것이다. 그 작은 사상들을 표현한 것이 위의 1, 2, 3, 4와 같은 대지들이다. 또한 대지를 설명하는 더 작은 사상들은 ①, ②와 같은 소지로서 나타낼 수 있다. 그 모든 것을 하나의 표로 나타낸 것이 위의 설교개요이다. 설교개요는 설교의 뼈대가 어떻게 구성되어 있는지를 한눈에 보게 한다. 여기에 살을 붙이기만 하면 어렵지 않게 한 편의 설교가 만들어질 수 있다. 설교개요는 어떻게 건축해 갈 것인지를 보여 주는 설계도와도 같다. 강해설교는 이렇게 탄탄한 설계도 위에 이루어진다. "강해설교는 본문에서 그 주제와, 대지들과, 소지들을 취해서 구성된다."[1]

혹자는 위와 같은 대지 중심의 설교는 딱딱해서 재미가 없다고 한다. 설교의 흐름이 자꾸 끊어지고, 답을 먼저 말해 버리는 연역적 설교이기 때문에 청중의 흥미도 불러일으키지 못한다고 한다. 현대인들에게 어필하는 설교는 대지 없이 하나의 포인트를 가지고 물 흐르듯 흘러가는 설교라고 한다. 그러나 그와 같은 주장은 오해에서 비롯되었다. 설교개요는 설교의 골격을 의미하는 것이다. 어떤 설교든 골격이 없는 설교는 있을 수 없다. 아무리 물 흐르듯 흘러가는 설교라도 내적 구성이 없을 수는 없다. 그것이 수상隨想이 아니고 주제를 증거하는 설교라면 요소요소에 주제를 뒷받침하는 요점들sub points이 있기 마련이다. 골격이나 설계도도 없이 그냥 물 흐르듯 설교하다 보면 그 물이 흘러 어디로 빠질지 알 수 없는 노릇이다. 수사학의 교사였던 어거스틴은 고전적 수사학에서 강조하는 것과 같이 효과적인 강설을 위해서는 사상들invention과 그것의 질서 있는 전개disposition가 필수적이라고 했다. 고대 희랍의 대웅변가였던 데모스테네스도 설득은 강력한

---

1) Bryan Chapell, *Christ-Centered Preaching* (Grand Rapids: Baker Books, 1994), 128.

논증에 못지않게 질서 있는 제시로부터 온다는 것을 강조했다.[2]

실제로 설교할 때 대지를 말하느냐 아니냐는 별개의 문제이다. "첫째로"라고 대지를 말할 수도 있고 혹은 말하지 않을 수도 있다. 그것은 설교의 형태에 따라 설교자 자신이 선택할 문제이다. 다음과 같은 킬링거의 비유는 적절하다. "(설교자는) 기차 차장이 정거장마다 안내방송 하듯이 할 필요는 없다. 그러나 기차 승객이 자기 여정을 알고 있는 것처럼 회중은 (대지를 통해)설교의 방향을 알게 되고 그 안에서 내적 확신을 발견하게 된다."[3] 그러므로 실제 설교에서 대지를 말하든 말하지 않든, 그 이전에 설교를 작성하는 단계에서는 설교개요가 반드시 작성되어야 한다. 예일대학 신학부의 설교학 교수였던 루콕은 재치 있는 코멘트를 했다. "설교를 하는 데 있어 주를 경외함이 지혜의 근본이지만, 설교에는 젤라틴(아교)을 귀하게 여기는 것도 보탬이 된다."[4] 여기서 젤라틴은 두말할 것도 없이 설교를 탄탄하게 구성할 수 있게 하는 개요를 의미한다. 그러면 설교개요가 어떤 기능을 가지는지를 살펴보자.

설교개요의 기능

통일성 있는 설교. 설교는 하나의 초점을 가진 통일성을 생명으로 한다. 이 통일성은 설교개요를 통해 담보될 수 있다. 앞서 소개한 설교개요의 예를 다시 보자.

1. 땅에 재물을 쌓아두면 낭패를 당한다19-20절.
2. 땅에 재물을 쌓아두면 우리의 마음을 빼앗기게 된다21절.
3. 땅에 재물을 쌓아두면 우리의 판단력을 잃게 된다22-23절.

---

2) David L. Larsen, *The Anatomy of Preaching* (Grand Rapids: Kregel Publications, 1989), 61.
3) John Killinger, *Fundamentals of Preaching*. 곽주환 역, 『평생 유용한 설교방법의 백과사전』(서울: 도서출판 진흥, 1999), 110.
4) Halford Luccock, *In the Minister's Workshop* (Nashville: Abingdon-Cokesbury Press, 1944), 121.

4. 땅에 재물을 쌓아두면 잘못된 주인을 섬기게 된다24절.

이 설교개요는 '땅에 재물을 쌓아두면'이라는 말로 통일성을 이루고 있다. 시각적으로도 선명한 인상을 준다. 우리가 앞 장에서 보았듯이 설교는 결국 주제를 증거하는 것이다. 그러나 30분 내내 "땅에 재물을 쌓아두지 말라."는 말만을 반복할 수는 없다. 여러 각도에서 다양한 논거를 제시하면서 주제를 향하여 초점을 맞추어 가야 한다. 이 역할을 감당하는 것이 대지이다. 대지는 주제를 뒷받침하는 작은 사상들이다. 이런 대지로 적절하게 설교개요를 구성하면 설교는 탄탄한 통일성을 갖추게 된다. 그러므로 설교자는 설교개요를 작성할 때 늘 "그 각각의 대지들이 설교의 일관성 있는 진전을 위해 기여하고 있는가?"[5]를 물어야 한다. 채플은 설교개요의 역할에 대해 이렇게 설명한다. "설교자가 자신의 아이디어를 수정같이 투명하게 조직하고 배치하는데 도움을 준다. 그럼으로써 설교자는 각 대지들이 하나의 통일된 주제에 어떻게 연관되는 지를 한눈에 알아볼 수 있게 된다."[6] 설교자가 왜 횡설수설 하는가? 설교개요를 제대로 갖추지 못했기 때문이다. 주제를 중심으로 통일된 설교개요를 작성하고 거기에 살을 붙인다면 결코 횡설수설하는 설교는 하지 않을 것이다.

논리 정연한 설교. 설교가 정연한 논리를 가지기 위해서는 설교개요의 작성이 필수적이다. 다음의 예를 보자.

본문: 요한복음 21:1-17
주제: 예수님은 실패자를 일으키시는 분이다.
설교개요:

---

5) Hugh Litchfield, "Outlining the Sermon," Michael Duduit ed., *Handbook of Contemporary Preaching* (Nashville: Broadman Press, 1992), 165.
6) Bryan Chapell, op. cit., 131.

1. 예수님은 실패의 현장을 직면케 하심으로 실패자를 일으키신다3-9절.

2. 예수님은 자신의 사랑을 확신케 하심으로 실패자를 일으키신다15-17절.

3. 예수님은 사명을 주심으로 실패자를 일으키신다15-17절.

위의 설교개요는 설교의 구조가 예수님이 실패자를 일으켜 주시는 분이라는 주제를 중심으로 통일성을 갖추고 있음을 보여 준다. 또한 실패자를 일으키시는 과정이 논리적으로 고리를 물고 잘 연결되어 있다. 먼저는 '실패의 현장을 직면케 하심으로', 그리고 '자신의 사랑을 확신시켜 주심으로', 최종적으로는 '사명을 주심으로' 실패자를 일으키신다고 함으로 논리적으로 한 단계씩 상층부로 나아간다. 이렇게 설교개요는 논리적 상관관계를 일목요연하게 보여 줌으로 설교가 정점을 향하여 나아가게 한다. 해리 파라는 설교개요의 기능을 이렇게 말한다. "움직임moves의 개념은 특정한 목표goal를 향해 전략적으로 움직여가는 체스 게임보다 조금도 못할 것이 없다.……설교개요는 참으로 설교를 보게 하고, 형상화하고, 가시화하는 것이다."[7]

효과적인 조직. 설교개요는 설교를 한눈에, 전체적으로 볼 수 있게 한다. 따라서 주제를 잘 드러내기 위해서 설교의 어느 부분을 강조해야 할지, 어느 부분은 간단히 넘어가야 할지, 어디가 정점이 되어야 할지 등등을 가늠할 수 있게 한다. 그것은 전쟁터의 피아간彼我間 배치 상황을 그려놓은 작전지도와 같다. 작전지도를 보면서 아군의 배치를 전략적으로 조절하듯이, 설교개요도 주제를 잘 드러내기 위해서 어디에 더 상술할 필요가 있으며, 어디에 예화가 필요한지, 어디쯤 다른 성구 인용이 필요한지, 어디에 적용을 해야 할지, 각 대지를 어느 정도 비중으로 다루어야 할지 등등에 대한 아이디어를 가질 수 있게 해 준다. 설교에는 균형 감각이 중요하다. 스위지의 말과 같이 "로마서 5:20의 '죄가 더한 곳에 은혜가

---

7) Harry Farra, *The Sermon Doctor* (San Jose: Authors Choice Press, 1989), 47.

더욱 넘친다.'는 말씀으로 설교할 때 죄가 넘치는 것에 대해서 사분의 삼을 말하고 은혜는 조금만 넘치게 하면 곤란하다.”[8] 우리는 설교개요를 통해 설교 전체의 균형도 취할 수 있고, 주제를 강력하게 증거하기 위한 전략적인 배치도 꾀할 수 있다.

이상과 같은 유익을 생각할 때 설교개요를 통해 설교를 조직화하는 것은 매우 중요하다. 설교개요 없이 설교를 작성하는 것은 설계도 없이 집을 짓는 것과 다를 바 없다. 캠벨 몰간은 이렇게 강조한다. “나는 설교문을 작성하는 것보다 설계하는 것이 훨씬 더 중요하다고 믿는다. 설계는 당신의 사고를 보여주지만 설교문의 작성은 당신의 표현을 보여줄 뿐이다.……우리는 뼈대 없이 설교의 몸체를 세우려고 해서는 안 된다.”[9] 그러면 이제 어떻게 설교개요를 작성하는지 살펴보자.

설교개요는 어떻게 구성하는가?

본문 속에 담겨 있는 요점들을 찾아라. 본문을 우선 소단위로 쪼개어서 그 소단위에서 말하는 바가 무엇인지를 파악해야 한다. 이 작업은 주제를 파악하는 것보다는 훨씬 쉽다. 주제는 본문 전체를 관통하는 중심 사상을 파악해야 하지만 소단위의 요점은 훨씬 작은 범위의 논제만 파악하면 되기 때문이다. 서신서 같으면 문단을 나누어서 그 문단에서 저자가 논증하는 것이 무엇인지를 살핀다. 문법적으로 보면 주로 주절에 사상의 무게 중심이 있을 때가 많다. 서사문학 같으면 장면이 어디에서 바뀌는지, 문장의 전이transition가 어디에서 일어나는지, 이야기의 흐름이 어디에서 단락을 맺고 있는지 등을 살펴서 소단위로 나누고 그 소단위의 요점을 파악하면 된다.

이렇게 해서 찾아낸 요점들 중에는 본문의 주제와는 직접적인 관련이 없는 것

8) George Sweazey, *Preaching the Good News* (Englewood Cliffs, NJ: Prentice-Hall, 1976), 117.
9) Cambell Morgan, *Preaching* (Westwood, N. J.: Fleming H. Revell Co., 1937), 60.

도 있을 수 있다. 그런 것은 추려내어 버리고 주제와 관련이 있는, 혹은 주제를 뒷받침하는 요점들만으로 대지를 구성한다. 대지는 주제를 논리적으로 뒷받침하거나, 주제를 확대하고 논증하는 명제들이 되어야 하기 때문이다. 로마서 3:21-31을 예로 들어 보자. 본문의 주제는 '우리는 예수 그리스도를 믿는 믿음으로 의롭게 된다.'는 것이다. 이 주제와 사상적인 연결을 가진 요점들을 본문 안에서 찾아보면 다음과 같다.

> 예수 그리스도를 믿음으로 의롭다 함을 받는다22절.
> 믿음으로 의롭다 함을 받는 것은 모든 사람에게 적용된다22, 29-30절.
> 예수는 희생제물이 되심으로 구속을 이루셨다24-25절.
> 우리가 의롭다 함을 받는 것은 하나님의 은혜로 말미암는다24절.
> 믿음은 율법을 굳게 세운다31절.

이 중에서 '믿음은 율법을 굳게 세운다.'는 것은 주제와는 직접적인 연관이 없으므로 배제한다. 나머지 요점들을 가지고 통일성을 갖추도록 다듬어 보면 다음과 같이 될 것이다.

> 예수를 믿음으로 의롭다 함을 받는다.
> 예수를 믿음으로 의롭다 함을 받는 것은 모든 사람에게 적용된다.
> 예수를 믿음으로 의롭다 함을 받는 것은 예수가 희생제물이 되셨기 때문이다.
> 예수를 믿음으로 의롭다 함을 받는 것은 하나님의 은혜이다.

이 요점들은 단순히 본문의 순서를 따라 나열되어 있다. 설교개요를 작성할 때는 이것을 논리적인 연결 관계를 고려해서 순서를 조정해야 한다. 청중들이 납득하기 쉽도록 순서를 조정하면 다음과 같은 설교개요가 완성된다.

1. 예수를 믿음으로 의롭다 함을 받는다.

2. 예수를 믿음으로 의롭다 함을 받는 것은 예수가 희생제물이 되셨기 때문이다.

3. 예수를 믿음으로 의롭다 함을 받는 것은 하나님의 은혜이다.

4. 예수를 믿음으로 의롭다 함을 받는 것은 모든 사람에게 적용된다.

대지들을 먼저 파악한 후에 주제로 나아갈 수가 있다. 이것은 위의 방식의 역순이라고 할 수 있다. 고린도전서 15:12-19은 아무리 읽어도 주제를 한마디로 요약하기가 쉽지 않다. 그럴 경우는 소단위로 나누어 대지를 먼저 파악해 보라. 그러면 어렵지 않게 다음과 같은 대지들을 파악할 수 있을 것이다.

1. 부활이 없다면 복음은 헛된 것이 된다12-14절.

2. 부활이 없다면 전도자는 거짓 증인이 된다15절.

3. 부활이 없다면 성도는 헛된 소망을 가진 것이 된다16-19절.

그런 다음 이 대지들을 총합하는 하나의 사상을 명제화하면 그것이 주제가 된다. '부활이 없다면 복음은 헛된 것이 된다.'라고 하든지, 혹은 긍정적으로 표현해서 '부활은 복음의 핵심이다.'라고 하면 될 것이다.

문맥을 통해서 저자의 의도를 파악하라. 대지는 소단위의 중심 사상임으로 그것을 파악하는 것은 전체 주제를 파악하는 것보다는 쉽다고 할 수 있다. 그러나 앞뒤 문맥을 잘 살피지 않고 그저 한 단어에 집착하다 보면 실수할 수 있다. 디모데전서 1:14-16을 예로 들어 보자.

우리 주의 은혜가 그리스도 예수 안에 있는 믿음과 사랑과 함께 넘치도록 풍성하였도다

미쁘다 모든 사람이 받을 만한 이 말이여 그리스도 예수께서 죄인을 구원하시려고 세상에

임하셨다 하였도다 죄인 중에 내가 괴수니라 그러나 내가 긍휼을 입은 까닭은 예수 그리

스도께서 내게 먼저 일체 오래 참으심을 보이사 후에 주를 믿어 영생 얻는 자들에게 본이 되게 하려 하심이니라.

어떤 사람은 이 구절을 가지고 '예수 그리스도의 본'이라는 제목으로 설교하면서 다음과 같이 대지를 잡았다.

1. 예수님은 경건의 본이 되셨다.
2. 예수님은 섬김의 본이 되셨다.
3. 예수님은 절제의 본이 되셨다.

그러나 본문을 잘 보라. 바울은 죄인 중에 괴수 같은 자기가 구원받은 것이야말로 하나의 본이라고 말하고 있다. 예수님이 더러운 죄인에게도 얼마나 오래 참으시는지, 그리고 마침내 구원해 주시는지에 대한 좋은 본이라고 말하고 있다. 이 본문은 결코 예수님이 경건의 본이고, 섬김의 본이고 하는 등등을 말하고 있지 않다. '본'이라는 단어 하나에 착안해서 위와 같이 설교하는 것은 자기 생각을 풀어 가는 것이지 본문이 말하는 것과는 거리가 멀다.

본문의 문법적 구조를 살펴야 한다. 흔히 설교자들이 한글성경만을 보고 대지를 엮어 짜는 경우가 많다. 그러나 한글성경에는 주동사와 보조동사, 주절과 종속절의 관계가 명확히 드러나 있지 않은 경우가 많다. 따라서 한글성경만을 보고 대지를 뽑다가는 성경 저자의 의도와는 거리가 먼 설교가 만들어질 수 있다. 예를 들어 골로새서 2:6-7을 본문으로 다음과 같이 설교개요를 작성한다고 하자.

1. 그리스도를 주로 받은 사람은 그 안에서 행해야 한다.
2. 그리스도를 주로 받은 사람은 그 안에 뿌리를 박아야 한다.
3. 그리스도를 주로 받은 사람은 믿음에 굳게 서야 한다.

4. 그리스도를 주로 받은 사람은 감사함을 넘치게 해야 한다.

원어 성경이나 영어성경을 살펴본 사람은 이 설교개요가 잘못되었다는 것을 금방 발견할 것이다. 왜냐하면 원문에는 "그리스도를 주로 받았기 때문에 그 안에서 행해야 한다."Just as you received Christ Jesus as Lord, continue to live in him고 말하고 있기 때문이다. 주동사는 어디까지나 '그 안에서 행하라.'는 것이다. 나머지 '뿌리를 박고', '믿음에 굳게 서서', '감사함을 넘치게' 하는 것은 모두 분사형으로서 '그 안에서 행하라.'는 말을 수식하고 있다. 그러므로 바른 설교개요는 다음과 같다.

1. 우리는 그리스도를 주로 받았으므로 그 안에서 행해야 한다.
2. 우리는 그 안에 뿌리를 박음으로 그 안에서 행해야 한다.
3. 우리는 믿음에 굳게 섬으로 그 안에서 행해야 한다.
4. 우리는 감사함을 넘치게 함으로 그 안에서 행해야 한다.

대지는 완전한 문장으로 표현되어야 한다. 대지는 주어와 술어를 포함한 완전한 문장이 되어야 한다. '부활의 중요성'은 완전한 문장이 아니므로 대지로 적합하지 않다. '부활은 성도의 궁극적 소망이다.'와 같이 완전한 문장이 되어야 한다.

대지는 하나의 사상을 담고 있어야 한다. 어떤 설교개요를 보면 예수님의 겟세마네 동산에서의 기도 사건을 본문으로 잡아서 1. 동산에 오르기 전, 2. 동산에 머무르는 동안, 3. 동산을 내려온 후 등으로 대지를 잡는 사람이 있다. 이런 대지는 일정한 사상을 담고 있지 않으므로 곤란하다. 동산에 오르기 전의 사건이 주는 교훈이 무엇인지 그 알맹이 되는 사상을 잡아서 대지로 표현해야 한다.

또한 하나의 대지는 하나의 사상만을 담도록 해야 한다. 서로 다른 강조점을 가진 복수의 사상이 되면 그것을 나누어서 각각의 대지로 삼도록 하는 것이 좋다.

대지는 간결해야 한다. 복문은 삼가는 것이 좋다. 불필요한 수식어도 피해야 한다. 표현하고자 하는 사상을 간결 명확하게 나타내야 한다.

대지는 소지로써 확대된다. 대지를 더욱 상술하고, 증명하고, 확대하는 것이 소지이다. 이 때 소지는 그 상위에 있는 대지를 뒷받침하는 것으로 제한되어야 한다. 다음의 설교개요를 보라.

설교개요 A

1. 예수님은 실패의 현장을 직면케 하심으로 실패자를 일으키신다3-9절.

① 실패자는 실패의 현장에서 도피하려고 한다3절.

② 예수님은 실패의 현장을 직면케 하신다9절.

설교개요 B

1. 예수님은 실패의 현장을 직면케 하심으로 실패자를 일으키신다3-9절.

① 실패자는 실패의 현장에서 도피하려고 한다3절.

② 예수님은 사랑의 고백을 듣기를 원하신다15절.

A는 두 개의 소지가 모두 3-9절에서 나온 것으로서 대지의 하위 개념으로 머무르고 있다. 그러나 B는 소지 ②가 15절의 내용을 다루고 있다. 이것은 상위 개념인 대지의 범위를 벗어나고 있음으로 잘못되었다. 이와 같이 하위 개념인 소지는 상위 개념인 대지의 범주 내에서 그것을 상술하는 것으로 그쳐야 한다.

대지는 명령형, 의문형으로도 표현될 수 있다. 대지는 서술형이 기본이지만 때에 따라 명령형이나 의문형으로도 표현될 수 있다. 의문형으로 표현할 때는 사실상 말하고자 하는 요점이 나타나도록 하는 것이 중요하다. 다음의 예를 보라.

1. 칭의의 근거는 무엇입니까?

2. 칭의의 결과는 무엇입니까?

3. 칭의는 어떻게 받을 수 있습니까?

이와 같이 대지를 의문형으로 말할 수 있으나 연이어 설교를 진행하면서 그 물음에 대한 답이 분명히 드러나도록 해야 한다.

전략적으로 조직하라

설교개요를 통하여 설교를 조직할 때에는 단순히 요점을 나열하는 것으로 만족할 것이 아니라 설교의 효과를 극대화할 수 있는 전략이 필요하다. 강해설교자는 요리사와도 같다. 요리사는 주방에 널려 있는 재료들을 가지고 보다 나은 맛을 내기 위해 재료의 양을 조절하고 적절히 배합할 줄 안다. 강해설교자도 본문에 담겨 있는 다양한 재료들을 가지고 보다 설득력 있는 설교로 만들기 위해 적절히 다듬고 손질할 줄 알아야 한다.

통일성. 대지는 기본적으로 통일성을 갖추는 것이 좋다. 예를 들어 요한복음 21:1-17의 주제를 '예수님은 실패자를 일으키시는 분이시다.'라고 파악하고 다음과 같은 설교개요를 작성했다고 하자.

설교개요 A
1. 베드로의 실패의 자리를 찾아오신 예수님3-9절.
2. 예수님은 사랑의 고백을 듣기를 원하신다15-17절.
3. 우리는 사명자의 길을 가야 한다15-17절.

설교개요 B

1. 예수님은 실패의 현장을 직면케 하심으로 실패자를 일으키신다3-9절.

2. 예수님은 자신의 사랑을 확신케 하심으로 실패자를 일으키신다15-17절.

3. 예수님은 사명을 주심으로 실패자를 일으키신다15-17절.

설교개요 A의 대지들은 다 본문에 있는 사상들이기는 하지만 머리에 금방들 어오지는 않는다. 그 이유는 표현에 있어 통일성을 갖추지 못했기 때문이다. 통일성을 보완하여 B와 같이 하면 시각적으로나 청각적으로나 머리에 선명하게 들어오게 된다.

점진성. 설교의 주제를 가장 강력하게, 감동적으로 드러내는 지점이 설교의 정점(클라이맥스)이다. 대지는 이 정점을 향하여 점진적으로 올라가도록 구성하는 것이 좋다. 리치필드는 대지는 통일성, 균형, 점진성을 가져야 한다고 하면서, 통일성은 각각의 대지가 설교의 전개에 기여하고 있는가, 균형은 각 대지가 적절한 분량으로 나누어져 있는가, 점진성은 각 대지가 정점을 향해 움직이고 있는가 하는 것을 말한다고 했다.[10] 점진성을 가진 설교를 그림으로 나타낸다면 다음과 같은 구조가 된다.

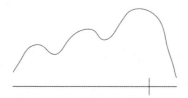

즉 설교의 사분의 삼 내지는 오분의 사 되는 지점이 정점이 될 수 있도록 구성하는 것이다. 그림의 소 봉우리들과 같이 설교의 요소요소에 강조적인 포인트가 있으나 전체적으로는 정점을 향해 나아가야 한다. 만약 앞서 소개한 설교개요 B

---

10) Litchfield, op. cit., 165.

를 다음과 같이 작성한다고 하자.

1. 예수님은 자신의 사랑을 확신시케 하심으로 실패자를 일으키신다.
2. 예수님은 사명을 주심으로 실패자를 일으키신다.
3. 예수님은 실패의 현장을 직면케 하심으로 실패자를 일으키신다.

이렇게 되면 논리적으로 앞의 두 대지가 셋째 대지보다 더 진전된 사상을 담고 있기 때문에 구조상 다음과 같은 그림이 될 것이다.

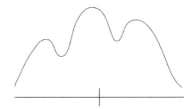

이것은 정점이 설교의 중간 부분에 위치하고 있으므로 바람직하지 못하다. 소설가 마크 트웨인은 다음과 같이 고백한 적이 있다. "설교가 10분쯤 진행되었을 때 나는 너무 감동되어 내가 가진 모든 것을 다 털어 바치려고 결심했다. 10분 더 계속되었을 때 나는 내가 가진 동전만 바쳐야겠다고 생각하게 되었다. 그 다음 10분이 흐르고 나서는 한 푼도 바치지 말자는 생각을 했고, 그리고도 10분이 더 흐른 후에야 연보 주머니가 내 앞에 왔는데 그 시점에 나는 목사의 신학 논쟁에 지칠 대로 지쳤으므로 연보 주머니에서 2달러를 집어내 버렸다." 그를 화나게 한 설교는 정점이 너무 앞에 있었다. 정점은 설교의 끝 부분에 위치해야 하며 설교가 정점에 도달한 다음에는 적당히 끝맺음을 하는 것이 좋다.

효율성. 대지는 설교의 주제를 효과적으로 드러낼 수 있는 경제성과 효율성을 가져야 한다. 다음의 예를 보라.

본문: 누가복음 10:29-37

주제: 네 이웃을 네 몸과 같이 사랑하라.

설교개요:

서론: 세 종류의 인간상이 있다.

　1. 불행을 당한 인간

　2. 불행을 눈감는 인간

　3. 불행을 감싸주는 인간

이 설교의 주제는 대지 3과 관계된 것인데 위와 같은 설교개요를 작성한다면 대지 1과 2에 지나치게 많은 분량을 할애하게 됨으로 설교의 초점을 약화시킨다. 대지 1과 2는 설명 중에 간단히 언급하고 지나가는 것이 좋다. 이웃사랑이라는 주제에 초점을 맞춘다면 다음과 같은 구조로 만드는 것이 낫다.

　1. 참 사랑은 인간적 편견을 극복한다33절.

　2. 참 사랑은 가까이 다가가는 것이다34상반절.

　3. 참 사랑은 희생을 지불한다34절.

　4. 참 사랑은 영원히 자기를 주는 것이다35절.

석의개요와 설교개요

설교를 조직하기 위해 작성하는 개요에는 석의개요와 설교개요가 있다. 석의개요는 원 저자와 원 청중의 관점에서 본문의 요점이 되는 사상들을 뽑아낸 것이다. 설교개요는 석의개요를 모든 시대에 통용되는 일반적 원리로서 표현한 것이다. 에베소서 1:15-19의 석의개요와 설교개요를 살펴보자.

석의개요

  1. 바울은 에베소 교인들이 하나님을 알기를 기도한다17절.

  2. 바울은 에베소 교인들이 장차 누릴 소망을 알기를 기도한다18절.

  3. 바울은 에베소 교인들이 장차 누릴 소망을 알기를 기도한다18절.

설교개요

  1. 우리는 하나님을 알기를 기도해야 한다17절.

  2. 우리는 장차 누릴 소망을 알기를 기도해야 한다18절.

  3. 우리는 하나님의 능력을 알기를 기도해야 한다19절.

위에서 보듯이 석의개요는 '바울'이라고 하는 원 저자와 '에베소 교인들'이라는 원 청중을 그대로 살린 채 요점을 나타낸 것이다. 본문이 자리한 구체적 상황 속에서 저자가 말하고자 했던 특수한 교훈을 요약한 것이다. 설교개요는 석의개요가 말하는 특수한 교훈을 보편화, 일반화시켜서 오늘날의 청중들에게 적용될 수 있는 원리로서 말하는 것이다. 우리가 설교할 때 사용해야 하는 것은 설교개요이다. 석의개요는 설교개요를 작성하기 위한 중간 단계의 작업에 불과하다.

석의개요는 본문의 순서를 따라 작성된다. 따라서 17절은 첫째 대지, 18절은 둘째 대지, 19절은 셋째 대지가 된다. 그러나 이것을 가지고 설교개요를 작성할 때는 꼭 본문의 순서에 매일 필요는 없다. 설교의 논리적인 흐름을 위해, 혹은 주제를 효과적으로 부각시키기 위해 필요할 경우에는 순서를 바꾸어도 무방하다. 흐레이다누스는 설교개요의 작성은 석의개요의 인도를 받지만 동시에 설교의 주제와 목적도 변수가 된다고 한다.[11] 위의 개요의 경우 '장차 누릴 소망'이라는 것은 우리 삶의 궁극적인 목표임으로 세 번째 대지로 가는 것이 낫다.

---

11) Greidanus, *The Modern Preacher and the Ancient Text*, 155.

1. 우리는 하나님을 알기 위해 기도해야 한다17절.

2. 우리는 하나님의 능력을 알기 위해 기도해야 한다19절.

3. 우리는 장차 누릴 소망을 알기 위해 기도해야 한다18절.

짧은 본문과 긴 본문

짧은 본문을 가지고 대지를 뽑을 때는 단어 하나라도 등한히 하지 않고 꼼꼼히 살피는 미시적인 관찰을 해야 한다. 때로는 단어 하나를 중심으로 하나의 대지를 구성할 수도 있기 때문이다. 다음을 보라.

본문: 빌립보서 1:19-24

주제: 전도자는 그리스도 중심의 삶을 살아야 한다.

설교개요:

1. 전도자는 그리스도를 존귀케 하는 것을 생의 목표로 삼아야 한다20절.

2. 전도자는 그리스도를 전파하는 것을 생의 내용으로 삼아야 한다22, 24절.

3. 전도자는 그리스도와 함께 거하는 것을 생의 비전으로 삼아야 한다21, 23절.

반면에, 긴 본문을 가지고 설교개요를 작성할 때는 본문을 문맥 속에서 크게 보는 거시적인 관찰이 필요하다. 예를 들어 빌립보서 1:12-24을 본문으로 설교개요를 작성한다고 하자. 12-14절에서 바울은 자신의 매임이 결과적으로 유익하게 되었다고 한다. 15-19절에는 자신을 시기하는 사람도 결국은 예수님을 증거하고 있으니 기쁘다고 한다. 20-24절은 천국의 소망을 가진 이것이 너무나 좋다고 고백한다. 이 세 단락에 공통적으로 흐르고 있는 중심 사상이 무엇일까를 생각해 보라. 이 서신 전체의 주제가 기쁨인 것을 생각하면 곧 '기쁨'이라는 주제어를 생각해 낼 수 있을 것이다. 그러면 기쁨에 초점을 맞추어 다음과 같이 대지를 구성할 수 있다.

본문: 빌립보서 1:19-24

주제: 성도는 풍성한 기쁨의 삶을 살아야 한다.

설교개요:

1. 우리는 환경을 초월한 기쁨을 누릴 수 있다12-14절.

　① 바울의 투옥으로 오히려 온 시위대에 복음을 전할 수 있게 되었다13절.

　② 바울의 투옥으로 담대한 복음전도자들이 많이 생기게 되었다14절.

2. 우리는 인간관계를 초월한 기쁨을 누릴 수 있다15-18절.

　① 사람 중심의 인간관계를 가질 때 기쁨을 상실한다17절.

　② 그리스도 중심의 인간관계를 가질 때 기쁨이 충만하게 된다18절.

3. 우리는 죽음을 초월한 기쁨을 누릴 수 있다19-24절.

　① 천국에 소망을 둔 사람은 죽음을 초월한 기쁨을 누린다21, 23절.

　　a. 바울에게는 죽음도 유익한 일이었다21절.

　　b. 바울은 주와 함께 있는 것을 더 좋아했다23절.

　② 사명을 바라보고 사는 사람은 죽음을 초월한 기쁨을 누린다24절.

　설교자라면 위와 같은 긴 본문을 가지고 '성도는 기쁨의 삶을 살아야 한다.'는 주제를 파악할 수 있는 능력이 있어야 한다. 그 주제하에서 세 가지 대지들이 어떻게 하면 기쁨의 삶을 살 수 있는 지에 대해 일사불란하게 나아가게 되면 그 설교는 초점이 분명한 설교가 된다. 교인들은 이 본문을 읽을 때마다 두고두고 그 설교가 기억날 만큼 말씀이 선명하게 머릿 속에 아로새겨 지게 된다. 그러므로 설교자들은 본문을 적어도 50번은 읽고 깊이 묵상해야 한다. 본문을 관통하는 맥이 잡힐 때까지 계속 그 말씀만을 씹고 또 되씹어야 한다. 이 본문이 교인들과 무슨 상관이 있을까를 생각하다 보면 기막힌 영감이 떠오르기도 한다.

　우리는 지금까지 대지들을 중심으로 설교개요를 작성하는 것에 대해 살펴보았다. 그것은 설교개요를 작성하는 기본적인 방법에 대한 것이다. 그러나 실제 본문에 들어가면 설교개요가 늘 삼 대지 식의 평면적 구조로만 이루어지는 것은 아니다. 본문에 따라서 다양한 형태의 설교개요가 만들어질 수 있고 그에 따라 다양한 형태의 설교가 구성될 수 있다. 만약 모든 설교를 정반합 식의 삼 대지로만 구성하거나, 대지를 앞세운 연역적 설교로만 구성해야 한다면 설교는 지극히 단조로운 패턴을 벗어나지 못할 것이다. 그러나 본문의 흐름이나 설교자의 전략적 선택에 따라 설교는 각양각색의 다면적, 입체적 모습을 가질 수 있다. 그 다양한 형태를 고찰해 보자. 크게 나누어 보면 설교에는 연역적 형태와 귀납적 형태가 있다.

연역적 설교와 귀납적 설교

연역적 설교

연역적 설교는 명제적 진리를 먼저 진술한 후에 그것을 설명하고 적용해 가는 방식으로서 전통적인 대지 설교가 이에 속한다. 예를 들면 서론에서 예수의 제자는 어떤 삶을 살아야 하는가? 라는 질문을 던진 후 본론에서 첫째, 자신을 부인하는 삶을 살아야 하며, 둘째, 예수의 주 되심을 인정해야 하며, 셋째, 헌신의 삶을 살아야 한다는 식으로 나아가는 것이다. 이렇게 대지를 먼저 밝힌 후 그것을 설명하고 증명하고 적용해 가는 것이 연역적 설교이다.

연역적 설교는 아리스토텔레스로부터 시작된 연역적 논증법에 기초한 것이다. 이것은 아이디어나 사상의 조직이 설교의 근간을 이룬다. 대지를 중심으로 사상들을 논리적인 순서를 따라 풀어나가는 것으로 설교를 진행한다. 이것은 전체를 먼저 보여 준 후에 부분으로 들어가는 방식이다. 연역적 방식은 설교가 논리 전개에 있어서 선명하고 명료하다는 장점이 있다. 그러나 때로는 명제를 먼저 선포하는 것이 권위적인 진술같이 들리기 때문에 청중이 부담으로 느낄 수 있다.[12]

---

[12] 크래독은 연역적 방식에 대칭되는 귀납적 방식이 효과가 있는 것은 그것이 미국인들의 문화에 부합되어서라기보다는 미국인들의 직접적 대면이나 권위적 제시에 대한 반작용의 결과라고 한다. Fred Craddock, *Overhearing the Gospel* (Nashville: Abingdon, 1978), 116f.

또한 설교가 지루하게 느껴질 수도 있다.[13] 설교자는 대지를 말할 때 사실은 해답을 이미 밝힌 셈이다. 나머지 설명은 자신이 선언한 대지가 옳다는 것을 증명하는 것에 불과하다. 따라서 설교자의 논리 전개가 산뜻하지 못하면 청중은 빨리 다음 대지가 나오기만을 기다리게 된다.

유명한 추리극 「형사 콜롬보」를 보면 주인공 콜롬보는 사건이 발생한 현장에 도착하자마자 범인이 누구라는 것을 알아차린다. 나머지 60분간의 드라마는 콜롬보가 처음에 짚은 것이 옳았다는 것을 증명해 가는 과정에 불과하다. 물론 도중에 형사반장이 등장해서 엉뚱한 사람을 범인으로 몰아 문제를 복잡하게 만드는 복선을 깔기도 하지만 결국은 콜롬보의 처음 판단이 정확했다는 식으로 귀결지어진다. 설교자가 해답을 먼저 밝히고 그것이 옳음을 증명해 가는 연역적 설교는 이와 유사하다고 할 수 있다.

귀납적 설교

귀납적 설교는 주로 이야기 형태[14]로 나타난다. 설교자는 대지를 먼저 말하지 않고 대신에 본문의 이야기를 진행시킨다. 그 이야기 속에 등장하는 인물과 사건들을 통하여 청중 스스로가 진리를 발견하도록 유도해 가는 방식이다. 따라서 "귀납적 설교는 청중들에게 마치 자기 자신으로 말미암은 아이디어를 붙든 양 발견에 대한 만족감을 일으켜 준다."[15] 연역적 설교는 논리의 전개와 사상의 연결 관계가 중요하지만 귀납적 설교는 긴장〉 전개〉 역전〉 절정〉 결말로 이어지는 이야기의 줄거리plot가 설교의 골격을 이룬다.

귀납적 설교는 부분을 먼저 보여 준 후에 전체를 보여 주는 방식이라 할 수 있

---

13) 논리 중심의 전개가 지루할 수 있으므로 Buttrick은 'points'를 동적인 개념을 띤 'moves'라는 용어로 바꾸어 설명한다. 즉 사상의 전개가 움직임의 요소를 가질 수 있어야 한다는 것이다. *Homiletic*, 23.
14) 이야기체 설교는 서사설교, 스토리 텔링, narrative preaching 등 다양하게 불린다. 70년대 말 미국 강단을 중심으로 시작된 이야기체 설교 방식은 전통적인 연역적 설교의 약점을 보완할 수 있는 방식으로 큰 반향을 불러일으키고 있다.
15) Craddock, *As One Without Authority*, 57, 146; Haddon Robinson, *Biblical Preaching*, 125.

다. 이것은 성경 본문의 이야기를 설교자 자신의 논리를 따라 토막 내지 않고 본문에 있는 그대로 전하는 것이기 때문에 본문에 충실한 전달 방법이다.[16] 이 방식의 최대 장점은 설교에 흥미와 긴박감을 준다는 것이다. 이야기를 좋아하는 것은 동서고금 남녀노소를 막론하고 마찬가지이다. 그러므로 이야기가 가지는 흡인력을 최대한 살려서 전할 때 그 설교는 큰 감화력을 발휘할 수 있다. 또한 청중 스스로가 진리를 터득하도록 유도하는 간접적 방식임으로 청중이 부담 없이 들을 수 있다.[17] 그러나 이런 '열린 설교'open sermon가 때로는 전하려는 요점이 분명치 않게 되는 약점으로 작용하기도 한다.[18]

셜록 홈즈는 명탐정이기는 하지만 처음부터 범인이 누구인지는 알지 못한다. 상대가 워낙 귀신같은 대도大盜 루팡이기 때문이다. 그래서 홈즈는 실낱같은 단서를 찾아 온 세상을 헤맨다. 거미줄 얽힌 고성古城을 찾아갔더니 또 다른 시체가 벌렁 자빠져 있을 때도 있다. 그러다 마침내 루팡과 마주치면서 소설은 끝이 난다. 독자들은 소설이 끝날 때까지는 누가 범인인지 결코 알지 못한다. 그래서 성미 급한 사람은 끝내 참지 못하고 마지막 두 장을 몰래 훔쳐 보기도 한다. 귀납적 방식은 설교의 마지막에 해답이 드러난다는 점에서 이와 유사하다고 할 것이다.

이상에서 소개한 연역적 설교와 귀납적 설교의 특징적 차이를 요약해 보면 다음과 같다. 첫째, 연역적 설교는 아이디어를 조직적으로 전개하는 데 비해서 귀납적 설교는 이야기를 통하여 경험을 형성하도록 이끌어 간다.[19] 즉 전자는 사상

---

16) Richard A. Jensen, *Telling the Story: Variety and Imagination in Preaching* (Minneapolis: Augsburg, 1980), 129. 이야기체 설교의 장점에 대해서는 졸고, "현대 설교학의 동향에 대한 소고," 『개혁신학과 교회』(고려신학대학원 교수논문집, 2002/13호), 221ff.를 참조하라.

17) 크래독은 그의 저작 *Overhearing the Gospel*이라는 제목이 암시하듯 복음은 거리를 두고 들어야 하며 엿들어야 한다고 주장한다. *Overhearing the Gospel*, 135. 젠센도 기독교 신앙을 개인에게 적용시키는 고독한 싸움에서 '직접 내리치는' 방식은 역효과를 가져올 뿐이라고 한다. Jensen, *Telling the Story*, 128f. 그 외 Cox, *Biblical Preaching*, 23을 참조하라.

18) 이야기체 설교의 약점에 대해서는 다음을 참조하라. Wardlaw, "Shaping Sermons by Context" ed., Wardlaw, *Preaching Biblically*, 70; Carl, "Shaping Sermons by Structure," *Preaching Biblically*, 125f.; Charles L. Campbell, *Preaching Jesus* (Grand Rapids: Eerdmans, 1997), part II.

19) Eugene Lowry, "Narrative and the Sermonic Plot," ed. Richard L. Eslinger, *A New Hearing*(Nashville: Abingdon, 1987), 65f.

의 논리적 연결 관계에 주목하지만 후자는 이야기의 동적인 움직임에 주목한다. 둘째, 연역적 설교는 구조가 중요하나 귀납적 설교는 진행이 중요하다. 즉 전자는 대지와 명제들로 짜여진 설교개요를 기초로 하지만, 후자는 사건의 시간적 흐름과 동적인 진행으로 짜여진 스토리의 구성plot을 기초로 한다. 따라서 전자의 경우에는 대지의 순서를 바꾸어도 설교에 무리가 없을 수도 있지만 후자의 경우는 스토리의 구성을 뒤바꾸면 전혀 설교가 성립되지 않는다. 셋째, 연역적 설교는 논리와 명료성을 수단으로 하지만 귀납적 설교는 모호함과 유보를 수단으로 한다. 전자는 "인식에 있어서의 일관성이 생명이다."[20] 그러나 후자의 생명은 불일치와 모순 되는 듯한 전개, 혼란스러움, 그리고 역전과 반전을 거듭하는 모호함에 있다. 귀납적 설교에서 "불일치에 근거한 모호함은 설교자가 복음으로 문제에 대한 해답을 제시할 때까지 성공적으로 계속되어야 한다."[21]

귀납적 설교 방식은 청중을 변화시키는 데 분명 효과적이다. 연역적 방식이 인식론적-명제적cognitive-propositional 접근 방법에만 의존하는 데 비해, 귀납적 방식은 통합적 인간 스토리를 통해 청중 스스로가 경험함으로써-간접적이기는 하지만-진리를 깨우치게 하기 때문에 훨씬 더 감화력을 발휘할 수 있다. 또한 그것은 청중의 상상력과 감성을 효과적으로 자극하여 의지적 삶의 변화를 촉발시키는 데 위력을 발휘한다.[22] 구약학자 브루그만은 "딱딱한 윤리를 가르치려면 시적이고 예술적인 말에 의존하지 않으면 안 된다. 그래야만 듣는 사람에게 변화를 일으킬 수 있다. 그런 의미에서 순종은 늘 상상과 연결될 때만 일어난다."고 한다.[23] 그러나 일부 진보주의자들이 사용하는 귀납적 방식은 여러 가지 문제점을 안고 있음을 간과해서는 안 된다. 특수한 인간 경험을 통해서 문제 제기를 한 후에 그 해결책으로 복음을 가져오는 것은 복음을 지나치게 기능적으로 이해함으로 결

---

20) Eugene Lowry, *Doing Time in the Pulpit* (Nashville: Abingdon, 1985), 24.

21) Ibid., 24.

22) Henry H. Mitchell, *Celebration & Experience in Preaching* (Nashville: Abingdon Press, 1990), 93-95.

23) Walter Brueggemann, *Finally Comes the Poet: Daring Preach for Proclamation* (Minneapolis: Fortress, 1989), 85.

국 복음의 축소를 가져온다. 또한 귀납적 방식은 성경 이야기가 갖는 고유성은 간과한 채 일반적 이야기가 갖는 구조적 특징에만 관심을 기울이는 경향이 있다. 그 결과 본문에 대한 구속자적인 이해는 상실된다.[24] 그러므로 우리는 어느 한 방식만을 고집하기보다는 양 방식을 적절히 혼용하되 장점은 살리고 단점은 최소화하는 방향으로 나아가면 매 주일의 설교 사역이 더욱 다양하고 풍성한 은혜를 전달할 수 있을 것이다.

주제의 전개방식에 따른 설교형태

연역적 설교는 다양한 방식으로 주제를 전개해 나갈 수 있다. 가장 흔하게 볼 수 있는 방식은 '삼 대지' 설교이다. 이것은 오랜 역사를 가지고 있는데 중세시대 영국에서는 삼 대지를 뽑아낼 수 있는 본문만을 골라 설교하기도 했다. 베이스본 Basevorn은 "삼 대지는 삼위일체에 대한 경외심의 발로"라고 주장하기도 한다.[25] 그러나 존 스토트의 말과 같이 억지로 삼 대지를 만드는 것은 억지로 꽉 끼는 재킷을 끼어 입는 것과 같다.[26] 그것은 본문을 심각하게 왜곡시킬 수 있다. 우리는 본문이 주제를 어떻게 발전시켜 나가는지를 따라서 융통성 있게 대지를 구성해야 한다. 설교자는 어디까지나 본문의 종이 되어야한다. 주제의 전개방식에 따라 다음과 같은 다양한 형태의 설교개요를 작성할 수 있다.[27]

---

24) 졸고, "현대 설교학의 동향에 대한 소고," 227-32.

25) Stott, *Between Two Worlds*, 230.

26) Ibid., 230.

27) 생스터는 '강해식', '논쟁식', '설명식'(faceting), '나열식'(categorizing), '유추식'(analogy) 등의 5가지를 주된 형태로 제시한다. W. E. Sangster, *The Craft of the Sermon* (Philadelphia: The Westminster Press, 1951), 53-94. 루콕은 '사다리식 설교', '보석식 설교', '로켓식 설교'등 10가지의 설교 형태를 제시한다. Halford Luccock, *In the Minister's Workshop* (Nshville: Abingdon-Cokesbury Press, 1944), 134-47. 장두만은 '대조형', '설명형', '문제 해결형', '증명형', '원리적용형' 등을 제시한다. 장두만, 『다시 쓰는 강해 설교 작성법』(요단, 2002), 141-54. 그 외 설교전개의 다양한 형태에 대해서는 Illion T. Jones, *Principles and Practices of Preaching*의 6장; Faris D. Whitesell, *Power in Expository Preaching* 의 4장; James Earl Massey, *Designing the Sermon* (Nashville: Abingdon, 1980) 등을 참조하라. 대중연설을 위한 조직으로는 연대기적 조직, 공간적 조직, 인과적 조직, 소재별 조직, 문제 해결식 조직, 대안 제시식 조직등이 있다. 임태섭, 『스피치 커뮤니케이션』, 174-82.

대조형. 1대지에서는 부정적인 측면을, 2대지에서는 긍정적인 측면을 다룬다. 성경에는 이런 의미적 대칭 구조를 이루고 있는 본문이 많이 있기 때문에 대조형은 자주 사용되는 형태이다.

본문: 에베소서 4:22-24

주제: 우리는 옛 사람을 벗고 새 사람을 입어야 한다.

설교개요:

  1. 우리는 옛 사람을 벗어버려야 한다22절.

   ① 옛 사람은 유혹의 욕심을 따르는 사람이다22상반절.

   ② 옛 사람은 썩어져가는 구습을 좇는 사람이다22하반절.

  2. 우리는 인간관계를 초월한 기쁨을 누릴 수 있다15-18절.

   ① 새 사람은 하나님의 성품을 따르는 사람이다24상반절.

   ② 새 사람은 의와 진리의 거룩함으로 지음 받은 사람이다24하반절.

전개형. 단계적으로 중심 내용을 발전시켜 가는 형태이다. 논리적으로 중심 아이디어를 전개시켜 나가는 것이므로 대지가 본문의 순서와는 다르게 구성될 때도 있다.

본문: 이사야 6:1-8

주제: 하나님은 준비된 소명자를 들어 쓰신다.

설교개요:

  1. 소명의 시기: 하나님은 영적 암흑의 시대에 소명을 주신다1상반절.

  2. 소명의 준비: 하나님은 소명자를 준비시키신다1하-5절.

  3. 소명자의 변화: 하나님은 소명자를 변화시키신다5-7절.

  4. 소명의 결과: 하나님은 소명자를 파송하신다8절.

조건형. 주제를 제시한 후에 그 주제에 도달하기 위한 조건을 나열하는 방식으로 한국 강단에서 가장 손쉽게 볼 수 있는 형태이다. 각 대지가 논리적으로나, 의미상으로 정점을 향해 나아가도록 점진성을 살리는 것에 유의해야 한다.

본문: 히브리서 12:1-2

주제: 믿음의 경주에서 승리하자.

설교개요:

1. 믿음의 경주에서 승리하기 위해서는 방해물을 벗어버려야 한다1상반절.

2. 믿음의 경주에서 승리하기 위해서는 인내를 가져야 한다1하반절.

3. 믿음의 경주에서 승리하기 위해서는 예수를 바라보아야 한다2절.

문제 해결형. 1대지에서 문제를 제기하고 그 다음 대지에서 그 문제에 대한 해답을 제시하는 방식이다. 문제 제기와 해답이 적절한 비율로 주어지도록 설교의 배분을 지혜롭게 해야 한다. 문제 제기에 지나치게 집착함으로 설교주제가 상대적으로 약화되지 않도록 해야 한다.

본문: 열왕기상 19:1-18

주제: 하나님은 사역자가 낙심에 처할 때 회복시켜 주신다.

설교개요:

1. 사역자가 왜 낙심에 처하게 되는가?

　① 육체적 피로가 사역자를 낙심에 처하게 한다3-4절.

　② 현실만을 보는 것이 사역자를 낙심에 처하게 한다3절.

　③ 사역의 결과가 나타나지 않는 것이 사역자를 낙심에 처하게 한다1-2절.

2. 하나님은 사역자를 어떻게 회복시켜 주시는가?

　① 하나님은 사역자의 육체적 피로를 씻어주신다6-7절.

　② 하나님은 사역자와의 영적 교제를 통해 믿음의 눈을 뜨게 하신다11-12절.

③ 하나님은 사역자에게 자신의 주권적 사역을 깨닫게 하신다15-18절.

인과형. 어떤 현상의 원인을 진단하거나, 어떤 원인의 결과를 분석할 때는 인과형causal pattern을 사용하는 것이 좋다. 이 경우 각 대지의 의미의 비중이 점차 가중되도록 점진성을 살리는 것에 주의를 기울여야 한다. 다음 예에서도 낭패 당함〉 마음을 빼앗김〉 판단력 상실〉 잘못된 주인 순으로 의미적 상승 곡선을 그리고 있다.

본문: 마태복음 6:19-24

주제: 성도는 땅에 재물을 쌓아두면 안 된다.

설교개요:

1. 땅에 재물을 쌓아두면 낭패를 당한다19-20절.

2. 땅에 재물을 쌓아두면 우리의 마음을 빼앗기게 된다21절.

3. 땅에 재물을 쌓아두면 우리의 판단력을 잃게 된다22-23절.

4. 땅에 재물을 쌓아두면 잘못된 주인을 섬기게 된다24절.

적용형. 먼저 원리를 제시하고 후에 그것을 적용해 가는 방식이다. 모든 설교가 원리 제시와 그 구체적 적용으로 이루어지지만 이 경우는 적용 자체가 본문에 그대로 나타나 있을 때 해당된다.

본문: 마태복음 6:1-18

주제: 성도는 외식하지 말아야 한다.

설교개요:

서론: 성도는 외식하지 말아야 한다. 외식하는 자는 아버지께 받을 상급이 없다.

1. 구제할 때 외식하지 말아야 한다2-4절.

2. 기도할 때 외식하지 말아야 한다5-8절.

3. 금식할 때 외식하지 말아야 한다16-18절.

이 중에서 어떤 형태를 취할 것인지는 전적으로 본문의 흐름과 특징에 달려 있다. 본문의 흐름에 가장 부합된 자연스러운 전개를 택할 때 설교는 한층 탄력을 받아 설득력을 얻게 된다.

귀납적 설교는 위와는 전혀 다른 형태를 띠게 된다. 주제의 논리적 전개에 기초한 연역적 설교와는 달리 귀납적 설교는 본문의 스토리를 따라 설교를 전개시켜 나가기 때문이다. 스토리의 구성plot에 기초하여 설교를 진행하는 귀납적 설교는 다음과 같은 방식으로 이루어진다.

- Stage 1: 문제의 발단 단계이다. 긴장과 갈등의 도입으로 청중의 일상성을 깨뜨리고 그들을 설교로 끌어들인다.
- Stage 2: 문제의 발전 단계이다. 왜 문제가 생겼는지를 분석하고 전개시킨다.
- Stage 3: 문제의 반전 단계이다. 여기서 문제 해결의 실마리를 제시하게 된다. 해답이 주어질 때는 청중의 기대를 뒤집는 극적인 수법이 많이 사용된다.
- Stage 4: 문제의 절정 단계이다. 여기서 설교의 주제가 제시된다. 청중 스스로 파악한 주제를 설교자가 확인하고 강조한다.
- Stage 5: 문제의 결말 단계이다. 청중의 삶에 적용하는 단계이다. 이미 설교 군데군데에서 적용이 주어졌다면 이 단계는 생략할수도 있다.[28]

위에서 살폈듯이 어떤 형태의 설교개요를 택하느냐에 따라 설교는 전혀 다른 양상으로 나타나게 된다. 그러므로 여기서 본문의 구조와 주제의 효율적 전개를 고려한 설교자의 사려 깊은 선택이 필요하다. 그 전략적 선택에 따라 메시지는 위력을 발휘하기도 하고 어색한 불협화음 속에 끝나기도 한다.

---

28) Lowry, "Narrative and the Sermonic Plot," Richard L. Eslinger, *A New Hearing*, 78-84.

다음 본문들의 설교개요를 작성해 보라. 부록 3에 실려 있는 모범과 비교해 보라.

베드로전서 4:12-19

로마서 8:1-11

누가복음 9:12-17

능변가는 연설을 통해 가르치고, 기쁘게 하고, 설득할 수 있어야 한다.
가르침은 필수적인 것이요, 기쁘게 함은 아름다운 것이요,
설득함은 승리를 가지는 것이다.

키케로

9장

전개

감동을 파도치게 하는 설교

우리 사회에서 '설교'라는 용어는 부정적인 뉘앙스를 띠고 있다. "제발 내게 설
교조로 얘기하지 마", "또 설교하고 있네." 듣기 싫다는 말의 다른 표현이다. '설
교'는 별 설득력도 없이 그저 공자 왈 맹자 왈 가르치려들기만 하는 지루하고 따
분한 언사의 대명사이다. 설교가 왜 별 가치 없는 잔소리의 전형같이 되었는가?
그 오명을 벗을 길은 없는가? 그 해답의 실마리를 이 장에서 찾아보려 한다. 당신
의 설교가 혹시 다음과 같은 증후군을 띠지는 않는가?

- 앞뒤 연결이 잘 안 된다.
- 들을수록 의문만 생긴다.
- 억지와 비약이 자주 나타난다.
- 늘 두루뭉실하게 넘어가기를 잘한다.

그렇다면 원인은 다른 데 있지 않다. 당신의 설교에는 논리적이고 설득력있는
전개가 결여되어 있기 때문이다.

설교의 골격이 갖추어지면 그 다음 단계는 설교의 전개로 돌입하는 것이다. 설계도가 완성되었으면 이제 본격적인 건축에 들어가야 한다. 설교의 전개에 있어서도 연역적 설교와 귀납적 설교는 각기 다른 접근을 해야 한다. 먼저 연역적 설교를 살펴보자.

연역적 설교의 전개

연역적 설교는 설명, 증명, 적용의 순으로 전개하면 된다.[1] 아리스토텔레스는 자신의 수사학에서 연설을 위한 표준 구성 형태를 서언exordium, 경위 혹은 사건에 대한 서술narratio, 논증들confirmatio, 결론conclusio으로 말했다.[2] 그의 서술, 논증들, 결론이 곧 우리가 논하고자 하는 설명, 증명, 적용의 단계인 것이다.

대중 연설에서도 효과적인 커뮤니케이션을 위해서는 흥미 끌기, 흥미 유지하기, 알리기, 설득하기, 행동 유도하기의 다섯 단계를 잘 활용해야 한다. 여기서 알리기, 설득하기, 행동 유도하기가 각각 설명, 증명, 적용의 단계에 해당한다. 첫째 대지를 말한 후에 설명, 증명, 적용의 순으로 전개시키고, 둘째 대지를 말한 후에도 설명, 증명, 적용의 순으로 전개시킨다. 대지가 몇 개이든 매 대지마다 설명, 증명, 적용의 흐름으로 전개시켜 나가는 것이다.

예를 들어 첫째 대지를 '의에 주리고 목마른 자가 배부름을 얻습니다.' 라고 했다고 하자. 그러면 먼저 의에 주리고 목마른 것이 무엇을 뜻하는지 설명해야 한다. 그 다음에 의에 주리고 목마르면 왜 배부름을 얻는지를 증명해야한다. 청중

---

1) 로버트 댑니는 해설(explication), 논증(argument), 적용(application)의 구도를 제시한다. Robert Dabney, *Sacred Rhetoric* (Edinburgh: Banner of Truth, 1979), 137-67. 커버넌트 신학교의 설교학 교수인 Bryan Chapell은 설명(explanation), 예증(illustration), 적용(application)의 단계를 제시하면서 설명 속에 논증을 포함시킨 구도를 제시하나 크게는 설명-증명-적용 이라는 우리의 구도와 대동소이하다. Bryan Chapell, *Christ-Centered Preaching* (Grand Rapids: Baker Books, 1994), 85ff. 그 외 Al Fasol, *Essentials for Biblical Preaching* (Grand Rapids: Baker, 1989), 73-81 참조.

2) Aristotle, *The Retoric of Aristotle* (Cambridge: Harvard University Press, 1939), xxvi.

이 가슴으로 받아들일 수 있도록 설득력 있는 논리와 성경 인용과 예증들을 동원해서 증명해야 한다. 마지막 단계가 적용이다. 의에 주리고 목마르기 위해서 구체적으로 해야 할 일이 무엇인지를 제시하며 성도들에게 도전하는 것이다. 이 세 단계를 좀더 자세히 살펴보기로 하자.

설명

먼저 대지가 설교의 주제와 어떻게 연관되어 있는지를 설명해야 한다. 빌립보서 1:12-24을 예로 들어 보자. 이 본문의 주제는 '성도는 풍성한 기쁨의 삶을 살아야 한다.'이다. 어떻게 하면 기쁨이 충만한 삶을 살 수 있는지를 말하면서 첫째 대지를 "우리는 환경을 초월한 기쁨을 누릴 수 있습니다."라고 선언했다고 하자. 그러면 주제와 관련해서 이 대지가 의미하는 바가 무엇인지를 밝혀 주어야 한다. 대지가 주제에 어떻게 연관되어 있는지를 보여주라는 말이다.

다음과 같이 설명할 수 있을 것이다. "세상 사람들은 환경이 잘 풀릴 때만 기뻐합니다. 그러나 사실은 환경이 잘 돌아가느냐, 아니냐가 중요한 것은 아닙니다. 지금 당장의 환경은 좋지 못하다 할지라도 그것이 결국은 나에게 유익하게 되고 복이 된다는 것을 확신할 수만 있다면 우리는 어떤 환경 가운데서도 기뻐할 수 있습니다."

같은 본문으로 두 번째 대지를 "우리는 인간관계를 초월한 기쁨을 누릴 수 있습니다."라고 선언했다고 하자. 이 진술이 주제와 어떻게 연관되어 있는지를 알기 쉽게 설명해야 한다. "환경이 아무리 좋아도 인간관계에 갈등과 원망이 깃들기 시작하면 기쁨을 빼앗깁니다. 왜 갈등과 원망이 생깁니까? 자꾸나 중심으로 생각하기 때문입니다. 만약에 여러분이 그리스도 중심으로 생각해 보세요. 내 영광이 아니라 그리스도의 영광, 나의 확장이 아니라 그리스도의 나라 확장을 중심으로 생각해 보세요. 그러면 마음이 상할 일이 없습니다. 본문의 바울을 보세요." 그래서 바울은 자기를 투기하는 사람이 있다는 것을 알면서도 그리스도가 전파되는 것으로 인해 기뻐했다는 것을 설명하면될 것이다.

또한 대지 안에 있는 개념들을 분명히 설명해야 한다. 때로는 대지가 설명이 필요한 개념들을 포함할 때가 있다. 만약 첫째 대지를 "참 성도는 의에 주리고 목말라야 합니다."라고 했다면 설교자는 당연히 '의에 주리고 목마른 것'이 무엇을 뜻하는지를 설명해야 한다. 골로새서 1:9-12을 가지고 설교하면서 "주의 뜻을 분별함으로 주께 합당히 행할 수 있습니다."라고 했다면 '주의 뜻을 분별하는 것'이 구체적으로 무엇을 의미하는지, '합당히 행함'이 구체적으로 무엇을 의미하는지를 설명해야 한다.

이 때 설교자는 청중이 다 알 것이라고 가정해서는 안 된다. 교회 안에는 초신자도 있고 신앙의 수준이 낮은 사람도 있다. 오래 믿은 신자라 할지라도 성경에 대해서는 어린아이와 같을 때가 많다. 그러므로 설교자는 아무리 쉬운 개념이라도 한번 짚고 넘어감으로 설교가 명료하게 전개되도록 하는 것이 좋다.

그러나 어떤 한 가지 개념을 지나치게 상술함으로 설교가 균형을 잃어버리는 일이 없도록 조심해야 한다. 설교는 주제를 선명하게 드러내어야 한다. 만약 한 가지 개념의 설명에 지나치게 많은 분량을 할애함으로 해서 오히려 큰 주제가 흐려지고 감추어진다면 그것은 바람직하지 않다. 청중이 국지적인것 때문에 전체를 놓치지 않도록 '삭제의 묘미'를 살릴 수 있어야 한다는 말이다. 앤드루 블랙우드가 즐겨 하는 말이 있다. "좋은 설교란 무엇을 삭제해야 하는지를 아는 설교요, 그 다음으로는 과감하게 제외시키는 용기를 지닌 설교이다."

어떤 설교자는 자신이 연구를 많이 했다는 것을 과시하기 위해서 세세한 것까지 나열하고 설명한다. 어떤 설교자는 설교 준비를 하다가 자신이 새롭게 발견한 것이 있으면 흥분해서 그것을 소개하는 데 열을 올린다. 청중에게는 그 문제가 얼마나 긴요한 것인지, 그것이 정말 청중도 흥분시킬 수 있는 것인지를 생각해 보지도 않고 그렇게 한다. 환자는 배가 아파 죽겠는데 의사는 그 앞에서 자신이 어제 읽은 의학 잡지에 대해 잔뜩 열을 올려 지껄이고있다면 어떻게 되겠는가? 신학 전문가인 설교자와 문외한인 평신도들의 관심사가 같을 수가 없다. 아무리 자신을 흥분시킨 깨달음이 있었다 할지라도 그것이 청중에게 절실한 것이 아니면 너무 상술할 필요는 없다. 설교자는 항상 설교의 큰 그림이 선명하게 드러나도록 각 부분의 전개에 있어 경중을 조절할 줄 아는 균형감각을 가지고 있어야 한다.

증명

설명은 지적 이해를 위한 것으로서 그것만으로 청중을 움직이기에는 부족할 때가 많다. 청중이 '정말 그렇다' 하고 고개를 끄덕일 수 있도록 확신을 심어 주는 데까지는 미치지 못하는 것이다. 청중은 지적으로 이해는 하지만 마음으로 받아들이지는 못하고 있을 때가 많다. 감정적으로 미심쩍어 하는 'but'을 해결해 주어야 한다.

그러기 위해서 증명의 단계가 필요하다.[3] 대중연설에 있어서도 연사의 주장이 설득력을 가지기 위해서는 효과적인 논증이 필수적이다. 그래서 원칙에 의한 논증, 일반화에 의한 논증, 인과관계에 의한 논증, 징후에 의한 논증, 유추에 의한 논증, 권위에 의한 논증 등을 사용하여 연사의 주장을 뒷받침한다.[4] 설교는 영적인 진리를 전하는 것이지만 설교자가 자신의 논지를 청중이 확신할 수 있도록 전개시켜 나가는 커뮤니케이션의 기법은 대중연설의 그것과 크게 다르지 않다. 설교자는 다음과 같은 다양한 논증의 방법을 사용할 수 있다.

---

3) 브로더스는 놀랍게도 약 130여 년 전에 벌써 논증의 중요성을 깊이 있게 논하고 있다. John A. Broadus, *On the Preparation and Delivery of Sermons* (New York: Harper and Brothers, 1870, revised, 1926), 167-195.

4) 원칙에 의한 논증은 사회적으로 통용되는 법칙을 삼단논법 식으로 동원하며, 일반화에 의한 논증은 여러 가지 예나 사실들을 종합하여 하나의 결론을 추출하며, 인과관계에 의한 논증은 두 대상에 존재하는 인과관계를 보장으로 삼아 논증하며, 징후에 의한 논증은 두 대상에 존재하는 상관관계를 보장으로 삼아 논증하며, 유추에 의한 논증은 과거의 어떤 상황과 현재의 상황 사이의 유사관계를 보장으로 삼아 논증하며, 권위에 의한 논증은 권위 있는 정보를 끌어와서 논증하는 것이다. 임태섭, 『스피치 커뮤니케이션』 (커뮤니케이션북스, 2003), 152-59.

성경으로 증명하라. 다른 성경 구절이나 성경의 사건을 끌어오는 것은 권위 있는 증거가 된다. 의에 주리고 목말라야 한다는 대지라면 요셉의 유혹 사건을 예증으로 사용할 수 있을 것이다. 여인의 유혹 앞에서 요셉이 "어찌 이 큰 악을 행하여 여호와께 득죄하리이까?" 하고 뿌리칠 수 있었던 것은 죄와 더불어 피 흘리기까지 싸우려는 의에 대한 갈급함이었다는 것을 설파하는 것이다. 하나님의 무조건적인 사랑을 증명하려면 호세아와 고멜의 사건을 예로 들 수 있을 것이다.

주변의 소재로 증명하라. 우리 주위의 삶과 환경으로부터 설득력 있는 증거를 끌어올 수 있다. 예를 들어 중생한 신자도 죄를 짓는가 하는 문제를 다룬다고 하자. 이것을 신학적으로 따지고 들어가기 시작하면 한없이 어렵고 복잡한 문제가 될 것이다. 그러나 이렇게 쉽게 설명할 수 있다. "그것은 탁류를 거슬러 올라가는 고기와 같습니다. 고기는 때로는 물살에 휩쓸려 자빠질 때도 있습니다. 떠밀려 내려갈 때도 있습니다. 그러나 살아 있는 고기는 곧 정신을 차리고 다시 탁류와 싸우면서 강을 거슬러 올라갑니다. 그러나 죽은 고기는 마냥 탁류에 휩쓸려 떠내려 가버립니다. 성도는 살아 있는 고기와 같습니다. 때로는 넘어지고 자빠지기도 하지만 그러나 곧바로 일어나 다시금 거룩한 길을 향해 싸우며 나아갑니다."

이와 같이 설교자는 주위의 자연 현상, 환경, 삶의 모든 정황에서 소재를 얻을 수 있다. 그런 소재들은 추상적인 원리를 구체적인 형상으로 보여주는 장점이 있다. 설교자는 그런 소재들을 통해 청중의 좌뇌뿐 아니라 우뇌에도 호소할 수 있다. 또한 하늘에 속한 진리를 땅 위의 소재를 사용하여 설명하는 것이기 때문에 땅에 속한 인생에게는 훨씬 더 가깝고 친근하게 느껴진다. 말하자면 진리가 성육신하여 우리에게 다가오는 것이다.

주변의 소재로 성경적 진리를 증명할 때에는 그 한 가지 소재에 대해 분석적으로 자세히 설명하기보다는 그냥 중첩적으로 제시해 가는 것이 좋다. 서너 가지 자료들을 끌어와서 연속 다발적으로 증명하는 것이 낫다는 말이다. 설교와 같은 구어체적 전달에서는 분석하고, 분류하고, 따지기보다는 단순히 유사한 자료들을 이곳저곳에서 끌어와서 첨가하고 중첩적으로 제시하는 것이 더 효과적이다.

윌슨은 이렇게 말한다. "만약 설교 중에 현대인들이 두려움에 사로잡혀 산다는 것을 증거한다고 하자. 그러면 그것을 사회학, 혹은 심리학 세미나에나 적합할 연구 논문같이 끌어가서는 안 된다. 오히려 뉴스나 신문기사로부터 이런저런 기사를 인용하면서 청중의 경험을 반영하는 몇 가지의 짧고 간단한 사건을 중첩해서 말하는 것이 낫다. 우리는 상식에 속하는 어떤 것을 정의하거나 증명하려고 애써서는 안 되며, 그것을 눈으로 볼 수 있도록 구체적으로 제시해 주어야 한다."[5]

설교자들은 본문에 담겨 있는 진리를 일상적 삶의 소재로 쉽고 분명하게 설명하기 위해서 씨름해야 한다. 그것이 영감 있는 설교를 위한 산고産苦이다. 요즈음 설교자들은 설교 준비를 인터넷으로 시작해서 인터넷으로 끝내는 것 같다. 누가 어떻게 설교했는지를 검색하는 것으로 시간을 다 보낸다. 그렇게 짜깁기를 해서 만든 설교는 갖가지 최신 정보를 포함하고 있을지는 몰라도 사람들을 감동시키는 영감은 없다. 설교자가 배앓이를 해서 낳은 설교가 아니기 때문이다.

말씀을 되씹고 또 되씹으면서 영감을 달라고 방바닥을 뒹굴며 기도할 수 있어야 한다. 그 말씀을 어떻게 청중에게 이미지화시킬 수 있을 것인지에 대해서 자다가도 벌떡벌떡 일어나며 고민해야 한다. 그렇게 설교자가 진액을 짜 바친 설교가 감동을 준다. 성경은 우리에게 말씀을 묵상하라고 했지 검색하라고 하지는 않았다.

예화로 증명하라. 십자가의 사랑에 대해 설교한다면 다음과 같은 예화를 동원할 수 있다.

1988년 아르메니아에서는 대지진이 일어나 오만오천 명의 사람들이 희생된 일이 있습니다. 오전 11시경 갑자기 5층짜리 아파트가 흔들리다가 붕괴되었는데 거기에 수잔나라는 부

---

5) Paul Scott Wilson, *The Practice of Preaching* (Nashville: Abingdon Press, 1995), 51.

인과 딸이 매몰되었습니다. 꼼짝할 수 없는 좁은 공간에 갇혀버렸습니다. 며칠이나 흘렀는지 배고프다고 칭얼대는 딸의 소리에 엄마가 정신이 들었습니다. 손을 더듬어 보니 뜻밖에 딸기잼 캔이 하나 손에 잡혔습니다. 어렵게 뚜껑을 따서 딸에게 딸기잼을 다 주었습니다. 너무나도 추웠습니다. 자기 옷을 다 벗어 딸에게 깔아주었습니다. 8일이 흘렀습니다. "엄마, 목말라." 하는 딸의 신음소리에 엄마가 깼습니다. 자신은 죽더라도 딸만은 살려야겠다는 생각이 간절했습니다. 그러자 문득 옛날 TV에서 에스키모인들은 조난을 당하면 자기 피를 짜서 마신다는 얘기를 들은 기억이 났습니다. 엄마는 망설이지 않고 딸기잼 캔의 뚜껑으로 자기 손가락을 베었습니다. 그리고는 흐르는 피를 딸의 입에 떨어뜨려 주었습니다. 딸은 피인 줄도 모르고 "엄마, 조금만 더. 조금만 더." 합니다. 엄마는 그 날 자기 손을 몇 번이나 베었는지 모릅니다. 하루 후에 그 모녀는 기적적으로 구출되었습니다. 성도 여러분, 부모는 사랑하는 자식을 위해 그렇게 할 수 있습니다. 그러나 우리 주님은 원수 같은 우리를 위해 그렇게 하셨습니다. 주님은 십자가 위에서 우리 위해 자신의 살을 찢으시고 자신의 피를 남김없이 다 흘리셨습니다.

감동적인 예화 한 토막은 때로는 이론과 논리보다 훨씬 더 효과적으로 사람의 마음을 터치할 수 있다. 예수께서 세리와 죄인들을 가까이 하시는 것을 보고 바리새인과 서기관들이 격렬히 비난했다. 그 때 예수님은 이성적인 논리를 가지고 그들을 설득하려 하지 않았다. 방탕한 아들을 용서하시며 품에 안으시는 아버지의 사랑을 들려주심으로 그들을 꼼짝 없이 사로잡으셨다눅 15:11-32.

사상의 연결 관계를 밝혀 주라. 본문의 사상이 서로 어떻게 연결되어 있는지를 밝혀 주는 것은 설교의 설득력을 높이는 데 중요한 기여를 한다. "남편 된자들아 이와 같이 지식을 따라 너희 아내와 동거하고 저는 더 연약한 그릇이요 또 생명의 은혜를 유업으로 함께 받을 자로 알아 귀히 여기라. 이는 너희 기도가 막히지 아니 하게 하려 함이라."벧전 3:7는 말씀을 예로 들어 보자. 보통 설교자들은 아내를 귀히 여기는 것과 기도가 막히지 않아야 한다는 것의 두 파트로 나누어 설교하는 경우가 많다. 그 두 아이디어의 연결 관계를 보지 못하고 각각으로만 접근하는 것이다. 그러나 여기서 중요한 것은 '이는' 이라는 연결어이다. 즉 아내를 귀히 여기지 않으면 왜 기도가 막히는지 그 이유를 밝혀 주는 것이 중요하다.

빌립보서 4:6-7을 보자. "아무것도 염려하지 말고 오직 모든 일에 기도와 간구로 너희 구할 것을 감사함으로 하나님께 아뢰라 그리하면 모든 지각에 뛰어나신 하나님의 평강이 그리스도 예수 안에서 너희 마음과 생각을 지키시리라." 이 본문에서도 두 대지로 나누어 첫째 대지에서는 기도로 하나님께 나아가자는 것을 말하고, 둘째 대지에서는 하나님의 평강을 누리자는 내용으로 설교하는 경우가 많다. 그러나 정말 빠뜨리지 말아야 할 것은 '그리하면'이라는 연결어이다. 기도하면 왜 하나님의 평강을 누리게 되는지 그 연결관계를 분명하게 밝혀 주어야 한다. 이와 같이 원인과 결과cause/effect로 구성되어 있는 본문에서는 두 사상을 하나로 엮고 있는 고리를 잘 설명해 주어야 한다.

청중의 선입견에 도전하라. 십청중은 자신들의 삶을 통해 터득한 나름대로의 경험세계가 있다. 그것이 선입견을 형성하여 성경적 진리를 선뜻 받아들이지 못하게 할 때가 많다. 즉 목사가 주장하는 메시지가 실제 삶과는 너무나 동떨어져 있다고 생각하는 것이다. 청중은 "당신 말은 성경적으로 옳다. 나도 그렇게 믿고 싶다. 그러나 실제 삶은 너무나 다르다."고 하는 'yes, but syndrome'에 사로잡혀 있는 것이다.

목사가 "네 부모를 공경하라. 그리하면 네가 땅에서 잘 되고 장수하리라."라는 말씀으로 효도하는 자의 복에 대해 열변을 토하는데 청중은 속으로 '우리 이웃집 청년은 정말 효자였는데 스무 살에 차에 받혀서 죽었는데' 하고 생각한다. 목사는 "온유한 자가 땅을 차지한다."고 힘주어 전하는데 청중은 속으로 '내 친척 아무개는 정말 온유한 사람인데 그 사람은 직장에서 밤낮 무시만 당하고 땅바닥을 기고 있는데' 하는 생각을 한다.

설교자는 청중의 그와 같은 선입견에 대해 도전해야 한다. 긍정적인 예증을 통해 성경적 원리가 옳은 것임을 적극적으로 주장해야 한다. 또한 청중이 경험한 사건-효자가 스무 살에 죽은 것 등-은 하나의 예외적인 일일 수 있음을 상기시켜야 한다. 그런 경우는 하나님의 더 깊은 섭리가 있음을 역설해야한다. 그 한 가지 사건을 보았다고 해서 하나님의 약속 전체를 의심하는 것은 마치 장님 코끼리 만지는 격과 같다고 공박해야 한다. 때로는 공격이 최상의 방어가 될 수 있다.

이와 같이 설교자는 청중이 품을 법한 이견이나 반대 등을 설교 중에 표면화시켜 다루어야 한다. 그것이 청중의 가려운 곳을 긁어주는 것이다. 이견을 다룰 때 현재의 청중만을 의식해서는 안 된다. 본문 속의 청중(원 독자들)도 꼭 같은 이견을 가졌을 것이라는 것을 놓치지 말아야 한다. 야고보 사도가 "형제들아 시련을 만날 때 기쁘게 여기라."고 권할 때 그 당시의 청중은 어떻게 반응했을까? '이런 혹독한 시련 속에서 어떻게 기뻐할 수 있나.'라고 갈등했지 않겠는가? 그 반발을 알면서도 담대히 증거하는 사도의 확신과 논리를 깊이 묵상하며 붙들어야 한다.

청중의 가치관에 도전하라. 청중에게는 설교자의 진술보다 더 믿고 있는 가치가 있다. 그것을 깨뜨려야 한다. 설교자는 성도가 성도를 세상 법정에 고소해서는 안 된다고 역설한다. 그러나 교인들은 속으로 '그건 옛날 말이야. 세상이 어떤 세상인데 고소하지 말라고 해? 고소 안 하면 내 재산이 몽땅 날아갈 판인데. 목사님은 세상이 얼마나 교활한지 몰라서 그래.' 하고 있다. 청중 나름대로 가지고 있는 가치관이 있어서 그것을 따라서 설교를 재단하고 있는 것이다.

그러므로 설교자는 청중이 믿고 있는 바를 찔러서 도전해야 한다. 그들 생각이 왜 틀렸는지를 밝혀 주어야 한다. 세상적 방법과 성경적 방법을 병행해서 비교하면서 성경적 처방이 가장 좋은 길임을 밝혀 주어야 한다.

중요한 것은 잠복해 있는 의문이나 문제점들을 표면화시켜서 다루겠다는 설교자의 자세이다. 설교자는 설교 중에 자주 이렇게 말할 수 있어야 한다. "여러분, 제가 여기까지 설명했습니다만 여러분 중에는 지금 이런 의문을 가지고 있는 분이 계시지요? '세상이 얼마나 교활한데 고소하지 말라고 해? 목사 당신이 세상을 알기는 아는 거야?'" 그리고 그 의문에 대해서 최선의 대답을 제시해야 한다. 100% 만족할 만한 해답은 주지 못할지 모른다. 그러나 분명한 것은 의문점을 다루어준 것만으로도 교인들은 감사해 한다는 사실이다.

나는 설교 중에 자주 의문점을 표면화시켜 다루곤 한다. 그러나 속 시원한 해답은 주지 못할 때가 많다. 괜히 문제를 끄집어내고는 답도 제대로 못준 것 아닌가 하는 불안감이 들 때도 있다. 그런데 신기한 것은 교인들이 예배 마치고 나가면서 한결같이 "목사님, 오늘 은혜 많이 받았습니다." 하고 인사하는 것이다. 교인들에게는 문자적인 답이 그렇게 중요한 것이 아니다. 그 의문점을 목사가 다루어준 것 자체가 감사한 것이다. 아무 문제가 없는 듯이덮어두지 않고 목사가 정직하게 문제를 직시하면서 교인들과 함께 고민하는 모습을 보인 것으로 교인들의 갈증은 이미 해갈된 것이다. 목사가 자기들의 마음을 속속들이 헤아려 주었다는 것으로 교인들은 이미 은혜를 다 받아버린 것이다. 이렇게 설교 중에 내재해 있는 잠재적 의문을 다루는 것이야말로 증명의 단계에서 생략할 수 없는 중요한 요건이다.

다중 감각을 활용하라. 학생들은 영어 단어를 외울 때 그저 눈으로만 외우는 것보다는 소리를 내어서 외우는 것이 더 효과적이고, 거기다가 손으로 써 가면서 외우기까지 하면 그 효과는 배가된다. 시각이라는 단순 코드보다는 다양한 코드를 활용하는 것이 뇌의 인지작용을 더 활성화할 수 있기 때문이다. 우리가 사용하는 감각이 많으면 많을수록 두뇌회로가 풍부해져서 학습효과가 증대된다. 설교와 같은 대중연설에서도 다중 감각에 호소하면 더욱 효과적으로 메시지를 전달할 수 있다.

루스 슈바르츠는 우리의 지각으로 들어오는 정보의 비율이 미각 3%, 후각 3%, 촉각 3%, 청각 13%, 시각 78%라고 한다. 이런 정보는 나중에 행동을 유발하기 위한 기억으로 보유되는 경우에만 변화를 일으킬 수 있다. 그런데 슈바르츠는 우리는 듣는 것의 20%를, 보는 것의 40%를 기억한다고 한다. 교육전문가 윌리엄 루이스는 듣는 것의 10%, 읽는 것의 30%, 보는 것의 50%, 행하는 것의 90%를 기억한다고 한다. 두 사람 모두 보는 것이 듣는 것보다 적어도 두 배는 효과적이라는 데 동의한다.[6]

이런 과학적인 데이터를 참고한다면 설교자에게는 진리를 '증거할' 뿐 아니라 '보여주는' 것이 필요하다. 자연이나 주변 삶에서 관찰할 수 있는 것들, 일상적인 법칙들, 과학적 사실들, 다른 사람들의 삶의 모습들, 적절한 예화들은 진리를 형상화시켜 보여 준다. 이런 자료들을 효과적으로 활용하여 청중의 다양한 감각에 호소한다면 논증은 훨씬 더 설득력을 얻게 될 것이다.[7]

브레인스토밍Brainstorming을 활용하라. 위에서 살펴본 바와 같이 증명의 방법은 매우 다양하고 역동적이다. 창의적이고 감화력 있는 설교자로서의 역량은 이 증명의 단계에서 뚜렷이 드러난다. 설득력 있는 증명을 위해서는 자신의 번뜩이는 영감이나 참신한 아이디어를 가능한 한 많이 떠올려 그것을 효과적으로 활용하는 것이 필요한데 그러한 과정을 현대 커뮤니케이션 이론에서는 브레인스토밍이라고 부른다. 킬링거는 브레인스토밍을 다음과 같이 정의한다. "특별한 주제를 위해서 모을 수 있는 지식의 다양한 단편들과 마음속에 숨어 있는 생각들의 표면을 이리저리 떠돌아다니며 그것들을 끄집어내기 위해 애쓰는 사고의 한 작용이다."[8]

예를 들어 '심령이 가난한 자가 복이 있다.'는 주제를 증명해야 한다고 하자. 설교자는 가난한 심령의 현상적 모습에 대해서 다양하게 묵상해야 한다. 그러다 보면 왜 그런 가난한 심령이 되는지, 왜 그것이 복된 영성인지 등등으로 사고의 흐름은 자연스럽게 발전하게 된다. 이 때 설교자는 자신의 사고에 어떤 제한도 가하지 말아야 한다. 자신의 성경 지식, 독서를 통한 정보들, 과거의 경험들, 상상

---

6) 로이 언더힐, 『청중을 사로잡는 기술』, 154-55.
7) 다양한 비유(metaphors)들을 사용하여 청중의 다중감각에 호소하는 것의 유익에 대해서는 다음을 참조하라. Wilson, *The Practice of Preaching*, 238ff.
8) John Killinger, 『평생 유용한 설교방법의 백과사전』, 113.

력 등을 한껏 발휘하여 아이디어의 바다를 헤매야 한다. 그러면서 떠오르는 생각의 파편들을 형식에 얽매이지 말고 자유롭게 메모해 놓는다. 마치 시인이 황홀경에 빠진 상태로 머리에 떠오르는 모든 것을 기록하는 것과 같이, 혹은 20세기 초에 초현실주의자들이 '무의식적automatic 쓰기'라고 부른 것과 같이 설교자는 주제에 몰입한 채 생각의 편린들을 찾아 사고의 여행을 떠나는 것이다.

그 결과 얻어진 아이디어들은 지적 흥분 상태가 가라앉고 나서 하루쯤 지난 후에 차분히 검토하는 것이 좋다. 그것이 정말 증명을 위한 유용한 자료가 될 수 있는지, 설교의 전개에 자연스럽게 매치될 수 있는지, 설교 전체의 구조를 볼 때 너무 치우치지는 않는지 등을 살피는 것이다. 이렇게 브레인스토밍을 통해 얻은 아이디어를 적극 활용하면 독창적이고도 참신한 전개를 이룰 수 있다.

적용

설교의 목적은 산발된 지식의 축적이 아니라 삶의 변화이다. 예수님은 산상보훈을 마치시면서 "나의 이 말을 듣고 행치 아니하는 자는 그 집을 모래 위에 지은 어리석은 사람 같으리니."마 7:26라고 강조하셨다. 바울은 성경의 기록 목적을 이렇게 말한다. "모든 성경은 하나님의 감동으로 된 것으로 교훈과 책망과 바르게 함과 의로 교육하기에 유익하니 이는 하나님의 사람으로 온전케 하며 모든 선한 일을 행하기에 온전케 하려 함이니라"딤후 3:16-17. 성경 자체가 사람을 바르게 변화시키려는 분명한 목적하에서 기록된 것이라는 말이다. 월터 카이저Kaiser는 "성경은 어떤 특정한 시대에, 특정한 문화 속의, 특정한 상황 속에 있던, 특정한 사람들을 위해 기록된 책"[9]이라고 한다. 성경은 구체적인 사람들의 구체적인 변화를 겨냥하고 있다.

그러므로 설교자는 청중의 지성과 감정에 호소할 뿐 아니라 궁극적으로는 의

---

9) Walter C. Kaiser, Jr., *Toward an Exegetical Theology* (Grand Rapids: Baker, 1981), 37.

지에 호소해야 한다. 제이 애덤스는 이렇게 강조한다. "성령께서 교회에게 하시는 말씀을 따라서 성도들에게 삶의 변화를 요청하지 않는 것은 전혀 설교가 아니다. 그것은 기껏해야 강연일 따름이다. 강연은 성경에 대해서 얘기하는 것이다. 그러나 설교자는 성경으로부터 교인들에 대해서 말하는 것이다. 그는 하나님이 원하시는 바를 그들에게 전하는 것이다."[10] 설교는 회개가 무엇인지를 설명하는 데 그치지 않고 청중으로 하여금 회개하도록 인도해야 한다.

설교에서 적용의 중요성은 아무리 강조해도 지나치지 않다. 존 스토트는 본문에 담겨 있는 진리가 지금의 청중에게 무슨 의미가 있을까를 밝히는 것이 설교의 관건이라고 한다. 본문과 청중 사이에는 큰 갭이 있다. 보수주의자들은 본문의 세계에만 집중하고 자유주의자들은 청중의 세계에만 집중하는 경향이 있다. 둘 사이의 갭을 메워 주는 가교의 역할을 하는 것이 설교이다.[11] 기록된 본문은 모든 시대, 모든 사람들에게 주어져 있는 말씀이지만 그 본문이 특정한 예배공동체에게 어떤 의미가 있는지를 밝혀 주는 것이 설교이다. 즉 본문에서 예배공동체를 위한 구체적인 삶의 지침들을 추출하여 선포하는 것이 바로 그 날의 메시지임으로 설교는 곧 적용이라고 단언할 수 있다. 한마디로 말하면 가드너 테일러가 지적한대로 설교는 계시적revelant인동시에 현실적relevant이어야 한다.[12]

적용을 본문 해석 후에 하는 하나의 첨가물 정도로 생각하는 사람이 있다. 설교자는 본문 해석만 잘하면 되고 적용은 청중에게 맡겨서 청중 스스로가 하도록 하면 된다는 말을 종종 듣는다. 그러나 그것은 청중에 대한 지나친 낙관론의 소치이다. 청중은 영적으로는 열서너 살짜리 어린아이와 같아서 진리를 자신의 삶에 적용하는 능력은 극히 부족하다. 어떤 설교자가 일년 내내 검소와 절제에 대해 설교했더니-그 교회는 강남에 위치한 상류층 교회이다-그제야 교인들에게 조

---

10) Jay E. Adams, *Preaching with Purpose* (Phillipsburg, N.J.: Presbyterian and Reformed, 1982), 43.

11) 그는 설교를 preaching as bridge-building으로 이해한다. John W. Stott, *Between Two Worlds*, 138-40.

12) Gardner Taylor, "Shaping Sermons by the Shape of Text and Preacher," ed. Wardlaw, *Preaching Biblically*, 141f.

금의 변화가 왔다고 한다. 외제 차 사려던 사람이 '국산 에쿠스도 괜찮은데' 하면서 망설이더라는 것이다. 그러다 결국 외제 차를 사기는 샀지만 고민이라도 해보더라는 것이다. 교인들 스스로 말씀을 자기에게 적용시키도록 맡기는 것은 죄성에 어두워진 인간 본성을 너무나 과대평가 하는 것이다.

화란 개혁교회의 한 분파에서는 설교시간을 나누어서 1부에서는 본문 해석만 하고, 찬송을 부른 후 2부에서는 적용을 한다. 적용을 설교의 본질적 부분에서는 제외시키는 것이다. 그러나 존 브로더스는 적용이야말로 설교의 목적이 되어야 함을 다음과 같이 강조한다.

> 설교의 적용은 논증의 첨언도 아니고 부수물도 아닌 바로 핵심이다. 스펄전은 "적용이 시작되는 곳에서 설교는 시작된다."고 했다. 우리는 단순히 사람들 앞에서 말하는 것이 아니라 그들에게 말하는 것이므로 그들로 하여금 우리가 말하는 바를 취하도록 열심히 그들을 몰아가야 한다. 다니엘 웹스터는 몇 번이나 "어떤 사람이든 내게 설교하는 사람은 구체적으로personal matter, 구체적으로, 구체적으로 말했으면 좋겠다."고 강조했다.[13]

일반적으로 학문의 세계는 추상적이고 현학적인 용어들로 사변적인 개념과 이론을 세워가는 특수한 영역이다. 신학도 형식 논리로만 본다면 그런 학문의 영역과 크게 다르지 않다. 만약에 목사가 신학적인 마인드와 방법론을 그대로 간직한 채 강단에서 외친다면 그것은 큰 문제가 아닐 수 없다. 설교를 듣는 교인들은 그러한 학문의 세계에 전혀 익숙하지 못하며 전문적인 지식도 없는 대중들이기 때문이다. 대중들을 향해서는 사변적인 개념은 구체적인 실제로, 현학적인 용어는 일상적인 용어로 바꾸어서 말해야 한다. 이론과 원리에 근거하되 그것을 담는 그릇을 상대의 세계에 맞게 조절해야 한다는 말이다. 그렇게 할 수 있는 감각과 능력이 없으면 유능한 설교자가 되기는 어렵다. 쇠렌 키에르케고르는 철학자 헤

---

13) John A. Broadus, *On the Preparation and Delivery of Sermons*, 210.

겔에게 코펜하겐에 있는 한 거리 이름을 물었더니 유럽 전체의 지도를 주더라고 불평한 적이 있다. 그것이 학자이다. 그러나 설교자는 그래서는 안 된다. 설교자는 목수가 사다리를 오르락내리락 하듯이 원리와 실제의 세계를 자유자재로 오가며 신적인 진리를 청중의 수준에 맞게 구체화시켜 그들에게 전해 줄 수 있어야 한다.

토마스 찰머스는 1843년 스코틀랜드 국교회로부터 자유교회를 세운 분으로 스코틀랜드의 교회와 정치와 사회에 지대한 영향을 끼친 설교자요 신학자이다. 그는 교회의 강단에서 말씀을 다루는 것은 신학교에서와는 달라야 함을 강조하면서, 강단에서는 아주 실제적인 방법으로 교리를 적용해야 한다고 했다. 강단의 목표는 학문적인 설명이 아니라 교인들의 삶에 실제적인 영향을 끼치는 것이기 때문이다. 그래서 설교자는 교인 한 사람 한 사람에게 집중하면서 자신이 다루고 있는 문제가 회중으로 하여금 각각 자신에게 선포되는 말씀으로 느끼도록 해야 한다고 강조했다.[14]

그러므로 설교자는 본문의 진리를 현실적 삶에 대입하는 적용을 설교의 중심적인 요소로 간주하고 준비할 수 있어야 한다. 설교 본문을 선택할 때부터 그 본문이 청중과 얼마나 밀접한 연관relevancy이 있는지를 고려해야 한다. 설교 주제를 정함과 동시에 그 주제를 통해 교인들을 어떻게 변화시키겠다는 목표 설정을 분명히 해야 한다. 그리고 설교의 매 포인트마다 그것이 교인들의 실제 삶에 어떻게 적용될 수 있는지를 깊이 숙고해야 한다. 크래독은 설교문 페이지마다 맨 위에 "그래서 어떻게 하란 말이냐?"so what?를 써 놓고 준비하라고 조언한다. 설교자는 본문이 무슨 의미를 지녔는지를 묵상할 뿐 아니라 그것이 실제 삶에 무슨 변화를 줄 수 있는지까지도 포함한 '포괄적 묵상'extended meditation을 할 수 있어야 한다.

적용이 분명한 설교자는 할 말이 있어서 선 사람이다. 그런 설교는 교인들에게 큰 도전과 감동을 준다. Twenty Centuries of Great Preaching의 편집자는 역사상

---

14) 도널드 맥클라우드, "설교와 조직신학", Samuel T. Logan, *The Preacher and Preaching*, 서창원, 이길상 공역, 『설교자 지침서』(서울: 크리스찬 다이제스트, 1999), 300.

있었던 위대한 설교의 특징을 이렇게 결론지었다. "탁월한 설교는 삶에 적실하게 연관된 설교이다.……세상에 위대한 감화력을 끼친 설교는 당대의 이슈와 필요를 향하여 외친 설교였다."

효과적인 적용을 위해서 다음 몇 가지를 유의하라.

자연스러운 적용. 적용은 본문의 흐름으로부터 자연스럽게 도출된 것이어야 한다. 설명, 증명, 적용과 같은 대지의 전개 과정에서 필연적으로 제시될 수 있는 것이어야 한다. 갑자기 논리적으로 비약된, 엉뚱하게 느껴지는 적용은 곤란하다. 흔히 교인들 중에서 '목사가 설교를 가지고 나를 친다.'고 반발하는 사람이 있다. 말씀을 통해 찔림을 받았다면 자신을 고쳐야지 '나를 친다.'고 반발하는 것은 잘못된 것이다. 그러나 많은 경우에 설교자가 본문의 흐름과는 별 상관이 없는 적용을 갑자기 들이 밀었기 때문에 교인들은 설교자가 의도적으로 자신을 겨냥한 것이라고 느끼게 된다. 그래서 반발한다면 그것은 설교자에게 상당 부분 책임이 있다. 본문과 상관없는 적용을 하면 교인들은 당연히 설교자에게 무슨 저의가 있는 것이 아닌지를 의심하게 된다. 필자는 종종 부흥집회를 인도하는데, 어떤 목사는 자기 교회 사정을 얘기하면서 이런저런 문제들을 설교 중에 꼬집어 줄 것을 요청해서 나를 당황케 만든다. 모처럼 하는 집회인데 담임목사가 말하기 어려운 것을 강사에게 부탁할 수 있다. 그러나 내가 당황하는 것은 내 설교에는 본문을 따라 전개해 가는 일정한 흐름이 있는데 그런 문제를 아무데나 집어넣어 언급하면 되는 것같이 생각하는 사고 때문이다. 그런 문제를 부탁하려면 차라리 미리 얘기를 해서 그에 맞는 본문을 택하여 설교 준비를 할 수 있도록 해야 하지 않겠는가? 적용은 본문의 교훈으로부터 도출된 필연적인 것일 때 힘을 가진다.

청중에게 적합한 적용. 설교자는 청중의 특징을 고려하여 그에 적합한 적용을 해야 한다. 학생들 앞에서 설교하면서 사업가가 겪는 애로 등을 예로 든다면 그것은 적절치 않다. 청중의 연령별, 성별 특징은 물론이고 교육 수준, 경제 수준,

문화적 수준, 나아가서는 가치관이나 관심사와 같은 내적 성향까지도 감안해야한다. 그러기 위해서는 목사는 청중을 잘 알아야 한다. 청중에게 적실한 설교를하면 사람들이 모여든다. 어떤 교회는 젊은이가 북적대는가 하면, 어떤 교회는남성들이 몰려든다. 그런 교회의 부흥의 비결은 목사의 설교가 그런 계층을 파고들 수 있는 참신하고 시사적이고 현대적인 주제를 다루고 있기 때문이다. 청중이메시지를 결정짓지만 메시지가 청중을 결정짓기도 한다.

구체적인 적용. 적용은 구체적이어야 한다. "주님을 더욱 사랑합시다", "더 열심히 봉사합시다" 등을 적용이라고 생각하지 말라. 어떻게 하는 것이 주님을 더사랑하는 것인지가 애매하지 않은가? 그것보다는 "새벽기도 못 했던 분은 이제부터 주님 사랑하는 마음으로 한 주간에 한 번이라도 새벽기도 하겠다고 결심하지 않겠습니까?"라든지, "주님 사랑하는 마음으로 한 주간에 한 번이라도 예수를전하겠다고 결심하지 않겠습니까?" 하는 식으로 구체적인 행위 지침을 제시해야한다. 적용은 계량화, 숫자화할 수 있을 정도로 구체적인 것이 되어야 한다. 댈러스 신학교의 명예교수인 하워드 헨드릭스는 학생들이 적용에 대한 과제를 하면서 "우리는……를 해야 한다."라고 한 것은 전부 되돌려보낸다. "나는……를 해야 한다."로 주어를 바꾸라는 것이다. 적용이 보다 직접적이고 개인적이고 구체적인 것이 되기 위해서 그렇게 한다.

구체적인 적용을 위해서는 청중 중의 몇 사람을 머리에 떠올려보는 것도 좋다. 나의 말이 아무개 집사, 그에게 무슨 의미가 있을까를 생각해 보는 것이다. 감화력 있는 강해설교자였던 알렉산더 맥클라렌은 설교 준비할 때 곁에 빈 의자 하나를 갖다 놓는다고 한다. 거기에 잘 아는 교인이 앉아 있다고 가정하고 그에게구체적인 조언과 지침을 주는 마음으로 설교 준비를 한다고 한다.[15] 그의 설교가생동감 있게 다가오는 것은 결코 우연이 아니다.

15) Chevis F. Horne, *Dynamic Preaching* (Nashville: Broadman, 1983), 137.

보조수단을 사용하라. 적용을 확실하게 하기 위해 보조수단bridge을 사용하는 것도 좋은 방법이다. 빌리 그레이엄이 청중의 결단을 촉구하기 위해 일어서게 한다든지, 앞으로 나오게 하는 것 등을 예로 들 수 있겠다. 어떤 목사는 감사하는 삶에 대해 설교를 한 후에 교인들에게 하루에 열 가지씩 감사제목을 적어 오도록 숙제를 주었다. 한 주간에 70개의 감사제목을 생각해 내는 것은 결코 쉬운 일이 아니었다. 교인들은 그 숙제를 하면서 평소에 자신들이 얼마나 많은 감사의 제목들을 잊고 지내는지를 깊이 깨닫게 되었다고 한다. 그 다음부터는 아예 목사의 설교를 듣는 태도가 달라졌다고 한다.

윌리엄 루이스는 사람은 듣는 것의 10%를, 읽는 것의 30%를, 보는 것의 50%를, 하는 것의 90%를 기억한다고 한다. 수동적으로 받아들이기만 하는 것보다는 적극적으로 참여하는 것이 훨씬 큰 학습효과를 가진다는 말이다. 여기서 '행하는 것'이란 활동, 참여, 구성주의, 관계하기, 탐구, 실제로 직접하기, 마음으로 참여하기, 적극적인 경청, 상호작용 등 다양하게 나타날 수 있다.[16] 설교자가 보조수단을 지혜롭게 사용하는 것이 청중을 이와 같은 행동의 장으로 초대하는 것이다.

데이빗 메인스는 방송 설교를 하던 중에 이렇게 제안했다. "여러분의 삶 중에서 주님이 기뻐하지 않을 행위들의 리스트를 만들어 보십시오. 그래서 그것들과 싸워서 이겼으면 o표, 졌으면 x표를 하면서 매일 여러분의 삶을 체크해 보십시오." 어떤 자매가 그 방송을 듣는데 마음에 감동이 왔다. 그래서 자신의 체크 리스트를 만들었다. 리스트의 제 일번은 남자 친구와 자주 부적절한 관계를 가지는 문제였다. 그 자매는 잘못이라고 생각하면서도 자꾸 끌려가고 있었던 것이다. 어느 날도 남자 친구를 만난 후에 일기장에 x를 치다가 그만 마음이 무너져 내렸다. 내가 언제까지나 이런 x표 인생으로 살 수는 없다는 회한이 밀려들었고 눈물로 회개했다. 그리고는 결단을 하고 마침내 그 관계를 청산할 수 있었다. 적용을 위한 보조수단이 청중의 선한 결단을 도운 예라고 할 수 있겠다.

---

16) 로이 언더힐, 『청중을 사로잡는 기술』, 155.

흑백논리로 말하지 말라. 적용의 논조를 강하게 하다 보면 흑백논리로 말할 수가 있다. 예컨대 "여러분 중에 한 번이라도 교회를 위해 희생해 본 사람 있어요? 전부 자기 이름 위해 하지."라고 말한다면 지나친 획일화이다. 청중 중에는 그렇지 않은 사람이 있을 수도 있기 때문이다. 그런 경우는 이렇게 말하는 것이 좋다. "여러분들이 교회를 위해 힘껏 희생하고 있는 것 잘 압니다. 그러나 이 말씀에 비추어 볼 때 우리는 아직 많이 부족합니다." 책망할 때는 먼저 격려 한마디를 해 놓고 시작하는 것이 효과적이다.

적용은 매우 개인적이고 구체적인 문제를 터치할 수 있으므로 인격적으로 상처가 되지 않도록 유의할 필요가 있다. 특히 책망할 때 화를 낸다든지, 반말조로 얘기한다든지 하는 것은 금물이다. 얼굴 표정이 일그러지지 않도록 조심해야 한다. 설교 중의 책망은 곁길로 나아가는 자식을 향해 부모가 애끓는 마음으로 타이르는 것이지 결코 교인들을 비난하는 것이 되어서는 안 된다. 또한 그런 책망의 대상에는 설교자 자신도 포함되어 있다는 것을 암시하는 것이 좋다. 그래서 "당신들이……해야 한다."는 'you preaching' 보다는 "우리가……해야 한다."는 포괄적 주어를 사용한 'we preaching'을 사용하는 것이 바람직하다.

직접 적용과 간접 적용. 적용에는 직접 적용과 간접 적용이 있다. 직접 적용은 청중을 향하여 직접적인 언사로 변화를 촉구하는 방식이다. 간접 적용은 예화나 설교자 자신의 간증을 통해 간접적으로 말하고자 하는 메시지를 던지는 방식이다. 주일 성수나 십일조 문제 등과 같이 청중에게 부담이 될 수 있는 것은 간접 적용이 효과적일 수 있다. "왜 하나님의 것을 떼어먹는 도둑질을 하느냐?"고 핏대를 올리며 책망하는 것보다는 십일조 생활을 잘해서 복 받은 예를 하나 드는 것이 교인들의 마음을 움직이는 데는 훨씬 더 효과적이다. 또한 십일조를 안 해서 망한 얘기보다는 십일조 생활을 잘해서 축복 받은 긍정적인 얘기를 하는 것이 낫다.

성경 인물에서 간접 적용을 하려고 할 때는 유의할 점이 있다. "아브라함은 이렇게 믿음에 굳게 섰기 때문에 아무것도 두려워하지 않았습니다. 우리도 아브라함의 믿음을 본 받읍시다."고 외치는 설교자가 있다. 그러나 교인들 중에는 '아브라함도 목숨이 두려워 거짓말했는데' 하고 의아해 하는 사람이 있을 수가 있다. 요셉이나 모세 같은 성경의 역사적 인물을 예수님의 모형으로 설명하는 사람이 있다. 하나님이 그들을 통해 자기 백성을 구원하신 구원사건의 관점에서는 그렇게 볼 수도 있으나 그렇다고 해서 그들이 참 하나님이요 참 인간이신 중보자 예수의 예표가 될 수는 없다. '한번 모형은 영원한 모형'이라는 것은 성경해석의 바른 원리가 아니다.[17] 성경은 역사적 인물을 결코 완전한 인간으로 묘사하지는 않는다. 그러므로 성경 인물을 통한 간접 적용을 하려고 할 때는 그 인물의 부정적인 측면도 고려하는 신중한 접근이 필요하다.

적용을 위한 질문들. 설교자는 본문을 묵상할 때 그것을 자신에게 먼저 적용시킬 줄 알아야 한다. 성령이 말씀을 통해 자신에게 하시는 소리를 먼저 들어야 한다. 그렇게 하지 않고 늘 남에게나 해당되는 말씀으로 치부하는 사람은 바울의 경고를 귀담아 들어야 한다. "내가 내 몸을 쳐 복종하게 함은 내가 남에게 전파한 후에 자기가 도리어 버림이 될까 두려워함이로다"고전 9:27. 바른 적용을 위해서는 다음의 질문들을 던져 보는 것이 좋다.

내가 따라야 할 모범이 무엇인가?
내가 피해야 할 죄가 무엇인가?
내가 붙들어야 할 약속이 무엇인가?
내가 기도해야 할 제목이 무엇인가?
내가 순종해야 할 명령이 무엇인가?

---

17) Sidney Greidanus, *Preaching Christ from the Old Testament*, 260.

내가 갖추어야 할 조건이 무엇인가?

내가 기억해야 할 구절이 무엇인가?

귀납적 설교의 전개

귀납적 설교의 전개는 연역적 설교와는 근본적으로 다른 양상을 띤다. 논리적 전개를 기본 구도로 하는 연역적 설교와는 달리 귀납적 설교는 스토리의 전개를 기본 구도로 삼고 있기 때문이다. 귀납적 설교의 전개에도 다양한 형태가 있으나 여기서는 가장 보편적인 방식을 다루어 보기로 하자.[18]

발단 단계

먼저 문제의 발단이 있다. 긴장이 시작되는 단계로서 연역적 설교의 서론에 해당되는 부분이다. 긴장과 갈등을 도입함으로 청중의 일상성을 깨뜨리고그들의 관심을 유발시켜 설교에로 끌어들인다. 연극이나 영화에서 초두에 사건이 터져서 모종의 충돌이나 긴장이 발생함으로 청중을 극 속으로 끌어들이는 것과 마찬가지이다. 이것은 말하자면 청중에게 가려움증itch을 던져 주는 것이다.

유진 로리는 청중의 관심을 유발시키기 위해서는 모호성이 중요하다고 한다. 더 나아가서 두려움이나 불안, 혹은 억압의 감정을 야기시킴으로 청중을 사로잡아야 한다고 한다.[19] 여기서 긴장을 조성할 때 그것이 현실과는 거리가 먼 허구적

---

18) 귀납적 설교의 전개는 다음 여러 형태들이 있다. ①Running the story: 처음부터 이야기를 따라가면서 설교를 진행시키는 형태. ②Delaying the story: 문제 제기를 한 후에 성경 이야기를 소개함으로 해답을 제시하는 형태. ③Suspending the story: 성경 이야기로 시작한 후 중간에 다른 자료를 삽입하고 결말에 가서 다시 성경 이야기로 돌아가는 형태. ④Alternating the story: 성경 이야기를 진행하면서 수시로 다른 예증들을 동원하는 형태. 본 장에서 소개하는 형태는 이야기체 설교의 확립에 상당한 공헌을 한 Eugene L. Lowry 의 *The Homiletical Plot* (Atlanta: John Knox Press, 1980)와, *How to Preach a Parable* (Nashville: Abingdon Press, 1989)을 참조했다. 그 외 Richard L. Eslinger, Narrative & Imagination (Minneapolis: Fortress Press, 1995), 141-74; Eugene, Lowry, "Narrative and Sermonic Plot," ed. Richard Eslinger, *A New Hearing* (Nashville: Abingdon Press, 1987), 64-94를 참조하라.

19) Lowry, *The Homiletical Plot*, 28-30.

인 것이거나 과장적인 것이 되어서는 안 된다. 삶과 밀착된 현실적인 긴장일 때 그것이 청중에 대한 흡인력을 가진다. 또한 그럴 때 설교의 마지막에 복음적인 해답을 제시할 때도 그 해답이 감화력을 발휘할 수 있다. 유진 로리는 "모호함은 단순히 지적인 방식으로 전달되는 것은 아니고 존재론적으로 느끼는 정신적 모호함이다. 그것은 그 순간, 그 장소에서 그들의 존재의 일부분이 된다. 따라서 그 것이 해결이 되고 복음이 선포될 때 그 좋은 소식은 단순히 사람들이 명제적으로 인지하는 것이 아니라 그들이 체험하는 것이 된다."고 한다.[20]

이 단계에서 조심해야 할 것은 결코 긴장에 대한 해답을 암시해서는 안 된다는 것이다. 약간의 방향성만 제시하는 것으로 그쳐야 한다. 연역적 설교에서도 서론에서는 그 날에 다룰 주제를 가리키기만 할 뿐 그에 대한 해답을 미리 다 주어서는 안 되듯이 귀납적 설교에서도 마찬가지이다.

발전 단계

긴장에 대한 이유를 분석하고 전개한다. 긴장과 갈등을 야기하는 감추어져 있는 동인動因과 그 역학 관계를 파헤치는 진단과 분석의 단계이다. 유능한 외과의사가 되기 위해서는 먼저 환부를 정확히 찾아내는 눈이 필요하듯이, 마지막 순간에 제시할 복음이 위력을 발휘하기 위해서는 먼저 긴장의 내재 해 있는 원인을 깊이 있게 분석하며 진단하는 것이 필수적이다. 그러므로 이 단계는 귀납적 설교의 성패를 좌우하는 중심적인 부분이라고 할 수 있다. 우리는 앞 장에서 귀납적 설교의 장점 중의 하나는 성도들의 호기심과 흥미를 유발시키는 것이라고 했다. 성경의 스토리는 교인들이 이미 알고 있는 진부한 것일 수도 있는데 어떻게 흥미를 유발시킬 수 있는가? 그 해답이 이 긴장의 발전 단계에 있다. 이 단계에서 설교자가 주석적 연구나 묵상과 상상력을 최대한 동원하여 갈등의 원인을 깊이 있게 파헤치면 본문의 스토리는 갑자기 참신한 옷을 입고 교인들 앞에 처음 대하는

---

20) Ibid., 33.

생물처럼 꿈틀거리기 시작한다.

갈등의 원인을 진단하고 분석하는 것은 성경적 원리에 근거하여 죄론, 인간론, 관계론 등을 다루는 신학화의 작업이기도 하다. 이러한 진단과 분석을 결코 단순한 몇 마디 서술로 넘어가려고 해서는 안 된다. 예컨대, 다윗이 목욕하는 밧세바를 보며 시험에 빠진 사건을 가지고 '다윗이 여인의 나신에 눈을 고정시켰기 때문에 유혹에 빠졌다. 보는 것이 문제다.'라는 식으로 문제를 단순화시켜서는 안 된다. 더 근본적으로 다윗이 영적으로 나태해졌고, 안일함과 교만에 빠진 것을 빠뜨려서는 안 된다. 복잡한 인간의 상태를 너무 일반화시켜 몇 마디 서술로 묘사하고 넘어가면 귀납적 설교의 묘미를 살릴 수 없다. 또한 진단과 분석을 예화로 처리해 버리고 넘어가는 것도 바람직하지 않다. 예화는 갈등의 원인에 대한 구체적인 묘사는 될 수 있지만 보다 깊은 동기들을 파헤치지 않고 단순히 외형적 행위의 차원으로만 설명해 버리기 쉽다. 로리는 "적절한 분석을 위해서는 행동의 단순성을 넘어서서 원인의 복합성을 추적할 수 있어야 한다."고 한다.[21]

갈등의 원인을 제시하는 것에도 상당한 기술이 요구된다. 설교가 이야기 형식으로 진행되고 있기 때문에 그저 평이한 서술 형식으로 원인을 열거해서는 안 된다. 스토리의 진행 가운데 자연스럽게 표출되거나, 내레이터 형식으로 표현하거나, 등장인물의 마음을 엿보며 그 심리를 묘사하는 식으로 표현하거나, 혹은 등장인물 속에 들어가서 그의 고백적 표현을 통하여 드러내어야 한다.[22]

반전 단계

해결의 실마리를 제시하는 단계이다. 갈등의 원인을 심도 있게 파헤친 것은

---

21) Ibid., 41.
22) 이야기체 설교에서 설교자는 중립적 해설자로 나설 수도 있고, 목격자로 나설 수도 있고, 스토리의 주인공으로 나설 수도 있다. 좀더 세분하면 설교자가 일인칭 주인공이 되는 inside the character, 목격자가 되는 inside the story, 삼인칭 해설자가 되는 about the character, 전능한 해설자가 되는 about the story, 그리고 본문의 이야기를 중지하고 다른 예화를 통해서 교훈을 주는 away from the story 등의 관점을 가질 수 있다.

결국 반전의 단계에서 해답을 줌으로 청중의 가려움을 긁어주기 위한 것scratch이다. 해답은 점진적인 통찰과 단계적인 인식을 통하여 주어지기보다는 갑자기 극적으로 주어지는 것이 효과적이다. 두 번째 단계에서 여러 가지 해답인 듯이 보이는 것들이 암시되고 거부되기를 되풀이하다가 세 번째 단계에서 극적으로 온전한 해결책이 제시되도록 하는 것이다. 그래서 이 단계에서는 청중의 기대를 뒤집는 "아하!" 하는 반전과 놀라움의 요소reversal and surprise가 핵심적이다. 마치 퍼즐게임에서 엉클어진 조각들을 완벽하게 짜맞출 수 있는 중심 되는 조각을 우연히 발견했을 때의 감탄과 같은 것이다. 그럴 때 복음은 청중이 '인지하는 것'이 아니라 '체험하는 것'이 된다.

예수님이 동원하신 이야기들이 좋은 예가 된다. 그 이야기들을 보면 사마리아인의 비유에서 진정한 이웃은 제사장도 아니고 레위인도 아니고 뜻밖에도 유대인들이 경원시하는 사마리아인이었다든지, 탕자의 비유에서 아버지는 뜻밖에도 말도 안 되는 탕자를 목을 안고 울면서 영접하였고 장남은 그것을 이해하지 못하고 불평만 터뜨린다는 식의 반전이 중심적인 요소가 되고 있다.

절정 단계

설교의 주제가 제시되는 단계이다. 청중 스스로 파악한 주제를 설교자가 강조하고 확인하는 것이다. 설교의 주제는 어떤 형태로든지 복음과 연결되어 있으므로 청중은 여기서 복음을 듣게 된다. 앞서의 모든 긴장과 갈등, 그리고 복선을 깐 이야기는 전적으로 여기서 선포되는 복음을 위한 설정이었다. 따라서 네 번째 단계가 귀납적 설교의 클라이맥스를 이루게 된다. 하나님이 예수 그리스도 안에서 행하신 일-복음-은 귀납적이든 연역적이든 막론하고 모든 설교의 클라이맥스가 되어야 한다.

설교의 주제가 논리적 필연성을 가지고 드러나기 위해서는 갈등의 진단과 분석의 단계가 심도 있게 진행되어야 한다. 흔히 이 과정을 적당히 건너뜀으로 설교의 주제가 무게 있게 선포되지 못하는 것을 본다. 로리는 탄탄한 진단과 분석의 과정이 없으면 귀납적 설교에서의 독특한 긴장과 모호성이 흐려진다고 한다. 사건의 진행을 따라가는 설교의 구성이 이야기 형식에 있어서 본질적인 요소인 움직임을 컨트롤하는 데 실패하게 되기 때문이다.[23]

결말 단계

본문의 주제를 청중의 삶에 적용하는 단계이다. 이미 설교 군데군데에서 적용이 주어졌다면 이 단계는 생략할 수도 있다. 연역적 설교에서 결론은 설교의 클라이맥스인 동시에 최종적 적용의 기능을 한다. 이에 반해 귀납적 설교의 클라이맥스는 보다 앞에-반전 단계나 절정 단계-온다. 귀납적 설교의 마지막 단계는 오직 적용을 위한 도전과 권고의 기능만을 감당한다. 즉 결말단계에서 설교자는 "인간 문제에 대한 해결책으로서 복음이 주어졌음을 생각할 때 우리는 무엇을 기대할 수 있으며, 무엇을 행해야 하며, 무엇이 가능할 것인가?"를 물어야 한다.[24]

이 단계에서 삶의 변화의 자리로 초청하는 것은 우리가 복음 안에서 생명과 자유를 누릴 수 있게 되었기 때문이다.

---

23) Lowry, "Narrative and the Sermonic Plot," *A New Hearing Eslinger*, 82.
24) Ibid., 83.

부록 4에 실려 있는 설교 예문을 보고 그 전개 방법을 분석해 보라. 설명, 증명, 적용의 흐름을 중점적으로 관찰하라.

철학자들은 사람의 마음을 토론장과 같이 여기게 하지만
사실은 토론장이 아니라 화랑이다.
맥닐 딕슨

10장

예화

디지털 시대의 영상 설교

성경 인용만 많으면 성경적인 설교일까? 마태복음 몇 장 몇 절, 이사야서 몇 장 몇 절……성경은 쉴 새 없이 인용하는데 마음에는 전혀 와 닿지 않는 것은 왜 일까? 그런가 하면 포드, 슈바이처, 링컨, 심지어는 공자, 맹자까지 줄줄이 인용하는 명사열전 같은 설교도 있다. 성경만 이야기해서 괴롭고, 성경을 이야기하지 않아서 괴롭고. 성경과 현실을 균형 있게 접목시키는 산뜻한 방식은 없는 것일까?

해답은 적절한 예화 사용에 있다. 예화는 단순히 설교를 재미있게 만드는 양념과 같은 이야기가 아니다. 예화는 성경적 진리가 현실에서는 어떻게 적용되는지를 보여주는 창문과 같은 것이다. 학생들은 수학 공식만 달달 외워서는 아무 소용이 없다. 그 공식이 실전에서는 어떻게 사용될 수 있는지를 보여주는 응용문제 풀이가 중요하다. 공식과 같은 성경적 진리가 실제 삶에도 먹힐 수 있다는 것을 보여주는 응용문제 풀이가 바로 예화이다. 당신의 설교가 다음과 같은 증후군을 띠지는 않는가?

- 좋은 소리이기는 하지만 늘 허공을 맴돌기만 한다.
- 지루하고 따분하고 재미가 없다.
- 공자 왈 맹자 왈 하는 상투적인 소리만 반복된다.
- 지식은 많은데 삶은 없다.

그렇다면 원인은 하나, 당신의 설교는 예화 사용에 문제가 있기 때문이다.

설교에는 다양한 보조 자료가 사용된다. 보조 자료는 설교자의 논증을 효과적으로 뒷받침할 뿐 아니라 그것을 청중에게 설득력 있게 제시하는 데 매우 유용한 도구이다. 보조 자료로 사용될 수 있는 재료들은 예화나, 간증, 각종 통계자료, 시, 문학작품, 인용문 등 다양하다. 그러나 설교학 분야에서는 이러한 보조 자료를 통상적으로 '예화'라는 제목하에서 다루고 있으므로 우리도 독자에게 친근한 용어로써 논의하고자 한다.

예화는 우군인가 적군인가?

설교자들 가운데 종종 예화 사용을 반대하는 사람들이 있다. 신학자 지오프리 브로밀리는 "나는 예화를 좋아하지 않는다. 왜냐하면 사람들이 설교의 핵심을 놓쳐버리고 예화만을 기억하는 경우를 많이 보기 때문이다."라고 말한다. 그렇게 되는 것은 설교자가 예화를 잘못 사용했기 때문이다. 예화의 목적을 바로 알고 제대로 사용하면 그것은 사람들이 설교의 핵심을 붙드는데 큰 도움을 준다. 잘못된 경우가 있다고 해서 예화 자체를 반대하는 것은 생선에 가시가 있다고 해서 생선을 통째로 내다버리는 것과 같다.

우선 성경의 기술 방법을 보라. 성경은 진리를 계시함에 있어 구체적인 사건이나, 스토리, 예증, 은유적 표현들을 수없이 동원한다. 이런 보조 자료들을 통해 신적인 진리를 논증하는 것이 성경의 방식이다. 예수님은 "이 모든 것을 무리에게 비유로 말씀하시고 비유가 아니면 아무것도 말씀하지 아니하셨다"마 13:34.

더 근원적으로 성육의 의미를 생각해 보라. 태초부터 계신 진리가 몸을 입고 땅에 임했다. 예수께서 연약함과 죄성을 짊어져야 하는 위험을 무릅쓰고 성육하심은 그렇게 함으로써 친히 참 하나님을 인생에게 보여주기 위해서였다. 설교는 말씀의 성육하심이다. 신적인 진리를 인간의 언어와 사상으로 표현하는 것이다. 이 성육의 연장선상에 예화가 있다. 예화는 신적인 명제에 인간적인 삶과 체험의 옷을 입히는 것이다. 때로는 흠결과 모순이 그 속에 스며들 수도 있지만 그것은 여전히 연약한 청중에게 진리를 납득시키는 선택된 방식이다. 예화는 진리를 하늘에서부터 땅으로 끌어내려 사람들에게 보여주고 체험케 하는 소중한 도구인 것이다.

역사적으로 볼 때도 예화는 항상 강단을 떠나지 않았다. 4~5세기의 위대한 교부인 크리소스톰, 어거스틴, 암브로우스 같은 이들은 예화를 즐겨 사용했다. 중세 설교의 특징 중 하나는 '*exempla*'의 사용인데 이것은 지금의 예화와 같은 것이다.[1] 그러나 중세 설교자들은 갈수록 성경 강해는 뒷전으로 제쳐 두고 *exempla*에만 치우치게 됨으로 결국 이것이 종교개혁시대에 이르러 '오직 성경으로!'라고 하는 개혁의 한 요인으로 작용하게 된다. 청교도들의 설교에도 비유나 풍유적인 설명이 넘쳐난다. 신앙인의 삶을 천성을 향한 험난한 여정으로 비유한 존 번연의 『천로역정』은 그 대표적인 예라고 하겠다. 근대 이전까지의 설교자들이 이야기나, 은유, 상징, 유추, 비유 등의 다양한 형태를 통해서 청중에게 다가갔다면 19세기 말부터 설교자들은 그 모든 다양한 도구들을 '예화'라고 하는 하나의 범주 속에 묶어서 사용하는 차이를 보인다.[2]

현대의 발전된 커뮤니케이션 이론은 설교자들에게 예화 사용의 과학적 근거를 제공한다. 대중연설에서 연사는 추상적인 원리를 그대로 전하기보다는 그것

---

1) John R. W. Stott, *Between Two Worlds*, 237.
2) 토마스 롱은 이것을 설교의 목적에 대한 이해가 달라졌기 때문이라고 한다. 근대 이전까지만 해도 설교는 다양한 수사학적 도구들을 통해서 청중을 '설득'하는 것으로 여겨졌으나, 19세기말부터는 설교는 청중이 납득하도록 진리를 '설명'하는 것으로 이해되고 있다는 것이다. Thomas Long, *The Witness of Preaching*, 157-59.

을 구체화, 영상화시켜 전할 때 훨씬 더 효과적인 커뮤니케이션을 이룰 수 있다는 것이 다양한 실험을 통해서 증명되고 있다. 즉, 삶의 정황이나, 구체적 삶의 이야기, 체험 중심의 메시지, 이야기체 전달, 일차적 경험, 삶의 예화, 생생한 체험 등으로 아이디어를 표현할 때 의미전달은 훨씬 더 큰 수용성을 가진다는 것이다.[3] 인터넷, 영화 등으로 대표되는 현대는 이미 '듣는 문화'에서 '보는 문화'로 전이된 시대이다. 문학이나 소설 등의 활동은 갈수록 위축되어 가고 있다. 그러므로 이 시대를 사는 설교자들이 청중을 진정으로 파트너로 생각한다면 예화는 더 이상 그들에게 하나의 장식물로 이해되어서는 안된다. 그것은 진리를 효과적으로 전달하기 위한 설교의 필수적인 요소이다.

예화의 기능

논점의 명료화

예화는 설교자가 강조하고자 하는 논점을 선명하게 해 준다. 때때로 청중에게는 설교의 흐름을 이해하고 따라가는 것이 힘이 들 때가 있다. 설교를 듣는 것은 책을 읽는 것과는 다르다. 글을 읽을 때는 이해가 되지 않으면 앞장으로 돌아갈 수 있으나 설교는 되씹어볼 틈도 없이 계속적으로 흘러갈 뿐이다. 그럴 때 예화를 사용하면 설교자의 논점을 청중에게 쉽고도 분명하게 이해시킬 수 있다.[4]

예화는 진리를 교묘하게 재진술하는 것이다. 예를 들어, 예수님이 죄인과 세리들을 영접할 때 바리새인이나 서기관들은 그런 행위를 비난했다. 그 때 예수님이 그들을 가르치기 위해 즉각 동원한 것은 바로 잃어버린 양의 이야기, 잃어버린 드라크마의 이야기, 잃어버린 아들의 이야기와 같은 비유였다. 이렇게 함으로써 예수님은 잃어버린 자를 찾는 것이 하나님의 뜻임을 모든 청중들에게 선명하게 드러내셨다. 어두운 밤에 손전등을 켜면 숨겨진 부분이환하게 드러나듯이 예

---

3) Bryan Chapell, *Christ-Centered Preaching*, 172f.
4) Jerry Vines, *A Practical Guide to Sermon Preparation* (Chicago: Moody Press, 1985), 131-32.

화도 논점을 환하게 비추어 준다.

그런 의미에서 예화는 집의 창문과 같다. '예화를 들다'는 영어 illustrate는 '빛을 비춘다'는 illumine과 동일한 어원에서 왔다. 예화가 창문과 같다는 말은 17세기 영국의 역사가인 토마스 풀러가 처음 사용한 것이다. 풀러는 "논리는 설교라는 구조물에 있어서 기둥과 같고, 직유는 빛이 잘 들어오게 하는 창문과 같다."고 했다. 스펄전은 이 말을 받아서 다음과 같이 부연한다. "창문을 만드는 첫 번째 이유는 풀러가 말한 대로 빛이 들어오게 하는 것이다. 비유나, 직유나, 은유는 그런 효과가 있다. 따라서 우리는 주제를 예증illustrate하기 위해, 달리 말하면 주제에 빛을 비추기 위해 그것들을 사용한다. 그것이 존슨 박사가 풀이한 대로 illustrate라는 말의 어원적 의미이다."[5]

효과적 증명

예화는 설교의 핵심을 설득력 있게 증명한다. 예화는 추상적인 논리나 명제적인 진술을 구체적인 그림으로 보여 준다. 언어로 그린 그림이 예화이다. 헬무트 틸리케는 자신의 비유설교집 제목을 『하나님의 그림책』Das Bilderbuch Gottes으로 명명했다. 존 스토트는 이렇게 말한다. "예화는 추상적인 것을 구체적으로, 고대를 현대로, 낯선 것을 친근한 것으로, 일반적인 것을 특별한 것으로, 모호한 것을 분명한 것으로, 비실제적인 것을 실제적인 것으로, 불가시적인 것을 가시적인 것으로 바꾼다."[6] 존 헨리 조웨트는 바울의 선교 여정을 이렇게 표현한다. "나는 언젠가 눈밭을 가로질러 피를 흘리며 지나간 산토끼의 발자국을 보았습니다. 그것은 유럽 천지를 가로질러 건너간 바울의 발자국이었습니다."[7] 그럴 때 청중은 암흑 대륙 유럽을 가로질러 간 바울의 고고한 발자취를 눈으로 보는 듯이 떠올리게 된다. 이렇게 진리를 형상화함으로 예화는 우리를 체험의 세계로 인도한다. 인간은

5) Spurgeon, *Lectures to My students* , 원광연 역, 『스펄전 설교론』(크리스찬 다이제스트, 2003), 552.
6) John Stott, *Between Two Worlds*, 239.
7) J. Daniel Baumann, 『현대 설교학 입문』, 245.

듣기만 하는 것보다는 체험을 통하여 가장 확실하게 배운다. 예화는 간접적이기는 하지만 청중으로 하여금 진리를 체험케 함으로써 설교의 핵심적 교훈을 체득하게 한다.

예화는 또한 설교자가 교인들의 감성에 호소하는 데 도움을 준다. 설교는 청중의 지정의 모두를 타깃으로 하는 전인적 호소가 되어야 한다. 그런데 청중의 감성에 호소하는 것은 논리적인 진술만으로는 부족하다. 훈훈한 삶의 이야기 등을 통하여 청중의 마음에 뭉클한 감동을 주어야 한다. 유명한 부흥사 드와이트 무디는 교육을 제대로 받지도 못했고 신학적 지식도 보잘것없었지만 예화를 통하여 사람들의 마음을 움직이는 법을 알고 있었다. 이것은 스펄전이나, 필립 브룩스, 빌리 그레이엄 같은 대설교자들에게도 마찬가지이다. 때로는 메마를 수도 있는 진리가 생기를 띠고 호흡하기 시작하는 것은 감동적인 이야기를 통해서이다. 성경적인 진리와 함께 감동적인 예화가 증거될 때 청중의 머릿속을 맴돌던 진리는 어느 사이에 심장으로 파고들어 불꽃같이 타오르게 된다.

설교는 단순히 전파되기 위해 존재하는 것이 아니라 청중들을 변화시키기위해 존재하는 것이다. 예화가 청중을 변화시키는 데 의미 있는 역할을 할 수 있다면 예화는 더 이상 설교자에게 하나의 선택사항이 아니라 필수적인 것이다. 커버넌트 신학교의 설교학 교수인 브라이언 채플은 한때 예화가 교인들에게 흥미를 주는 것 외에는 달리 유익이 없다고 생각했다고 한다. 그러나 목회하면서 그의 생각이 달라졌다. 교인들은 추상적 진리를 자기 것으로 붙잡기 위해서 구체적인 예증을 갈망한다는 것을 발견하게 되었다. 예화란 단순히 강해를 돕는 지적 보조물이 아니라는 사실을 깨달았다는 것이다. 그의 말을 들어보라. "하나님의 말씀에 대한 전인적인 이해를 가능케 한다는 의미에서 예화가 성경을 해석한다. 손쉽게 흥미를 자극하기 때문이 아니라 본문에 대한 우리의 이해를 넓혀 주고 깊게 해 주기 때문에 예화는 효과적인 강해를 위해 서 필수적인 것이다."[8] 프린스턴

---

8) Chapell, *Christ-Centered Preaching*, 166.

신학교의 설교학 교수였던 토머스 롱도 "예화가 '말씀의 창문'이 될 수 있지만 그러나 그것들이 또한 말씀과 대면하고, 말씀을 분별하고, 발견하고, 경험하는 무대가 될 수도 있다."고 한다.[9] 즉 청중이 말씀을 '마음으로' 해석하고 '마음으로' 받아들이게 하는 것이 예화이다.

설교에서 예화를 위시하여 은유적인 표현이나, 비유나, 상징 등과 같은 보조자료들을 잘 활용하기 위해서는 설교자에게 무엇보다 상상력이 요구된다. 명제적인 진리를 취하여 창조적인 영상으로 재구성하기 위해서는 상상력이 있어야한다. 윗셀은 예술과 상상의 관계를 이렇게 말한다. "상상력은 하나님의 속성을 닮은 인간의 잠재력을 가장 뚜렷이 보여주는 것이다. 그것은 모든 창조적인 활동에 있어서 없어서는 안 될 역할을 한다. 시인, 소설가, 극작가, 음악가, 화가, 조각가, 건축가 등등의 모든 사람들에게 상상의 사용이 없다면 그들은 심각한 장애자가 되고 말 것이다."[10] 헨리 비처도 그의 다섯번째 예일 강좌에서 상상의 중요성을 다음과 같이 말했다. "당신의 설교가 능력과 성공을 얻기 위해서 의존해야 할 첫 번째 요소가 상상력이라는 것을 알면 당신은 놀랄 것이다. 나는 그것이 설교자를 만드는 가장 중요한 요소라고 생각한다." 그는 이어서 상상력에 대해 이렇게 정의한다. "상상력은 보이지 않는 것들을 이해하고 그것을 마치 다른 사람들에게 보이는 것같이 제시할 수 있는 능력이다."[11]

조나단 에드워즈의 '하나님의 진노의 손안에 있는 죄인들'Sinners in the hands of an angry God이라는 설교는 지금까지 많은 사람들에게 명설교로 기억되고 있다. 그는 이 설교에서 죄인들을 화염덩이 위에 매달려 있는 거미로 묘사한다.

당신은 가느다란 실에 매달려 있을 뿐입니다. 하나님의 진노의 불이 맹렬히 타오르고 있

9) Thomas Long, *The Witness of Preaching*, 160.
10) Farris D. Whitsell, *Power in Expository Preaching* (Westwood, N.J.: Revell, 1963), 103.
11) Henry Beecher, *Lectures on Preaching : Personal Elements in Preaching, in preaching, the 1872 Yale Lectures* (Nelson, 1872), 127, 134.

습니다. 그 불은 이미 당신의 털을 그슬리고 금방 모든 것을 삼키려고 순간순간 번져오고 있습니다. 그러나 당신은 아무것도 붙들 것이 없습니다. 어떤 것도 그 진노의 불꽃으로부터 당신을 건져주지 못합니다. 당신에게 속한 그 어떤 것도, 당신이 과거에 한 그 어떤 일도, 당신이 할 수 있는 그 어떤 일도, 단 한순간도, 하나님의 진노로부터 당신을 구해낼 수 없습니다.

사람들은 이 설교를 들으면서 지옥문이 열리고 유황불이 뭉게뭉게 피어오르는 것을 느꼈다고 한다. 지옥에 떨어지지 않으려고 의자에 매달려 벌벌 떨었다고 한다. 너무나도 생생한 감각적 묘사가 뭇 심령을 강타한 것이다. 이 예화를 통해 청중의 마음을 움직인 것은 근본적으로는 성령의 능력이지만 성령은 상상력을 통로로 해서 역사하신 것이다.

적용의 구체화

예화는 설교의 적용에 구체성과 실제성을 더해 준다. 메시지를 삶에 적용시킬 때 '이렇게 하라', '저렇게 하라'고 세부적으로 요청할 수 있으나 적절한 예화를 통해서 그 모두를 함축할 수 있다. 이야기를 상세히 묘사할 때 그 하나하나가 청중에게는 책망이 되기도 하고 격려가 되기도 한다. 예를 들어 예수님은 이웃 사랑에 대해 설교하시면서 선한 사마리아 사람의 예화를 드신다. 사마리아 사람이 편견을 무릅쓰고 강도 만난 자에게 다가가서 자신을 희생하면서 지속적으로 돌보는 얘기는 그 하나하나가 이웃 사랑을 어떻게 해야할지를 가르쳐 주는 적용점이 된다. 특히 설교자가 교인들에게 부담이 될 수 있는 적용을 가지고 도전해야 할 때에는 예화를 통한 간접적인 방식을 사용하는 것이 지혜로운 방법이다.

---

12) James W. Cox, Preaching (San Francisco: Harper & Row Publishers, 1985), 186ff; Stuart Briscoe, "Filling the Sermon with Interest," ed. Bill Hybels, Stuart Briscoe, Haddon Robinson, *Mastering Contemporary Preaching* (Portland: Multnomah Press, 1989), 73ff.

청중의 흥미 유발

예화는 청중의 관심과 흥미를 유발시킴으로 그들을 설교로 집중하게 한다.[12]

설교를 제대로 듣는 것은 상당한 주의 집중과 인내를 요하는 힘든 일이다. 그럴 때 예화는 청중의 긴장을 이완시켜 준다. 셰익스피어의 비극에도 중간중간에 코미디가 나온다. 비극만 계속된다면 골치가 아파서 볼 수 없을 것이다. 코미디가 뒤이어 나올 비극적인 클라이맥스를 위해 필요하듯이 예화도 팽팽한 청중의 긴장의 끈을 풀게 해 준다. 한번 웃음을 터뜨리고 나면 설교자는 손쉽게 청중의 시선을 자신에게로 집중시켜 다음의 강조점을 향해 끌어갈 수 있다.

우리는 어린 시절 잠자리에서 "할머니, 옛날 얘기 하나 해 주세요." 하고 졸라대던 경험을 다 가지고 있다. 어린이뿐 아니라 어른들도 마찬가지이다. 이야기를 좋아하는 것은 인간의 본능이다. 교인들은 졸다가도 목사가 "여러분, 저는 지난 주간에 이런 일을 당했습니다." 하면 모두가 고개를 번쩍 든다. 이것을 꼭 부정적으로 볼 필요는 없다. 아무리 중요한 진리라도 전달되지 않으면 무슨 소용이 있겠는가? 예화가 흥미 자체를 목적으로 하면 안 되지만 효과적인 전달을 위한 방편으로 사용한다면 그것은 유익한 것이다. 예화는 건빵 속에 섞여 있는 별사탕과 같고, 호박죽 속에 있는 새알과도 같다.[13]

메시지의 수용성 제고

예화는 설교자와 교인들간의 갭을 줄인다. 교인들은 설교를 들으면서 '목사는 이 세상의 삶을 너무 모른다.'고 느낄 때가 많다. 목사가 어려운 성경 해석에만 집착할 때 교인들은 그의 말을 부정하지는 않겠지만 현실이 어떻게 돌아가는지는

---

12) James W. Cox, Preaching (San Francisco: Harper & Row Publishers, 1985), 186ff; Stuart Briscoe, "Filling the Sermon with Interest," ed. Bill Hybels, Stuart Briscoe, Haddon Robinson, *Mastering Contemporary Preaching* (Portland: Multnomah Press, 1989), 73ff.

13) 로빈손은 예화를 오트밀 속의 건포도와 같다고 한다. Haddon Robinson, "Raisins in the Oatmeal: The Art of Illustration," ed. James D. Berkley, *Preaching to Convince* (Carol Stream, Illinois: Word Books, 1986), 93.

전혀 알지 못하는 목사에게서 거리감을 느낄 것이다. 주변 얘기와 같은 예화를 통해서 이 갭을 어느 정도 줄일 수 있다. '목사도 우리와 같은 세상에 살고 있구나.' 하는 것을 느낄 때 교인들은 마음 문을 열게 되며 그의 메시지는 거부감 없이 받아들여진다.

예화의 종류

설교자가 활용할 수 있는 보조 자료는 다양하다.

성경 이야기. 한 사제가 런던의 주교 만델 크레이튼Mandell Creighton에게 좋은 예화집을 한 권 소개해 달라고 하자 엽서에 단 두 마디가 쓰인 회신이 왔다. "The Bible."[14] 성경은 예화의 보고이다. 하나님의 사랑을 증거할 때 호세아와 고멜의 사랑 이야기를 든다든지, 탐욕의 결과를 말하면서 아간을 예로 들 수 있다. 이런 예화는 아무도 이의를 달지 못하는 성경적 권위가 큰 무기이다. 그러나 다 아는 얘기임으로 신선도는 덜할 수 있다.

성경 인물을 예로 들 때는 그 인물의 제한성을 명심해야 한다. 예를 들어 큰 믿음의 예증으로서 아브라함을 든다고 하자. 설교자는 아브라함이 믿음의 조상이라고 추켜세우면서 그가 마치 완벽한 삶을 살았던 것같이 증거하기 쉽다. 그러나 그도 두려움 때문에 아내를 누이라고 속인 일이 있다는 것을 아는 교인들은 목사의 말에 혼란을 느낄 것이다. 그러므로 성경 인물을 예로 들 때는 그 인물의 한계도 한두 마디 언급하는 것이 필요하다.

역사적 사건. 역사는 언제나 강력하고 설득력 있는 교훈을 준다. 부패와 타락의 종국을 설교할 때 폼베이의 최후를 예로 든다면 실감나는 교훈이 된다. 그러

---

14) John Stott, *Between Two Worlds*, 236.

나 해석이 분분할 수 있는 사건은 피하는 것이 좋다. 만일 한국 역사의 부정적인 면을 말하기 위해 우리나라 전직 대통령을 예로 든다면 그것은 위험 부담이 크다. 설교자와 견해를 달리하는 교인들이 얼마든지 있을 수 있기 때문이다. 예화는 어디까지나 설교의 핵심적 진술을 뒷받침하기 위한 보조자료에 불과한데 그것이 오히려 논쟁을 유발시켜 설교의 핵심을 흐려놓는다면 그런 예화는 들지 않는 편이 백 번 낫다.

인물 전기 . 인물의 전기는 청중에게 감동을 줄 수 있는 좋은 재료가 된다. 인물 전기는 유명한 설교자 헨리 포스딕이 즐겨 사용했고, 로이드 존스도 청교도시대나 교회의 부흥 시대의 인물들에 얽힌 일화를 자주 소개했다. 역사적 인물임으로 인용에 권위가 있고, 또한 실재적 삶의 이야기임으로 도전을 준다. 그러나 위인들을 너무 쉽게 인용함으로 영적 이상주의에 흐르게 되면 오히려 역기능을 초래할 수도 있다. 바운즈나 찰스 시메온, 조지 뮐러 같은 사람들의 기도생활을 너무 쉽게 보편화시켜 강조하다 보면 교인들에게 나는 절대로 그런 경지에 이를 수 없을 것이라고 하는 괴리감을 안겨 줄 수 있다.

그러므로 위인들을 인용할 때는 그들의 승리뿐만 아니라 실패도 함께 소개하는 것이 좋다. '설교자의 왕자'라고 하는 스펄전 목사는 요한복음 3:16을 그저 한 번 읽었을 뿐인데 어떤 사람이 강당에서 음향시설을 점검하다가 그 소리를 듣고는 바로 그 자리에서 회심한 사건이 있었다고 한다. 스펄전의 위대함을 강조하면서 그런 일화만 소개하면 많은 목사들은 나는 죽었다 깨어도 그렇게 할 수는 없을 것이라는 절망감만 느낄 것이다. 그러나 그런 스펄전도 때로는 영적인 침체에 빠져 고통할 때가 있었다. 1866년 어느 날 그는 설교 중에 이렇게 토로했던 적이 있다. "내 영혼은 너무나도 무서운 침체에 빠져 있습니다. 당신들 어느 누구도 이와 같은 철저한 실패에 직면치 않기를 정말 간절히 바랍니다."[15] 그럴 뿐 아니라

---

15) Stott, Ibid., 333.

그는 어떤 때는 주일 아침까지 설교 본문을 정하지 못해 전전긍긍할 때도 있었다고 한다. 이런 일화도 겸하여 소개하면 아마 많은 목사들은 소망 가운데 두 주먹을 불끈 쥐게 될 것이다. 성경은 엘리야의 놀라운 기적을 소개하면서도 그도 우리와 성정이 꼭 같은 사람이었다는 말을 빠뜨리지 않는다.

자연 현상, 과학적 소재. 자연 현상이나 과학적 소재들은 청중에게 흥미를 더하여 준다. 청중은 알지 못했던 새로운 사실을 깨닫는 재미에 솔깃하게 된다. 욥과 그의 세 친구들이 고난의 이유에 대해 끝없는 설전을 계속할 때 하나님께서 마지막으로 동원하신 것은 우주와 이 세상에 가득한 동식물들의 역동적인 삶이었다. 묘성과 삼성과 열두 궁성의 오묘한 운행, 새끼를 치는 산염소, 자유롭게 뛰어다니는 들나귀, 미련한 타조의 우스꽝스러움, 강철 같은 악어의 사나움, 하나님께서 그 모두를 지으시고 생명을 주시고 인도하고 계심을 설파하자 욥은 그 자리에서 하나님의 높으신 주재권을 인정하며 꼬꾸라지지 않을 수 없었다. 현존하는 영향력 있는 기독교 작가인 필립 얀시는 자주 동식물을 위시하여 신묘막측한 자연 현상을 동원하여 자신의 논증을 설득력 있게 펼쳐가는 것을 본다. 그와 같은 재료를 사용하면 설교자는 영적인 진리가 보편적인 자연 현상에도 적용됨을 보여줌으로 상당한 설득력을 가지게 된다.

통계 자료. "작년 통계를 보니 남자 대학생들의 65%, 여자 대학생의 35%가 혼전 성경험을 아무 문제가 없는 것으로 생각한다고 합니다." 이런 통계 자료의 인용은 설교자의 진술을 강력하게 뒷받침한다. 또한 현실감, 위기감을 고조시켜 청중을 사로잡는 흡인력을 가진다. 통계는 짧고 압축된 내용의 정보를 담고 있다. 따라서 한 번에 너무 많은 양의 통계를 제시하면 청중이 그것을 다 소화하지 못하기 때문에 효과가 반감된다. 경우에 따라서는 지나치게 상세하고 복잡한 자료도 인용의 효과를 반감시킨다. "작년의 기독교 인구는 8,974,356명이었습니다."라고 할 때 뒤의 몇 자리 수는 별 의미가 없다. 그저 890만이라고 소개하면 될 것이다.

그러나 숫자의 증감을 소개하는 것같이 정확성이 요구되는 통계에 대해서는 마지막 한 자리까지 정확하게 인용해야 한다. 한국 교회는 종종 교인수 통계의 거품 때문에 그 정직성을 의심받을 때가 있는데 설교에서는 그런 잘못을 범하지 말아야 한다. 자료의 출처도 분명하게 밝히는 것이 옳다. 마크 트웨인은 "세 종류의 거짓말이 있다. 흰 거짓말과, 검은 거짓말과, 그리고 통계이다."라고 했다. "통계는 결코 거짓말하지 않는다. 그러나 거짓말쟁이는 항상 통계를 이용한다."라는 속담도 있다. 설교자가 정확하지 않은 통계를 인용한다면, 그리고 청중이 그것을 안다면, 이 후의 그의 설교는 전혀 설득력을 가지지 못할 뿐 아니라 그의 인격마저 의심받게 된다는 것을 명심해야 한다.

시, 문학 작품. "시나 문학 작품은 설교자의 진술에 아름다움과 매력을 안겨준다. 특히 젊은이들에게는 더 큰 호소력을 가진다. "체념과 절망의 나락으로 빠져들어가던 한 영혼을 흑암에서 건진 것은 바로 신부의 이 한마디였다. '그 촛대는 내가 그에게 준 것입니다.'" 하는 장발장의 한 구절은 용서의 위대함을 설교할 때는 적격일 것이다. 시나 문학 작품의 인용은 그것을 처음 대하는 사람에게는 신선한 충격을 주며, 이미 읽은 일이 있는 사람에게는 그 때 그 감동을 되살림으로 설교자와의 호흡의 일치를 꾀할 수 있다.

시를 인용할 때는 수준 있는 시여야지, 아마추어 수준의 시를 아무 것이나 시라고 인용하면 잘못하면 웃음거리가 될 수 있다. 너무 긴 시를 인용하는 것도 설교 시간은 시 낭송회가 아니기 때문에 삼가야 한다. 이왕 시를 인용하려면 가능한 한 설교자가 그것을 외워서 안 보고 낭송하는 것이 좀더 극적 효과를 기할 수 있다.

인용문. "정곡을 찌르는 유명인의 말 한마디를 끌어오는 것은 설교자의 진술에 권위와 선명성을 더해 준다. 인용문은 짧으면서도 강조점을 선명히 하는 장점이 있다. 믿음에는 불가능이 없다는 것을 강조할 때는 케네디 대통령의 다음과 같은 말 한마디를 인용하면 효과적이다. "사람들은 어째서 그런 놀라운 일이 일어날 수 있었을까를 묻습니다. 그러나 나는 어째서 다른 사람들은 그런 놀라운 일을 일으킬 수 없었을까를 묻습니다."

설교자가 단순히 자신의 강조점에 힘을 싣기 위해서라면 인용문의 출처를 밝히지 않아도 된다. 그러나 출처를 밝힘으로 권위나 선명성이 더 분명해질 것 같을 때는 간단하게 밝히면 된다. 인용문은 일반적으로 존경받는 사람의 말을 끌어와야 한다. "아돌프 히틀러는 이렇게 말했습니다."라고 하면 교인들은 왜 하필 그 사람이냐고 의아해 할 것이다. 종종 공자를 인용하고 불경을 인용하는 설교자를 보는데 그것은 어리석은 짓이다. 성경에 공자만큼, 불경만큼 적절하고 권위 있는 말씀이 없어서 하필 다른 종교의 경전을 인용하는가?

주변 삶의 이야기. 신문이나, 잡지, TV 뉴스 등을 통해서 얻는 주변 삶의 이야기가 예화의 주요 소재가 된다. 이것은 위인들의 전기나 역사적 사건의 인용보다 권위는 덜하지만 청중에게는 친근감과 일체감을 줄 수 있는 소재로 감화력이 크다. 우리가 앞서 살핀 대로 예화를 '성육한 말씀'이라고 한다면 이런 주변 삶의 이야기가 그런 개념에 가장 잘 부합한다. 추상적일 수 있는 원리를 구체적 삶의 이야기로 예증을 들면 청중은 설교자의 진술이 금방이라도 손에 잡힐 듯이 다가옴을 느끼게 된다.

포드의 말을 들어 보라. "단테나, 듀마, 도스토예프스키, 디킨스 등으로부터 인용하는 것은 인상적일 수는 있지만, 회중이 가장 쉽게 귀를 기울이는 것은 최근에 주변에서 설교자 자신이 직접 보고 들은 사물이나, 사건이나, 사람들의 말 등이다. 이웃에 있는 버려진 집이나, 최근의 지진의 여파, 지역의 화초박람회, 상영되고 있는 영화 등에서 끌어낸 예화가 가장 유용하다."[16] 제임스 스튜어트는 보다

---

16) D. W. Cleverley Ford, *The Ministry of the Word* (Grand Rapids: Eerdmans, 1979), 204.

직설적으로 말한다. "설교에 쓰일 예화를 모은 대형전집은 파산한 지성의 최후 도피처이다. 가장 좋은 예화는 당신 자신의 독서와 관찰의 수확에서 얻은 것들이다. 그것은 설교자 자신이 모은 명 예화집이 된다."[17] 이런 주변의 이야기는 청중들이 자신의 삶과 바로 비교할 수 있으므로 구체적인 적용에도 도움이 된다.

설교자의 간증. 설교자 자신의 간증은 강력한 감화력을 발휘한다. 그것은 가장 독창적이며 가장 가깝고 친근한 얘기임으로 청중들에게 깊은 인상을 남길 수 있다. 청중은 진리도 중요하나 그 진리를 안고 씨름하는 설교자의 인간적인 면에 더 큰 영향을 받는다.[18]

간증은 자기 자랑같이 들리지 않도록 주의해야 한다. 설교자가 자신의 실수나 약점을 고백하는 것은 솔직하다는 점에서 점수를 얻을 수 있으나, 그런 류의 간증이 너무 잦아지면 목사로서의 영적 권위에 손상이 올 수 있다. 교인들이 '목사나 우리나 다를 바가 없구나.' 하기 시작하면 목사는 설 자리를 잃게 된다. 또한 간증을 하면서 본의 아니게 다른 사람의 부정적인 면을 묘사할 때가 있는데 그렇게 함으로 그 사람을 비하하지 않도록 조심해야 한다.

시청각 자료. 영상매체에 길들여진 현대인을 위해서 때때로 동원해 볼 수 있는 것이 시청각 자료이다. "듣는 귀와 보는 눈은 다 여호와의 지으신 것이니라."잠언 20:12는 말씀과 같이 진리를 듣게만 하는 것이 아니라 보게 하는 것도 필요하다. 연구조사에 의하면 시청각 자료를 적절히 활용하면 말로만 하는 것보다 강의 내용을 전달하는 데 시간적으로도 13%를 절약할 수 있고 학습효과도 300%까지 증가한다고 한다. 메시지를 전한 지 3일 후에 교인들이 얼마나 기억하는지 조사해 보았더니 메시지를 듣기만 한 경우에는 그것의 10%를 기억하고, 보기만 한 경우

17) James S. Stewart, *Preaching* (London: The English Universities Press, Ltd., 1955), 126.
18) Fred B. Craddock, *Preaching* (Nashville: Abingdon Press, 1985), 208-09.

20%를, 보고 들은 경우에는 65%를 기억한다는 연구 보고가 있다.[19]

성경구절을 인용할 때나, 본문의 지리적, 문화적 배경을 설명할 때, 혹은 본문의 구조를 설명할 때 그것을 영상으로 보여주면 효과가 있다. 시청각 자료를 준비할 때는 글씨체나 색상에 유의해서 깔끔하게 첨단을 갈 수 있도록 해야 한다. 지저분하고 어수선한 인상을 준다면 하지 않는 것만 못하다. 또 시청각 자료에 과도하게 의존하는 것은 삼가야 한다. 어떤 목사는 새벽기도시간에도 시청각 자료를 사용하는데 그것은 과용이다. 자주 시청각 자료를 사용하는 것이 설교의 흐름을 끊을 수 있으며, 청중의 시선을 목사에게서 스크린으로 옮겨버릴 위험이 있다.

그러면 예화 사용의 효과를 어떻게 하면 극대화할 수 있는지 살펴보자.

효과적인 예화 사용을 위하여

예화가 목적이 되어서는 안 된다. 예화는 어디까지나 설교의 핵심을 선명하게 하기 위한 보조 자료이다. 따라서 예화로 설교를 끌고 가려고 해서는 안된다. 그것은 객차로 기관차를 끌려고 하는 것과 같다. 해돈 로빈슨은 예화를 무대 위의 연기를 돋보이게 하기 위해 밑에서 비추는 조명에 비유한다. 만약 조명을 관객의 눈을 향해 쏜다면 관객은 눈이 부셔서 진짜 중요한 무대 위의 장면은 하나도 보지 못하게 될 것이다.[20] 예화를 너무 많이, 너무 자주 사용하는 것은 보석을 이곳저곳에 주렁주렁 달고 다니는 여인과 같다. 그것은 아름다움을 더해 주기보다는 오히려 유치하게 보이게 한다.

설교의 핵심을 강화하기 위한 예화가 되어야 한다. 아무리 기발한 이야기이고 유머가 담긴 예화라도 설교의 흐름과 관련이 없으면 하지 않는 것이 좋다. 억

---

19) A. Duane Litfin, *Public Speaking* (Grand Rapids: Baker, 1981), 215.
20) 해돈 로빈슨, 『강해설교』, 169.

지로 관련을 지으려 해서도 안 된다. 영어에서 '예를 든다'illustrate는 것은 타동사이다. 단순히 예를 드는 것이 아니라 무엇을 증명하기 위해서 예증을 드는 것이다. 그 '무엇'이 분명해야 한다.

예화를 사용할 때 군더더기를 붙이지 말라. "이 예화를 찾는 데 정말 고생 많이 했습니다. 온갖 신문, 잡지, 도서관을 다 뒤져서 이 이야기를 찾아내었습니다", "이건 정말 기가 막힌 이야기입니다. 여러분이 이 이야기를 들으면 정말 감동을 받으실 겁니다." 하는 등의 말은 하지 않는 것이 좋다. 그런 말들은 예화에 너무 많은 비중을 두는 듯한 인상을 주며, 설교의 템포를 느리게 한다. 곧바로 예화로 들어가고 곧바로 빠져 나오라.

분명하게 설교의 핵심과 연결시켜 주라. 예화를 드는 설교자의 강조점이 무엇인지 분명하게 드러나지 않는 경우를 종종 본다. 설교자가 우스운 얘기를 하고는 무엇 때문에 그 얘기를 했는지는 밝히지 않고 그냥 넘어가 버리기도 한다. 예화를 끝낼 때는 그 이야기를 통해 설교자가 말하려고 했던 요점을 한번 짚어 주는 것이 좋다. "여러분. 보십시오. 아무리 성경을 잘 알고 신앙 연륜이 오래되어도 기도 없이는 안 되지 않습니까?" 하는 식으로 결론을 맺어 주어야 한다. 청중이 다 알아들었을 것이라고 가정하는 것은 금물이다. 대중을 상대할 때는 언제나 지나치다 싶을 정도로 쉽고, 명확하게, 얘기의 매듭매듭을 분명히 하면서 이끌어 가야 한다.

설교자가 자신의 예화에 대해 흥분하라. 설교자가 흥분되고 고조되지 않으면 청중은 결코 그 얘기에 흥미를 느끼지 않을 것이다. 어떤 예화든 거기에 몰입하라. 감정을 이입시켜라. 설교자가 호들갑을 떨면 청중도 흥분한다. 감정은 전염되는 것이기 때문이다.

설교자는 예화에 담겨 있는 교훈이 확실하고 진실됨을 확신해야 한다. 잔뜩 얘기해 놓고는 "물론 꼭 이렇게 볼 수만 있는 것은 아니겠죠. 저도 꼭 그렇다는 것은 아닙니다."라고 한다면 청중은 저 사람이 무엇을 하는지 어리둥절해 할 것이다. 따라서 예화 선택은 신중히 해야 할 필요가 있다. 설교자는 이 예화가 논쟁이 될 여지는 없겠는지 충분히 검토한 후에 사용해야 한다. 이론의 여지가 없이 선명하게 강조점을 부각시킬 수 있는 예화가 좋다.

예화에 담겨 있는 의미를 과도하게 끌어내려고 하지 말라. 예화는 하나를 말하는데 설교자는 거기서 열을 도출해 내려고 하는 것은 억지이다. 스펄전은 "예화가 당신과 일 마일을 같이 가자고 하는데 억지로 그 두 배를 가자고 요구하지 말라."고 한다. 과장적으로, 무리하게, 그 얘기가 마치 온 진리를 집대성하고 있는 듯이 예화를 오용하면 청중은 오히려 거부감을 갖게 된다.

예화 중에 제삼자를 비판하거나 무시하는 우를 범하지 말라. 얘기 중에 무의식적으로 제 삼자를 비판하거나 부정적으로 거론할 수 있다. 주인공을 추켜세우다가 다른 사람을 비하시킬 수도 있다. 이런 잘못으로 교인들의 마음에 상처를 주지 않도록 주의하라.

부정적인 예화는 최소화하라. 어떤 설교자는 서론에서 자기가 믿음대로 살지 못하고 헤맸던 얘기를 한참 하고는 "자, 이래서는 안 되겠죠? 본문에는 믿음은 반드시 승리한다고 말하고 있습니다."라고 한다. 자신의 실패를 솔직하게 드러내는 것은 좋으나 잘못된 삶을 말하느라 너무 많은 시간을 할애한다. 그런 것은 간단히 언급하고 진짜 믿음으로 승리한 긍정적인 예화를 들어야한다. 설교자 자신이 부부 싸움 한 얘기, 이성에 대해 쏠린 얘기, 누구를 미워한 얘기 등은 잘못하면 설교자의 영적 권위를 손상시킬 수 있으므로 주의해야 한다.

과장하지 말라. 설교자는 은혜를 끼치고 싶은 마음이 앞서서 과장의 유혹을 받을 때가 있다. 그렇게 과장하다 보면 사실이 아닌 것을 말할 수도 있다. 그것은 강단의 윤리 문제이다. 어떤 집사는 담임목사의 주일 오전 예배 설교에 은혜를 많이 받았다. 특히 설교 중의 예화가 감동적이었다. 그 날 오후 예배는 외부 강사가 와서 설교를 했는데 오전에 들었던 예화가 다시 반복되는 것이 아닌가! 더 딱한 것은 같은 이야기인데 두 설교자가 다 자기 교회에서 일어난 일이라면서 말하는 것이었다. 이렇게 사실 관계를 왜곡하는 것은 명백한 거짓말이다.

어디까지가 사실이고 어디까지가 허구인지가 모호한 예화도 많다. 예컨대 이런 것이다.

어떤 사업가가 미국에서 일을 보고 귀국하는데 공항까지 가는 길이 너무 막혀서, '하나님, 비행기 놓치지 않게 해 주십시오.' 하고 기도했습니다. 그런데 기도한 보람도 없이 이 사업가는 그만 비행기를 놓치고 말았습니다. 기도를 들어주지 않았다는 실망감에 하나님을 원망했습니다. 그런데 나중에 알고 보니 그 사람이 타려고 했던 비행기가 중간에 사고로 추락했다는 것입니다. 하나님이 기도를 안 들어준 것입니까? 하나님은 모든 일을 합력하여 선을 이루시는 것을 믿으시기 바랍니다.

문제는 이 예화를 A 목사가 쓸 때는 '어떤 사업가'였다가 B 목사가 쓸 때는 '어떤 교수'로 바뀌기도 하고, 어떤 때는 미국이 되었다가 어떤 때는 영국이 되기도 하는 데 있다. 여객기 추락 사고라면 엄청난 사람들이 죽었을 텐데 언제, 어느 사고에서 그런 일이 있었는지 사건의 출처를 정확히 밝히는 것이 필요하다.

어떤 목사는 "6·25사변이 났을 때 유엔 안전보장이사회에 참석한 소련측 대표가 설사가 나서 화장실에 왔다 갔다 하느라 거부권을 행사하지 못해서 유엔군이 참전하게 되었다."고 하면서 하나님이 우리 민족을 얼마나 사랑하시는지를 역설한다. 그런 터무니없는 얘기를 듣고 초신자들이 교회를 떠나지 않을까 염려된다.

잘못된 예화는 들지 않는 것이 백 번 낫다.

예화 자체에 대해 길게 해명해야 된다면 그런 예화는 피하라. "이 이야기에 대해 여러분 오해하지 마시기를 바랍니다." 등의 말을 해야 한다면 꼭 그 예화를 들 필요가 없다. 예화의 배경에 대해 긴 예비 설명이 필요하다면 그것은 좋은 예화가 아니다.

남의 예화 사용을 조심하라. 우리는 설교 테이프가 수없이 나돌고, 인터넷을 통해 전국 각지의 유명인들의 설교를 실시간으로 받아볼 수 있는 시대에 살고 있다. 재미있는 예화는 금방 퍼져버린다. 어느 것이 오리지널인지 알 수도 없다. 그러므로 시중에 돌아다니는 예화를 사용할 때는 조심해야 한다. 이미 교인들이 알고 있는 얘기는 신선도가 없다.

유치한 얘기나 저질스런 얘기는 금물이다. 교인들을 웃기는 데만 신경을 쓰다보면 저질스런 얘기나 비속한 용어 등이 튀어나올 수 있다. 어떤 설교자는 일부러 그러기도 한다. 그러나 강단은 하나님의 대리자가 되어 구원의 도를 전하는 엄위로운 자리임을 명심해야 한다. 설교의 품격을 해치는 일은 결국 설교자 자신의 권위를 땅에 떨어뜨리는 짓이다.

실감나게 전달하라. 이미 앞에서 살폈듯이 예화는 언어로 그린 그림이다. 따라서 예화에는 전달이 중요하다. 설교자는 예화에 몰입해서 실감나는 전달을 할 수 있어야 한다. 감각적 용어를 사용해서 청중 앞에 그 사건을 살아 있는 생물로 떠 올려야 한다.[21] 어떻게 전달하느냐에 따라 예화가 살아날 수도 있고 죽은 얘기

---

21) 감각적 호소를 통한 예화의 효과적인 전달을 위해서는 다음을 참조하라. Samuel T. Logan, Jr.,ed. 『설교자 지침서』, 397ff.

가 될 수도 있다. 게리슨은 전달의 중요성을 이렇게 강조한다. "색깔이나, 형체, 소리, 냄새, 촉감을 표현하는 단어들은 사건의 생생한 현장성을 살리는 데 큰 도움이 된다. 만약 당신이 감정을 불러일으킬 수 있는 생생한 자극으로 청중들이 그 사건을 현장에서 목격하는 것같이 전달할 수 있다면 당신을 감동시킨 것은 어떤 것이든지 당신의 청중도 감동시킬 수 있다."[22]

예화는 어떻게 수집하는가?

독서가 예화의 보고로 인도한다. 고전이나, 위인들의 전기, 역사나, 교회사의 기록들로부터 현대문학 작품들에 이르기까지 설교자는 폭넓은 독서의 채널을 갖추고 있어야 한다. 뿐만 아니라 신문, 잡지, 교양서적, 과학 서적 등도 빼놓을 수 없다. 물론 예화를 찾기 위해서 서적들을 뒤적여서는 안된다. 독서는 설교자로 하여금 시대정신을 읽을 수 있는 혜안을 가져다 주며, 사람의 본성과 사고의 저변을 꿰뚫어볼 수 있는 안목을 가져다 준다. 시카고에 있는 펠로우십교회의 빌 하이벨스는 예화의 60~70%를 주변 얘기들로 채운다고 한다. 그렇게 하기 위해 그는 Time, Newsweek, US News & World Report, Forbes, Business Week 등과 같은 잡지를 구독하며, 매일 Chicago Tribune지를 구독하며, 여행할 때는 늘 USA Today지가 손에 들려 있다고 한다. 최소한 두 개 채널의 TV 뉴스를 보며, 차를 타고 갈 때는 늘 라디오 방송 뉴스를 틀어 놓는 습관이 있다고 한다. 빌 하이벨스가 주로 불신자들에게 복음을 전해서 펠로우십교회 같은 미 전역에서 영향력 있는 교회를 만든 것은 그의 설교가 청중들에게 어필할 수 있는 생동감 있는 얘기들로 가득 차 있기 때문이다. 설교자는 남의 설교집이나 예화집에 나와 있는 예화에만 끌려 다니는 종속적 인용자가 되지 말고 스스로 독서를 통해 자료를 발굴해 낼

---

22) Webb B. Garrison, *Creative Imagination in Preaching* (Nashville: Abingdon, 1960), 95-96.

수 있어야 한다.

또한 주의 깊은 관찰력을 가진 자에게는 자연과 주변의 삶이 무궁무진한 예화거리를 제공한다. 시원한 개울물에 발을 담그고 있노라면 흘러가는 물소리가 너무나 싱그럽게 들린다. 그런데 가만히 보면 그 물소리는 바닥에 크고 작은 바위가 있어서 그 바위에 부딪쳐 나는 소리이다. 바닥이 매끈하기만 하다면 싱그러운 물소리는 들을 수 없을 것이다. 거기서 인생을 배운다. 인생길에 암초와 장애물이 있어서 힘들어하지만 그러나 그것들이 있음으로 인생은 깊이를 가지게 되고 다른 사람들의 행복하게 만드는 아름다움을 지니게 된다.

고속도로를 타고 내려가다 보면 반대쪽 상행선은 교통체증으로 엉망이 되어 있는 것을 본다. 좀더 달리니까 거기까지는 안 막혔는지 차들이 쌩쌩 달려가고 있다. 길 넘어 운전자들을 힐끗 보니 '오늘은 횡하니 트였다'고 좋아라고 달린다. 그것은 5분 후의 일을 알지 못하는 어리석은 인생의 좋은 예화가 되지 않겠는가. 바로 저 앞에는 차들이 꽉 막혀 있는데 그것도 모르고 길이 트였다고 좋아하는 것이 인생이다.

이와 같이 거리에서 보고 듣는 것, 차를 타고 가며 느끼는 것, 주변에서 관찰하는 것 등 어느 하나도 버릴 것이 없다. 이렇게 내가 보고 듣고 느낀 것을 동원하면 교인들은 먼 옛날 사람의 말을 인용하는 것보다 훨씬 더 가깝고 생동감 있는 이야기로 받아들인다. 주변의 일상적인 삶으로부터 영적 교훈을 찾아낼 수 있는 사람이 신령한 사람이요, 그런 능력이 바로 영적인 투시력이다. 예화거리가 없다고 불평하지 말라. 빈곤한 것은 소재가 아니라 그것을 투시할 수 있는 당신의 안목과 상상력이 결여되어 있는 것이다.

교인들과 나누는 이야기들, 그들로부터 듣는 이야기들, 그들의 삶, 이 모든 것이 곧바로 예화가 될 수 있다. 목사는 교인들을 접할 기회가 많다는 것이 큰 재산이다. 필자는 신학교 울타리 안에 머무르고 있으므로 이런 점에서 큰 아쉬움을 느낀다. 교인들의 가정을 심방하는 것은 그들의 삶을 들여다볼 수 있는 좋은 기회이다. 특별히 상담을 청해 오는 교인이 있다면 어떤 경우에도 거절하지 말아야 한다. 그것은 목양을 위해서도 필요하지만 설교를 위해서도 황금 같은 기회이다. 그들의 고민과 갈등, 그리고 그것을 해결해 가는 과정은 곧바로 살아 움직이는 예화가 된다.

나는 학생들로부터 실제적인 일fact만 예화가 될 수 있는가 하는 질문을 종종 받는다. 그렇지는 않다. 설교자가 상상을 동원해서 가상의 일을 끌어올 수 있다. 단, 그럴 때는 청중에게 상상의 산물이라는 것을 밝혀야 한다. "여러분, 만약 이런 일이 일어난다면 어떻게 하시겠습니까?" "저는 이렇게 한 번 생각해 봤어요." 등의 말로써 지금부터 드는 예는 가상의 이야기라는 것을 밝히면 된다.

수집된 예화는 체계적으로 저장해 놓는 것이 필요하다. 구슬이 서말이라도 꿰어야 보배이듯이 예화를 주제에 따라 체계적으로 정리해 놓지 않으면 필요할 때에 효과적으로 사용할 수가 없다. 컴퓨터에 저장해 놓거나, 파일로 정리해서 모아 놓는 방식 등 자신에게 편리한 방법대로 저장하면 된다.

11장

문체

수정같이 명료한 설교

"바울이 처한 이러한 상황적 현실로부터 기도의 능력이 역설적인 모습으로 등장함은 인간의 약함과 하나님의 강함이 모순성을 뛰어넘어 현재화할 수 있음의 반증이 아닐 수 없습니다." 무슨 말인지 귀에 잘 들어오는가? 30분 내내 이런 식으로 설교하면 청중은 짜증이 나다 못해 화가 치밀 것이다. 설교에는 들을 수 없는 설교와 들리는 설교와 듣지 않을 수 없는 설교가 있다. '들을 수 없는 설교'란 복잡한 문장, 애매하고 부정확한 표현, 의미 없는 감탄사나 연결어의 반복, 주어와 술어의 불일치 등으로 인해 도무지 알아들을 수 없는 설교이다. '듣지 않을 수 없는 설교'란 명료한 표현, 그림언어의 사용, 설득력 있는 논증 등으로 인해 청중의 귀를 여는 설교를 말한다. 당신의 설교가 다음과 같은 증후군을 띠지는 않는가?

- 무슨 말인지 귀에 쏙 들어오지 않는다.
- 문장이 너무 길고 복잡하다.
- 주어와 술어가 일치하지 않을 때가 많다.
- 구어체와 문어체의 차이를 생각해 본 적이 없다.

그렇다면 원인은 하나이다. 당신의 설교문 작성에 문제가 있다. '언어는 존재의 집'이라는 말과 같이 언어는 사상을 담아내는 필수적인 도구이다. 조지 오웰은 이렇게 말한다. "인간은 자신을 실패작이라 생각하기 때문에 술을 마시고, 술을 마시기 때문에 더욱 처절하게 실패한다. 영어와 관련해서도 다소 비슷한 상황이 벌어진다. 사상이 어리석으면 언어는 추하고 부정확해진다. 하지만 언어가 단정치 못하면 어리석은 사상을 가지기는 더욱 쉽다."[1] 이것은 영적인 진리를 설파하는 설교에 있어서도 조금도 다르지 않다. 설교자의 논지는 적절한 용어 선택과 정확하고 명료한 문장으로 표현될 때 청중의 가슴속에 살아 있게 된다. 어떻게 하면 명료한 설교문을 작성할 수 있을지를 살펴보자.

설교문은 구어체이다

설교는 하나님의 말씀이 특정한 상황 가운데 있는 특정한 사람들을 향해 선포되는 하나의 사건이다. 그래서 루터는 "복음은 기록될 것이 아니라 외쳐져야 한다."고 했고, "교회는 펜의 집pen-house이 아니라 입의 집mouth-house이 되어야 한다."고 역설했다.[2] 설교는 말로 전달되는 것이므로 당연히 구어체가 되어야 한다. 따라서 설교 원고를 작성할 때부터 구어체로 해야 한다. 말하기 위해 기록되는 설교문은 글로써 말하는 저술이나, 수필, 논설 등과는 달라야 한다. 입말과 글말은 같을 수가 없다.[3] 그런데 많은 설교자들이 이 점을 잘 인식하지 못하고 설교문

---

1) 감각적 호소를 통한 예화의 효과적인 전달을 위해서는 다음을 참조하라. Samuel T. Logan, Jr.,ed. 『설교자 지침서』, 397ff.
2) Webb B. Garrison, *Creative Imagination in Preaching* (Nashville: Abingdon, 1960), 95-96.
3) 이 점에 있어 고대와 현대가 차이가 있다. 루터 시대만 해도 글말은 입말을 모방해서 기록되었다. 고대 히브리어나, 헬라어, 라틴어 문헌에도 마찬가지이다. 그 같은 문헌에서는 실제 연설하는 것과 같이 개개 단어와 문장들이 문장을 드러내어 주는 구두점이나 대문자도 없이 달려가고 있다. 그 당시는 소리와는 상관없이 글로부터 직접 의미를 캐치할 수 있는 단어 형태가 아니라, 연설할 때 재생될 수 있고 이해될 수 있는 소리 형태로 기록하기를 좋아했다. Paul Wilson, *The Practice of Preaching* (Nashville: Abingdon Press, 1995), 47.

을 작성할 때 그냥 글을 위한 글에 머물러 버린다. 설교문은 눈을 위해서가 아니라 귀를 위한 것임으로 그것은 보기 좋게가 아니라 듣기 좋게 작성되어야 한다. 흔히 보면 글은 훌륭한데 말에는 졸한 사람이 있고 말은 잘하는데 글은 시원찮은 사람도 있다. 양자가 다 귀를 위한 연설과 눈을 위한 연설의 차이를 인식하여 그에 맞는 적절한 문장 스타일을 개발하는 데 실패했기 때문이다. 구어체의 특징이 어떠한지 살펴보자.

간결한 문장
구어체에는 짧고 간결한 문장이 좋다. 다음 문장을 보라.

> 하나님에게 있는 양면적 속성은 공의와 사랑이기 때문에 공의의 속성을 통하여 인생을 징계하시는 하나님은 사랑의 속성을 통하여 인생을 구원하실 수밖에 없으므로 이 양면성은 모순인 것 같지만 십자가를 통하여 그것은 현실로 나타날 수 있음을 성경이 증명하고 있음이 오늘 본문에 2000년 전 사도의 증거를 통하여 암시되고 있음을 알 수 있을 것입니다.

이런 식으로 복잡하게 늘어진 문장은 결코 청중의 귀에 들어오지 않는다. 메모리 부족으로 다 수용할 수가 없기 때문이다. 이상하게 문장을 비비 꼬아서 무엇이 주어인지 무엇이 술어인지를 알 수 없게 만드는 악취미(?)를 가진 사람이 있다. 도대체 문장의 끝맺음을 잘하지 못하는 사람도 있다. 위의 문장을 이렇게 다듬으면 얼마나 귀에 잘 들어오겠는가. "하나님에게는 두가지 속성이 있습니다. 첫째는 공의고 둘째는 사랑입니다. 공의 때문에 하나님은 죄인을 징계하십니다. 그러나 사랑 때문에 그는 또한 죄인을 구원하십니다……."

다음 예와 같이 '그리고'를 남발하는 사람도 있다.

> 이것이 야곱의 실상입니다. 그는 장자권을 위하여 허기져 하는 형의 약점을 이용하여 장자권을 팥죽 한 그릇과 바꾸자는 약삭빠른 행동을 하였으며, 장자의 축복을 받기 위해 눈

먼 아버지를 속여 거짓으로 에서인 양 행동하여 기어코 그 축복을 받아내는 목적을 위해서는 수단 방법을 가리지 않는 죄를 지었으며, 외삼촌 라반의 집에서도 교묘히 꾀를 써서 소와 양과 염소들을 자기의 것으로 만들었으며, 그리고 지금도 형 에서의 복수를 피하기 위해 이렇게 뇌물과 처자식을 앞세운 동정 작전으로 위기를 모면하려고 자기의 얄은 꾀를 다 짜내는 것입니다.

이렇게 끝 간 데 없는 '그리고'를 따라가노라면 청중은 한없이 피곤해질 것이다. 위의 문장은 '그리고' 부분을 다 잘라 여러 개의 독립된 문장으로 고쳐야 한다. 구어체 문장에서 특히 조심할 것은 복문의 사용이다. 다음 두 문장을 비교해 보라.

교회를 핍박하는 데 앞장을 섰으나 다메섹 도상에서 부활의 주님을 만나 회개하고 새 사람이 된 바울은 이제 복음을 전하는 사도로서 남은 생을 바쳐 헌신하게 되었습니다.

바울은 교회를 핍박하는 데 앞장을 섰으나 다메섹 도상에서 부활의 주님을 만나 새 사람이 되었습니다. 그는 이제 복음을 전하는 사도로서 남은 생을 바쳐 헌신하게 되었습니다.

첫 번 문장은 주어는 '바울은'인데 그 앞에 주어를 수식하는 관계절이 잔뜩붙은 복문으로 되어 있다. 이런 식의 문장은 글로 쓸 때는 별문제가 없지만 말로 하면 교인들의 귀에 쏙 들어오지 않는다. 따라서 설교할 때는 두 번째 문장과 같이 관계절 부분을 잘라 두 개의 단문으로 바꾸어야 한다. 이와 같이 설교문은 될 수 있는 대로 간결하게, 단문으로 하는 것이 좋다.

직접적 표현

저술은 일반적으로 광범위한, 한정되지 않은 사람들을 대상으로 하기 때문에 표현이 포괄적이고 간접적이다. 그러나 설교는 눈앞에 있는 특정한 청중을 대상으로 하기 때문에 표현이 구체적이고 직접적이어야 한다. '당신들'you-ness이라는 특정한 대화의 파트너에 대한 인식이 문체에 바로 반영되어야 한다. 다음 두 문장을 비교해 보라.

굶어 죽어가고 있는 북한 동포를 돕는 것은 안락하게 살아가고 있는 우리 남한 사람들에게 주어진 크나큰 책무인 것입니다.

여러분, 북한 동포를 도웁시다. 여러분은 안락하게 살면서 같은 동족이 굶어 죽어가는데 모른 척하면 말이 됩니까?

첫 번째 문장은 북한 동포를 도와야 할 당위를 원리로서 포괄적으로 제시하는 문어체적인 표현으로 되어 있다. 그러나 두 번째 문장은 그 원리를 보다 직접적으로 앞에 있는 청중을 향하여 호소하고 있다. 두 번째 문장이 구어체의 특성을 잘 나타내고 있음은 물론이다.

어떤 사람은 말끝마다 "……인 것입니다."를 연발한다.

믿음만 가지면 이런 어려움도 이길 수 있다는 것입니다. 실패도 문제가 되지 않는다는 것입니다. 반대도 문제가 되지 않는다는 것입니다. 어떠한 역경도 그 사람을 가로막을 수 없다는 것입니다. 믿음은 이렇게 위대한 일을 이루어 낸다는 것입니다.

이렇게 습관적으로 '것입니다'를 연발하면 설교가 매끄럽지 못할 뿐 아니라 문장의 역동성을 상실하게 된다. 설교자가 확신이 부족하여 마치 한 발을 뺀 듯한, 혹은 청중과 바로 부딪치지 못하고 무슨 완충지대를 만들어 놓는 듯 한 인상을 주기도 한다. 마치 제삼자가 무엇을 옮기듯이, 리포터가 무엇을 보고하듯이 그렇게 말하지 않도록 주의해야 한다. 직설적으로, 단도직입적으로 말하라. 위의 문장은 다음과 같이 바꾸는 것이 좋다.

> 믿음만 가지면 이런 어려움도 이길 수 있습니다. 실패도 문제가 되지 않습니다. 반대도 문제가 되지 않습니다. 어떠한 역경도 그 사람을 가로막을 수 없습니다. 믿음은 이렇게 위대한 일을 이루어 냅니다.

어떤 사람은 자주 "……이 아닌가 생각합니다."를 연발하기도 한다. 설교는 자기의 생각을 피력하는 시간이 아니고 하나님의 말씀을 선포하는 시간이다. 그러므로 어조도 영원한 진리를 선포하는 설교의 성격에 맞게 단호하게 "……입니다."로 해야 한다.

반복 용법

청중은 설교자의 진술을 단번에 캐치하지 못할 때가 많다. 그 진술이 영적인 깊이를 가진 것이어서 상당한 사고를 요하는 것이라면 더욱 그러하다. 또한 청중은 설교자가 앞 대지에서 말한 논점을 그 흐름 속에서 분명하게 기억하지 못할 때도 있다. 그러므로 설교자는 대목대목마다 논지를 반복적으로 진술하는 것이 필요하다. 로이 언더힐은 이것을 생물학적 관점에서 설명한다. "정보를 장기 기억 장소에 저장하는 데는 시간이 걸린다. 기억은 전기적 과정이 아니라 생화학적 과정이다. 신경이 기억 회로를 강화하는 데는 시간이 필요하다. 반복은 제시된 정보를 길게 유지시켜 정보를 저장하는 연상들을 찾아내게 한다. 핵심 아이디어를 지속적으로 반복하면 회상이 강화된다."[4]

저술을 대할 때는 저자의 논리가 선뜻 머리에 들어오지 않으면 독자는 앞장으로 돌아가서 이해가 될 때까지 반복해서 읽으면 된다. 그러나 쉴 새 없이 흘러가는 설교는 다르다. 청중은 되돌아 갈 수 없으므로 그 작업은 설교자가 해 주어야 한

---

4) 로이 언더힐, 『청중을 사로잡는 기술』, 152.

다. 설교자가 중요한 어구나 표현을 반복함으로써 청중의 이해를 돕고, 그들의 기억을 새롭게 해 주어야 한다. 폴 윌슨은 이렇게 말한다. "우리가 글로 쓰는 수필에서는 어떤 사상을 한 번 주장하면 그것은 이미 진술한 것이 분명하다. 그것을 재차 주장하면 선생은 그런 반복을 부적절한 것으로 평가할 것이다. 그러나 그와는 달리 설교에서는 그 주장이 청중의 귀에 들리기 전까지는 진술된 것이 아니다. 그리고 많은 경우에 설교자가 그것을 여러 번 진술하기 전까지는 그것은 귀에 잘 들리지 않는다."[5] 고대의 연사들도 청중이 자신의 스토리 진행을 잘 따라오게 하기 위해 반복적 용법을 규칙적으로 사용했는데 수사학자들은 이런 용법을 *copia*copious라고 불렀다.

또한 강조적 효과를 위해서도 반복 용법은 유용하게 활용될 수 있다. 설교자가 강조하고 싶은 대목이 있을 때 그것을 반복적으로 진술하는 것이다. 예를 들면 "기도 없이 성령 충만은 없습니다."라고 했을 때 그것을 한 번으로 그치는 것이 아니라 "기도 없이 성령 충만은 없습니다. 기도 없이 다른 어떤 것으로도 성령 충만은 없습니다."라고 어조를 높여가며 다시 한 번 강조하는 것이다. 미국의 흑인 설교자들은 특히 이런 반복적 용법에 능하다. 톤을 높여 가면서, 같은 말을 조금씩 단어만 바꾸면서, 감정을 계속 고조시켜 가면서 강조하면 청중은 금방 흥분되고 가슴에 불이 붙는 것을 경험하게 된다. 반복적 표현을 통해 감정의 파도타기가 이루어지는 것이다. 아리스토텔레스는 구어체와 문어체의 차이를 논하면서 이렇게 말한다. "따라서 관련성이 없는 단어의 연속이나, 단어나 어귀의 반복적 사용 등은 문어체 스타일로는 대단히 부적절하겠지만 구어체 스타일에는 아니다. 그것들은 극적인 효과를 자아낼 수 있기 때문에 연사는 그것들을 자유롭게 사용한다."[6]

형식 타파
저술은 문법적으로 온전한 정식 문장으로 기술되어야 하지만 설교와 같은 구

---

5) Paul Scott Wilson, *The Practice of Preaching*, 52.
6) Aristotle, *Rhetoric* 3. 12.

어체적 문체는 그러한 형식에 얽매이지 않는다. 설교에 있어서는 불완전한 부분적 문장이나, 대조적인 표현, 축약적 표현, 삽입적 표현, 때로는 비문법적인 표현까지도 얼마든지 사용될 수 있다. 그런 불완전 문장의 나머지 부분은 설교자의 얼굴 표정이나, 어조, 목소리, 제스처 등으로 보완할 수 있기 때문이다. 얼굴을 마주 대하고 전달하는 말의 즉흥성 때문에 그러한 형식 타파가 가능해진다.

격식을 벗어난 문체가 너무 빈번하게 사용되면 설교의 품위를 떨어뜨릴 위험이 있다. 그러나 어느 정도의 형식 타파는 전달의 역동성을 살리는 데 도움이 된다. 설교가 너무 격식을 갖춘 문장으로만 흐르면 딱딱해지고 청중과의 거리감만 조성되기 때문이다. 진리를 두고 청중과 대화한다는 기분으로 자연스럽고도 친근하게 전하는 것이 좋다. 설교문 자체는 처음부터 끝까지 정식 문장으로 작성해야 한다. 그러나 그것을 실제로 전달할 때는 원고를 충분히 소화해서 그 내용을 머릿속에 넣은 후에 비교적 자유롭게, 구어체의 장점을 충분히 살려서 전하는 것이 좋다.

인간적personal 표현

글은 종이에 기록되는 순간 어떤 의미에서는 저자를 떠난 것이다. 그것은 종이 위에 존재할 뿐이다. 그러나 말은 쉴 새 없이 연사의 입에서 쏟아진다. 그것은 잠시도 연사와 떨어지지 않는다. 그러므로 말과 연사의 관계는 글과 저자의 관계보다 훨씬 더 직접적이다. 따라서 말에는 연사 자신을 드러낼 수 있는 개인적이고 인간적인 표현들이 많이 사용된다. 인칭대명사가 빈번히 사용되며, 일상용어나 친근한 용어가 즐겨 사용된다. 설교도 이런 구어체의 특징을 잘 살려서 전하는 것이 효과적이다. 어떤 설교는 강의같이 들리는가 하면 어떤 설교는 자상한 권면같이 들린다. 그 차이는 문체가 얼마나 인간적이고 개인적인 어조를 담고 있느냐에 기인하는 것이다.

현재시제

구어체는 과거의 역사적 사건을 언급하면서도 그것을 현재시제로 즐겨 표현한다. 그것은 과거 사건을 지나간 옛일이 아니라 오늘 우리의 사건으로 생생하게 재현시키기 위해서이다. 다음의 예를 보라.

> 성경에 요셉같이 파란만장한 삶을 산 인물도 드물 것입니다. 그는 어린 시절은 부모의 사랑 가운데 행복하게 살았지만 그것은 잠깐이고 곧 그에게는 엄청난 시련이 닥쳤습니다. 형들의 미움을 받아 그는 먼 애굽 땅에 노예로 팔려갑니다. 거기서 힘들고 고달픈 노예생활을 하게 됩니다. 그러다가 더러운 누명을 쓰고 감옥에 던져집니다. 감옥에서는 술 맡은 관원장에게 은혜를 베풀었지만 금방 배신을 당합니다.

만약 여기서 "팔려갑니다", "하게 됩니다", "던져집니다", "당합니다" 등을 모두 과거시제로 표현한다면 이 기사는 우리 손이 미치지 않는 과거에 머물러 있게 될 것이다. 그러나 반복적으로 사용된 현재적 표현 때문에 요셉은 어느 덧 우리 곁에 있는 한 실존적 인물로 다가오게 된다.

성경 기사는 이천 년도 더 전에 일어난 과거의 사건들이다. 그러나 그 사건들이 가지는 의미와 파장은 결코 과거 속에 머물러 있는 것만은 아니다. 그것들은 곧바로 우리의 현재적 삶에 영향을 미치며, 그와 같은 현재적 의미와 유익을 바르게 파헤쳐서 증거하는 것이 설교자의 사명이기도 하다. 그러므로 설교자는 비단 현재시제의 사용뿐만 아니라 본문의 사건이 오늘을 살고 있는 우리와 무슨 상관이 있는지 현재적 시각으로 조명해 볼 수 있는 안목을 가져야 한다.

어휘 선택

명료한 전달을 위해서는 적절한 어휘 선택이 중요하다. 청중의 영적, 지적 수준을 고려하여 그에 맞는 적절한 용어를 구사할 때 설교자는 자신의 논지를 정확하게 전달할 수 있을 뿐 아니라 설득력도 배가할 수 있게 된다. 설교에 적합한 어휘는 다음과 같은 특징을 가진다.[7]

명료성. 설교자는 의미가 분명하고 명확한 단어를 사용해야 한다. 고상하고 현학적인 표현을 추구하다 보면 의미가 애매하고 분명치 않은 단어들을 사용할 수 있다. 시적인 표현은 설교에 품격을 더할 수는 있으나 너무 문학적인 멋에 치중한 나머지 추상적인 단어들을 나열하는 것은 좋지 않다. 설교문은 그 어떠한 것보다도 본문의 진리를 정확하게 드러낼 수 있는 명료한 단어의 사용이 중요하다. 아리스토텔레스도 "좋은 스타일이 되기 위해서는 먼저 명료해야 한다."고 강조한다.[8]

나치는 독일국민들에게 "단일민족, 단일국가, 단일총통!"을 반복하게 했다. 이세 단어로 된 명료한 구호는 강력한 민중 선동의 도구가 되었다. 미국을 떠들썩하게 했던 O. J. 심슨 사건 재판의 최종 변론에서 심슨 측 변호사는 이렇게 결론지었다. "제 고객은 이런 범죄를 저지를 수도 없었고, 저지를 생각도 없었고, 저지르지도 않았습니다." 그러자 검사도 "그가 범인입니다.그가 범인입니다. 그가 범인입니다."라고 맞받았다고 한다. 정곡을 찌르는 간단명료한 표현은 청중의 뇌리에 깊이 각인된다. 1940년 5월 13일 처칠은 2차대전 와중에 수상이 된 직후 의회에서 다음과 같은 연설을 했다.

> 당신은 묻습니다. 우리 정책이 무엇이냐고. 나는 육지와 바다와 하늘에서 전쟁을 수행하는 것이라고 말합니다. 우리의 모든 힘과 신이 우리에게 준 모든 능력으로 하는 전쟁, 그리고 어둡고 통탄할 만한 인간 범죄의 목록에서조차도 결코 그 유래를 찾을 수 없는 야만적인 폭거에 대항하여 전쟁을 치르는 것입니다. 이것이 바로 우리의 정책입니다.

---

7) Harry Farra, *The Sermon Doctor* (San Jose: Authors Choice Press, 1989), 121ff. 참조.
8) Aristotle, *Rhetoric* 3. 2.

당신은 묻습니다. 우리의 목표가 무엇이냐고. 그것은 승리입니다. 어떤 희생을 치르더라도 쟁취해야 할 승리-공포에도 불구하고 쟁취해야 할 승리-그 과정이 아무리 길고 어려울지라도. 왜냐하면 승리 없이는 생존이 없기 때문입니다.

나중에 나치가 영국을 침공하겠다고 위협했을 때 처칠은 다음과 같이 말했다.

우리는 해변과 육지에서 싸울 것입니다. 우리는 들판과 거리뿐 아니라 언덕에서도 싸울 것입니다. 우리에게 결코 항복이란 없습니다.

이 간결하고 힘 있는 연설로 말미암아 영국 국민과 세계 앞에 불독 같은 단호함이 처칠을 상징하는 특징이 되었던 것이다. 대단한 경구 구사가였던 케네디 대통령은 처칠에 대해 말하기를 "그는 영어라는 언어를 동원해서 전쟁에 파견했다."고 평가하기도 했다.[9] 역사의 진로를 바꾸어 놓은 명연설은 간결함과 명료함에서 오는 힘에 그 비결이 있다.

친근성. 설교자는 청중에게 친근한 용어를 사용해야 한다. 지나치게 현학적인 용어나, 전문 용어, 외국어, 시대에 뒤떨어진 고어, 일상적으로 잘 사용하지 않는 용어 등은 피하는 것이 좋다. 학생들을 앞에 두고는 PC 용어, 인터넷 용어 등을 사용할 수 있고 또 그렇게 하는 것이 효과적일 수도 있겠지만 일반 성도들 앞에서는 그런 용어의 사용은 조심해야 한다. 설교자의 어휘구사는 철저하게 청중이 처한 세계와 눈높이를 맞추어야 한다. 존 웨슬리는 설교 원고가 완성되면 하녀를 앉혀놓고 그 앞에서 원고를 한 줄 한 줄 읽었다고 한다. 그래서 단번에 귀에 들어오지 않는 부분은 그 자리에서 수정했다고 한다. 스펄전은 이렇게 말한다. "시장의 상인이 대학생의 언어를 배울 수는 없다. 그러므로 대학생이 시장 상인의 언어를 배우도록 해야 한다."

---

9) Dowis, 『스피치에 강한 리더가 성공한다』, 18.

한글개역성경에는 고어가 많이 포함되어 있다. 성경봉독 때는 본문을 따라 고어 그대로를 읽더라도 설교할 때에는 그것을 현대적인 말로 바꾸어서 해야 한다. "아직도 상거가 먼 데"눅 15:20의 '상거'를 현대 청중들이 어찌 이해하겠는가? 설교할 때는 그 말은 당연히 '거리'라는 말로 바꾸어야 한다.

종교적 전문술어를 남발하는 것은 조심해야 한다. 흔히 많은 설교자들이 대속, 중보, 속량, 영접 등과 같은 종교적 전문술어들로 설교를 엮어간다. 특수한 교리를 설명하기 위해서 그런 전문술어의 사용을 피할 수 없을 때가 있다. 그러나 그런 전문술어는 특정한 종교적 영역을 지칭하는 것으로서 대중적 평신도들에게는 괴리감을 느끼게 할 수 있다. 그런 용어들로 점철된 설교는 일상적 삶을 사는 청중의 피부 깊숙이 스며들기가 어렵다.

예를 들면 어떤 설교자는 누가복음 5:1-11의 사건을 가지고 '만남의 힘'이라는 타이틀로 설교한다. 시종 일관 예수님과 베드로의 만남으로 인해 일어난 기적에 대해서 강조함으로 큰 감동을 끼친다. 그러나 많은 목사들은 이것을 '영접'이라는 용어로 설명하려고 할 것이다. 베드로가 예수님을 '영접'했다는 것은 종교적인 술어이다. 그것보다는 '만남'이라는 일상적, 현대적 용어로 바꾸어 접근하는 것이 훨씬 더 청중에게 가까이 다가갈 수 있다. 틸리케는 이렇게 말한다. "오늘날 행해지고 있는 일반 설교의 언어를 조사해 보면 왜 설교가 핵심 메시지를 전달하지 못하는지 그 이유를 알 수 있다. 설교에 사용되는 언어는 신학자들이 쓰는 전문 용어로서 아마도 초기 기독교인들은 이해했을지 모르지만 요즈음은 거의 사용하지 않는 용어가 대부분이다. 설교에서 신학적 용어를 쓰는 것은 정원에서 식물학 용어를 쓰는 것과 같이 전혀 적절한 용법이 아니다."[10]

설교자의 사고가 종교적 전문술어가 함축하는 종교적 카테고리에만 머물러 있으면 설교자는 결코 청중이 살고 있는 세속적 세계 속으로 들어갈 수 없다. 목사들은 일반적으로 불신자들을 위한 전도설교를 어려워한다. 경목이나 향목들

---

10) Helmut Thielicke, 『설교의 위기』, 37-38.

은 불신 경찰, 예비군들을 모아 놓고 설교나 정신교육 하는 것을 부담스러워한다. 교회에서는 늘 종교적 용어를 나열하며 쉽게 설교를 엮어갔지만 그런 자리에서는 그렇게 할 수 없기 때문이다. 그래서 청중이 공감할 수 있는 개념과 가치관, 그리고 청중이 사용하는 일상용어들을 사용해서 하나님을 소개하려고 고심하게 된다. 나는 그것이 설교를 위한 최상의 훈련이라고 생각한다. 종교적 술어를 사용하지 않고서도 신앙을 설명할 수 있는 사람이 야말로 유능한 설교자이다.

간결함. 대중들은 짧고 간결한 표현을 선호하는 경향이 있다. 미국인들은 같은 의미라도 endeavor보다는 try, aspiration보다는 hope, inaugurate보다는 begin, donation보다는 gift와 같은 간결한 단어를 더 잘 사용한다. 또한 laboratory를 lab, telephone을 phone, gasoline을 gas와 같은 축약형으로 사용하기를 좋아한다. J. F. 케네디가 대통령 취임연설을 준비하면서 참모에게 링컨의 취임연설이 어떻게 그런 명연설이 될 수 있었는지를 연구하도록 시켰다. 연구 결과는 '간결하고 명료한 표현'이 해답이었다고 한다. 링컨은 한 단어로 의미전달이 되는 데도 두 단어를 쓴 적이 없고, 한 음절의 단어가 있는 데는 두세 음절의 단어를 사용한 적이 없었다는 것이다.[11]

설교자들이 단어를 불필요하게 중첩시키면서 말을 늘어뜨릴 때가 많다. "믿음은 말씀의 기초 위에 근거하여 우리의 삶을 그 위에 건축하는 것입니다."는 말을 보라. "기초 위에", "근거하여", "그 위에" 등이 중첩되어 있다. 그것보다는 "믿음은 말씀의 기초 위에 우리의 삶을 건축하는 것입니다."라고 간결하게 표현하는 것이 더 분명하고 힘이 있다. 흔히 기도할 때 "간절히 바라옵고 원하옵나이다." 하는데 그냥 "간절히 바랍니다."라고 하는 것이 낫지않을까? "감사함을 드립니다." 하는 사람을 볼 때마다 필자는 답답함을 느낀다. 그렇게 어색한 말이 어디 있는가? 그냥 "감사합니다."라고 말하라.

---

11) Deane A. Kemper, *Effective Preaching* (Philadelphia: The Westminster Press, 1985), 92.

자연스러운 언어. 설교자는 청중에게 친근한 언어를 사용해야 하지만 자기 자신에게도 친근한 언어를 구사하는 것이 필요하다. 일반적으로 사람들은 대화용 어휘와 독서용 어휘를 가지고 있다. 다음 그림을 보라.[12]

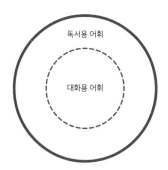

　　두 카테고리를 넘나들며 사용되는 어휘들도 있기 때문에 내원의 경계선이 점선으로 되어 있다. 이 그림에서 보듯 대화용 어휘는 독서용 어휘보다 훨씬 제한적이다. 우리가 글을 읽을 때는 수많은 단어들을 접하지만 그러나 그 단어들이 다 실제 대화에서 활용되는 것은 아니다. 그렇다면 설교자의 어휘 선택은 어떠해야 할까? 설교는 말로써 전달되는 것이기 때문에 설교자는 당연히 대화용 어휘의 곳간에서 자신의 설교 용어를 가져와야 한다. 자신이 평소의 언어생활에서 익숙하게 사용하는 용어들을 동원하는 것이 자신에게나 청중에게나 자연스럽다. 만약 억지로 독서용 어휘에서 용어들을 끌어온다면 말하는 자도 어색하고, 듣는 청중 또한 목사가 현학적 냄새를 풍기기 위해 자신을 치장하고 있다고 느낄 것이다. 물론 설교자는 자신의 언어생활이 폭넓고 풍성해지기 위해서 노력해야 한다. 그러나 그 노력은 자신의 일상적 삶 속에서 규칙적으로 이루어져야지 설교 준비할 때 갑자기 평소에는 잘 사용하지 않던 단어들로 설교문을 장식하는 것은 바람직하지 않다. 아리스토텔레스는 "자연스러움이 설득력을 가진다. 인위적인 것은 그 반대이다."라고 했다.[13]

---

12) A. Duane Litfin, *Public Speaking*, 281-82.

13) Aristotle, *Rhetoric* 3. 2.

능동태. 수동태는 어떤 행위를 당하는 사람에게 초점이 맞추어지는 표현법이지만, 능동태는 행위를 주도하는 사람이나 그 행위에 초점을 맞춘 표현법이다. 그러므로 능동태 문장이 더 힘이 있다. 수동태 문장은 전체적으로 수동적인 분위기를 자아낼 수밖에 없기 때문이다. "예수님이 사탄을 무저갱에 집어던졌습니다." 하는 것이 "사탄은 예수님에 의해 무저갱에 집어던져졌습니다." 하는 것보다 더 분명하고 힘이 있다.

흔히 목회자들이 수동태를 중첩시켜 말하는 버릇이 있다. "예배는 2시에 모이게 되어집니다."라고 한다. 그것은 문법적으로도 맞지 않을 뿐 아니라 한없이 어색하다. '되어집니다'가 아니라 '됩니다'이다. 어떤 목사는 광고하면서 이렇게 말한다. "오는 금요일은 야외예배로 모이게 되어집니다. 교통편은 교회에서 준비하게 되어집니다. 도시락은 각자가 준비하게 되어집니다……" '되어집니다'의 끝없는 연속이다. "교통편은 교회에서 준비합니다. 도시락은 각자가 준비하세요." 하면 좀 좋으랴. 이중 수동태의 어투가 점잖고 종교적이라고 생각할지 모르나 전혀 그렇지 않다. 교인들은 목사의 말투에서 갑갑함과 어색함과 심하면 가식의 냄새까지 맡을지 모른다.

강력한 어휘. 강력한 동사나 명사를 사용하면 설교자의 진술에 힘을 실을 수 있다. 연설에 능한 한 대통령 후보는 "낡은 정치를 혁파해야 합니다."라고 외침으로 국민들에게 깊은 인상을 남긴 일이 있다. '혁파'라는 단어가 '개혁'이나 '타파'보다 강한 말임으로 그의 연설에 힘이 실릴 수 있었던 것이다. 멋을 위해 수식어를 남발하면 오히려 문장의 힘을 약화시킬 수 있다. 다음 문장을 보라.

성경은 우리 영혼의 무기입니다. 성경은 우리가 고통 중에 있을 때 위로를 줍니다. 갈 바를 알지 못할 때 길을 인도해 줍니다. 우리가 두려움에 사로잡힐 때 용기를 줍니다. 우리가 유혹에 던져질 때 이길 수 있는 힘을 줍니다. 성경은 우리를 천성으로 인도하는 가장 강력한 무기입니다.

이와 같이 불필요한 수식어 없이 선명한 동사와 명사를 사용하여 설교자의 사상을 점차적으로 고조시켜 갈 때 청중은 자신도 모르게 설교에 빨려들게 된다.

용어의 대칭적 사용은 설교자의 강조점을 분명히 해 준다. "교회는 병원clinic이 아니라 병영camp이 되어야 합니다."라는 말에서 '병원'과 '병영'의 대칭적 용법이 화자의 논점을 선명하게 해 준다. 양 김씨와 함께 대선에 출마했던 한 후보는 "절망의 경쟁을 하지 말고 희망의 경쟁을 합시다."라고 외쳤다. 그렇게 함으로써 노쇠한 후보들의 경쟁은 절망의 경쟁이지만 자신과 같은 젊음은 희망의 경쟁임을 부각시켰다. 케네디 대통령의 "묻지 마십시오. 조국이 당신을 위해 무엇을 해 줄 것인가를. 물으십시오. 당신이 조국을 위해 무엇을 할 것인가를."에도 대칭적 용법의 사용으로 의미가 극대화되고 있다. 용어의 병렬적 사용도 효과적이다. "국민의, 국민에 의한, 국민을 위한 정부"라는 말은 연사가 의미하는 바를 더 이상의 군더더기가 필요 없을 정도로 선명하게 드러내 준다.

감각적 언어. 시각, 청각, 후각, 촉각, 미각을 동원한 감각적인 표현은 설교를 보게 하고, 느끼게 함으로 강력한 효과를 일으킨다. 스펄전은 감각적 언어 사용의 귀재였다. 그의 설교문을 보자.

> 갈보리 십자가, 예수님의 피 흘리는 손에서 자비가 떨어집니다. 구주의 피 흘린 자국마다 용서가 맺힙니다. 부르짖음이 들립니다. "나를 앙망하라. 그리하면 구원을 얻으리라." 그곳을 바라보세요.……당신을 위해 못 박힌 두 손이 있습니다. 당신을 위해 핏방울이 떨어지는 두 발이 있습니다. 당신을 위해 열린 품이 있습니다. 만일 여러분이 어떻게 자비를 구해야 할지 모른다면 자, 여기 있습니다. 보십시오.[14]

스펄전은 '자비가 떨어집니다', '용서가 맺힙니다' 하는 말들을 통해 우리의 시각에 호소한다. '부르짖음이 들립니다', '나를 앙망하라'는 구절들에서는 우리의

---

14) Spurgeon, *Spurgeon's Sermons* (New York: Funk and Wagnalls Co., no date) vol 1, 14-15.

청각을 자극한다. '못 박힌 두 손', '핏방울이 떨어지는 두 발', '열린 품'등은 우리로 하여금 금방이라도 십자가의 주님을 만질 수 있을 것 같이 촉각에 호소한다.[15] 이 같은 그림언어의 사용은 본문의 진리가 살아 움직이는 생물이 되어 우리의 오장육부를 파고들게 하는 강력한 감화력을 발휘한다.

19세기 스코틀랜드의 명설교자였던 토머스 거스리는 언어의 마술사로 불렸던 사람이다. 어느 날 한 화가의 화실을 방문한 그는 그림의 미흡한 부분을 지적했다. 기분이 상한 화가가 다소 신경질적으로 "거스리 박사님, 당신은 설교자이지 화가는 아니지 않습니까?" 하고 쏘아붙였다. 거스리 박사는 점잖게 대답했다. "친구여, 기분이 상했으면 용서하시오. 그러나 나도 화가랍니다. 단지 당신이 붓과 물감으로 색칠하는 데 비해 나는 언어로 색칠하는 것이 다를 뿐이지요." 그렇다. 설교자는 자신의 영적 아이디어를 감각적인 용어로 채색할 줄 아는 언어의 조련사가 되어야 한다.

컥패트릭R. W. Kirkpatrick의 *The Creative Delivery of Sermons*이라는 책은 설교자들에게 큰 영향을 끼친 안내서이다. 여기서 저자는 설교의 감성적 호소를 극대화하기 위해 이렇게 조언한다. 설교자는 강단에 서기 전에 원고를 읽으면서 그것이 자신의 감각으로 느낄 수 있는 생생한 그림으로 떠오를 수 있도록 하라는 것이다. 만약 어떤 구절이 감각적으로 전혀 느껴지지 않고 그저 추상적인 개념으로만 머물러 있으면 그것을 그냥 넘겨서는 안 된다. 그 부분을 눈앞에 구체적이고 생생한 이미지가 떠오를 수 있도록 수정해야 한다. 설교 전에 이런 과정을 거칠 때 그 설교는 강렬하게 청중의 가슴을 파고들 수 있다는 것이다.

비유적 언어. 맥페이그McFague는 "이미지는 관념을 먹여 살리고 관념은 이미지를 훈련시킨다."고 했다. 관념은 이미지로 표현될 때 더 구체적이고 설득력 있

---

15) 스펄전의 감각적 호소에 대한 자세한 분석은 다음을 참조하라. J. E. Adams, *Sense Appeal in the Sermons of Charles Haddon Spurgeon*, 정양숙 역, 『스펄전의 설교에 나타난 센스 어필』(서울: 예수교문서선교회, 1978).

게 전달될 수 있고, 이미지는 관념에 뿌리를 둘 때 찰나적인 감정의 유희로 전락하지 않을 수 있다는 말이다. 이미지의 위력은 막강하다. 나폴레옹이 이탈리아를 치기 위해 알프스 산맥을 넘을 때 그의 군대는 추위와 혹설에 쓰러져 가고 있었다. 기진맥진한 군인들 앞에서 나폴레옹은 이렇게 외쳤다. "제군들, 지금 산 너머 이탈리아 평원은 따사로운 태양이 내리쬐는 봄날이다. 넓은 포도밭엔 주렁주렁 포도들이 익어가고 있고, 어여쁜 아낙네들이 포도를 따고 있다. 그들이 지금 우리를 기다리고 있다. 자, 일어나 진군하자!" 그 말이 떨어지자마자 군인들은 벌떡 일어나 단숨에 알프스의 고산준봉을 넘었다고 한다. 나폴레옹은 혹설과 봄, 기아와 포도, 고독과 아낙네의 이미지를 절묘하게 대비시킴으로 연설 효과를 극대화할 수 있었던 것이다.

이미지는 직유와 은유 같은 비유적 언어를 통해 형상화된다. 직유는 '같이', '처럼' 등을 사용해 원 개념과 보조개념을 연결하는 것이고, 은유는 두 개념을 곧바로 비교하는 것이다. 성경은 이런 비유적 언어의 보고寶庫이다. 성령께서는 비유적 언어를 통해 진리를 우리 손에 쥐어 주시며, 우리 앞에 그림으로 보여주신다. 설교자는 이런 비유적 언어에 능한 사람이 되어야 한다. 그러기 위해서는 늘 상상의 샘이 마르지 않아야 한다. 월터 브루그만은 현대 설교는 시적 표현을 가미하지 않으면 더 이상 쓰임 받을 수 없을 것이라고 했다.

마르틴 루터 킹의 "I have a dream"은 미국의 1960년대 인권운동을 폭발적으로 확산시킨 명연설이다. 다음은 그 일부이다.

친구들이여, 비록 우리에게 오늘도 내일도 어려움이 있겠지만 나에게는 한 꿈이 있습니다. 그 꿈은 바로 미국의 꿈에 깊이 뿌리를 내리고 있습니다. 나에게는 한 꿈이 있습니다. 언젠가는 이 나라가 "모든 인간은 평등하게 창조되었다는 것은 자명한 진리이다."라고 한 그 헌법의 선언 위에 굳게 서서 그대로 살아가는 것을보는 꿈 말입니다.

나에게는 한 꿈이 있습니다. 언젠가 조지아의 붉은 언덕 위에서 노예 출신의 자녀들과 지주 출신의 자녀들이 우정의 식탁 위에 함께 앉을 날이 올 것입니다. 나에게는 한 꿈이 있습니다. 언젠가는 불의와 압제의 열기에 지쳐버린 미시시피 주마저도 자유와 정의의 오아시스로 변화되는 날이 오고야 말 것입니다.

나에게는 한 꿈이 있습니다. 언젠가는 내 어린 네 아이들이 그들의 피부색으로 판단받지 않고 그들의 인격의 됨됨이로 판단 받는 나라에서 살게 될 꿈 말입니다…….

나에게는 한 꿈이 있습니다. 언젠가는 모든 골짜기가 메워지고 모든 언덕과 산들이 평탄케 될 것입니다. 거친 황야가 초원이 될 것이고 굽은 길마다 곧게 될 것입니다. 마침내 주님의 영광이 나타날 때에 모든 육체가 그것을 보게 될 것입니다.

이것이 우리의 소망입니다. 이 믿음 붙들고 나는 다시 남부로 돌아갑니다.

이 믿음으로 우리는 절망의 산을 무너뜨리고 희망의 돌들을 캐낼 것입니다. 이 믿음으로 우리는 이 나라의 시끄러운 소리를 아름다운 형제애의 화음으로 변화시킬 것입니다. 이 믿음으로 우리는 자유를 위해 함께 일어서서 일하게 될 것입니다…….

킹 목사는 열정적인 음성으로 "나에게는 한 꿈이 있습니다."를 반복함으로 청중의 가슴에 불을 지핀다. '우정의 식탁', '자유와 정의의 오아시스', '불의와 압제의 열기에 지쳐버린 미시시피' 등의 감각적 어휘를 사용하고 있으며, '절망의 산', '희망의 돌' 등의 비유적 표현과, '무너뜨린다', '캐낼 것이다' 등의 강력한 동사의 사용도 눈여겨 볼 만하다. 이러한 간결한 문체와 반복적 용법, 그리고 강한 어휘의 사용이 그 당시의 어려운 상황과 맞물려 역사적인 명연설이 되게 한 것이다.

설교 전개의 명료성

활자를 통한 커뮤니케이션에서는 제목이나, 부제, 소제목들을 동원하여 사상의 전개 과정을 일목요연하게 드러낼 수 있다. 그러나 연설을 통한 커뮤니케이션에서는 그러한 시각적인 효과를 기대할 수 없다. 설교 원고에서는 다음과 같이 요철을 사용하여 설교개요를 입체적으로 구성할 수 있고 그러면 사상의 종속관계가 한눈에 들어온다.

도입

I.

  A.

    1.

    2.

      a.

      b.

  B.

    1.

    2.

그러나 이것을 실제 말로 전달할 때는 이런 입체적 구조는 전혀 작동하지 않는다. 이 설교개요를 있는 그대로 전달하면 청중에게는 오직 "도입, I, A, 1, 2, a, b, B, 1, 2"와 같은 평면적인 나열로 들릴 따름이다. "I, A, 1, a"등과 같이 수평적으로 나열되는 카테고리는 청중에게는 오히려 복잡함과 혼란스러움을 안겨 줄 뿐이다. 그러므로 설교자가 자신의 논지를 분명하게 전개하기 위해서는 설교개요의 입체적 효과를 대체할 명료한 전개가 필요하다. 명료한 전달oral clarity을 위해 동원될 수 있는 요소들을 살펴보자.

반복. 대지나, 중심논지, 핵심적 주장 등은 반복해서 말하는 것이 좋다. "교회의 자산은 기도입니다."라고 선언할 때 그것을 다시 한 번 더 반복함으 로 청중의 주의를 환기시킬 수 있다. 반복은 설교자의 진술에 무게를 더하며, 청중에게 선명한 인상을 남긴다. 똑같이 반복할 수도 있고, 앞의 진술을 풀어 말하는 재진술restatement 형식으로 반복할 수도 있다. "교회의 일차적 사명은 세상의 복음화입니다."라고 했다면 "교회의 일차적 사명은 세상에 복음을 전하는 전도라는 말입니다."라고 재 진술할 수 있다. 윌슨은 이렇게 말한다. "핵심 아이디어의 반복은 사람들에게 논지를 이해시키기 위해서 유용할 뿐 아니라 필수적인 것이다. 연설에서는 사람들이 자기 눈으로 앞의 단어들을 살펴볼 수 없고 이미 읽은 것을 다시 읽어볼 수 없기 때문에 연사가 그것을 보완해 주어야 한다. 그래서 설교자는 일반적으로 자신이 어떻게 말했느냐what is said에 대해 책임이 있을 뿐 아니라 청중이 어떻게 들었느냐what is heard에 대해서도 책임이 있다고 할 수 있다."[16]

초점. 설교의 주제와 그것을 뒷받침하는 대지, 소지 등을 분명하게 제시함으로 항상 초점이 뚜렷한 설교가 되도록 해야 한다. 전체 주제 안에서 각 중심 논지들이 가지는 위치, 그 연관성과 상호관계 등을 분명하게 밝혀 주는 것은 청중에게 마치 설교개요를 눈으로 보게 하는 것과 같은 효과가 있다. 본문 해석이나 신학적인 문제에 있어 다양한 견해를 소개할 때에도 항상 이슈가 무엇인지, 그리고 그 이슈가 설교 주제와 어떻게 연관되어 있는지 분명하게 짚어 주어야 한다. 국지적인 문제 때문에 전체의 초점을 놓치지 않도록 늘 주의해야 한다.

예고. 본격적인 설명에 들어가기 전에 그 논의가 무엇에 대한 것인지를 요약해주는 예고preview는 설교 전개를 명료하게 하는 데 도움이 된다.[17] 서론에서는 그날의 전체 주제를 예고하는 것이 좋다. "오늘은 고난이 성도에게 어떻게 유익이 될 수 있는지를 생각해 보려고 합니다."라는 식으로 주어부를 제시해 주는 것이다. 그것은 청중에게 설교의 이정표를 손에 쥐어 주는 것과 같다. 그러면 청중은 그 날의 주제를 향하여 마음과 생각을 모을 수 있다. 이때에 "고난은 성도를 성숙한 믿음으로 인도하기 때문에 유익하다는 사실을 같이 생각해 보려고 합니다."라고 해답까지 미리 말해 주어서는 안 된다. 단순히 주어부만을 언급해야 한다.

서론에서 설교 대지까지도 미리 소개함으로 설교 전체의 틀을 예고할 수도 있

---

16) Wilson, *The Practice of Preaching*, 52.
17) 임태섭, 『스피치 커뮤니케이션』(커뮤니케이션북스, 2003), 191-95.

다. 다음의 예를 보라. "오늘은 고난의 유익에 대해서 살펴보려고 합니다. 대략 세 가지 방면으로 말씀을 드리겠습니다. 첫째는 자신과의 관계에 있어서 고난의 유익을 생각해 보고, 둘째는 타인과의 관계에 있어서, 셋째는 하나님과의 관계에 있어서 고난의 유익을 생각해 보려고 합니다." 이렇게 설교자가 설교개요를 제시해 주면 청중은 대략의 윤곽을 머릿속에 넣고 설교를 듣게 되기 때문에 따라가기가 한결 쉽다. 물론 모든 설교가 다 설교개요를 서론에서 말해야 한다는 것은 아니다. 설교의 내용상 그렇게 하는 것이 전개를 선명히 하는 데 유익할 것 같으면 그렇게 하면 된다.

본론 중에라도 필요하면 예고할 수 있다. 사탄의 전략을 소개하고 각각의 전략을 상세히 설명하고 싶을 때에는 "사탄의 전략은 다양합니다. 이 시간은 사탄이 가장 잘 사용하는 전략 네 가지를 말씀드리려고 하는데 첫째는 중상모략, 둘째는 시기질투, 셋째는 상호비교, 넷째는 거짓유포입니다."라고 예고한 후에 "첫째, 사탄은 중상모략하는 데 천재입니다……." 하는 식으로 들어가면 된다.

중간요약. 중간요약review은 예고와는 반대의 기능을 한다. 앞서 설명한 내용을 필요에 따라 요약해 주는 것이다. "자, 저는 지금까지 세상 사람들은 고난을 당하면 어떤 반응을 보이는지 말씀드렸습니다. 그들은 고난 앞에서 낙심하든지, 도피하든지, 아니면 소극적으로 참아내려고 한다는 것을 말씀드렸습니다. 그러면 우리 성도들은 고난을 당할 때 어떤 태도를 지녀야 할까요?" 이렇게 앞선 내용을 요약해 주면 청중은 자신이 바른 궤도에 있다는 것을 확인할 수 있고, 다음을 향하여 설교자와 호흡을 같이하여 전진하게 된다. 혹 잡념으로 잘 듣지 못했던 사람은 설교자의 중간요약을 통해 정신을 가다듬고 다음 말에 귀를 기울이게 된다. 중간요약은 다음 대지로 넘어가기 전에 앞의 대지를 요약할 수도 있고, 설교의 결론에서 전체 내용을 핵심적으로 요약할 수도 있다.

연결사. 설교자는 단락과 단락, 문맥과 문맥, 사상과 사상 사이를 연결에 신경을 써야 한다. 그래야 설교 전개가 빈틈 없고 명료해진다. 각 단락의 연결을 위해 사용할 수 있는 도구가 연결사, 지시사, 그리고 경과구이다. 먼저 연결사의 기능을 보자. 연결사는 각각의 아이디어들이 아무 관계가 없는 독립된 개체들이 아니라 논리적으로 연결되어 있는 전체 중의 한 요소라는 사실을 밝혀 준다. 설교 중에 사용할 수 있는 연결사는 다양하다. 결과를 나타내는 것으로는 '따라서', '그러므로', '그래서', '그렇기 때문에', '결과적으로'등이 있고, 원인을 설명하는 것은 '왜냐하면', '그 이유는' 등이 있다. 앞의 아이디어와는 반대적인 면을 소개하는 것은 '그렇지만', '그러나', '……라 하더라도'가 있고, 새로운 아이디어를 첨가하는 것은 '그리고', '그 외에도', '또한', '뿐만 아니라', '더군다나', '게다가' 등을 사용할 수 있다. 앞 아이디어의 예를 도입하는 것은 '예를 들면', '실례로', '일례로', 앞 아이디어의 핵심을 도입하는 것은 '이처럼', '여기서 볼 수 있듯이', '이와 같이', 앞 아이디어를 부연 설명하는 것은 '즉', '바꾸어 말하면', 그리고 앞 아이디어를 요약하는 것은 '요약하면', '한마디로 말하면', '요는' 등이 있다.

연결사는 다양하고 변화무쌍하게 사용하는 것이 좋다. 많은 설교자들이 '그리고'나 '또'와 같은 단순 병렬 연결사만을 반복적으로 사용하는데 그것은 설교 자체를 지루하게 만들 수 있다. 또한 불필요하게 많은 연결사를 사용하는 것도 문제다. 그러면 설교의 흐름이 고식적古式的이 되어서 자연스럽지 못하게 된다. 연결사는 꼭 필요한 곳에 적절한 단어를 변화 있게 사용해야 한다.

지시사. 연결사의 남용을 피하고 아이디어간의 이동을 자연스럽게 하기 위해서는 지시사指示辭를 사용하는 것이 좋다. 열차를 타고 여행을 할 때는 중요역에 도달할 때마다 "지금 우리는 대전역에 도착하고 있습니다", 혹은 "우리는 종착역 부산역에 도착했습니다."라는 안내 방송이 들린다. 낯선 곳을 여행하는 여행객에게는 현재 지점을 알려주는 그런 방송이 꼭 필요하다. 설교도 그런 내용 이정표 signpost와 같은 지시사를 사용하면 청중에게 더욱 명료한 전달을 할 수 있다.

지시사를 사용하는 방법은 두 가지가 있다. 첫째는 출발점에서 앞으로 논의할 논지의 수를 명시하고 진행 과정에서 '첫째', '둘째' 등으로 논지의 순번을 밝히는 방법이다. 예를 들면, "고난의 세 가지 유익을 말씀드리겠습니다."라고 수를 밝힌 다음에 "첫째 유익은⋯⋯"이라고 설명하고, 그것이 끝나면 "고난의 두 번째 유익은⋯⋯"이라는 식으로 진행하는 것이다. 두 번째 방법은 출발점에서 앞으로 논의할 논지의 주제를 열거한 후에 그 순서대로 상세히 설명해 가는 것이다. 이를테면 "고난이 가져다 주는 영적인 유익과 인간관계에 있어서의 유익을 살펴보겠습니다."라고 한 후에 "고난이 가져다 주는 영적인 유익은 이렇습니다." 하고 첫째 논지를 설명한다. 그 설명이 끝나면 "고난이 안겨 주는 인간관계의 유익은 이렇습니다." 하고 둘째 논지를 시작하는 것이다.

지시사를 사용할 때 '다음은', '또 하나는', '또 다른 예는' 등과 같은 순번이 불명확한 연결사를 사용해서는 안 된다. 그것은 마치 대전을 지나갈 때 "광역시 하나를 지나갑니다."라고 하고, 대구를 지나갈 때 "또 다른 광역시 하나를 지나갑니다."라고 일러주는 것과 같기 때문이다.

경과구. 설교자가 예화를 들든지 인용을 한 후에 그것의 의미를 설명하려고 할 때 둘 사이에 적절한 연결고리의 역할을 하는 것이 경과구transition이다. 경과구를 빠뜨리면 사고의 연결에 무리가 생기기 때문에 청중들이 혼란을 겪을 가능성이 높다. 토머스 롱은 경과구의 기능에 대해 다음과 같이 말한다. "첫째, 앞선 단락의 내용을 요약해 줌으로 청중이 자신이 바른 궤도에 있는지를 확인할 수 있다. 둘째, 다음 단락의 내용이 앞 단락과 어떻게 논리적으로 연결되는지를 보여준다. 셋째, 다음 단락의 내용에 대해 기대감을 갖게 한다."[18] 이와 같이 경과구는 단순히 각 단락의 이음말 정도가 아니라 설교가 논리적으로 비약이나 모순이나 빈틈 없이 진행되도록 하는 중요한 연결고리의 기능을 한다. 다음의 예를 보라.

---

18) Thomas Long, *The Witness of Preaching*, 148-50.

이튿날 아침 사람들이 출근해서 잠긴 컨테이너의 문을 따고 들어가 보니 그는 그 속에서 얼어 죽은 채 발견되었습니다. 그런데 놀랍게도 그 컨테이너 안의 온도는 섭씨 18도를 가리키고 있었습니다. 그는 18도의 온도에서 얼어 죽었던 것입니다. 오늘 본문은 가나안 땅을 눈앞에 둔 이스라엘 백성들이 그들의 불신앙으로 말미암아 얼마나 잘못된 길을 가게 되었는지를 보여줍니다.

앞의 예화는 자신은 죽는다는 공포에 사로잡힌 사람이 어처구니없게도 18도의 온도에서 스스로 얼어 죽었다는 이야기이다. 그것 자체는 그날의 주제와 꼭 맞는 예화지만 본론으로 들어가면서 그 예화를 본문과 매치시키는 경과구를 빠뜨렸기 때문에 앞뒤 연결이 자연스럽지 못하게 되었다. 본문으로 들어가기 전에 다음과 같은 경과구를 삽입했다면 빈틈 없는 흐름이 되었을 것이다. "이런 어처구니없는 일이 우리에게도 얼마든지 있을 수 있습니다. 오늘 성경본문이 그것을 잘 보여줍니다."라고 경과구를 말한 후에 "오늘 본문은 가나안 땅을 눈앞에 둔……" 하고 본문으로 들어가는 것이 좋다.

우리는 이 장에서 구어체로서의 설교문에 적절한 표현법과 어휘, 그리고 명료한 전달을 위해 고려해야 할 요소들을 살펴보았다. 문체는 사상을 담는 용기容器와 같다. 본문의 진리는 그것을 담아서 전달하는 용기가 적절하고 참신할 때 더욱 광채를 발할 것이다.

> 아이디어는 그것을 가장 잘 표현하는 사람의 것이다.
>
> 프랜시스 베이컨

12장

서론

귀를 사로잡는 설교

굳은 얼굴로 목사가 강단에 선다. 내리깐 목소리로 운을 뗀다. "에~, 본문 13절에 보면 경륜이라는 단어가 나옵니다." 그 순간 교인들은 맥이 탁 풀림을 느낀다. 설교가 시작된 것이다. 30분 이상을 경륜이니, 화목이니, 섭리니 하며 씨름해야 할 것을 생각하니 까마득하기만 하다. 그래서 마음을 닫는 다면 그것을 교인들 잘못이라고만 할 수 있을까? 귀가 번쩍 뜨이는 산뜻한 시작은 없는 것일까? 설교는 그렇게 시작하면 안 되는 것인가?

설교의 서론을 단순히 설교를 시작하는 첫 몇 문장 정도로 생각해서는 안된다. 서론은 메시지를 정확하고 설득력 있게 전달하기 위해 치밀하게, 그리고 정교하게 계산된 도구이다. 재치 있고 적절한 서론은 청중들의 귀를 열어준다. 서론은 분량으로 치면 전체의 10% 정도 밖에 되지 않는 작은 부분이지만 그것이 청중에게 미치는 효과는 막대하다. 성냥은 처음에 한번 그어 불꽃이 일게 해야 하듯이 설교자도 산뜻한 첫 문장으로 교인들의 가슴에 불꽃이 일게 해야 한다. 혹시 당신의 설교가 다음과 같은 증후군을 띠지는 않는가?

- 늘 똑같은 문구로 시작한다.

- 늘 초반에는 고전하다 뒤에 가서야 풀린다.

- 어떻게 시작해야 할지에 대해 전혀 감이 없다.

- 입을 열자말자 설교조로 나간다.

그렇다면 당신은 서론에 대해서 진지하게 공부를 해야 한다.

첫 인상이 평생 간다

설교하기 위해 강단에 서는 순간 설교자는 회중에게 묘한 긴장감이 흐르는 것을 감지한다. 이것은 회중의 입장에서 볼 때 설교자와 그가 들고 서는 메시지에 대한 긴장감이라고 할 수 있다. 교인들의 눈에는 설교자는 자신들과는 구별된 성직자이다. 익히 아는 담임목사라 할지라도 하나님의 말씀을 듣고 설 때는 범접할 수 없는 위엄이 있다. 그가 입을 열어 전하려고 하는 메시지는 교인들에게는 미지의 세계이다. 만약에 설교자가 이런 엄존하는 긴장감을 간과하고 곧바로 본문으로 돌진한다면 그것은 교인들을 위한 사려 깊은 행위라고 보기 어렵다. 유능한 설교자는 적절한 도입을 통해서 이러한 긴장감이 오히려 신뢰와 기대감으로 바뀔 수 있도록 만들 수 있는 자이다.

설교학자 브로더스는 이렇게 말한다. "사람이란 원래 갑작스러운 변화를 싫어하고 약간의 점진적 접근 방법을 좋아하는 성향이 있다. 어떤 건물에 현관이나 출입구가 잘 만들어져 있지 않다면 외견상 보기 좋지는 않을 것이다. 음악에도 정성들여 작곡한 대곡이라면 언제나 적어도 약간의 전주가 있어야 한다. 서론이 없는 작문이나 연설이 불완전해 보이는 것은 당연하다."[1] 아리스토텔레스도 서론의 중요성을 이렇게 말한다. "서사시에 서언이 있고 음악에 전주가 있듯이 설

---

[1] J. A. Broadus, *On the Preparation and Delivery of Sermons* (New York: Harper & Brothers, 1926), 101.

교에 서론이 있다. 이것들은 모두 다음을 위해 길을 닦는 역할을 한다."

우리는 인간관계에 있어서 첫 인상이 중요하다는 것을 잘 안다. 첫 인상은 오랫동안 그 사람과의 관계에 있어 무시할 수 없는 영향을 미친다. 대중연설에서는 도입부가 바로 그 연사의 첫 인상을 좌우하게 된다. 그의 음성이나, 발음, 문장 표현, 단어 선택, 얼굴의 인상, 자세 등등이 모두 첫 인상을 좌우한다. 청중들은 처음 몇 문장을 들어 본 후 연사에 대한 결론을 내려버린다. 로마의 웅변가 퀸틸리아누스Quintilian의 말은 옳다. "부적절한 서론은 흠집이 있는 얼굴과 같다. 당신은 그것을 한번 쳐다보고는 다시는 보려고 아니할 것이다."[2]

개 교회의 설교자는 대부분 청중이 잘 아는 목사임으로 서론이 그에 대한 첫 인상을 규정한다고는 할 수 없을 것이다. 그러나 서론은 그 날의 메시지에 대한 첫 인상이 된다. 청중들은 처음 몇 문장을 통해 그것이 들을 만한 가치가 있을지 없을지 감을 잡아버린다. 설교자가 서론의 단어 하나, 표현 하나에 세심한 주의를 기울여야 하는 이유가 거기에 있다. 커뮤니케이션 학자들은 청중은 연설 시작 후 30초 내에 그 연설이 흥미 있을지 없을지를 결정짓는다고 한다. 한 세대 전에는 그 시간이 60초였다.[3] 오늘날 다양하게 발전된 미디어 문명에 익숙해진 청중들에게 적응하기 위해서는 연설도 그만큼 빠르게 변해야 한다는 의미이다.

소설가 헤밍웨이는 새로운 작품을 시작함에 있어 도입의 어려움을 다음과 같이 고백한다. "나는 새로운 이야기를 앞에 두고 어떻게 시작할지 막막할 때 때로는 벽난로 앞에 앉아 작은 오렌지 껍질을 짜서 불 속에 던지며 피어나는 푸른 불꽃을 응시하곤 했다. 일어서서 파리의 지붕들을 바라보며 생각하기도 했다. '걱정 마. 넌 전에도 언제나 썼고 지금도 쓸 거야. 지금 중요한 건 먼저 제대로 된 한 문장을 쓰는 거야. 네가 아는 가장 제대로 된 한 문장을 쓰는 거야.' 마침내 나는 제대로 된 한 문장을 썼고 거기서부터 출발할 수 있었다."[4]

2) Bryan Chapell, *Christ-Centered Preaching*, 229.
3) D.W. Cleverley Ford, *The ministry of the Word* (Grand Rapids: Eerdmans, 1979), 215.
4) Thomas Long, *The Witness of Preaching*, 133에서 재인용.

이러한 내적 투쟁은 설교자들도 공감하는 바일 것이다. 나는 목회 초년병시절에 설교문을 작성할 때 서론부터 순서대로 써 내려가곤 했다. 그런데 분량으로는 한 쪽도 안 되는 서론이 잘 떠오르지 않아 아예 운도 떼지 못한 채 서너 시간을 끙끙 앓기만 하던 적이 자주 있었다. 지금은 서론을 맨 마지막에 작성할 때가 많다. 본론을 끝낸 후에 그에 맞는 적절한 도입을 이모저모로 재어보며 아이디어를 구상한다. 그러다가 섬광같이 몇 마디가 떠오르면 그것 때문에 설교 전체가 확 살아나는 것을 느끼게 된다.

서론의 역할

서론은 청중의 귀를 여는 데 일차적인 목적이 있다. 러시아 속담에 "누구든지 상대를 빨리 붙들고 싶을 때는 그 귀를 먼저 움켜쥐어야 하는 것은 사람이나 당나귀나 마찬가지이다."[5] 라는 말이 있다. 교인들은 대부분이 설교를 듣기 위한 충분한 정신 및 영적인 각성을 갖지 못한 채 앉아 있다. 주일 아침 분주히 교회를 향해 달려오기는 했지만 그들은 여전히 지난 한 주간의 세속적 일상성에서 깨어나지 못하고 있다. 그런 청중을 툭 쳐서 깨우는 것이 서론의 역할이다. 귀를 여는 방법은 여러 가지이다.

기대감을 자극함

먼저 청중에게 의미 있는 약속을 제시함으로 기대감을 한껏 자극하는 것이다. 청중의 내면적 욕구를 터치한다든지, 청중의 삶과 직결된 문제를 건드림으로 그날의 메시지가 청중에게 가치 있는 것을 줄 수 있다는 암시를 던지는 것이다. 그럴 때 청중은 솔깃하여 한걸음 다가서게 된다. 요즘 슈퍼마켓은 요소요소마다 무

---

5) Haddon Robinson, *Biblical Preaching* , 박영호 역, 『강해설교』(서울: 기독교문서선교회, 1983), 179.

료 시식코너를 갖추고 있다. 거기서 재미삼아 음식을 한 번 맛보고 나면 어렵지 않게 그 식품을 카터에 주워 담는다. 서론은 시식코너와도 같다. 설교자는 서론을 통해 메시지에 대한 입맛을 한껏 돋워야 한다. 다음의 예를 보라.

요즈음 웃음이 건강에 좋다는 말들을 많이 합니다. 웃음이 보약보다 좋다고들 합니다. 그러나 개중에는 그런 말 들을 때 답답한 분들이 계실 겁니다. '웃으면 좋다는 것 누가 몰라? 허나 웃을 일이 있어야 웃지, 웃을 일이 없는데 어떻게 웃나?' 하는 분이 있을 겁니다. 맞는 말입니다. 누가 하라고 한다고 해서 내 감정을 마음대로 조작할 수는 없는 일입니다. 그러나 여러분, 웃을 일이 없어도 웃을 수 있는 비결이 있습니다. 항상 기뻐할 수 있는 비결이 있습니다. 오늘 이것을 함께 살펴보겠습니다.

이 서론에서 설교자는 일이 잘 안 풀려도 웃을 수 있는 비결이 있다고 말함으로 청중에게 뭔가 소중한 것을 줄 수 있다는 암시를 던지고 있다. 청중이 자기도 모르게 말씀에 끌리도록 유도하는 것이다.

이것을 달리 말하면 서론을 통해 메시지와 청중 사이에 어떤 접촉점을 제공해야 한다는 말이다. 우리가 전도할 때도 어떤 공통된 관심사나 가치 등을 가지고 대화의 접촉점을 삼듯이 설교에도 마찬가지이다. 메시지가 청중과 유리된 것이 아니라 그들의 관심사와 직결되어 있다는 것을 밝히는 것이다. 이런 접촉점이 다리가 되어 청중은 어렵지 않게 본문과 현재적 삶의 엄청난 갭을 뛰어넘어 말씀 안으로 들어올 수 있다. 니콜스의 말을 들어 보자.

서론은 설교자와 청중 사이에 '커뮤니케이션의 접촉점'을 제공한다. 그것은 오늘의 메시지가 어떤 주제에 대해서 어떤 방식으로 얘기를 진행해 나갈 것이며, 그럼으로 어떤 새로운 이해나 행동에 이르게 될 것이며, 그 각각이 메시지의 진행에 어떤 기여를 하게 될 것이라는 데 대해 양자간에 이루어진 의견 일치를 의미한다. '접촉점'이라는 아이디어는 목회적 양육이나 상담에서도 볼 수 있는데, 곧 상담자와 피상담자 사이에 어떤 일정한 방법으로 일정한 목표를 향해서 나아가자고 하는 의견 일치를 의미한다. 그것은 설교에 있어서도 마찬가지인데 결국 그것들은 동일한 커뮤니케이션 상황에서의 요건들인 것이다.[6]

설교자는 적절한 서론을 위해 교인들의 욕구를 잘 이해하는 것이 필요하다. 교인들의 영적, 문화적, 경제적 수준을 잘 파악하여 그들의 삶에 요긴할 수 있는 이슈들을 발굴해 내어야 한다. 그래서 청중들의 기대를 한껏 창출할 수 있는, 그들의 가슴이 두근거릴 수 있는 의미 있는 약속을 제시해야 한다. 이 설교에는 무언가 들을 것이 있겠다는 믿음을 줄 수 있어야 한다. 그럴 때 청중들은 강단을 향하여 집중하게 된다. 다음의 예를 보자.

현대인들은 참 염려가 많은 것 같습니다. 생활이 복잡해지고 사회가 불안해서 그런지 하루라도 염려가 없는 날이 없습니다. 여러분도 염려가 많으시지요? 구조조정은 정말로 이루어질지? 내 직장은 이 태풍을 무사히 비껴갈 수 있을지? 건강이 좋지 못한데 수술을 해야 하는지 말아야 하는지? 아이의 대학입시는 어떻게 될지? 이런 염려 때문에 우리에게 얼마나 스트레스가 많습니까? 그런데 여러분, 이 모든 염려를 말끔히 씻어버릴 수 있는 비결이 있습니다. 오늘 말씀을 잘 들으면 여러분을 뒤덮고 있던 염려의 먹구름이 깨끗이 사라질 겁니다. 여러분의 마음이 태풍 후의 새파란 하늘처럼 그렇게 맑아질 수 있습니다. 자, 같이 말씀을 보십시다.

위에서 염려의 여러 예시를 든 것은 현실 문제를 통해 청중과의 정서적 접촉점을 가지기 위함이다. '염려를 벗어버릴 수 있다'는 말은 청중에게는 귀가 솔깃한 약속이 아닐 수 없다. 좋은 것을 주겠다고 하는데 싫어할 사람은 없다. TV 광

---

6) J. Randall Nichols, *Building the Word: The Dynamics of Communication and Preaching* (San Francisco: Harper & Row, 1980), 101.

고도 다 어떻게 해 주겠다는 약속을 담고 있지 않는가. 이렇게 의미심장한 약속으로 청중의 기대감을 증폭시켜 놓으면 설교는 성공적인 출발을 한 셈이다.

흥미를 유발시킴

청중의 귀를 여는 또 하나의 방법은 문제 제기를 통하여 그들의 흥미와 관심을 유발시키는 것이다. 우리는 논문을 쓸 때 서론에서 문제 제기를 함으로 지금부터 논의하려고 하는 주제가 꼭 필요하고 중요한 것이라는 사실을 제시한다. 설교에 있어서도 마찬가지이다. 잔잔한 연못에 돌을 던져 파문을 일으키듯이 문제제기를 함으로 청중의 가슴에 파문을 일으켜야 한다.

여기서 '문제 제기'라고 할 때 그것이 꼭 무겁고 논쟁적인 이슈를 제기해야 된다는 의미는 아니다. 교인들의 삶에 직결된 지극히 평범한 문제라도 그것을 지혜롭게 청중의 마음에 파문을 일으키는 식으로 제기할 수 있다. 예를 들어 보자.

성도 여러분, 요즈음 얼마나 피곤하십니까? 현대인들은 참 피곤한 삶을 삽니다. 그런데 그 피곤해 하는 것이 신앙적이 아니라는 사실을 생각해 본 적이 있습니까?

이와 같은 시작은 무거운 주제도 아니면서 성도들을 향하여 도전적인 질문을 던짐으로 그들의 관심을 유발시킨다. 리트핀은 대중연설시 청중의 관심과 흥미를 불러일으킬 수 있는 요소들을 다음과 같이 소개한다.

- **참신성**: 새로운 발견, 예언, 놀랄만한 통계자료나, 깜짝쇼와 같은 선언
- **역동성**: 역동적이고 생생한 단어 사용, 동영상을 떠오르게 하는 표현, 스타일이나 전달에 있어서의 변화
- **연관성**: 청중과 직결된 문제나 청중의 이전 경험 등에 대한 언급, 청중에 대한 칭찬
- **구체성**: 사실감 있는 이야기(가설이든 실제든), 구체적이고 세밀한 단어 사용
- **친밀성**: 친밀한 사안, 공통의 경험, 속담 등의 언급, 잘 아는 인용구를 창의적으로 사용

함, 비유나 유추의 사용

- **상충성**: 불일치, 논쟁, 갈등의 사용, 인식에 있어서의 모순성 등을 부각시킴
- **유보**: 도전적인 질문이나 문제 제기, 수수께끼를 내밀 듯함
- **농축성**: 특별한 색채감 있는 표현, 의미심장한 힘 있는 표현, 강력한 인용구 사용
- **유머**: 유머, 재치, 위트를 담은 표현
- **적실성**: 청중의 필요를 자극함, 청중이 자신의 이야기로 느낄 수 있도록 욕구를 생생하게 제시함[7]

이상의 요소들은 일반적인 연설뿐만 아니라 설교에 있어서도 긴요하게 사용될 수 있다. 따라서 문제 제기를 할 때 위의 요소들을 적절히 활용한다면 더욱 효과적인 서론이 될 것이다. 한 가지 유의할 점은 위와 같은 요소들을 동원해서 청중의 관심을 유발시킬 때 그것이 주제와 연관성을 갖지 않으면 안 된다는 것이다. 서론은 청중을 효과적으로 주제로 이끌어 오게 하기 위한 하나의 도구에 불과하다. 나는 미국에서 유학하는 동안 미국교회 목사들이 철칙과도 같이 서론에서 한마디 유머를 던지는 것을 보았다. 그러나 대부분의 유머가 그 날 설교의 방향과는 별 관계가 없는 것이었다. 그것은 잘못된 것이다. 서론에서 던지는 말들은 철저하게 고기를 유인하기 위한 미끼가 되어야 한다. 설교자가 아무리 기발한 유머나 참신한 자료로 청중의 시선을 끈다고 할지라도 그것이 주제와 상관없는 얘기라면 그 서론은 적절치 못한 것이다.

또한 문제를 제기하는 부분은 너무 길어서는 안 된다. 간결하고 핵심적인 몇 마디로 산뜻한 충격을 주어야 한다. 청중을 지나치게 자극하는 과격한 충동주의 sensationalism는 잘못하면 오히려 청중의 반감을 불러일으킬 수도 있으므로 조심해야 한다.

---

7) A. Duane Litfin, *Public Speaking*, 230f.

공감대 형성

서론의 또 한 가지 역할은 청중과의 공감대를 형성해서 말씀의 수용성을 높이는 데 있다. 예를 들어 어떤 설교자가 굉장히 권위적인 자세로 얘기를 시작하든지, 진솔하지 못한 과장의 냄새를 풍긴다면 교인들은 즉각 거부반응을 보일 것이다. 반면에 겸손한 태도로 교인들과 자신을 동일시하는 설교자에 대해서는 마음을 열 것이다. 설득력 있는 설교가 되기 위해서는 먼저 설교자와 청중사이에 건강한 관계가 형성되어야 한다. "우리가 설교할 때 (회중에게) 들려지는 것은 말해진 것에 의존할 뿐 아니라 설교자와 회중 사이의 인격적인 관계에도 의존한다."[8] 건강한 관계란 양자 사이에 공감대가 형성된다는 것을 의미한다. 그럴 때 그 메시지는 감화력을 발휘하게 된다. 청중과의 공감대는 다음과 같은 다양한 영역에서 시도될 수 있다.

- 환경의 공감대: 처음 대하는 청중이라면 외형적인 환경의 공감대를 시도할 수 있다. "저도 이 지역에서 5년을 산 적이 있습니다", "제 아내가 바로 이 교회 출신입니다." 하는 말로써 교인들이 친근감을 가질 수 있도록 할 수 있다.
- 관심사의 공감대: 교인들을 사로잡고 있는 관심사를 언급한다. "요즈음 주가가 조금 오르는 것 같아요. 여러분, 기분이 좋으시지요? 우리 교인들이 기분이 좋으면 저도 기분 좋아요." 이런 관심사는 시사성 있는 것일수록 좋다.
- 가치의 공감대: 교인들이 가지고 있는 가치 기준에 찬동을 표시한다. 아직 서론에 불과함으로 가치 기준을 언급할 때는 다른 의견이 있을 수 있는 것보다는 자명한 이슈를 언급하는 것이 좋다. "나라가 이렇게 어려운데도 어떤 사람들딸을 시집 보내면서 혼수를 몇 천만 원씩 쓴답니다. 내 딸 잘 해서 보내겠다는데 누가 무슨 말 하느냐고 하면 할 말이 없지만 그래도 너무 하는 것 아닙니까? 혼인을 꼭 그런 식으로 시켜야 자식에게 잘 하는 것입니까?"

---

8) Ian Pitt-Watson, *A Kind of Folly* (Edinburgh: The Saint Andrew Press, 1976), 58.

- 위기의 공감대: 교인들이 느끼는 위기의식을 자극한다. "여러분, 지난 한 주간 참 가슴이 조마조마 하셨죠? 대한민국 국민 치고 지난 한 주간 편하게 두 다리 뻗고 잔 사람 아무도 없을 겁니다. 연초에 1,000이라던 주가가 이제 500선이 무너지는 것은 시간문제라고 합니다. 대마불사라고 하던 현대도 위태위태합니다. 도대체 이 나라가 어디로 가는 것입니까?"

- 감정의 공감대: 교인들에게 보편적으로 내재해 있는 감정을 표출시킨다. 삶과 직결되어 있는 영역을 건드려야 한다. "여러분, 먼저 한 가지 고백할 것이 있습니다. 지난 주간 저는 몸이 영 좋지 않았습니다. 할 수 없이 병원에 갔지요. 사진을 찍고 결과를 기다리는데 별의 별 생각이 다 났습니다. '혹시 심각한 것은 아닐까?' 별의 별 상상이 다 떠오르는데 제가 참 믿음이 없다는 것을 절감했습니다. 교인들에게는 밤낮 '하나님을 의지하라'고 하면서 막상 자신은 어떻게 이렇게 믿음이 없는지. 참 부끄러웠습니다."

청중과의 공감대를 형성하기 위해서는 청중의 심리나 가치관을 잘 알고 그에 부응하는 얘기를 현실감 있게 해야 한다. 정직하게 얘기해야 하지만 더욱 중요한 것은 청중의 외적, 내적 상태를 읽어내는 센스와 재치이다. 돌 하나를 던져 잔잔한 호수에 파문을 일으킬 때 과연 어떤 돌을 어떻게 던져야 할지 치밀하게 계산하는 용의주도함이 필요하다.

청중과의 공감대 형성이란 설교자와 메시지 두 가지 측면에서 모두 이루어져야 한다. 리트핀은 청중이 설교자와 메시지에 대해 보이는 태도를 다음과 같은 도표를 통해 설명한다.[9]

---

9) Litfin, *Public Speaking*, 234.

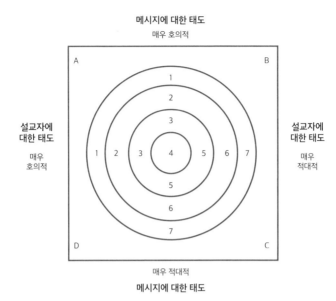

메시지에 대한 태도
매우 호의적

A

B

설교자에
대한 태도

매우
호의적

1 2 3 4 5 6 7

설교자에
대한 태도

매우
적대적

D

C

매우 적대적
메시지에 대한 태도

여기서 가로축은 청중이 메시지에 대해 보이는 호응도를 나타내며, 세로 축은 청중이 설교자에 대해 보이는 호응도를 나타낸다. 가장 높은 호응도를 1, 가장 낮은 호응도를 7로서 계측화 한 것이다. 그럴 때 A, B, C, D와 같은 네 가지 영역이 생길 수 있다. 물론 영역 A 안에서도 청중이 높은 호응도를 보일수록 외원으로 옮겨가겠지만, 대략 이 네 가지 영역의 경우를 상정하고 청중과의 공감대를 형성하기 위한 전략을 생각해 보자.

영역 A. 청중은 설교자와 메시지 모두에 대해 큰 호감을 가지고 있다. 이 경우 설교자는 부담감 없이 설교를 진행할 수 있다. 만약 서론에서 설교의 주제에 대해서, 혹은 청중과의 관계에 대해서, 건강하고 아름다운 측면을 좀더부각시켜 준다면 메시지는 훨씬 더 설득력을 가지게 될 것이다. 바울서신의 서두를 보면 바울이 자주 이런 방법을 사용하는 것을 볼 수 있다.

영역 B. 청중은 메시지에 대해서는 호감을 가지고 있으나 설교자에 대해서는 그렇지 못한 경우이다. 흔하지는 않으나 이런 경우가 발생한다면 설교자로서는 쉽지 않은 난관에 봉착한 셈이다. 청중이 왜 설교자에 대해 부정적인 이미지를 갖고 있는지는 여기서 다룰 문제는 아니다. 이런 경우 설교자는 솔직하고도 직설적인 태도로 청중이 자신에 대해 가지고 있는 감정을 이해한다고 선언하는 것도 한 방법이다. 자신의 부족함을 빗대어서 한마디 유머를 던지는 것도 분위기를 누그러뜨릴 수 있다. 어설프게 자신을 변명하는 듯한 인상을 주는 것은 금물이다. 그것보다는 차라리 곧바로 주제로 들어가서 청중이 그나마 호감을 가지고 있는 문제를 다루는 것이 좋다.

영역 C. 청중이 메시지와 설교자 모두에게 호감을 가지고 있지 않은 경우이다. 설교자로서는 최악의 상태이다. 이럴 경우 설교자는 자신이나 자신의 메시지가 청중들과 최소한의 공감대라도 가지고 있다는 것을 보여야 한다. 자신이나 자신의 메시지에 대해 오해된 부분이 있을 수 있다는 것을 조심스럽게 개진해야 한다. 저돌적이고 공격적인 자세는 금물이다. 신중하고 유연한 자세를 보여줌으로 반감의 정도를 조금씩 누그러뜨리는 방법을 구사하라.

영역 D. 청중은 설교자에 대해서는 호감을 가지고 있으나 메시지에 대해서는 그렇지 못한 경우이다. 이럴 경우 그들의 메시지에 대한 거부감을 이해한다고 솔직하게 선언하라. 그런 다음 그들이 생각을 바꾸어야 할 이유들을 납득할 수 있도록 설명하라. 경우에 따라서는 그들의 거부감에 대해 공개적으로 언급하는 것이 청중 전체를 오히려 긴장시키고 분위기를 무겁게 만들 수 있다. 그럴 때는 거부감을 언급함 없이 청중들에게 친근하고 설득력 있는 자료들을 제시하면서 거부감을 순화시킬 수 있는 방안을 모색하는 것이 낫다. 청중과 설교자와의 긍정적인 관계를 회상시킴으로 메시지에 대한 생각의 반전을 꾀해 볼 수도 있다.

이상에서 살펴본 바와 같이 의미 있는 약속을 제시하여 청중의 기대감을 자극하고, 문제 제기를 통하여 청중의 관심과 흥미를 불러일으키고, 청중과의 공감대를 조성해서 말씀의 수용성을 높이는 것은 모두가 서론이 철저히 청중 중심으로 구성되어야 함을 의미한다. 설교의 시작은 이천 년 전의 이야기보다는 오늘 이 자리의 이야기로부터 출발하는 것이 훨씬 더 생동감이 있다. 제이 애덤스는 이렇게 말한다. "본문으로부터 시작하지 말고 베드로와 바울이 한 것같이 회중으로부터 시작하라. 회중들이 무슨 진리를 얻어야 할 것인지에 대해 적절히 방향 설정이 되었을 때에 본문으로 들어가라. 또한 청중에게 그 진리에 대한 관심을 충분히 유발시킨 후에 본문으로 향하라."[10]

주제 제시

서론의 마지막 역할은 주제를 제시하는 것이다. 칼 바르트는 '서론이 필요한가?' 라는 질문에 다음과 같이 답한다.

성경적인 서론이 아닌 한 불필요하다. 어떤 다른 종류의 서론이라도 그것은 몇가지 이유로 제거되지 않으면 안 된다. 그 중 두 가지는 꼭 기억해야 한다. 첫째, 왜 우리는 교회에 가는가? 하나님의 말씀을 듣기 위해서이다. 따라서 계속되는 예배 행위는 설교의 충분한 서론이 된다. 설교는 예배의 절정일 뿐이다. 그러므로 몇 마디의 시작하는 말로 족할 것이다. 다른 어떤 종류의 서론도 시간 낭비일 뿐이다. 그리고 설교의 길이는 너무 길어서도 안 된다. 둘째, 서론은 너무나 자주 우리의 생각을 하나님의 말씀으로부터 다른 데로 돌린다.[11]

바르트는 여기서 서론을 설교 본문과 상관없는 세속적인 얘기나 늘어놓는것으로 오해하고 있다. 그러나 우리가 논의하는 서론은 청중을 설교의 주제로 인도

---

10) Jay E. Adams, *Truth Applied: Application in Preaching* (Grand Rapids: Zondervan, 1990), 71.
11) Karl Barth, *The Preaching of the Gospel*, trans. B. E. Hooke (Philadelphia: The Westminster Press, 1963), 78f.

하기 위해 철저히 계산된 도입부를 말하는 것이다. 또한 그는 청중의 수준을 지나치게 높이 설정하는 것 같다. 물론 교인들이라면 설교를 듣기 위해 그 시간에 앉아 있기는 한다. 그러나 그들은 영적으로 충분히 각성되어 있지 못한 경우가 대부분이다. 일주일 내내 본문에 대해 묵상하고 연구한 설교자의 머릿 속에는 본문의 주안점이 일목요연하게 들어 있을 수 있다. 그러나 청중은 다르다. 땅의 삶에 머무르고 있는 그들에게 하늘의 진리를 들이대기 위해서는 그들이 붙들고 오를 수 있는 최소한의 사닥다리는 있어야 한다. 제이 애덤스는 단도직입적으로 말한다. "서론의 목적은 청중을 뒤이어 전개할 주제로 인도하는 것이다. 그것에 실패하면 서론은 실패한 것이다."[12]

청중은 설교자가 강단에 섰을 때 그가 오늘 무슨 얘기를 할 것인지를 궁금해 한다. 미지의 세계를 향하여 출발하면서 목적지를 알고 싶어 하는 것은 지극히 당연한 일이다. 주제를 알면 청중은 그 방향으로 생각을 모을 수 있다. 그 문제를 향하여 진리의 여정을 떠날 마음의 준비를 하는 것이다. 이와 같이 서론은 설교의 방향을 가리키는 나침반과 같은 역할을 한다.

설교자는 다음과 같이 설교 주제를 밝힐 수 있다. "자, 그러면 우리는 과연 어떻게 하면 이런 믿음을 가질 수 있는지를 같이 살펴보겠습니다", "어떻게 하면 항상 기뻐할 수 있는지 본문을 중심으로 살펴보겠습니다." 하는 식으로 간결하게 암시하면 된다. 주제를 제시할 때 해답을 미리 다 상술해버리는 것보다는 주어부만을 말하는 것이 좋다. 예를 들어, "오늘은 고난이 성도들에게 왜 필요한지를 같이 살펴보려고 합니다." 하면 주어부만을 언급한 것이다. 그러나 "오늘은 고난이 우리 성도들을 성숙하게 해 준다는 사실을 같이 살펴보려고 합니다." 하면 답을 미리 말한 것이다. 그것은 성도들의 기대감을 반감시키므로 바람직하지 않다. 어떤 설교자는 서론에서 고난이 유익하다는 사실을 장황하게 설명하고 무게 있는 예화까지 든 후에 "그러면 본문으로 들어가서 고난이 유익하다는 것을 살펴봅시

---

12) Jay E. Adams, *Preaching with Purpose* (Grand Rapids: Baker, 1982), 59.

다.” 하는데 그것은 전혀 짜임새 있는 구성이 될 수 없다. 그 모든 설명은 본론에 포함시켜야 한다.

주어부만을 밝히되 경우에 따라서는 대지까지도 미리 진술하는 것이 효과적일 수 있다. 다음의 예를 보라.

오늘은 그리스도가 십자가 위에서 받으신 고통에 대해서 살펴보겠습니다. 대략 세 가지 방면으로 살펴보겠습니다. 첫째는 그분이 받으신 육체적 고통에 대해서, 둘째는 정신적 고통에 대해서, 셋째는 영적인 고통에 대해서 같이 살펴보려고 합니다.

이렇게 하면 청중은 미리 설교의 골격을 머리 속에 넣고 설교의 전개를 기다릴 수 있다. 그러나 너무 자주 대지를 밝혀 주면 메시지에 대한 기대감이 반감될 수 있고 지루하게 생각할 수도 있으므로 주의할 필요는 있다.

서론의 소재들

이제 설교의 효과적인 시작을 위해서 어떤 소재들을 사용하면 좋을지를 살펴보기로 하자.

개인적 체험. “여러분, 저는 지난 주간에 몸이 참 안 좋았습니다”, “저는 지난 화요일에 이런 일을 경험했습니다.” 등의 개인적 체험을 언급한다. 설교자의 개인적 체험은 생생한 현장감을 주기에는 최고의 소재이다.

뉴스. 시사성 있는 뉴스를 인용하면 쉽게 교인들과의 공감대를 형성할 수 있다. “지난 주간 신문에 이런 낯 뜨거운 기사가 났습니다. 목사라는 사람이 위조 채권을 만들어서, 그것도 200억 원 어치나 유통을 시키려다가 잡혔답니다. 건축 헌금 하려고 그랬다나요? 참 기가 찰 노릇입니다.”

본문의 배경. 성경 본문의 배경을 설명하는 것으로 서론을 삼을 수도 있다. 이럴 때는 교인들의 귀를 붙잡는 일에 특히 유의해야 한다. 마태복음 25장의 열 처녀 비유를 가지고 설교한다면 다음과 같이 시작할 수 있다. "이스라엘 사람들의 결혼 풍습은 우리와는 매우 다릅니다. 그들은 한 쌍의 남녀가 결혼을 하면 곧바로 신혼여행을 떠나지 않고 일주일씩 머물면서 피로연을 계속합니다. 그 기간 동안 신랑신부는 화려한 옷을 입고 마치 왕자와 왕후와 같은 대접을 받으면서 잔치를 베풀게 되는데 그래서 이 때가 일생에 있어서 가장 흥겹고 행복한 때라고 합니다. 우리같이 식만 마치면 신혼여행 훌쩍 떠나버리고, 하객들은 식권 하나 받아들고 뿔뿔이 흩어지는 것보다는 훨씬 낭만이 있고 멋이 있는 풍습이지요?"

인용구. 주제와 관련 있는 인용구를 통해 시작할 수 있다. 미국 자동차 회사의 한 중역은 다음과 같은 말로써 연설을 시작했다. "합리적인 사람은 세상에 자신을 맞춥니다. 반면, 불합리한 사람은 세상을 자신에 맞추려고 고집합니다. 그래서 모든 발전은 불합리한 사람에게 달려있습니다. 안녕하십니까? 여러분. 이는 유명한 영국 작가 조지 버나드 쇼의 말입니다. 오늘 아침 저는 여러분에게 불합리한 사람이 되라고 말하고 싶습니다." 그런 다음 연사는 소아마비를 극복하고 직업을 되찾은 '불합리한 사람', 프로야구 선수 빅 워츠의 이야기를 꺼냈다.[13] 이렇게 정곡을 찌르는 인용은 청중에게 강렬한 인상을 심는다.

예화. 삶에 얽힌 이야기를 동원한다. 예화는 청중이 주제를 향해 시선을 던질 수 있는 가벼운 것이 좋다. 너무 무게 있고 비중 있는 예화는 서론보다는 본론에 넣는 것이 좋다.

---

13) Richard Dowis, 『스피치에 강한 리더가 성공한다』, 201.

통계. 통계 자료는 과학적 신빙성을 가졌으므로 청중들에게 설득력 있게 다가 갈 수 있다. "제가 어떤 통계를 보니까 미국 사람들이 사용하는 수면제의 종류가 200종이 넘는답니다. 그들이 일년에 먹어치우는 수면제가 돈으로 환산하면 약 2 조 원이 넘는답니다. 엄청나지 않습니까? 그 살기 좋은 나라에서 도대체 무슨 걱 정이 많아서 그렇게 수면제를 많이 먹는 것일까요?"

유머. 적절한 유머는 시작부터 청중의 마음을 활짝 여는 이점이 있다. "'눈물 젖은 빵을 먹어보지 못한 사람은 인생을 논할 수 없다.' 누가 한 말인지 아세요? 풀빵장수입니다. 제가 길을 가다 보니까 포장마차 위에 그렇게 써 부쳐 놓았습니 다. 눈물 젖은 빵을 먹어보지 못한 사람은 신앙도 논할 수 없습니다."

파격적 선언. 일반의 예상을 뒤엎는 파격적 선언은 극적 효과를 노릴 수 있다. "여러분, 우리 신자가 성경말씀과 정반대로 행하는 일이 있을까요? 우리가 성경 말씀에 100% 순종하지는 못해도 그래도 그렇게 살려고 노력은 하지않습니까? 신 자라는 사람이 대놓고 성경과 정반대로 행하는 일이야 있겠습니까? 그런데 그런 게 꼭 한 가지 있습니다. 바로 돈 문제입니다. 돈에 대해서만은 우리는 공공연하 게 성경과는 정반대의 길을 가고 있습니다."

시. 시의 인용은 설교를 시작부터 아름답고 품격 있는 것으로 격상시키는 효 과를 얻을 수 있다. "오늘 아침은 윌리엄 워즈워드의 시를 인용하는 것으로 설교 를 시작하려고 합니다."

그 외에도 다양한 소재를 사용할 수 있다. 중요한 것은 어떤 소재를 사용하든 지 그것이 우리가 앞에서 논의한 것과 같은 서론의 역할을 적절하게 감당할 수 있어야 한다는 것이다.

인상적인 시작을 위하여

서론이 산뜻하고 인상적인 것이 되기 위해서 여러 가지 고려해야 할 점이 있다.

나침반이 되어야 한다. 서론은 청중이 주제를 향하여 방향을 잡게 만드는 나침반과 같은 역할을 해야 한다. 청중들의 흥미를 유발시키는 일에 집중한 나머지 설교의 주제와는 동떨어진 애기를 하는 것은 좋지 않다.

설교의 주제를 제시하기 위한 서론이 아니고 본론의 첫 단락을 설명하기 위한 서론은 바람직하지 않다. 그림으로 나타내 본다면 다음과 같다.

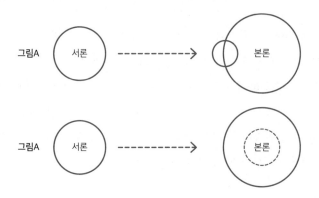

그림 A는 서론이 단순히 본론의 첫 부분을 위한 것이다. 예를 들어 어떤 설교자는 서론에서 현대인은 분주하다는 것을 장황하게 얘기한다. 그리고는 "오늘 본문을 보니 예수님도 이와 같이 분주하셨습니다." 하는 말로 본론으로 들어간다. 그가 현대인이 분주하다고 장황하게 말한 것은 예수님도 분주하셨다는 그 말 한마디 하기 위한 것이었다. 그 설교의 주제는 '분주하다'는 것이 아닌데도 그렇게 한다. 서론은 그림 B와 같이 설교의 주제와 연결되어야지 본론의 첫 아이디어를 소개하기 위한 것이 되어서는 안 된다.

주제와 톤을 같이 해야 한다. 주제는 심각한 문제를 다루는 것인데 서론은 농담으로 시작한다면 그것은 좋지 않다. 물론 무거운 주제일수록 유머를 사용함으로 균형을 잡는 것이 효과적일 때도 있다. 그러나 그럴 경우에도 곧바로 설교의 본 기조로 돌아가야 한다.

허풍 떨지 말라. 처음에 너무 많은 것을 약속했다가 나중에 속 시원한 해답을 주지 못하는 것은 지혜롭지 못하다. 어떤 설교자는 이 한 편의 설교를 들으면 모든 문제가 다 해결될 것같이 바람을 잡아놓고는 마칠 때는 별것도 없이 끝내버린다. 그런 일이 되풀이 되면 교인들은 설교자를 허풍쟁이로 여기게 될 것이다. 시작은 초고층 빌딩을 세울 듯이 하고는 마지막에는 고작 병아리 둥지를 세우는 것으로 끝내지 말라.

너무 길지 않게 해야 한다. 20분쯤 말한 후에 "그러면 이제 본론으로 들어가겠습니다." 하면 교인들은 앞이 캄캄할 것이다. 설교의 유형에 따라 차이는 있지만 서론은 대략 전체 설교의 10% 정도의 분량이 적절하다. 30분 설교라면 3분 정도가 적절하다. 식탁에 음식을 차리는 시간이 너무 길어지면 오히려 식욕을 잃어버린다. 준비 운동이 너무 길면 수영하기도 전에 힘이 다 빠진다. 서론은 현관이지 집 그 자체는 아니다.

변명하면 역효과를 낸다. 무슨 변명이든지 변명하면 오히려 역효과가 난다는 것을 명심하라. 어떤 설교자는 강단에 서자마자 "도무지 설교할 형편이 안되어서 사양했지만 담임목사님이 강청하셔서 할 수 없어 승낙했습니다."라고 한다. 그러면 교인들은 저 사람이 설교를 위해 별로 기도 준비를 안 했을 것이라고 생각하면서 설교에 대한 기대를 접는다. "제가 감기가 걸려서 목소리가 이렇습니다." 하면 교인들은 그가 끝까지 설교를 감당할 수 있을지 불안해 하게 된다. 왜 저런 사람을 세웠는지 원망도 할 것이다. 설교자가 왜 변명하는가? 변명하면 당신이 설교를 잘 못해도 교인들이 이해해 주리라고 기대하 는가? 그것은 착각이다. 변명하면 교인들은 실망한다. 설교할 형편이 안 되면 죽자고 사양하고 서지를 말아야한다. 그러나 일단 강단에 섰으면 아무 소리 하지 말고 죽기 살기로 외쳐야 한다.

선입관을 표출하지 말라. 설교자가 잘못된 가정을 할 수 있다. '이 교인들은 잘 반응하지 않을 것이다', '이 사람들은 목사나 쫓아내는 저질들이다', '이 사람들은 교만이 꽉 차 있을 것이다.' 등등의 선입관을 가지고 청중을 미리 재단해서는 안 된다.

분위기를 경색시키지 말라. 섭섭함이나 유감 등을 표시함으로 분위기를 경색시켜서는 안 된다. 설교는 목사의 감정풀이의 장이 아니다. 비록 그 감정이 타당한 측면이 있더라도 그것을 공개적으로 발설하면 그 순간 청중과의 사이에 긴장관계가 조성되고 결국 그들의 마음문을 닫게 만든다.

변화를 시도하라. 어떤 설교자는 설교를 시작할 때마다 천편일률적으로 똑같은 용어로써 운을 뗀다. "주 안에서 사랑하는 형제자매 여러분, 오늘 아침에 우리가 살펴 볼 본문은 마태복음 18:1-8입니다." 이런 시작은 마치 회의의 개회 선언과도 같은 사무적인 냄새를 풍긴다. 시작하는 말이 변개할 수 없는 영감 된 용어가 아니라면 다양한 표현을 통하여 변화를 구사할 수 있어야 한다.

그 기초만 쌓고 능히 이루지 못하면 보는 자가 다 비웃어 가로되 이
사람이 역사를 시작하고 능히 이루지 못하였다 하리라.

누가

13장

결론

오래 여운이 남는 설교

"할렐루야, 할렐루야, 할렐루야, 할렐루야… 할렐~ 루~야~." 그 장엄한 코러스
에 청중은 자신도 모르게 벌떡 일어나 우뢰 같은 박수를 보낸다. 3시간을 달려온
오라토리오의 감동이 한꺼번에 영혼을 압도하는 순간이다. 서서히 막은 내리지
만 자리를 떠날 줄 모르는 청중들. 예술이나 인생이나 마지막에 모든 것을 말하
는 것은 일반인가 보다.

설교에 있어서 마지막 1, 2분은 가장 다이나믹한 순간이다. 마지막이라는 것은
항상 우리에게 유장(悠長)한 감정을 안겨 주는데 설교에 있어서도 마찬가지이다. 그
것은 숨 가쁘게 달려왔던 진리의 여정에 종지부를 찍는 순간이다. 이 순간에 설
교자는 자신의 사고와 열정의 정점에 선다. 전령으로서 왕이 쥐어 준 메시지를
한 줄도 남기지 않고 다 토해낸다. 이 순간 청중은 두 주먹을 불끈 쥐고 결단한다.
물론 마지막이 항상 고함치는 것으로 장식되는 것은 아니다. 때로는 천둥소리 같
지만 때로는 바람결에 실려 오는 속삭임 같을 수 있다. 어떠하든 그것은 듣는 자
의 가슴에 감동의 파도를 일으킨다.

브라이언 채플은 청중이 설교의 어느 부분을 가장 잘 기억하는지를 조사하여 다음과 같은 흥미로운 결과를 얻었다.

결론적 언급

서론적 언급

예화들(특히 결론이나 서론에서의 예화)

특별한 적용들(특히 청중이 강하게 동의하거나 동의하지 않는 적용일 때)

메시지의 기본적 아이디어

메시지 내의 흥미로운 사고

주제에 대한 언급

강해적 설명[1]

위 기억도표에서 보듯 청중은 설교 중에서 결론을 가장 잘 기억한다. 영화나 연극의 라스트 신이 오랫동안 우리 뇌리에서 떠나지 않듯이, 그래서 '어떤 영화' 하면 그 라스트 신이 먼저 생각나듯이, 설교에서도 마지막 몇 마디의 호소가 청중의 가슴에 긴 여운을 남긴다. 강력한 결론은 서론이나 본론의 약점을 만회할 수도 있다. 비록 논리가 허술하고, 설득력이 약했다 해도 감동적이고 인상 깊은 결론은 청중으로 하여금 그 부족을 다 잊어버리게 만든다. 그러므로 결론에서는 한 문장이라도 건성으로 작성되어서는 안 된다. 단어 하나라도 농축되고 정선된 용어를 사용해야 한다. 로버트 올리버는 다음과 같이 말한다. "결론은 연설의 마지막에 점선 위에 하는 서명이다. 서론이 씨를 심었다면 본론은 곡식을 가꾸었고, 결론의 기능은 추수를 하는 것이다."[2]

그러나 안타깝게도 결론이 효과적이지 못한 설교가 많다. 설교자가 서론과 본론을 작성하면서 진액을 다 뺐는지 결론에 이르면 더 이상 에너지를 집중할 여력

---

1) Bryan Chapell, *Christ-Centered Preaching*, 244.
2) Robert T. Oliver, *The Psychology of Persuasive Speech* , 2nd ed.(New York: Longmans, Green and Co., 1957), 339.

을 갖지 못하는 것이 한 이유일 것이다. 혹은 결론의 중요성을 알지 못하고 그것은 적당히 끝내도 되는 것으로 생각하기 때문일 수도 있다. 서론, 본론은 원고를 충실히 작성하면서도 결론은 그저 강단에 서서 몇 마디로 적당히 때워 넘기려고 한다. 이것은 마치 축구 경기에서 패스와, 드리블, 그리고 센터링까지는 잘했지만 마지막 문전 처리가 미숙하여 공을 허공으로 차버리는 것과 같다. 결론을 통해 말씀이 잘 박힌 못과 같이 심령에 깊이 박힐 수 있도록 해야 한다. 그러나 결론이 미약하면 서론, 본론이 아무리 훌륭하다 하더라도 결정타가 빗나가 버리게 된다. 브로더스의 강조는 전적으로 옳은 것이다. "(결론에 있어) 설교자의 전달이나, 사고나, 용어 선택이 미약하면 못을 박기보다는 오히려 못을 뽑아버린다. 결론이 청중의 의지와 마음에 대한 직접적 호소이든지 아니든지 간에 뜨거운 열정과, 불타는 사고, 강력한 어휘는 절대 필요한 도구이다."[3] 당신의 설교가 다음과 같은 증후군을 띠지는 않는가?

- 끝맺는 말이 늘 똑 같다.
- 어떻게 끝낼지에 대해 감이 없다.
- 설교원고에 결론이 제대로 작성되어 있지 않다.
- 끝나고 통성기도를 시키면 통 소리가 나지 않는다.

그렇다면 당신의 설교는 결론에 문제가 있다.

결론의 기능

결론은 단순히 설교의 마지막 몇 줄을 일컫는 것이 아니다. 결론 부분이 가지는 기능이 있고 역할이 있다. 결론이 그 기능을 제대로 감당할 때 그 설교는 강력

---

3) John A. Broadus, *On the Preparaion and Delivery of Sermons*, 126.

한 설득력을 가진 설교가 된다.

설교의 완결

수상隨想은 단순히 저자의 생각의 편린들을 나열하는 것이다. 그 조각들 사이에 딱히 사고의 경중을 따질 필요가 없다. 따라서 수상은 끝맺음에도 어떠한 사상을 특별히 강조할 필요는 없다. 그러나 설교는 다르다. 설교에는 분명한 주제가 있다. 서론은 그 주제를 소개하기 위해 할애되며, 본론은 그 주제를 전개하고 발전시키기 위해 존재한다. 그리고 결론은 그 주제를 완결 짓는 것이다. 주제를 종합하며, 결론지으며, 그것을 삶에 최종적으로 적용하는 것이다.

결론은 그 본문에 관해서 설교자가 하고 싶었던 말을 최종적으로 끝맺는 것이 되어야 한다. 청중이 마지막 몇 문장을 들을 때 설교자가 강조했던 것이 선명하게 머릿 속에 들어올 수 있도록 해야 한다. 그리고 이 설교는 마무리가 된다는 것을 분명하게 느낄 수 있어야 한다. 그것은 쉬운 것 같지만 결코 생각만큼 쉬운 것은 아니다. 미숙한 설교자는 설교를 끝맺는complete 것이 아니라 단순히 그친다stop. 완결하는 것이 아니라 그냥 종결한다. 데이비스의 말을 들어 보자.

> 결론은 청중이 설교의 주제를 한눈에 볼 수 있는 순간이다. 그것은 설교의 핵심이슈가 가장 선명하고도 날카롭게 드러나며, 그것이 삶에서 어떻게 해결되어야 할지가 가장 적실하게 드러나는 순간이다. 결론은 설교의 목적이 무엇이든 그것이 성취되는 마지막 찬스이다. 따라서 이 순간은 전체 설교에 있어 가장 중요한 부분을 이룬다. 설교자는 그냥 그치는 것이 아니라 결론을 지어야 하며, 말을 토닥토닥 끊는 것이 아니라 완결을 지어야 하는 것이다.[4]

흔히 연속 강해설교인 경우 어떤 설교자는 '못 다한 얘기는 다음 주일에 계속

---

4) H. Grady Davis, *Design for Preaching* (Philadelphia: Fortress Press, 1958), 192.

됩니다.' 하는 인상을 주는 경우가 있는데 그것은 바람직하지 않다. 일단 한 본문을 택했으면-그것이 연속 강해든 아니든 간에-그 본문의 주제를 충분히 드러내어 그 한 편의 설교로 메시지가 완성되도록 해야 한다. 그리고 결론은 그 주제를 종합하고 완결하는 것이 되어야 한다.

최종적 도전

설교는 삶의 변화를 목적으로 한다. 진리의 말씀으로 말미암아 지난날의 헌누더기 같은 삶을 벗어버리고 빛의 갑주를 입도록 권고하는 것이다. 그러기 위해 설교자는 청중을 향해 설득하고, 호소하고, 도전해야 한다. 이것은 특히 결론 부분에서 집중적으로 수행해야 할 과업이다. 결론을 단순히 내용요약이나 하는 것으로 생각해서는 안 된다. 설교는 강의가 아니기 때문에 결론도 그저 요점 정리나 하는 식으로 그쳐서는 안 된다. 청중으로 하여금 결단할 수 있도록 강력하게 도전해야 한다. 캠벨 몰간은 이렇게 말한다. "설교자는 단순히 청중에게 상황에 대해 논의하거나, 주제를 상고하거나, 이론에 대해 주목하기를 요청해서는 안 된다. 그는 의지의 견고한 성채에 태풍을 불러 일으키기 위해, 그것을 그리스도를 위해 사로잡기 위해 선 것이다. 전도설교든 교리설교든 최종적인 것은 호소가 되어야 한다."[5]

결론은 이렇게 설교의 목적을 달성하기 위한 가장 농축적이고 최종적인 호소를 담기 때문에 그것은 설교의 종착역이라고 할 수 있다. 시간적 종착역이 아니라 의미적 종착역이다. 결론은 설교의 지향점이고 목적지telos이다. 그러므로 대부분의 설교에서 결론은 곧 그 설교의 클라이맥스가 된다. 브라이언 채플은 설교의 흐름을 다음과 같은 그림으로 나타낸다.[6]

---

5) John Stott, *Between Two Worlds*, 248에서 재인용.
6) Bryan Chapell, *Christ-Centered Preaching*, 245.

대 지 들

(전체적으로 메시지가 점진적으로 상승하고 있음을 주목하라)

　여기서 보듯이 설교에는 여러 개의 정점頂點이 있다. 설교의 주제는 하나이지만 그 주제를 뒷받침하는 여러 개의 대지들이 있을 수 있고, 그 대지들을 강조하면서 여러 개의 정점들이 생긴다. 설교에는 열변을 토하는 봉우리도 있고 잔잔하게 이끌어 가는 골짜기도 있다. 봉우리만 있으면 청중은 팽팽한 긴장감을 지속하기가 힘들 것이며, 골짜기만 있다면 청중은 곧 졸음에 빠져들지 모른다.

　여러 개의 봉우리가 있지만 그러나 최고의 정점은 결론에 이르러서이다. 결론에 이르러서 설교자는 모든 열정과 간절함을 다하여 마치 청중의 심령을 향하여 십자포화를 퍼붓듯 호소해야 한다. 그 주제에 관해서는 하나님 앞에서도 아무 부끄러움이 없도록 할 말을 다 쏟아 부어야 한다. 그런 다음 바로 설교를 끝내면 그 천둥소리는 오랫동안 청중의 귓전을 울리게 된다. 다니엘 바우만은 다음과 같이 말한다.

　　설교는 수평선을 따라 움직이지도 움직일 수도 없다. 산봉우리도 있고 골짜기도 있다. 주의를 끄는 것을 바로 표시한 그래프는 결코 직선이 아니다. 오히려 그것은 주식 파동을 나타내는 그래프와 같다. 평지, 봉우리, 골짜기, 평원, 봉우리, 골짜기, 그리고 마지막으로 하나의 봉우리가 나타난다. 때로는 청중을 쉬게 하고 숨 돌릴 시간을 주는 것이 현명하고 적절한 일이다. 하찮은 것을 찾아나서는 시간이 아니라 자료나 음성으로 보조를 바꾸는 시간이다. 설교는 클라이맥스의 연속이다. 설교자는 감정을 강화하고 생기를 부어가다가 마지막으로 최고 절정의 시간에 결론을 맺는 것이다. 감정적 절정에 이르렀을 때 설교는 끝맺어야 한다. 그 뒤에 따라오는 모든 것은 클라이맥스를 죽이는 것이다.[7]

바우만은 감정적 절정에 이르렀을 때 끝맺으라고 했지만 필자의 생각에는 모든 설교가 다 그래야 하는 것은 아니다. 다음 그림과 같이 설교의 구조상 클라이맥스가 3/4 내지는 4/5 지점에 올 수도 있다. 그럴 경우 나머지 1/4 내지 1/5 부분은 청중이 지나간 태풍을 음미하면서 조용히 마음으로 반추해볼 수 있는 연착륙의 순간으로 삼으면 된다. 클라이맥스에서 설교자가 강조했던 바를 음미하면서 각자가 자신에게 적용시켜 볼 수 있도록 유도해 가는 것이다.

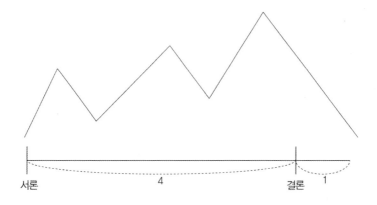

서론   4   결론   1

핵심 내용 요약

결론의 또 하나의 기능은 설교의 핵심을 요약하는 것이다. 청중은 설교를 듣지만 그 핵심이 무엇인지는 잘 파악하지 못할 때가 많다. 또한 그 핵심적 교훈들이 설교의 전체 주제와 어떻게 연관되는지는 잘 파악하지 못할 때도 있다. 그러

---

7) J. Daniel Baumann, 『현대 설교학 입문』, 199.

므로 결론에서 설교자가 요점을 정리해 주면 청중에게는 설교전체의 구도와 강조점이 한눈에 들어오게 되는 효과가 있다. 솔로몬은 전도서를 마치면서 이렇게 결론짓는다. "일의 결국을 다 들었으니 하나님을 경외하고 그 명령을 지킬지어다. 이것이 사람의 본분이니라"전 12:13. 이 구절을 보면 설령 전도서를 읽지 못한 사람도 그 전체 강조점이 무엇인지 짐작할 수 있을 만큼 분명하게 매듭짓고 있다. 설교자는 서론에서는 자신이 말할 것을 말하고, 본론에서는 말해야 할 것을 말하고, 결론에서는 말한 것을 말한다. 내용의 요약은 다음과 같이 할 수 있다.

> 오늘 말씀을 통해서 성도에게 왜 고난이 있는지에 대해서 살펴보았습니다. 그것은 첫째는 우리의 교만을 꺾기 위한 것이었고, 둘째는 전심으로 하나님만을 의지하는 믿음의 사람으로 만드시기 위해서였습니다. 그리고 셋째는 다른 고난당하는 사람들을 위로할 수 있는 성숙한 사람으로 만들기 위해서였습니다. 고난은 이렇게 우리를 빚어 만드시는 하나님의 특별한 역사라는 것을 말씀드렸습니다.

이렇게 내용을 요약할 때도 그것만으로 끝내면 안 되고 곧이어 청중의 결단을 위한 최종적인 호소와 도전이 따라야 한다.

결론에서 설교 핵심을 요약하는 것은 주제를 다시 한 번 각인시키기 위해서이다. 그러므로 본론에서 주제가 충분히 강조되었다고 생각되면 결론에 와서 다시 요약해 줄 필요는 없으며 바로 결단을 촉구하면 된다. 또 요약은 어디까지나 요약이어야 한다. 본론의 논리 전개가 복잡했던 설교를 결론에서도 복잡하게 요약하는 것은 바람직하지 않다. 간결하고 분명하게 요점만 정리해야 한다. 설교 내용을 요약하는 문장은 가능한 한 단문으로 간결하게 표현하는 것이 좋다. 압축된 내용을 표현하는 것이므로 복문이거나 문장이 길어지면 청중이 단번에 이해하기가 어려워진다.

결론의 다양한 유형들

설교자가 사용할 수 있는 결론의 유형은 다양하다. 이런 다양성을 충분히 살릴 때 생동감 있는 신선한 설교가 될 수 있다.

내용 요약. 본론의 내용을 간략히 요약하면서 청중에게 최종적인 적용을 시도하는 것이다. 마태복음 6:9-13으로 '일용할 양식'이라는 제목으로 설교한다면 다음과 같이 결론 맺을 수 있다.

> 오늘은 일용할 양식을 위해 기도하라는 말씀을 들었습니다. 이 기도가 여러분에게 새롭게 들려지기를 원합니다. 이 기도를 드릴 때마다 내 생명이 하나님의 손에 붙잡혀 있음을 뜨거운 마음으로 고백하십시오. 하나님은 내 아버지 되셔서 나에게 필요한 세밀한 것까지 채워 주시는 분임을 확신하십시오. 날마다 그 돌보심 속에서 든든한 생을 누리는 여러분들 되시기를 바랍니다.

수미연결wrapping up. 설교의 서두에서 꺼내었던 이슈를 결론에 와서 다시 언급하면서 적용시키는 것이다. 이것은 설교의 시작부터 끝까지를 관통하는 하나의 초점이 있다는 것을 시각적으로 보여주는 것이 된다. 히브리서12:1-2을 가지고 '신앙생활의 챔피언'이라는 제목의 설교를 한다고 하자. 서두를 올림픽의 열기를 언급하면서 금메달리스트가 된다는 것이 얼마나 굉장한 일인지를 얘기한다. "저는 금메달리스트가 안겨 주는 감동의 충격이 얼마나 대단한가를 실감하면서 이런 생각을 해 보았습니다. 나도 신앙생활에서 금메달리스트가 될 수 없을까?" 이 설교의 결론은 이렇게 맺을 수 있다.

> 저는 설교를 마무리하면서 처음에 드렸던 말씀을 다시 반복하고 싶습니다. 나는 신앙생활

에서 챔피언이 되고 싶다는 말을 또 다시 하고 싶습니다. 하나님 나라에서 주님이 주시는 상을 내가 받을 때에 우리 주님이 얼마나 기뻐하시겠어요? 하나님 나라에 있는 허다한 증인들이 얼마나 환호성을 올릴까요? 그 귀한 영광! 하나님께 돌릴 수 있는 신앙생활을 하고 싶습니다.

이런 수미연결법은 그 날의 주제가 설교를 관통하고 있음을 가시적으로 보여 주는 것이다. 청중은 설교의 처음과 끝이 하나로 연결되면서 그날의 메시지가 가슴을 압도해 오는 것을 느끼게 된다.

질문. 연속적인 질문을 통하여 청중에게 도전한다. 질문은 청중의 결단을 요구하는 데 긴박감을 더해 주는 효과가 있다. 마태복음 5:4의 '애통하는 자'라는 설교의 결론이다.

주님께서 우리에게 회개의 영을 부어주시기를 소원합니다. 오늘 내가 무슨 말을 했습니까? 무슨 생각을 품었습니까? 아무도 안 볼 때 무슨 짓을 했습니까? 내 속에서 지금 무엇을 원하고 있습니까? 내 마음에 가득한 것이 무엇입니까? 내 속에 있는 죄성 때문에 애통하는 사람이 되기를 바랍니다. 그 사람이 복 있는 사람입니다.

예화. 인상적인 예화는 청중을 감동의 바다로 인도할 수 있다. 누가복음 15:12-32의 '아버지의 품'이라는 설교는 다음과 같은 예화로 끝맺는다.

런던 웸블리 스타디움에서 거창한 공연이 벌어졌습니다. 내로라하는 록그룹이 다 모였습니다. 7만 명이나 되는 팬들이 열광하며 술과 마약에 취해 흔들어 대고 있습니다. 12시간의 공연을 끝내면서 주최 측이 마지막으로 내세운 가수는 뜻밖에도 흑인 오페라 가수 제시 노만이었습니다. 노만은 기품 있게 서서히 무대 중앙으로 걸어 나옵니다. 악단도 없고 백댄서도 없고 조명 하나만이 그를 비춥니다. 이 의외의 순서에 사람들은 실망했습니다. "록

그룹 다시 나와라"는 고함소리가 이곳저곳에서 터지고 장내는 어수선해졌습니다. 그 소란 속에서 노만은 아카펠라로 천천히 노래하기 시작합니다.

"Amazing grace how sweet the sound   That saved a wretch like me
I once was lost but now am found   Was blind but now I see."

7만 명의 청중들이 돌연 침묵에 잠겼습니다. 2절에 이르자 여기저기서 흐느끼는 소리가 들립니다. 3절에 이르자 군중들은 옛날 기억을 더듬으며 따라 부르기 시작합니다. "이제껏 내가 산 것도 주님의 은혜라 또 나를 장차 본향에 인도해 주시리." 인생은 구원의 은혜가 필요하지 않은 사람이 없습니다. 여러분은 이 은혜를 체험하고 있습니까?

간증. 설교자의 개인적 간증은 자신을 노출시키는 부담이 있지만 잘 활용하면 강력한 호소력으로 청중을 움직일 수 있다. 열왕기상 19:1-18의 '로뎀나무 아래에서 만난 하나님'이라는 설교의 결론은 다음과 같다.

저는 전도사 시절 새벽기도 시간에 이 위로의 하나님을 만났습니다. 그때 저의 기도의 파트너는 지금은 천국에 계신 서 장로님이셨습니다. 그 분은 교인들이 하나둘씩 떠나고 나면 그 때부터 톤이 한 옥타브 올라갑니다. 그러면 저도 질세라 부르짖기 시작합니다. 그때는 신학교에 친구도 별로 없었습니다. 경제 사정도 막막합니다. 가정에서는 아버지가 신학 공부 하는 것을 계속 반대합니다. 처음 시작하는 전도사 생활은 생소하기만 합니다. 정말 내일 일을 알 수 없는 나날이었습니다. 그러나 부르짖기만 하면 제 마음 속에 들려오는 것은 '그래, 내 아들아 내가 너를 불렀지 않느냐? 내가 너와 함께 하마' 하는 속삭임이었습니다. 그 음성저는 잊을 수가 없습니다. 주님의 위로는 아침 이슬같이 촉촉이 제 가슴을 적셔 왔습니다. 성도 여러분도 이 위로의 하나님을 만나시기를 바랍니다. 그래서 실의와 좌절의 로뎀나무가 소망과 축복의 장소로 바꾸어지기를 기원합니다.

인용문. 주제와 직결된 적절한 인용문은 설교자의 마지막 강조점에 권위와 힘을 실어준다. 적절한 시나 찬송가 가사도 동원될 수 있다. 마태복음 5:6로 '영적 갈망'이라는 설교를 한다면 이렇게 결론지을 수 있다.

헨리 마르틴은 캠브리지 대학을 수석 졸업하고 세인트존스 대학의 교수가 되었던 사람입니다. 그런데 그가 가슴에 불이 타서 그 모든 명예를 다 버리고 인도로 선교사가 되어 갔습니다. 그는 캘커타의 한 허물어져 가는 회교 사원에서 날마다 "하나님이여, 당신을 위해 나를 제물로 삼으소서." 하며 기도했습니다. 7년간 사역하면서 신약을 세 개의 언어로 번역했습니다. 이 성경 읽고 구원받을 사람들을 생각하니 그는 가슴이 벅차올랐다고 합니다. 그가 읊은 시를 한 구절 소개합니다. "내가 죽을 때 얼마나 기쁠까/ 내 생명의 등잔이 당신을 위하여 다 타올랐으니/ 한 죄인을 구하기 위해 내가 바친 수고와 재물은 중요치 않네/ 고난의 길도 나를 가로막진 못하네/ 내가 죽을 때 나는 얼마나 기쁠까/ 내 생명의 등잔이 당신을 위하여 다 타올랐으니." 이렇게 노래 부를 수 있는 사람은 얼마나 복 받은 사람입니까? 돈에 굶주려 사는 사람이 마지막에 이런 노래를 부를 수 있을까요? 그러나 의에 주리고 목마른 사람은 다 이런 노래를 부를 수 있습니다.

결단의 요청. 위에서 살펴본 바와 같이 결론의 유형은 다양하지만 그것이 청중의 최종적인 결단의 요청을 포함한다는 것은 공통적이다. 경우에 따라서는 청중의 선한 의지를 돕기 위해 보조적인 행위를 동원할 수 있다. 예를 들면 통성기도를 하게 한다든지, 일어서게 한다든지, 혹은 앞으로 나오게 하는 것 등이다.

여운이 있는 끝맺음을 위하여

인상적이고 여운이 있는 결론을 위해서 다음 몇 가지를 유의할 필요가 있다.

끝맺는 말에 변화를 주라. 어떤 설교자는 천편일률적으로 "이제 말씀을 맺겠습니다", "이제 결론을 말씀드리겠습니다." 등의 말로 결론을 맺는다. "주님의 이름으로 축원합니다."라는 말로 마무리를 짓는 사람도 많다. 그렇게 틀에 박힌 표현만을 사용하는 것은 바람직하지 않다. 다양한 표현들을 통해 변화를 주는 것이 좋다. 더욱 바람직한 것은 끝을 맺겠다는 말을 하지 않고도 교인들이 끝이라는 것을 느끼도록 하는 것이다. 청중이 설교자의 톤과 어조와 표정으로부터 마지막 호소라는 것을 감지할 수 있도록 하면 된다. 생스터는 이렇게 말한다. "'마지막으로' 라는 말 대신에 사용될 수 있는 동의어가 얼마나 많은지 정말 놀랄만한 일이다. 그러나 이제 끝난다는 희망(?)을 안겨 주는 이 모든 자극적인 말은 피하는 것이 좋다. 그냥 단순히 당신이 내리고자 하는 분명한 결론으로 들어가도록 하라."[8]

간결하게 마치라. 결론이 장황하면 안 된다. "끝으로" 하고는 10분을 더 하는 우를 범하지 말라. 사도 바울은 자신의 서신에서 "마지막으로 형제들아" 하고는 두 장을 더 얘기하지만 설교에서 그렇게 하는 것은 금물이다. 루터는 "청중이 가장 진지하게 집중하는 것을 보거든 바로 그때 설교를 끝내버려라."고 한다. 이것은 유머가 섞인 말이지만 분명한 것은 끝내야 할 때는 곧바로 끝내는 것이 좋다는 것이다. 질질 끄는 결론은 총구를 겨냥하고는 발사는 않고 계속 겨누기만 하면서 시간을 잡아먹는 사람과 같다. 설교자가 "이제 결론을 맺겠습니다." 하면 교인들도 서서히 마음을 접으며 다음 순서를 대비한다. 개중에는 책을 덮는 사람도 있다. 그런데 그 이후에 끝간데 없이 계속되면 짜증이 날 수밖에 없다. 또한 끝맺을 때는 곧바로 종착지를 향해 나아가라. 결론을 맺는 데 뜸을 들이지 말라는 것이다. 생스터의 말을 참고하라.

---

8) W. E. Sangster, *The Craft of the Sermon* (Philadelphia: The Westminster Press, 1951), 149.

끝에 다 왔으면 거기서 멈추도록 하라. 마치 바다에서 헤엄을 치는데 지친 사람이 어디가 안전할까 하여 완만한 경사 지점을 찾아 물장구를 치며 이리저리 헤매듯이, 닻을 내릴 지점을 찾아 이리저리 돌아다니지 말라. 곧바로 육지에 들어와서 멈추라. 꼭 할 말이 있거든 그것을 마치고 동시에 설교도 마치도록 하라. 만약 마지막 구절이 사람들의 기억에 오래 남을 명언이라면 더할 나위 없이 좋을 것이다. 그러나 그런 구절을 찾기 위해 더듬고 다닐 필요는 없다. 당신의 설교가 바로 찰스 웨슬리가 평생을 두고 추구한 삶의 목표와 같도록 하라. 즉, 할 일과 인생이 함께 끝나도록 하는 것이다.[9]

새로운 개념을 도입하지 말라. 결론에 와서 새로운 개념이나 새로운 아이디어를 제시하지 말라. 새로운 단어에 대한 설명 등도 적절치 않다. 결론은 어디까지나 본론에서 이미 제시한 내용을 근거로 최종적인 적용과 도전을 하는 것이다.

주제와 무관한 적용을 하지 말라. 결론은 결국 설교의 주제를 최종적으로 강조하고 호소하는 것이다. 따라서 주제와 무관한 적용이나 예화는 삼가야 한다. 아무리 감동적이고 설득력 있는 얘기라도 주제와 연관된 것이 아니면 안 하는 것이 좋다.

다음을 기약하지 말라. 결론에서는 어떠한 여진도 남기지 않도록 해야 한다. "오늘 못 다한 것은 다음에 생각하겠습니다." 하는 식은 바람직하지 않다. 설교는 TV 연속극이 아니다. 특히 연속 강해설교를 할 때 이런 잘못에 빠지지 않도록 주의해야 한다. 일단 한 본문을 택했으면 그 본문에 근거해서 서론, 본론, 결론으로 완성된 메시지를 작성해야 한다. 그리고 그 주제에 대해서 강조할 바를 충분히 강조해야 한다. 결론에서는 다시는 그 본문으로 설교하지 않아도 좋을 만큼 열정

---

9) W. E. Sangster, Ibid., 150.

을 다해 외쳐야 한다. 한 편의 설교를 끝낼 때는 모든 것을 끝내라.

서론에서 약속한 것은 반드시 해결하라. 서론에서 약속한 것이 있으면 본론이나 결론에서 반드시 해결해야 한다. 서론에서는 문제 제기를 해 놓고 결론에 와서 아무런 답도 없이 마쳐서는 안 된다. 설교에서는 어떤 부분도 대답없이 끝내어서는 안 된다.

원고를 보지 않고 하라. 결론은 설교자가 영적 에너지를 총동원해서 외치는 시간이다. 청중을 향하여 융단폭격을 퍼붓는 시간이다. 이 때 원고를 보고 읽어버리면 설교를 망친다. 청중은 설교자가 가슴에 담긴 얘기를 하지 않고 직업적으로 준비된 말을 한다고 느낄 것이다. 설교자는 청중과 시종 시선교환을 해야 하지만 특히 결론 부분에서는 절대적으로 청중을 주시하며 외쳐야 한다. 교인들의 멱살을 잡고 뒤흔드는 어버이의 심정으로 도전하라.

어설픈 사과는 받은 은혜를 다 쏟아버리게 만든다. 마지막에 어설프게 사과하거나 변명하는 것은 금물이다. "제가 사실은 너무 바빠서 설교 준비를 제대로 하지 못했습니다." 하면 청중은 속은 기분을 느낄 것이다. "제가 사실 아파서 오늘 설교하느라 혼이 났습니다." 하면 교인들은 목사가 몸 관리도 제대로 못하는가 하며 원망하게 된다. '오늘 받은 말씀은 무언가 비정상적인 상태에서 받은 것이구나.' 하는 의구심을 가지게 된다. 어떠한 변명도 하지 말라.

14장

제목

시선을 끄는 매력적인 설교

설교 제목의 중요성을 간과하는 설교자가 많다. 본문을 연구하고 설교원고를 작성하는 데 진액을 쏟아서인지 제목은 적당하게 붙여버린다. 설교학교과서 가운데서도 제목에 대해 다루고 있는 책은 거의 찾아볼 수 없다. 밴드빌트대학의 설교학 교수인 조지 바트릭은 설교 제목은 설교를 어리석고 값싼 것으로 전락시킨다며 제목 정하는 것을 좋아하지 않았다. 그러나 그것은 제목이 주는 유익을 잘 인식하지 못한 결과이다.

좋은 제목은 메시지를 인상적으로, 그리고 오랫동안 교인들의 가슴 속에 남아 있게 해 준다. 산뜻한 제목을 발굴해 내는 것은 결코 쉽지는 않지만 그것은 충분히 노력할 만한 가치가 있는 작업이다. 먼저 적절한 제목이 주는 유익에 대해 생각해 보자.

제목의 역할

첫째, 제목은 그 날의 메시지를 대표하는 이름과 같다. 만상은 다 이름이 있으며 그 이름으로 자신의 아이덴티티를 표현한다. 우리는 어떤 사람을 소개할 때도 이름으로 소개를 한다. 마찬가지로 설교도 고유한 이름을 가져야 하며 그것으로 소개할 수밖에 없다.

둘째, 제목은 청중들의 메시지에 대한 호기심을 불러일으킨다. 산뜻한 제목은 듣고자 하는 욕구를 한껏 자극한다. 사람들은 설교집의 목차를 훑어보다가 참신한 제목이 있으면 거기를 먼저 펼쳐보게 된다. 이것은 다른 저작물에 대해서도 마찬가지이다. 시선을 끄는 제목 하나 잘 붙여놓으면 판매부수가 엄청나게 올라간다. 그래서 출판사들마다 책의 제목 선정에 심혈을 기울인다고 한다.

셋째, 제목은 설교의 주제를 부각시켜 주는 효과가 있다. 설교는 본문의 중심 주제를 증거하는 것이지만 그 주제는 활자화되어 청중에게 제시되지는 않는다. 설교 중에 드러날 뿐이다. 그러나 제목은 활자화되어 주보에 실린다. 따라서 주제를 내포하고 있는 제목은 청중으로 하여금 주제를 아로새기는 데 큰 도움을 준다. 킬링거는 좋은 제목은 설교자에게는 메시지의 내용을 요약하는 데 도움을 주고, 청중에게는 설교에 대한 기대감을 갖게 함으로 예배가 끝난 후에도 설교의 내용을 기억할 수 있게 만들어 준다고 한다.[1] 브라운도 표현이 잘 되고 정확하게 서술된 제목은 회중으로 하여금 설교자의 의도를 명확하게 이해하는 데 도움을 준다고 한다.[2]

넷째, 제목은 청중들이 설교를 오래 기억하는 데 도움을 준다. 인상적인 제목을 가진 설교가 감동적으로 전해졌을 때 청중들은 그 설교를 본문이나 제목으로써 기억한다.

다섯째, 설교자 자신이 설교의 핵심을 정리하는 데 도움이 된다. 메시지가 제목을 규정하지만 역으로 제목이 메시지를 이끌어 갈 때도 있다는 말이다. 어떤 때는 기발한 제목이 먼저 떠올라 그것을 중심으로 설교를 구성할 때도 있다. 그러면 구체적으로 제목을 어떻게 정하면 좋을지를 생각해 보자.

---

1) 킬링거,『평생 유용한 설교방법의 백과사전』, 269-70.
2) Henry C. Brown, 정장복 역,『설교의 구성론』(도서출판 양서각, 1984), 138.

제목을 어떻게 정할 것인가?[3)]

주제의 반영. 제목은 설교의 주제를 암시하거나 반영해야 한다. 제목이 아무리 참신해도 주제와 별 연관성이 없거나 모호한 제목은 곤란하다. 창세기22:1-14의 주제는 '여호와는 성도들을 위하여 모든 것을 준비해 주시는 분이시다.'이다. 따라서 제목은 '여호와 이레' 정도가 좋을 것이다. 야고보서2:14-26의 주제는 '살아 있는 믿음에는 행위가 따라야 한다.'이다. 이 주제를 반영하는 제목은 '살아 있는 믿음', 혹은 '살아 있는 믿음의 증거' 등이 좋을 것이다. 마태복음 4:5-7의 주제는 '마귀는 하나님을 시험하도록 우리를 유혹한다.'이다. 따라서 제목은 '유혹자마귀' 혹은 '하나님을 시험치 말라.' 등으로 정할 수 있다.

시편 31:1-24을 본문으로 어떤 설교자는 '당신의 반응은 무엇인가?'라고 제목을 붙였다. 이것은 너무 모호한 제목이다. 무엇에 대한 반응을 묻는 것인지 전혀 종잡을 수 없다.

일반화된 원리. 제목은 본문의 메시지를 일반화된 원리로 표현해야 한다. 독자들은 본서에서 석의주제와 설교주제의 차이를 다룬 것을 기억할 것이다. 역사적 맥락 속에 있는 본문의 중심 사상을 그대로 축약한 것이 석의주제라면, 그것을 모든 시대에 통용되는 보편적 진리로 평행 이동한 것이 설교주제이다. 설교제목은 석의주제보다는 설교주제와 연관시켜 정해야 한다. 본문에서 파악한 교훈을 이 시대에도 통용될 수 있는 보편적인 표현으로 재구성해서 제목으로 삼아야 한다. 따라서 설교 제목에는 가능한 한 본문에 등장하는 인명은 사용하지 않는 것이 좋다.

창세기 39:1-23의 제목을 '요셉이 이해한 하나님'으로 붙였다고 하자. 청중의 궁극적 관심은 요셉이 하나님을 어떻게 이해했는지가 아니다. 요셉의 이해에 근

---

3) 브라운은 제목이 갖추어야 할 특징으로 명확성, 정확성, 한정성, 간결성, 적합성, 관련성, 근원성을 든다. Henry C. Brown, 정장복 역,『설교의 구성론』(도서출판 양서각, 1984), 139-41.

거해서 우리는 하나님을 어떻게 이해해야 하는지이다. 요셉이 이해한 하나님은 고난을 통해서 역사하시는 하나님이었다. 그러므로 그 설교의 제목은 '고난 중에 함께 하시는 하나님'이 더 낫다.

사무엘하 11장을 가지고 '다윗의 범죄가 주는 교훈'이라고 제목을 정했다고 하자. 다윗의 범죄는 우리에게 무슨 교훈을 주는가? 육적 욕망의 결과는 파멸이라는 것이다. 그렇다면 그 제목은 '다윗'이라는 특수한 정황은 빼고 오늘날의 청중을 향한 현대적인 표현으로 바꾸는 것이 좋다. '욕망의 최후', 혹은 '욕망은 망하는 길입니다' 등이 나을 것이다. 다윗은 잘 알려진 인물이니 그런대로 가능하다. 필자는 길을 가다 어느 교회당 게시판에 '아하수에로의 선택'에 1:1-12이라고 붙은 제목을 보았다. 아하수에로라는 이름이 21세기를 살아가는 현대인들에게 무슨 의미가 있는가? 그런 생소한 이름으로 제목을 붙여놓으면 설교를 듣기도 전에 그 설교가 한없이 멀게 느껴질 것이다.

대표적 구절. 본문의 한 구절이 주제를 반영하고 있고, 제목으로 적절한 구호적motto 성격을 가지고 있으면 그대로 인용할 수 있다. 마태복음 11:28-30은 '내가 너를 쉬게 하리라'로, 시편 119:97-105은 '네 길이 어둡지 아니한가?' 등으로 정할 수 있다.

암시적 표현. 제목은 너무 서술적인 표현보다는 암시적인 것, 구호적인 것이 낫다. 속을 다 내보이는 서술적인 표현은 신선도가 떨어지며 딱딱한 감을 준다. 마태복음 6:25-34로 '염려의 원인과 그 해결책'이라고 하면 마치 강의제목과 같이 경직됨을 느낀다. '염려의 병', 혹은 '염려하지 맙시다'가 낫다. 이사야 55: 6-11은 '하나님의 생각을 따라야 하는 이유', 혹은 '당신은 하나님의 생각을 따르십니까?' 보다는 '내 생각이냐 하나님의 생각이냐?'가 좀더 힘이 있고 구호적이다.

간결성. 제목은 간결해야 한다. 주제를 내포하면서도 간결한, 그리고 핵심을 찌르는 제목을 구상하라. 마태복음 6:25-34은 '당신은 무엇을 염려하고 계십니까?' 보다는 '염려하지 맙시다'가 낫다. 누가복음 9:51-62은 '예루살렘을 향하여 얼굴을 드신 예수님' 보다는 '거룩한 결단'이 낫다.

시사성. 제목은 시사성을 가진 참신한 것이 좋다. 마태복음 6:9을 가지고 '하나님과의 직통 전화'라고 붙이면 '기도'라는 주제를 연상케 하면서도 핸드폰 시대와 직결되어 효과적이다. 사도행전 7:54-60에서는 '천사의 얼굴'이라고 정하면 문학적인 표현으로 어필할 수 있고, 히브리서 12:1-2에서는 '신앙생활의 챔피언'이라고 하면 올림픽 시즌 같은 경우에는 시사성으로는 만점이 될 것이다.

적절한 기교. 적절한 기교를 사용한 제목은 청중에게 선명한 인상을 준다.
- 대구어를 사용하라. 디모데후서 4:6-8은 '보람찬 삶, 기대에 부푼 죽음', 사도행전 16:19-34절은 '발은 착고에 마음은 하늘에'로 정할 수 있다. 이와 같이 '삶'과 '죽음', '착고'와 '하늘을 대조함으로 강렬한 인상을 심을 수 있다.
- 본문의 핵심어key word를 사용하라. 여호수아 14:6-12을 본문으로 '내 나이 사십에'라고 제목을 붙이면 사십이 어떻다는 것인지 다소 모호하게 들릴 수 있지만 그 모호함이 오히려 시선을 끌 수 있다.[4] 설교가 끝나면 청중은 그 제목의 나머지 부분을 채울 수 있게 될 것이다.
- 영화, 소설 등의 제목을 지혜롭게 이용하라. 마가복음 9:14-29의 '참된 엑소시스트', 누가복음 19:1-10의 삭개오 기사로 '난장이가 쏘아올린 큰 공' 등은 소설 제목을 패러디한 것으로 현대 청중에게는 톡 쏘는 맛을 줄 수 있다.

---

4) 로리는 모호한 제목이 청중에게 호기심을 불러일으킬 수 있음을 강조한다. Lowry, The *Homiletical Plot*, 30.

- 교인의 수준에 따라 때로는 원어를 사용할 수도 있다. 에베소서 5:20-21로 '데오 그라티아스!'라고 제목을 붙이면 교인들의 기억에 오래 남을 수 있다.[5]

산뜻한 제목을 위하여

1. 평범하지 않아야 한다. '당신은 어떤 하나님을 알고 있습니까?', '참된 믿음의 증거가 무엇인가?' 등은 너무 안이한 제목이다. 신앙 세계에서 너무 일반적이고 상식적이며 구태의연한 표현은 재미가 없다.

2. 가볍고 경박한 제목은 피해야 한다. 참신성, 의외성에 너무 치우쳐 경박하게 흐르는 것은 좋지 않다. 필자는 사도행전 27:9-44의 제목을 '난파선의 주인공'이라고 했다가 만화 제목 같다는 지적을 받은 적이 있다. 설교는 영화도 아니고 만화도 아니므로 경박하지 않도록 주의해야 한다.

3. 추상적이고 철학적인 표현은 삼가라. 설교는 철학 강의가 아니다. 설교 제목을 통해서도 청중을 메시지로 인도해야 한다는 것을 감안하면 너무 어려운 표현은 바람직하지 않다. '낙엽의 변증법적 의미', '지성의 귀향' 등은 너무 무거운 제목들이다.

4. 주관적 감정 표출은 피하라. 신문 표제는 '오호 통재라! 불쌍한 한국 남자들' 등과 같이 주관적인 감정을 적절히 표출함으로 시선을 끌 수 있다. 혹은 '선생님 똑같이 사랑해 주세요' 등과 같이 호소형으로 할 수 있다.[6] 그러나 설교제목에는

---

5) 킬링거, op. cit., 271-73 참조.
6) 그 외에도 신문 타이틀에는 관심유도형(예산안 이면합의설?), 문제제기형(정당명부제 문제 있다)등을 사용한다. 김희진, 『신문 헤드라인 뽑는 법』(서울: 커뮤니케이션북스, 2000), 27-31.

그런 것은 적절치 않다. 설교는 진리의 선포라는 독특성을 지니고 있음을 고려할 때 주관적 감정을 전면에 내세우는 것은 바람직하지않다.

5. 의문형의 제목이 보다 도전적이고 힘이 있다. 에베소서 5:15-17을 가지고 '시간을 바르게 관리하는 법', 혹은 '그리스도인의 올바른 시간관' 등으로 제목을 붙이면 딱딱한 강의를 연상시킨다. '시간을 어떻게 관리할까?'가 유연하고 낫다. 그러나 너무 자주 의문형을 사용하는 것보다는 서술체와 적절히 혼용하는 것이 지혜롭다.

6. 평서체와 경어체를 적절히 사용하라. 마태복음 6:25-34에서는 '염려하지 말라' 보다는 '염려하지 맙시다'가 낫다. 주제가 부정적인 것일 때는 제목은 부드러운 경어체를 사용하라. 반면에 기도나 전도 등과 같이 긍정적이고 당연한 주제를 다룰 때는 명령형이나 평서체로 힘을 실어주어야 한다. 마가복음 10:46-52의 경우 '한 번 더 부르짖으십시오.' 보다는 '한 번 더 부르짖어라' 가 더 강하다.

7. 다음과 같은 기교적인 표현은 효과적이기는 하지만 너무 자주 사용하면 식상할 수도 있다.

콤마: 창세기 28:10-15의 '야곱의 축복, 나의 축복'
콜론: 에베소서 3:14-19의 '기도의 클라이맥스: 그리스도 사랑의 충만'
불완전한 문장: 시편 13:1-6의 '하나님이 멀리 계시는 것처럼 보일 때'

15장

전달

송이꿀보다 더 단 설교

어떤 목사가 설교가 끝난 후에 사과를 한다. "제 설교가 너무 길어서 죄송합니다." 이 말에 한 성도가 이렇게 대꾸한다. "목사님, 설교가 실제로 길었던 것은 아닙니다. 다만 길게 느껴졌을 따름이지요." 20분을 설교해도 길게 느껴지는 설교가 있고 2시간을 설교해도 언제 시간이 갔는지 알지 못하는 설교도 있다. 이 '아직'과 '벌써'의 차이, 그것은 물리적인 시간의 차이가 아니라 은혜의 차이이고 감동의 차이이다. 여기서 우리는 설교 전달의 중요성을 실감하게 된다.

설교는 입으로 선포되는 하나님의 말씀이다. 설교는 그것이 설교자의 입을 떠나기 전까지는 설교가 아니다. 신학자 본 헤퍼는 이렇게 말한다. "설교는 두 번 태어나는데 한번은 서재에서, 한번은 강단에서다."[1] 설교를 통하여 교인들의 삶을 변화시키려면 우선 그들로 하여금 듣도록 하는 것이 필요하다. 열심 있는 전도자는 사람들이 듣든지 말든지 지하철 열차 안에서 마냥 소리를 질러대지만 설교는 그것과는 달라야 한다. 신문 배달하는 소년은 마당 아무데나 신문을 던지

---

1) Richard Lischer, *A Theology of Preaching* (Nashville: Abingdon, 1981), 79.

고 가버리지만 설교를 그런 식으로 해서는 안 된다. 설교에는 반드시 파트너가 있다. 설교자는 일차적으로 그 파트너에게 의미 전달을 제대로 할 수 있는 유능한 커뮤니케이터가 되어야 한다.

미국 대선에서는 후보들이 몇 차례의 TV 토론회를 가진다. 그때 후보들이 가장 중요하게 생각하는 것은 시청자들에게 어떤 인상을 주느냐 하는 것이라고 한다. 표심을 좌우하는 데는 후보가 가진 리더십이나 역량보다는 TV에 비친 그의 인상이나 매너 같은 외부적 요인이 더 큰 영향을 미치기 때문이다. 설교에 있어서도 크게 다르지 않다. 먼저는 빈틈없는 원고를 준비해야겠지만 그러나 아무리 완벽한 원고라도 그것을 제대로 전달하지 못한다면 잘차린 밥상 앞에서 수저를 들지 못하는 사람과 다를 바가 없다. 헨리 비처의 말을 들어보라. "원고는 기가 막히게 작성했지만 막상 전달은 볼품없는 설교자가 있다. 자료들을 완벽하게 준비는 했지만 그것들이 아무런 힘을 발휘하지 못하는 것이다. 그런 사람은 금빛 나는 화살촉에 낙원의 깃털로 장식된 아름다운 화살은 가지고 있다. 그러나 문제는 그들에게 그 화살을 끌어당겨 청중을 향하여 쏠 활이 없다는 것이다. 그러므로 그 화살은 기껏해야 맥없이 강단 앞에 떨어질 따름이다."[2] 유명한 웅변가 데모스테네스도 "연설의 성패는 첫째도 전달, 둘째도 전달, 셋째도 전달에 있다."고 했다.[3] 당신의 설교가 다음과 같은 증후군을 띠지는 않는가?

- 늘 책 읽듯이 말한다.
- 교인들을 쳐다보지도, 교인들이 쳐다보지도 않는다.
- 교인들을 한 번도 울려본 적이 없다.
- 젊은이들이 자꾸 떠나간다.

---

2) Robert T. Oliver, *The Psychology of Persuasive Speech* (New York: Longmans, Green, 1948), 305에서 재인용.
3) John A. Broadus, *On the Preparation and Delivery of Sermons*, 335.

그렇다면 원인은 하나, 당신은 전달을 제대로 하지 못하고 있다. 먼저 효과적인 전달을 위해 요구되는 기본적인 자세를 살펴보자.

효과적 전달을 위한 기본자세

자연스러움

설교는 꾸밈이나 가식이 없는 자연스러운 목소리로 전해야 한다. 흔히 강단에 서기만 하면 목소리가 달라지는 사람을 본다. 쉰 듯한 나지막한 목소리, 소위 '신령한 목소리'로 돌변하는 것이다. 어조도 갑자기 자연스럽지 못한 독특한 악센트와 이상한 리듬을 가진 '설교자 가락'으로 변하는 것을 본다. 어떤 목사는 둘러앉아 환담할 때는 마음껏 떠들다가 기도하라고 하면 금방 딴사람같이 목소리가 돌변하기도 한다. 그런 이상한 목소리가 영적 권위를 갖는다고 생각한다면 그것은 큰 착각이다. 현대 교인들은 지어낸 목소리에 대해 거부감을 가진다. 목사가 가식적이라고 생각한다. 바울 사도도 전도사역에 있어 자신은 "말과 지혜의 아름다운 것으로 하지 아니한다."고 했고_{고전 2:1-5,} "아첨의 말이나 탐심의 탈을 쓰지 아니하였다."고 고백한다_{살전 2:4-5.} 평소의 음성 그대로 자연스럽게 말하도록 하라. 설교의 어조는 정중해야 하지만 목소리 자체를 변조하는 것은 좋지 않다.

또 어떤 사람은 독특한 웅변조의 어조나 연설조의 어조로 전하는 사람이 있다. 한국 교회에 잘 알려진 목사 가운데도 유창한 웅변조의 설교 스타일을 갖고 있는 사람이 있다. 그런 분은 이미 자기 스타일을 확고히 했고 또 그런 면으로 탁월하다고도 할 수 있을 것이다. 그러나 일반적으로는 웅변식 설교보다는 자연스럽게 대화하듯이 말하는 대화식 스타일이 더 낫다. 초창기 교회의 증거하는 방식은 전하는 사람과 듣는 사람이 자유롭게 묻고 답하는 대화식이었다. 헬라세계에 만연했던 수사학적 기술이 교회로 흘러 들어와서 설교를 대화가 아닌 일방적 선언으로 만든 것이다. 바우만은 이렇게 말한다. "우리 시대의 설교를 겨냥한 여러 가지 특별한 질책 가운데서 설교를 하나의 일방적인 과정으로 취급해 버리는 과

오보다 더 근본적인 과오는 없다고 하는 것은 아마 공정한 평가라고 보아야 할 것이다. 설교는 본질상 대화적인 과정이다. 독백적 자세는 하나의 망상에 불과하다. 이것은 설교자와 회중이 함께 어떤 설교에서나 역동적인 관계에 사로잡혀야 함을 의미한다."[4]

대화식이라고 해서 청중을 향하여 기계적으로 질문을 던지고 그에 대한 반응을 이끌어 내야 한다는 것은 아니다. 진리의 파트너로서 청중을 인식하고 그들의 사고와 인격을 존중하는 열린 마음으로 다가가는 커뮤니케이션의 자세가 중요하다는 말이다. 그들을 똑바로 바라보고 부드럽게, 그리고 친구에게 말하듯 자연스럽게 전하라는 것이다.

남서침례신학대학원의 설교학 교수였던 클라이드 판트는 대화식 전달에 대해 다음과 같이 설명한다. 첫째, 대화식이란 자연스럽게 전하는 것이다. 설교자가 자신의 표현이나, 제스처, 억양 등을 미리 계산해서 하지 않고 자신의 내적 열정에 따라 자연스럽게 표출되도록 하는 것이다. 둘째, 대화식이란 설교자가 자신의 음성을 자연스러운 톤을 따라 전하는 것이다. 일상적인 대화에서 자연스러운 어조로 말하듯이 강단에서도 그렇게 하는 것이다. 셋째, 대화식이란 설교자가 청중에게 말하거나, 청중에 대해서 말하는 것이 아니라 청중과 함께 말하는 것이다. 성경에 근거해서 공통의 관심사를 나누는 것이다. 넷째, 대화식이란 설교자가 계속적으로 청중을 인식하면서 전하는 것이다.[5]

자기도 모르게 틀에 박힌 웅변식의 어조가 되는 것을 교정하기 위한 클리닉 몇 가지를 소개한다.

- 청중을 연상하면서 설교 원고를 손에 들고 계속 읽음으로 그것을 자신의 것으로 소화하라. 원고가 숙지되지 않으면 결코 대화하듯이 말할 수 없다.

4) 바우만, 『현대 설교학 입문』, 33.
5) Clyde E. Fant, *Preaching for Today* (San Francisco: Harper & Row, 1975), 173-75.

- 청중을 집단으로 생각하지 말고 한 사람 한 사람을 대하는 기분으로 전하라. 청중이 천 명이든 만 명이든 개의치 말고 몇 사람의 잘 아는 친구에게 말하듯 전하라.
- 당신을 흥분시키는 어떤 주제를 가지고 친구 앞에서 떠들 듯 그렇게 전하라. 월드컵 축구경기를 보고 나서 친구들과 떠들 때 연설조로 말하는 사람이 어디 있겠는가? 아무 격의 없이 흥분해서 떠들지 않겠는가? 설교도 그와 같이 하면 된다.
- 당신의 감정을 숨김없이 노출시키라. 설교 중에 기쁨이나 슬픔, 안타까움, 흥분 등을 자연스럽게 표출하는 것이 좋다. 단지 청중을 감동시키겠다는 목적으로 지나치게 감상적인 어조를 사용하는 것은 피하라.
- 청중에게 깊은 인상을 심으려고 인위적으로 애쓰지 말라. 당신의 메시지 자체가 감동을 만들어 내도록 노력하라.

한마디로 말해서 어떤 독특한 어투를 가진 사람으로 낙인찍히는 것은 바람직하지 않다는 말이다. 한때 신학생들 사이에 조용기 목사의 어투를 흉내내는 것이 유행했다. 그것은 그의 영향력을 의미하지만, 일반적으로 말한다면 그와 같이 남들이 흉내 낼 정도로 독특한 어투를 가지고 있는 것은 좋지않다.

열정적 전달

설교자에게는 모름지기 열정이 있어야 한다. 천둥 같은 외침이 있어야 한다. 아무리 조직이 탄탄하고 문장이 유려하면 무엇하랴? 설교자의 심장의 박동이 느껴지지 않는 설교는 생명 없는 조화彫花와 같을 뿐이다. 설교자가 밋밋하게 전하면 교인들도 밋밋하게 듣는다. 그러나 같은 원고라도 설교자가 뜨겁게 외치면 청중들도 가슴이 울렁대기 시작한다. 청중의 맥박은 설교자의 맥박과 함께 뛴다. 어떤 사람이 스펄전 목사에게 목사님의 설교집을 펴내면 어떻겠느냐고 문의했다. 스펄전은 이렇게 대답했다고 한다. "그것이 사람들에게 유익이 된다면 그렇게 하시지요. 그러나 뇌성과 우레를 활자로 담을 수 있는지는 의문이군요." 스펄전이 목회자 후보생들에게 자주 강조한 것이 이것이다. "당신의 메시지를 숨을 죽여 가며 전해서는 안 된다. 큰 소리로 담대하게 외치라."

예레미야는 이렇게 고백한다. "내가 다시는 여호와를 선포하지 아니하며 그 이름으로 말하지 아니하리라 하면 나의 중심이 불붙는 것 같아서 골수에 사무치니 답답하여 견딜 수 없나이다"렘 20:9.사도 바울은 복음 전파의 지고한 사명을 가리켜 구원 얻는 자들에게는 생명에 이르게 하는 향기요, 망하는 자들에게는 사망에 이르게 하는 향기라고 했다고후 2:14-17. 설교자의 열정은 바로 그와 같은 자각에서 오는 것이다. 설교자의 가슴은 말씀의 진정성과 능력에 대한 믿음, 그리고 청중을 향한 연민 때문에 불타오르게 된다.

어느 월요일 아침에 앤드류 보나르는 자신의 친구인 로버트 맥체인으로부터 전날에 교회에서 설교한 주제가 무엇이냐는 질문을 받았다. 그가 '지옥'에 관한 것이었다고 대답하자 맥체인 목사는 "눈물로 그 설교를 했는가?"라고 물었다고 한다.

열정적인 전달을 하기 위해서는 그것을 뒷받침할 체력이 있어야 한다. 설교자마다 개인차는 있겠지만 보통 30분 설교에 들어가는 힘은 8시간의 육체노동에 소비되는 힘과 맞먹는다고 한다. 빌리 그레이엄 목사는 열정적인 설교자로 유명한데 그는 의사에게서 설교에 지나친 체력을 소모하지 말라는 경고를 받곤 했다. 영혼의 열정과 육체의 강인함이 어우러질 때 그 입에서 나오는 말은 에스겔 골짜기의 마른 뼈들에게 생명을 불어넣는 능력의 말씀이 될 수 있다.

설교를 결코 경박하게, 장난같이 해서는 안 된다. 유머를 해도 분위기를 천박하게 이끌어서는 안 된다. 유머는 독수리의 발톱과 같은 설교자의 감추어진 무기이지 결코 강단 위에서 가지고 노는 장난감이 아니다. 설교에는 시종 진지함이 묻어나야 한다는 말이다. 설교자는 언제나 이것이 마지막 기회라는 종말론 의식으로 서서 가슴의 불을 토할 수 있어야 한다.

원고를 넘어섬

설교자들 가운데는 무원고 설교extemporaneous preaching를 선호하는 사람이 있다. 설교의 중요한 요점들, 즉 설교개요와, 전개를 위한 핵심 포인트와, 보조 자료들, 그리고 서론과 결론을 머릿속에 넣고 강단에 설 때는 원고 없이서는 것이다. 원고 없이 설교하게 되면 원고를 작성하는 시간과 그것을 통째로 암기해야 하는 노력을 더는 것은 사실이다. 또한 암기해서 전하는 것보다도 훨씬 더 자연스럽고 전달의 역동성도 살릴 수 있다.[6] 횟필드나, 스펄전, 존 홀, 헨리 비처 등이 그런 방식의 설교를 구사했다. 그러나 무원고 설교에는 위험 부담이 있다. 그렇게 하기 위해서는 비상한 지적 능력과 언어 구사력이 갖추어져 있어야 한다. 그런 능력이 없는 보편적인 설교자가 원고 없이 설교하다 보면 중언부언하기 쉽고 자칫하면 실수하거나 짜임새 없이 말하기 십상이다. 찰스 피니도 순회 복음전도자로 일했던 초기 사역 때는 무원고 설교를 많이 했지만 뉴욕의 브로드웨이장막교회의 목사가 되고 나서는 그런 방식은 거의 사용하지 않았다.

안전하고 정상적인 방법은 철저하게 원고를 준비해서 그것을 머릿속에 넣고 강단에 서는 것이다. 같은 설교라도 죽은 설교가 있고 살아 꿈틀거리는 설교가 있다. 그 차이는 원고를 보고 읽느냐 아니면 자기 것으로 체화시켜 말하느냐에 있다. 원고를 열 번 이상 정독하여 외울 수 있도록 하라. 원고가 다 작성되면 설교 준비의 절반이 끝난 것이다. 나머지 절반은 그것을 내 것으로 숙지하는 작업으로 채워야 한다.

원고 전체를 암기해야 하지만 그것이 안 될 때는 설교의 큰 줄거리라도 머릿속에 들어 있어야 한다. 서론에서는 무엇을 말하며, 대지들은 무엇이며, 어디에서 어떤 설명을 하고, 어떤 예화를 든다고 하는 큰 흐름이 잡혀있을 때 설교자는 자신감을 가지고 강단에 설 수 있다. 예화는 반드시 내 것으로 소화해서 실감 있

---

6) Samuel T. Logan, ed. 『설교자 지침서』, 147-49. extemporaneous preaching은 얼떨결에 하는 즉흥적 설교가 아니라 철저하게 준비는 하되 원고 없이 하는 설교를 말한다. extemporaneous는 라틴어 *ex tempore*에서 왔는데 '순간적으로', '상황의 요구에 따라'라는 뜻이다.

게 전해야 한다. 예화를 책 읽듯이 하려면 차라리 인용하지 않는 것이 낫다. 적용도 청중을 똑바로 주목하면서 도전하고 권면해야 효과가 있다. 눈을 내리깔고 책 읽듯이 하면 청중은 설교자가 정말 확신을 가지고 전하는 것인지 반신반의 하게 된다.

성경 구절을 인용할 때도 가능한 한 외워서 하는 것이 좋다. 이것이 성경전문가로서 마땅히 지녀야 할 프로정신이다. 이슬람교의 설교자들은 설교 중에 입에서 코란이 술술 나온다고 한다. 그들은 어릴 때부터 코란을 줄줄이 암송하므로 그것이 별로 어렵지 않은 일이라고 한다. 그래서 회교권에서 사역하는 기독교 선교사들은 설교할 때 성경을 보고 읽으면 권위에 치명상을 입는다고 한다. 이슬람교의 설교자들과 곧바로 비교가 되기 때문이다.

원고를 암기하려면 확실하게 암기해야 한다. 어중간하게 외우면 강단에서서 그 외운 것을 생각해 낸다고 설교가 시원시원하게 나가지 못하고 자꾸 막히게 된다. "어, 어" 하고 간투사를 연발하게 되고, 힘주어 강조할 때 강조도 하지 못하게 된다. 설교자가 원고에 매여도 안 되지만 자기가 외운 것에얽매여도 안 된다.

설교자들이여! 성령의 인도를 받는 설교가 되기 원한다면 결단코 원고에 얽매이지 말아야 한다. 원고가 나를 지배하는 것이 아니라 내가 원고를 지배할 수 있어야 한다. 원고를 철저히 숙지해서 머릿속에 집어넣으라. 예배 직전 강단에 앉아서 마지막으로 설교의 줄거리를 한 번 정리하라. 그리고 강조할 부분, 도전할 부분에 생각을 집중시키며 영적 에너지를 최고도로 충전시키라.

언어적 커뮤니케이션

설교의 효과적 전달을 위해서는 음성, 발음, 어조와 같은 언어적 커뮤니케이션의 요소들과, 표정, 시선, 몸짓 등과 같은 비언어적 커뮤니케이션의 요소들을 잘 활용해야 한다. 먼저 언어적 커뮤니케이션의 요소들을 살펴보자.

음성

왠지 상대를 불안하게 만드는 음성이 있는가 하면 마음을 가라앉혀 주는 편안한 음성도 있다. 듣기가 거북살스러운 음성이 있는가 하면 상쾌하고 호감이 가는 음성도 있다. 음성에 따라 상대에게 끌리기도 하고 거부감이 생기기도 하기 때문에 음성은 그 사람의 인격을 대변한다고 할 수 있다. 음성은 '영혼의 거울'이라는 말도 있다.

설교자에게도 음성은 그 사람의 열정과 생동감을 반영한다. 크리소스톰이 휫필드, 스펄전 같은 설교자들은 음성에 있어서도 천부적인 달란트를 가진 사람들이었다. 키케로는 "효과적이고 뛰어난 전달을 위해서는 두말할 것도 없이 음성이 제일 중요하다."고 한다.[7] 스펄전은 직설적으로 말한다. "목소리를 참기 어려운데도 목회하고 있는 형제들이 있다. 그들은 교인들을 격노케 하거나 아니면 잠의 천국으로 보내주는 사람들이다. 어떤 최면도 잠재우는 능력에 있어 설교만큼 뛰어난 것은 없다. 하나님께로부터 무한정의 참을성을 부여받은 사람이 아니면 아무도 그런 설교에 오래 참고 귀 기울일 수 는 없다."[8]

물론 음성 때문에 훌륭한 설교자가 될 수 없는 것은 아니다. 결함이 있는 음성이라도 그것이 그의 영력이나 스피치 스타일과 어우러져 독특한 효과를 자아낼 수 있다. 그러나 좋은 음성이 효과적인 전달을 위해 절대적으로 유리한 것은 사실이다. 음성은 훈련하고 다듬으면 얼마든지 개선될 수 있다. 대설교자 필립스 브룩스는 웨스트민스터교회Westminster Abbey에서 처음 설교할 때 아무도 그 소리를 들을 수 없을 정도였지만 백 차례나 음성 교정 훈련을 받고 나서는 아무도 그의 음성에 대해 불평하는 사람이 없었다고 한다.[9] 음성의 질을 결정하는 요소들로서는 다음과 같은 것들이 있다.

---

7) Broadus, op. cit., 339.
8) J. Daniel Baumann, 『현대 설교학 입문』, 270.
9) Ralph M. Harper, "Phillips Brooks' Voice Lessons," *Church Management* 24(January 1947).

- 고저Compass: 고저는 음성의 높낮이의 폭을 의미한다. 혹자는 늘 쉰 듯한 저음의 소리밖에는 내지 못하는 사람이 있는데 그런 경우는 적절한 교정이 필요하다. 짧은 문장을 최대한도로 낮은 톤에서부터 점차 톤을 높여가며 말하기를 반복하라. 낮은 톤에서는 천천히 말하고 톤이 올라갈수록 빠르게 말하는 훈련을 계속함으로 개선될 수 있다. 자주 노래함으로 목소리를 가다듬는 것도 좋다.
- 성량volume: 성량이 부족하면 조금만 말을 해도 목소리가 가버리게 된다. 이런 사람은 폐활량을 키워야 한다. 폐의 활동을 촉진시키는 운동을 규칙적으로 하는 것이 좋다. 식전에 심호흡을 몇 번씩 하거나, 말할 때 입을 크게 벌림으로 음성이 충분히, 자유롭게 발산되도록 하는 습관을 가지도록 노력하라.
- 원근penetrating power: 톤을 높이거나 성량을 크게 하지 않고도 소리가 멀리까지 미칠 수 있는 것이 좋은 음성이다. 복식호흡을 할 수 있으면 좋다. 자음이나 모음의 발음이 분명하면 멀리서도 또렷하게 들리며, 말을 또박또박 할수록 잘 들린다articulation. 웨슬리나 휫필드는 마이크 없이도 이만 명의 군중이 운집한 옥외 집회에서 설교했으며 청중이 그 소리를 똑똑히 들을 수 있었다.
- 음색melody: 목소리는 사람마다 독특한 색깔이 있다. 부드러운 음성, 거친 음성, 날카로운 음성, 촉촉한 음성, 우렁찬 음성, 구성진 음성 등 천차만별이다. 음색은 천부적인 면이 많으나 노래 부르기를 통해 어느 정도 개선될 수 있다. 음성이 허스키한 사람은 말할 때 발음을 깨끗이 하려고 노력해야 한다.

좋은 음성은 바른 호흡법과 직결되어 있다. 호흡을 적절하게 조절하지 못하면 성대가 긴장하게 되어 헐떡거리고 거친 목소리가 나오게 된다. 좋은 목소리를 내려면 소리를 내는 동안 많은 공기가 필요한데 흉식 호흡으로는 충분한 공기를 흡입하기 어렵다. 따라서 설교자는 복식 호흡법을 익힐 필요가 있다. 편안한 자세에서 숨을 크게 들이마시면 어깨와 가슴이 동시에 위로 올라가듯이 움직이게 되는데 그것이 흉식 호흡을 하고 있다는 증거이다. 복식 호흡을 하면 어깨나 가슴의 움직임이 없이 배만 앞으로 나오게 된다. 복식 호흡을 위해서 다음과 같이 연습해 보라.

먼저, 두 손을 자신의 배 위에 살짝 올린 상태에서 가슴이 올라가지 않도록 유의하면서 숨을 천천히 들이마시는 동시에 배가 불룩하게 나오도록 유도해 본다. 처음에는 조금 힘이 들지만 점차 익숙해진다. 둘째, 복식 호흡으로 숨을 크게 들이마신 후 숨을 멈추어본다. 시계를 보면서 숨을 멈추었을 때의 시간을 측정한다. 계속 연습을 하면 그 시간이 길어지게 된다. 셋째, 복식 호흡으로 숨을 들이마신 후 입으로 천천히 "스-" 하고 바람이 나오도록 길게 숨을 내어 뱉는다. 이때 배는 들어가게 된다.[10]

발음

목사는 출신지역에 따라 서울식 억양은 구사하지 못할 수도 있지만 발음하나는 정확해야 한다. 경상도 출신은 '검'과 '금'을 구별하지 못한다. "내가 평안을 주러 온 것이 아니라 '금'을 주러 왔노라."고 하면 청중이 어리둥절해 할 것이다. 모 전직 대통령은 제주도를 방문한 자리에서 "제주도를 국제 강간도시로 만들겠다. 내가 이미 애무장관에게 검토해보라고 했다."고 해 수행자들을 당황하게 했다. 그에게는 '관광도시', '외무장관' 등의 발음이 불가능했다.

'네'you를 '니'라고 발음하는 것도 귀에 거슬린다. 요즈음 젊은이들 사이에 PC 채팅이 급속히 번져가면서 국어를 멋대로 변조, 축약하는 현상을 보는데 바르고 아름다운 나라말을 위해서 우려하지 않을 수 없다. 고어투를 생각 없이 사용하는 사람도 있다. '땅에'를 '따에'로, '하여 주옵소서'를 '하야 주옵소서' 등으로 발음하면 현대인들에게는 거리감만 안겨 주게 된다.

설교자의 말은 소리토막이 제대로 나누어져 있어야 선명하게 들린다. 소리토막은 다음 원칙을 따라 나눈다.

---

10) 이시은, 『성공적인 대화를 이끄는 고품격 스피치』(태학사, 2004), 42.

1. 의미상으로 내용이 분명히 드러나도록 나누라.

- 주어부와 술어부로: 누구든지 살인하면/ 심판을 받게 되리라.

- 술어부가 복수일 때: 지숙이는 두 시간 동안 TV를 보고/ 게임도 했다.

- 복문일 경우에는 큰 단위로: 눈이 펑펑 쏟아지던/ 지난 토요일 밤이었다.

- 의미가 드러나도록: 내가 너희에게 이르노니/ 너희 의가 서기관과 바리새인보다 더 낫지 못하면/ 결단코 천국에 들어가지 못하리라.

2. 감정 표현이 잘 나타나도록 나누라.

오오/ 전능하신 하나님이시여

3. 청중의 이해력이 낮을 때는 짧게, 높을 때는 길게 나누라.

- 이해력이 낮을 때: 금속은/ 열을 주면/ 체적이 불어나고/ 식히면/ 체적이 줄어드는 성질을 가지고 있습니다.

- 이해력이 높을 때: 금속은/ 열을 주면 체적이 불어나고/ 식히면 체적이 줄어드는 성질을 가지고 있습니다.

4. 의미 비중이 높은 단어들(어려운 단어들)은 짧게 나누라.

상품은/ 그 본질로부터/ 사용가치와/ 소비가치라는/ 이 두 가지 속성을 가집니다.

어조

- 강조stress: 강조란 문장 중 특정 부분의 의미를 부각시키기 위해 어느 한 단어를 힘 주어 발음하는 것을 말한다. 어디를 강조하느냐에 따라 설교자가 의도하는 바가 완전히 달라질 수 있다. 다음 밑줄 친 부분에 강조를 줄 때 의미가 어떻게 달라지는지 비교해 보라.

<u>하나님</u>은 당신을 사랑하십니다. (세상 사람은 다 당신을 미워해도)

하나님은 <u>당신을</u> 사랑하십니다. (하나님은 다름 아닌 바로 당신을)

하나님은 당신을 <u>사랑하십니다.</u> (하나님은 당신을 징계하시는 것이 아니라)

- 강약strength: 강한 소리는 음의 진폭이 넓고 약한 소리는 진폭이 좁은데 이것은 호흡의 양과 관계가 있다. 음성을 강하게 내기 위해서는 호흡량이 증가해야 한다. 어조의 강약은 설교의 강조점을 그대로 드러낸다. 그러나 처음부터 끝까지 고래고래 소리치는 설교는 효과적이지 못하다. 고함을 열정과 혼돈하지 말라. 너무 조용조용해서 신경을 써야 소리가 들리는 정도라면 그것도 곤란하다. 소리는 강할 때도 있고 약할 때도 있어야 한다. 골짜기가 깊을수록 봉우리가 높아 보이듯이 약하게 속삭이듯 하다가 강력하게 외칠 때 그것이 효과가 있다.

- 속도tempo: 속도도 의미 전달에 있어 중요한 역할을 한다. 어떤 사람은 따발총같이 쏘아대기만 해서 따라가기가 어려운 사람이 있는가 하면 시종일관 느릿느릿해서 답답한 사람도 있다. 어느 정도의 속도가 가장 적절한가에 대해서는 일정한 법칙은 없으나 대개 글을 읽을 때보다는 말할 때의 속도가 빠르며, 들어서 충분히 이해할 수 있을 정도의 속도면 된다. 아나운서들은 1분에 300내지 350자(60내지 70개의 단어)를 소화하며, 어린이 뉴스인 경우에는 1분에 250자 정도를 전달한다. 그러나 설교에서는 내용의 난이도나 청중의 수준에 따라 적절히 조절해야한다.

설교자가 강조하기 위해서는 다음과 같이 느리고 강하게, 혹은 빠르고 강하게 하면 된다.

우리는 잘못하면 내가 당한 일들을 눈에 보이는 인간적인 차원으로만 돌려 버립니다. 거기에 하나님의 손길이 개입되어 있다는 것을 놓쳐 버립니다. 아닙니다. 거기에 <u>하나님의</u>

<u>섭리와 뜻이 숨어 있다는 것을 잊어서는 안 됩니다.</u>

밑줄 친 부분을 느리고 강하게 한 단어씩 힘을 넣어 말함으로 강조한다. 앞에서 강하게 외쳤다면 반대로 이 부분을 느리게 속삭이듯 말함으로 오히려 강조 효과를 거둘 수 있다. 링컨은 연설에도 능한 사람이었다. 그는 빠르게 말하다가 강조하고 싶은 부분에서는 충분히 느리고 강하게 말하고, 그리고 다시 번개처럼 재빨리 끝을 맺었다고 한다. 다음의 예문과 같이 빠르고 강한 어조로 말함으로 강조의 효과를 거둘 수 있다.

하나님이 주시는 약속을 붙드십시오. 하나님은 성경 말씀을 통해서 무수한 약속들을 우리에게 주고 계십니다. <u>무엇을 먹을까 무엇을 마실까 무엇을 입을까 염려하지 말라고 했습니다. 너희는 머리털 하나까지라도 다 헤아린 바 되었으니 너희를 내 손에서 빼앗을 자가 없다고 했습니다. 네가 물 가운데로 지날 때에 물이 너를 침몰치 못할 것이고 불 가운데로 지날 때에 불꽃이 너를 사르지도 못할 것이라고 했습니다.</u> 얼마나 많은 약속들이 우리를 위해 주어져 있습니까. 이 약속의 말씀들을 든든히 붙드십시오.

밑줄 친 부분을 빠르고 강하게 말해 보라. 이와 같이 동일 의미가 병렬적으로 반복되어 있을 때는 빠르게 지나가는 것이 좋다.

- 휴지pause: 휴지休止란 단어와 단어 사이, 문장과 문장 사이에 간격을 두는 것을 말한다. 숨을 일시 들이쉴 때, 이야기를 청중에게 쉽게 이해시키려 할 때, 극적인 표현을 할 때, 혹은 말을 더듬거나 말을 잘못했을 때 휴지가 생긴다. 의도적인 휴지로 강조의 효과를 낼 수 있다. 잠시 말을 멈추고 청중을 주시하며 침묵하는 것은 청중의 집중을 이끌어 낼 수 있는 유용한 방법이다. 스펄전은 설교 중에 휴지가 필요함을 이렇게 말한다.

이따금 당신의 마차를 갑자기 멈추라. 승객은 잠을 깰 것이다. 방아가 돌아가는 동안에 자신도 모르게 졸던 방앗간 주인도 방아가 갑자기 멈추면 벌떡 깨어 외칠 것이다. '무슨 일이야?' 교인들이 집중하지 않고 있을 때에도 말을 계속하는 것은 은이요, 침묵이 금이 된다. 천편일률적인 방식과 단조로운 톤으로 설교하기를 계속하면 당신은 얌전히 요람을 흔들어 주는 것과 다를 바 없다. 요람을 낚아채 급히 스톱시키라. 그러면 잠이 한순간에 다 달아나 버릴 것이다.[11)]

대지나 혹은 중요한 명제를 선언했을 때는 잠시 말을 멈춤으로 강조 효과를 거둘 수 있다. "여러분은 형제를 몇 번이나 용서했습니까?" 하는 식의 도전적인 질문을 던졌을 때도 4, 5초 동안 말을 멈추고 청중을 주목하는 것이 좋다. 질문을 던져 놓고 곧바로 다음 말을 이어가면 우스꽝스럽게 된다.

비언어적 커뮤니케이션

우리는 언어를 통한 커뮤니케이션을 할 뿐 아니라 우리의 신체언어(행동언어)를 통해서도 끊임없이 커뮤니케이션을 하고 있다. 손짓, 몸짓, 얼굴 표정 등을 통해서 화자의 생각과 느낌을 전달한다. 청자가 메시지를 해석할 때는 이런 비언어적 요소들이 중요한 역할을 한다. UCLA대학의 심리학 교수였던 알버트 메라비언은 커뮤니케이션 분야에서 널리 인용되는 논문 "모순적인 커뮤니케이션의 해독"에서 메시지의 총체적 결과를 분석해 보면 말을 통한 전달은 7%에 불과하고, 38%가 음성을 통한 전달이며, 55%가 신체언어를 통한 전달이라고 한다. 여기서 메라비언은 메시지의 신뢰성은 이 세 가지 측면이 일관성 내지는 조화로운 일치를 이루는 데 달려있다고 결론을 내린다.[12)] 구연법 전문가인 존 켈트너는 개인간의 커뮤니케이션에서 언어가 35%, 비언어적인 것이 65%의 영향

11) Charles Spurgeon, *Lectures to My Students* (London: Marshall, Morgan and Scott, 1954), 138.
12) 이시은, 『성공적인 대화를 이끄는 고품격 스피치』, 13-14.

을 미친다고 한다.

어린아이가 엄마에게 무엇을 요구할 때 엄마가 말은 "안돼"라고 하지만 그 표정이나 억양, 몸짓은 "좋아"를 의미하는 경우가 있다. 반대로 말은 "좋아"라고 하지만 잔뜩 화가 난 표정으로 퉁명하게 내뱉으면 사실은 "안돼"라는 뜻이다. 비언어적 커뮤니케이션의 요소가 말로 발설된 것과는 정반대의 의미를 표시하는 것이다. 설교에 있어서도 마찬가지이다. 말은 "항상 기뻐하라"고 하는데 막상 설교자 자신의 얼굴은 우울과 스트레스를 드러내는 경우가 있다. 믿음에 대해 설교하면서 열정도, 확신도 없는 미지근한 태도로 전해 보라. 교인들은 '저 사람은 믿음이 아니라 불신에 관해 말하고 있어.'라고 생각할 것이다. 말은 믿음을 들먹이지만 그의 태도와 얼굴은 불신을 증거하고 있는 것이다. 이와 같이 비언어적 커뮤니케이션의 요소들은 설교자의 메시지에 대한 확신과 태도를 나타내며, 그것은 곧바로 청중에게 영향을 미치게 된다.

청중이 피드백을 보낼 때도 전적으로 비언어적 커뮤니케이션의 요소들에 의존한다. 고개를 절레절레 흔든다든지, 시계를 본다든지, 주보를 뒤적인다든지 함으로 부정적인 반응을 나타낸다. 이와 같이 설교자와 청중의 상호적 커뮤니케이션에 있어 비언어적 요소들이 차지하는 비중은 결코 무시할 수 없다. 그러면 비언어적 커뮤니케이션을 이루는 요소들을 하나씩 살펴보자.

외모와 복장

설교자가 강단에 서면 그 모습이 먼저 말한다. 청중에게는 설교자의 외모와 복장에 따라 그에 대한 첫인상이 결정지어진다. 설교자의 차림새가 청중의 마음을 열게 만들 수는 없겠지만 마음을 닫아버리게 만들 수는 있다. 설교자는 유행에 너무 무관심하지도 말고 너무 앞서가지도 말아야 한다. 설교자가 너무 초라하면 '사례 받아 다 무얼 하나?' 할 것이고, 너무 화려하면 '저 목사는 세속적'이라고 할 것이다. 너무 튀지 말라. 오직 메시지에만 집중해야 할 교인들의 관심을 다른 곳으로 이끌어 가는 일은 없어야 한다.

강단에 오르기 전에 반드시 거울을 보고 머리 모양새나 넥타이가 비뚤어지지 않았는지 살펴야 한다. 치아 사이에 상추 조각 하나라도 끼어 있으면 그날 설교는 끝이다.

표정과 자세

1960년 미국 대선에서 케네디와 닉슨이 맞붙었다. 두 사람의 토론을 라디오로 들은 사람들은 닉슨의 우세를 점쳤다. 그러나 TV를 본 사람들의 생각은 달랐다. 닉슨은 말은 조리가 있었지만 그의 시선은 불안하고 안색이 창백해 보였고 면도도 하지 않은 듯이 보였다. 이런 닉슨과 침착하고 핸섬하며 볕에 타서 건강해 보이는 케네디 사이에서 사람들이 누구를 선호할지는 자명했다. 케네디 진영은 이것을 효과적으로 이용했다. 닉슨의 얼굴을 보여주고는 "이 사람에게 중고차를 사시겠습니까?" 하는 카피를 띄움으로 사람들에게 닉슨의 얼굴에 나타난 부정적인 인상을 감각적으로 부각시킨 것이다.

상대방의 표정으로 인해 위로받기도 하고 마음이 상하기도 한다. 말보다도 훨씬 더 영향을 미칠 수 있는 것이 표정이다. 생리학자들은 얼굴의 근육조직은 2만 개 이상의 다른 표정들을 만들어 낼 수 있다고 한다. 강단에 서면 긴장으로 인해 심각하고 딱딱한 표정을 짓는 설교자들이 많다. 설교자가 심각하면 청중들은 긴장하게 되며, 그 긴장이 오래 지속되면 금방 피곤해진다. 그렇다고 히죽히죽 웃거나 건들거리라는 말도 아니다. 밝고 편안한 표정을 지으라. 거울을 보면서 부드럽게 미소 짓는 얼굴을 연습하는 것이 필요하다. 타이어만은 조지 휫필드에 대해 다음과 같이 묘사한다. "강단에 서는 그의 얼굴에는 언제나 엄청난 것을 털어놓을 것이 있다는 흥분과 그리고 그 결과를 보기를 원하는 간절함이 배어있었다. 설교를 마친 후에도 그에게 있는 진지함은 마찬가지였다.……강단 위의 그는 결코 어색하거나 부주의한 모습을 보이지 않았다. 찡그리든지 미소 짓든지, 엄숙하든지 평온하든지 그것은 속에 있는 것을 가감 없이 드러낸 것이었다."[13]

어깨는 구부정하거나 옆으로 기울어짐 없이 똑바로 서야 한다. 강대상에 의존해서 비스듬히 기대는 것은 금물이다. 열중쉬어 자세를 취하면 오만한 인상을 줄 수 있다. 바지 주머니에 손을 넣지 말라. 손을 넣는 습관이 고쳐지지 않거든 아예 바지 주머니를 기워버려라. 성경책을 펴면서 말하지 말고 성경책을 덮으면서 말을 맺지도 말라. 강대상 앞에 서면 성경책을 편 후에, 자연스러운 자세를 취하고, 밝고 편안한 표정으로 교인들을 바라보면서 말을 시작하라.

의미 없는 몸동작은 피해야 한다. 습관적으로 하는 몸동작도 가지각색이다. 자꾸 안경을 만지는 사람, 원고에 손이 올라갔다 내려갔다 하는 사람, 바지가 내려가지도 않았는데 자꾸 바지를 끌어올리는 사람, 고개를 건들거리는 사람, 다리를 꼬았다 폈다 하는 사람, 호주머니에 손을 넣었다 뺐다 하는 사람, 머리카락도 별로 없으면서 머리카락을 자꾸 올리는 사람, 습관적으로 장로석을 힐끗힐끗 보는 사람 등등. 목사가 고개를 힐끗힐끗 돌리면 교인들도 전부 힐끗힐끗 하는 이상한 교회가 된다.

시선교환 eye contact

설교는 혼자만의 독백이 아니기 때문에 사람들을 바라보면서 말해야 한다. 그들의 반응을 읽으면서 전달에 반영해야 한다. 시선을 준다는 것은 상대에 대한 관심과 애정의 표시이다. 설교자가 교인들에게 시선을 주지 않고 고개를 떨어뜨리고 있는 것은 그 메시지에 자신이 없거나, 교인들에게 관심이 없거나, 메시지를 꼭 심어야겠다는 열정이 없기 때문이다. 설교자가 청중을 바라보지 않으면 청중도 설교자를 보지 않게 된다. 그런 경우에 효과적인 커뮤니케이션을 기대하기는 어렵다. 키케로는 "전달에 있어 음성 다음으로 중요한 것이 얼굴 표정이다. 그리고 그 표정은 눈이 좌우한다."라고 한다.[14]

---

13) Luke Tyerman, *The Life of the Rev. George Whitefield* (London: 1876).
14) Broadus, op. cit., 351.

시선을 줄 때 회중석의 좌우를 골고루 바라보도록 하라. 성가대석이나 이층에 앉은 사람에게도 한 번씩 시선을 던져야 한다. 특히 앞자리에 앉아 있는 사람들을 희생시키면 안 된다. 앞에 앉은 사람들은 대개 열심이 있는 사람들인데 그들을 바라보지 않고 저 뒤편 현관 쪽만을 바라보는 것은 잘못이다. 무심코 창밖을 바라보는 설교자가 있다. 그러면 교인들은 목사가 지금 무엇을 하는지 의아하게 생각할 것이다.

한쪽을 바라볼 때는 시선을 적어도 한 5-10초 동안 그쪽으로 고정시킨 다음 다른 쪽으로 옮겨 가야 한다. 선풍기 돌아가듯 목사가 쉴 새 없이 고개를 돌리면 교인들은 멀미를 하게 될지도 모른다. 눈길만 준다고 해서 다 된것은 아니다. 청중에게 말씀으로 도전할 때는 결연한 의지를 담은 눈길을, 위로할 때는 연민의 정이 넘치는 눈길을 보내야 한다. 당신의 눈에 감정을 담으라는 말이다. 우리는 눈으로 말하기 때문이다.

예배실의 구조가 시선교환에 부적절한 구조라면 개선할 필요가 있다. 강단과 회중석의 거리가 너무 멀다든지, 강단이 너무 높아서 교인들이 바라보기에 고개가 아프다든지, 강대상이 너무 높고 커서 육중한 바리케이드같이 가로막고 있다든지 하면 고쳐야 한다. 조명의 위치가 잘못되면 교인들은 눈이 부셔서 괴롭고, 설교자의 안경테가 번쩍거려 신경이 거슬리기도 한다.

제스처

언어 외적인 커뮤니케이션에서 제스처는 중요한 역할을 한다. 키케로는 제스처는 언어보다 더 강력한 힘을 가지고 있다고 했고, 데모스테네스는 제스처는 연설의 시작이요, 진행이요, 마지막이라고 했다. 제스처는 어떤 사물을 묘사하기 위해서, 화자의 주장을 강조하기 위해서, 청중의 주의와 관심을 끌기 위해서, 그리고 개념을 더욱 생생하게 전달하기 위해서 동원된다.

기본적인 제스처는 다음과 같다.

- 집게손가락: 어떤 자리를 가리키거나 가벼운 강조를 나타낸다.
- 불끈 쥔 주먹: 극적이고 강한 강조를 의미한다.
- 팔을 들고 손바닥을 위로: 긍정을 나타내거나 호소하는 감정을 의미한다.
- 손바닥을 아래로 하고 흔듦: 불만, 거부 등을 의미한다.

설교에 초보자라면 예시적豫示的 제스처부터 시작하는 것이 좋다. 즉 손을 사용하여 어떤 장면을 묘사하는 것이다.

- 모양: 동그랗게 생긴 얼굴을 묘사할 때는 양손으로 동그란 모양을 그린다. 뾰족한 첨탑을 묘사할 때는 양손을 모아 뾰족한 삼각형을 만들어 보이면 될 것이다.
- 숫자: 손가락으로 하나, 둘을 표시한다.
- 방향: '저쪽'을 말할 때는 손을 치켜들어 저쪽을 가리킨다.
- 동작: '막 달려오는 것이 아니겠습니까?' 할 때는 양손을 겨드랑이에 붙이고 달려가는 시늉을 한다.

강조하기 위해 제스처를 사용하기도 한다. 머리를 앞으로 끄덕이는 머릿짓은 가장 기본적인 것이다. 한 손으로 주먹을 쥔 채 강조할 수도 있고, 좀 더 강력하게는 두 주먹을 쥔 채 목청을 높일 수도 있다.

제스처는 자연스러워야 한다. 웅변학원에서 가르치는 식의 과장은 설교에는 적절치 않다. 설교 시작부터 바로 제스처가 난무하는 것은 권장할 만하지 않다. 청중은 아직 그것을 소화할 준비가 되어 있지 않기 때문이다. 별 의미가 없는 손 동작은 피하라. 흔히 보면 제스처를 해야겠다는 강박관념(?)에서 자주 손을 놀리는 사람이 있는데 보는 사람 입장에서는 괜히 산만하기만 하다. 강조하기 위해 제스처를 하게 되면 확실하게 하라. 강대상 10cm 위에서 손을 놀리고 있으면 회중석에서는 전혀 보이지 않는다. 손을 높이 들어 맨 뒤의 사람에게도 보일 수 있도록 큰 동작을 주어야 한다.

괴팍한 제스처는 피하라. 어떤 교수는 강의가 피크에 오르면 공중에 원을 하나 그린다. 그리고는 감정이 고조됨에 따라 계속 그 원을 손가락으로 찌른다. 그러면 학생들은 책가방을 챙긴다. 마칠 시간이 되었다는 신호이기 때문이다. 그런 식으로 사람들에게 놀림감이 되는 괴팍한 제스처는 좋지 않다.

하나님을 기다리는 것은 게으름이 아니라 그것에 익숙지 못한 사람에게는 다른 모든 것을 쳐서 굴복시켜야 하는 사역이다.

클레르보의 베르나르

16장

기름 부음

하늘의 권세를 가진 설교

'오늘은 본때를 보여 주어야지.' 자신만만하게 강단에 선다. 내용도 깔끔하고 가슴 뭉클한 예화도 포진시켰으니 자신만만할 만도 하다. 그런데 이게 웬일인가? 완벽한 원고가 눈 아래 있는데도 더듬거리고, 실수하고, 말이 막히고. 나중에는 어린애 하나까지 뛰쳐나와 분위기를 다 망쳐버린다. 그런데 그 반대도 있다. 도무지 자신이 없어 그저 살려달라고 기도하면서 강단에 섰는데 이상하게 말이 샘솟듯 터져 나온다. 마치고 나니 교인들이 줄줄이 은혜받았다고 고백한다. 강단 위에서의 사역은 내가 준비한 것하고 꼭 정비례하지만은 않는 것 같다. 이 희한한 현상의 이유가 무엇일까?

예배 중에 임재하시는 성령님의 존재에 그 해답이 있다. 설교 사역은 성령의 역사를 떠나서는 생각할 수 없다. 설교자나 청중 모두에게 진리를 깨닫게 하시는 성령의 감화가 없다면 그 설교는 소리 나는 구리와 울리는 꽹과리에 불과할 것이다. 당신의 설교가 다음과 같은 증후군을 띠지는 않는가?

• 늘 준비된 원고 안에서만 맴돈다.

- 좀처럼 회심하는 사람을 찾아볼 수 없다.
- 통성기도를 시키면 별로 소리가 나지 않는다.
- 설교 중에 눈물 흘리는 교인들을 볼 수가 없다.

그렇다면 원인은 하나, 당신의 설교에는 성령의 기름 부어주심이 필요하다. 설교가 하나님의 말씀으로 사람들을 변화시키는 것이라면 능력 있는 설교 사역은 성령의 도우심이 필수적이다. 데니스 킨로는 "성령 충만한 설교자는 계시의 말씀을 창조의 말씀과 연관지을 줄 알아야 한다."고 한다.[1] 기록된 말씀을 살아 역사하는 말씀으로 바꿀 수 있어야 한다는 것이다. 그것은 오직 성령께서 하시는 일이다. 그러면 설교 사역과 성령의 역사와의 상관관계를 자세히 살펴보자.

성령은 설교자를 세우신다

성령은 설교자에게 소명을 주시고 그를 말씀의 종으로 세우신다. 교회의 일꾼을 세우시는 분은 성령이시다. 바울은 "그가 혹은 사도로, 혹은 선지자로, 혹은 복음 전하는 자로, 혹은 목사와 교사로 주셨으니 이는 성도를 온전케 하며 봉사의 일을 하게 하며 그리스도의 몸을 세우려 하심이라."엡 4:11-12고 했다. 설교 사역으로의 부르심은 세상의 그 어떤 일과도 다른 독특성을 가지고 있다. 그것은 말씀을 전하지 않고서는 견딜 수 없는 엄청난 영혼의 압박감으로 나타난다. 놀라운 구원의 길에 대한 확신과, 그것을 보여주는 말씀의 권능, 그리고 그 말씀을 내가 전파해야 한다는 분명한 인식이 수반된다. 존 웨슬리는 종종 이렇게 부르짖었다고 한다. "오 나에게 그 책을 주십시오! 어떤 희생을 지불해도 좋으니 하나님의 책을 주십시오! 그 속에는 나에게 충분한 지식이 담겨 있습니다. 나로 하여금 한 책의 사람a man of one book이 되게 하십시오."[2]

---

1) Dennis F. Kinlaw, *Preaching in the Spirit*, 홍성철 역, 『성령 안에서 설교하기』(도서출판 세복, 1996), 83.
2) John Stott, *Between Two Worlds*, 32.

이와 같은 영혼의 압박감에 사로잡힌 사람은 예레미야가 "내가 다시는 여호와를 선포하지 아니하며 그 이름으로 말하지 아니하리라 하면 나의 중심이 불붙는 것 같아서 골수에 사무치니 답답하여 견딜 수 없나이다."렘 20:9라고 한 것과 같이, 혹은 바울이 "만일 복음을 전하지 아니하면 내게 화가 있을 것임이로라."고전 9:16고 한 것과 같이 말씀 증거를 피할 수 없는 과제로 받아들인다. 그런 사람은 설교 사역 외에 다른 일은 제아무리 찬란한 성공이 보장된다 하더라도 생각할 수조차 없다. 요즈음 의사 목사, 교수 목사같이 목사직을 부차적인 타이틀로 갖기 원하는 사람이 있는데 그것은 잘못된 발상이다. 목사직은 결코 부업이 될 수 없다. 그것 아니면 다른 어떤 일도 할 수 없는 운명과 같은 필연적인 길이다.[3] 스펄전은 젊은 목회자 후보생들에게 "만일 여러분이 목회를 안 하고도 견뎌낼 수 있으면 그렇게 하십시오."라고 도전했다. 목회 사역으로의 부르심은 그 독특한 성격상 그런 부정적인 방법으로 그 진정성을 확인할 수 있다.

이런 말씀 증거에 대한 절박함과 피할 수 없는 필연성을 간직한 사람은 그 독특한 삶의 자세가 자연스럽게 드러나게 되어 있다. 그래서 "자네는 목사가 되는 것이 좋겠어." 하는 주위의 권고를 받게 된다. 즉 설교자의 길은 자신이 주도적으로 선택하기보다는 교회 공동체로부터 오는 외적 인정이 중요한 시금석이 된다. 자기 스스로 설교자가 되어야겠다고 하는 사람은 오히려 잘못될 가능성이 많다. 설교자로서의 명성과 성공을 추구한다든지, 혹은 기존 설교자들에 대한 실망감 같은 부정적 동기가 그를 설교자의 길로 들어서도록 부추길 수 있기 때문이다.

요약하면 설교자의 길은 자신에게서가 아니라 위로부터 임하는 피할 수 없는 부르심으로 말미암는다. 성령께서 그를 부르시고 기름 부어 세우시는 것이다. 예수께서는 "주의 성령이 내게 임하셨으니 이는 가난한 자에게 복음을 전하게 하시려고 내게 기름을 부으시고"눅 4:18라고 하셨다. 그분의 몸 된 교회에서 복음을 전해야 하는 설교자의 사역도 동일한 성령께서 부르시고 세우시는 것이다.

---

3) 부업으로서의 목사직에 대해 로이드 존스는 강한 어조로 비판한다. Martin Lloyd-Jones, *Preaching and Preachers*, 서문강 역,『목사와 설교』(기독교문서선교회, 1995), 135ff.

성령은 설교자를 깨닫게 하신다

성령은 설교자가 말씀을 연구하고 설교를 준비하는 과정에도 역사하신다. 설교자가 본문을 해석하고 그 속에 담긴 진리를 캐내는 데 있어 제일의 참고서는 성령이시다.[4] 바울은 자신이 전파하는 것은 "사람의 지혜의 가르친 말로 아니하고 오직 성령의 가르치신 것으로 하니 신령한 일은 신령한 것으로 분별하느니라."고전 2:13라고 했다. 우리에게 진리를 깨닫게 하시고 그것을 삶에 바르게 적용시키도록 깨우쳐 주시는 조명illumination은 오직 성령의 사역인것이다.

계시revelation는 하나님이 자신을 열어 보여 주시는 신적 행위이다. 영감inspiration은 하나님의 특별계시가 인간에 의해 문자화되도록 인간을 도구로 사용하시는 과정이다. 계시와 영감이 없다면 성경은 없을 것이다. 그러나 아무리 성경이 있어도 성령의 조명이 없다면 우리는 결단코 구원의 진리에 도달할 수 없다. 칼뱅은 이렇게 말한다. "성령의 증거는 이성보다 우월하다. 왜냐하면 하나님 한 분만이 자신의 말씀에 대해 합당하게 증거하실 수 있으므로 그 말씀들은 성령의 내적 증거에 의해 인침을 받지 않고는 인간의 마음속에서 충분한 신뢰를 얻을 수 없기 때문이다.…… 왜냐하면 성경은 그 자신의 위대함으로 인해 충분히 존중을 받을 수 있지만 그럼에도 불구하고 성령에 의해 우리 마음속에서 인침을 받을 때 참으로 우리 심령에 역사하기를 시작하기 때문이다."[5]

예수님은 "보혜사 곧 아버지께서 내 이름으로 보내실 성령 그가 너희에게 모든 것을 가르치시고 내가 너희에게 말한 모든 것을 생각나게 하시리라."요14:26고 약속하셨다. 제자들은 그 약속과 같이 성령 강림 이후에야 진정으로 눈이 열려 주의 말씀을 깨닫게 되었다. 사도 요한은 "너희는 거룩하신 자에게서 기름 부음을 받고 모든 것을 아느니라."요일 2:20고 했다. 제임스 패커는 성령의 일차적 사역

---

4) 성령의 깨닫게 하시는 교사의 역할에 대해서는 Calvin Miller, *Spirit, Word, and Story* (Dallas:Word Publishing, 1989), 33ff.을 참조.

5) 칼뱅, 『기독교강요』, 1:7, 4-5.

은 예수 그리스도의 영광과 그분의 진리의 말씀을 드러내는 것이라고 한다. 성령은 결코 자기를 드러내기 위해 오시지 않았다. 마치 구석진 곳에 설치되어 있는 서치라이트가 어두운 밤에 자신은 감추고 빌딩을 환하게 드러내듯이 성령은 오직 예수 그리스도의 진리를 환하게 드러내기 위해 오신 것이다.[6] 포드는 진리를 깨닫게 하시는 성령의 사역에 대해 이렇게 말한다. "성령은 최고의 해석자시요, 말씀의 거룩한 주석가이시다. 그는 성경을 열어 보여주며, 우리 주위의 사건들을 말씀의 빛으로 보게 하며, 그리스도의 존귀함을 보게 해 준다. 그는 부활하신 주께서 엠마오로 가던 제자들의 마음을 열어주신 것같이 우리의 마음을 열어주신다."[7]

그러므로 우리는 설교 준비를 하면서 성령의 도우심을 간구해야 한다. 말씀을 깨닫게 해 달라고, 신령한 일을 볼 수 있게 해 달라고 부르짖어야 한다. 켈러는 이렇게 지적한다. "개혁주의 설교자들은 설교 준비를 대단히 중요시 하지만 실제 설교를 할 때에는 '설교를 하면서도 설교를 새로이 창조할 수 있다'는 사실을 잊어버리고 설교원고를 그냥 읽어 내려가는 경우가 많다. 반면 다른 많은 복음주의자들은 목사가 실제 설교를 하기 전 설교 자료를 연구할 때는 마치 성령께서 역사하실 수 없는 것처럼 생각하고, 설교를 준비하고 연구하는 것을 '비영적인' 일이라고 생각하는 것 같다."[8] 그의 지적과 같이 설교자료를 모으고, 분석하고, 연구하는 모든 과정에서 우리는 성령의 세밀한 인도와 조명을 사모해야 한다.

어떤 목사가 설교를 시작하면서 이렇게 운을 떼었다. "저는 이 설교를 따로 준비하지 않았습니다. 그저 성경을 펼치기만 했고 나머지는 성령께서 일하도록 모든 것을 맡겨 드렸을 따름입니다." 예배를 마치자 한 교인이 시무룩한 표정으로 이렇게 말했다. "저는 성령께서 그렇게 지루하고 재미없는 분인줄은 미처 몰랐습

---

6) James I. Packer, *Keep in Step with the Spirit* , 서문강 역, 『성령을 아는 지식』(새순출판사, 1986), 83-84.
7) D. W. Cleverly Ford, *Preaching Today* (Epworth Press and SPCK, 1969), 30-31.
8) Timothy Keller, 『개혁주의 설교학』(나침반사, 1993), 151. 이 책은 미국 웨스트민스터신학교의 설교학 교수인 Keller의 강의안을 번역한 것이다.

니다." 그렇다. 성령을 의지한다는 것이 익은 감이 떨어지기를 기다리듯이 수동적으로 앉아 있는 것을 말하는 것은 아니다. 우리가 할 수 있는 최선의 노력을 경주하면서 그 가운데서 성령이 도와주시기를 간구하는 것이다. 성령은 게으른 자에게는 결코 조명하시지 않는다.

깨닫게 하시는 성령의 사역은 마치 환자의 눈을 수술하는 안과의사와 같다. 수술이 성공적으로 끝나고 안대를 풀 때쯤이면 의사는 가고 없다. 환자는 의사의 얼굴도 한 번 보지 못했다. 그러나 그는 온 세상을 보게 되었다. 이와 같이 우리는 성령이 어떻게 생기셨는지, 어떤 과정을 거쳐 우리로 하여금 진리를 깨닫게 하시는지는 알지 못한다. 다만 한 가지 확실한 것은 내가 지금 진리를 보게 되었다는 것이다. 성령은 우리로 하여금 보게 하시는 익명의 의사이다.

성령은 설교자를 무장시키신다

설교는 단순히 지식과 논리로 하는 것이 아니다. 인간의 지식과 언변으로는 결단코 사람을 변화시킬 수 없다. 바울은 "형제들아 내가 너희에게 나아가 하나님의 증거를 전할 때에 말과 지혜의 아름다운 것으로 아니하였나니." 고전 2:1라고 고백한다. 그 당시 희랍 수사학의 영향을 받은 연사들은 미사여구로 장식된 웅변술에만 신경을 썼다. 아름다운 말로 사람들을 움직이려고 한 것이다. 바울 사도도 그런 수사학에 대해 알고 있었겠지만 그는 오히려 이렇게 고백한다. "내 말과 내 전도함이 지혜의 권하는 말로 하지 아니하고 다만 성령의 나타남과 능력으로 하여 너희 믿음이 사람의 지혜에 있지 아니하고 다만 하나님의 능력에 있게 하려 하였노라" 고전 2:4-5. 존 번연이 17세기에 런던에서 설교할 때 신학적 지식이 많은 목사들의 설교보다는 오히려 그의 설교를 경청하기 위해 몰려드는 사람들이 더 많았다고 한다. 유명한 청교도 신학자 존 오웬도 그의 설교를 듣기 위해 자주 참석했다. 한번은 찰스 2세가 오웬 같은 학식 있는 사람이 어째서 '떠돌이 설교꾼'의

말에 귀를 기울이는지 놀라워하자 오웬은 이렇게 대답했다고 한다. "전하, 제가 만약 떠돌이의 능력을 가질 수만 있다면 기쁘게 제 학식을 포기하겠나이다."[9]

성령의 권능이 나타나야 하는 것을 아는 설교자는 강단에 설 때마다 자신의 연약과 무능을 절감하게 된다. 놀랍고 영광스러운 말씀의 무게를 생각할 때 그 말씀을 감당하기에는 너무나 추하고 연약한 자신을 돌아보며 탄식하게 된다.[10] 바울 사도도 "내가 너희 가운데 거할 때에 약하며 두려워하며 심히 떨었노라."고전 2:3고 고백하지 않았던가.

댈리모어의 두 권으로 된 휫필드의 전기를 보면 다음과 같은 탄식을 자주대하게 된다. "나는 신실함에 거하기 위해 이제 시작해야 하는 존재로다", "날마다 나는 신음한다-나의 연약함을! 나의 연약함을!", "참으로 나는 무가치한 한 마리 벌레에 불과하다", "나는 그리스도의 군대의 평범한 군사의 자리에도 설 수 없는 존재로구나."[11] 위대한 영적 거인 휫필드도 심각한 내적 투쟁을 안고 끊임없이 몸부림쳤던 것이다. 만약 이런 두려움 없이 강단에 서는 설교자가 있다면 그가 정말로 소명을 받았는지 의심해 보아야 한다. 그런사람은 사역에 대해 부르심을 입었다기보다는 자기 능력에 대한 신뢰 때문에 나섰을 가능성이 많기 때문이다.

두려움과 떨림이 있는 설교자는 하나님 앞에 간절한 마음으로 엎드리게 된다. 거룩한 사명을 감당하기 위해 위로부터 임하는 능력을 간절히 사모하게 된다. 그렇게 자신을 비우고 기도하는 자에게 성령께서 역사하신다. 설교자가 성령의 능력을 입는 것은 포기할 때이다. 자신을 온전히 부인하고 거룩한 도구가 되기만을 원할 때 성령께서는 그를 사용하신다. 칼 바르트도 "우리 심령에 큰great 고통이 없이는 우리 입술에 위대한great 말씀이 있을 수 없다."고 말한다.

찰스 피니는 설교자들에게 기도의 중요성에 대해 이렇게 강조한다. "이것이

---

9) *Gardiner Spring, The Power of the Pulpit*, Larsen, *The Anatomy of Preaching. Identifying the Issues in Preaching Today* (Grand Rapids: Baker, 1989), 57에서 재인용.

10) Lloyd-Jones, 『목사와 설교』, 141ff. 참조.

11) Arnold A. Dallimore, *George Whitefield: The Life and Times of the Great Evangelist of the Eighteenth-Century Revival* (London: Banner of Truth, 1970), 86-87.

없이는 당신은 연약 그 자체가 될 것이다. 당신이 비록 천사의 지적 능력을 부여받는다 하더라도 만약 기도의 영을 상실한다면 당신은 아무것도 할 수 없거나 그와 유사하게 될 것이다.……복된 주님은 그의 죽은 교회를 기도가 무엇인지 알지 못하는 사람들의 인도와 영향으로부터 건지시고 보존해 주신다.[12] 파스칼은 "하나님은 우리로 하여금 창조자가 된다는 것이 무엇을 뜻하는지 맛보게 하기 위해 기도를 제정하셨다."고 한다. 기도는 설교자를 무장시켜 창조의 역사를 일으키는 능력의 종이 되게 한다는 말이다.

에딘버러에 있는 Free Saint George's West교회의 예배에 참석했던 한 교인이 알렉산더 화이트 목사의 감동적인 메시지를 듣고는 그에게 달려가서 외쳤다. "화이트 박사님, 당신은 마치 오늘 전능자의 보좌로부터 막 나온 사람같이 설교하셨습니다." 화이트는 이렇게 대답했다. "사실, 저는 그랬습니다." 자신이 깊이 기도에 몰입했다가 바로 강단에 선 것을 그렇게 표현했던 것이다. 화이트 목사의 제자 한 사람은 그의 사역에 대해 한마디로 이렇게 표현했다. "Free Saint George에서의 매 설교는 화산이었고, 매 시작기도는 계시였다."[13] 그와 같은 강력한 영향력은 오직 깊은 기도의 삶에서만 나올 수 있는 것이다. 우리는 로이드 존스를 강해설교의 대가로만 기억하지만 사실 그는 기도의 종이었다. 그의 교인들 중에는 로이드 존스가 웨스트민스터 채플에서 행한 첫 설교는 기억하지 못하지만 그의 감화력 있는 기도는 잊지 않고 있다는 사람들이 많다. 코건은 이렇게 말한다. "설교자가 강단에 서기 전에 기도할 때 그는 바치며, 간구한다. 그는 주중에 그가 설교 사역을 위해 준비한 것, 그의 수고의 열매, 그의 정신과 마음으로 노력한 것을 바친다. …… 또한 그는 성령께서 창조적인 사역을 하시며 말씀을 취하시며 축복하시고 떼실 것을 간구하며, 논증하시고 확신을 주시고 설득하실 것을 간구하며,

---

12) L. G. Parkhurst, *Charles G. Finney's Answers to Prayer*, MacArthur, *Rediscovering Expository Preaching*, 76에서 재인용.

13) G. F. Barbour, *The Life of Alexander Whyte*, John MacArthur, *Rediscovering Expository Preaching*, 75에서 재인용.

마음을 밝혀 주시고 양심을 깨우치시며 어둠을 물리치시고 빛을 비추어 주실 것을 간구한다."[14]

그러므로 기도는 설교 사역을 위한 부수물이 아니라 핵심적인 것이다. 기도가 없는 곳에 성령은 없고, 성령의 역사가 없는 설교는 생명 없는 말의 향연에 불과하다. 기도의 종이었던 바운즈의 다음과 같은 지적은 전적으로 옳은 것이다. "젊은 설교자는 기계적이고 지적인 산물로서 설교의 형태와 맛과 미를 위해 자신의 모든 노력을 쏟아 부으라고 배워왔다. 그 결과 우리는 사람들 가운데 나쁜 취향만을 고양시켰다. 우리는 은혜 대신 은사를, 경건 대신 장식을, 계시 대신 수사를, 거룩 대신 명성과 광채만을 위해서 아우성을 쳐왔다."[15] 트리니티 복음주의 신학대학원의 설교학 교수인 라센도 이렇게 말한다. "설교에 대한 어떤 논의든지 간에 믿음의 기도의 범주를 벗어나서 논의가 이루어진다는 것은 참 이상한 일이다.……우리는 하나님 앞에 서는 일없이는 결코 하나님을 나타낼 수 없다. 그러므로 내게 좀더 중요한 일은 학생들에게 설교를 가르치는 것보다는 기도하기를 가르치는 것이다."[16]

성령은 설교행위를 관장하신다

성령은 실제적인 설교의 전달에도 관여하신다. 우리는 설교할 때 능력이 함께하는 것을 느낄 때가 있다. 성령에 '사로잡힘'을 분명하게 느끼는 것이다. 그런 때는 성령께서 지금 나를 사용하시며, 나를 통해 흘러가고 계시며, 나는 그저 그분의 통로에 불과함을 생생하게 체험하게 된다. 부흥사 무디는 자신은 똑같은 원고를 들고 설교하는데 성령이 자신을 사로잡으실 때는 완전히 달랐다고 고백한다.

---

14) Donald Coggan, *Preaching: The Sacrament of the Word* (New York: Crossroads, 1988), 79.

15) E. M. Bounds, *Power through Prayer* (Grand Rapids: Baker, n.d.), 74.

16) Larsen, *The Anatomy of Preaching*, 53-54.

"이는 우리 복음이 말로만 너희에게 이른 것이 아니라 오직 능력과 성령과 큰 확신으로 된 것이니."살전 1:5라고 한 말씀과 동일한 체험을 우리도 얼마든지 누릴 수 있다.

성령이 기름 부어주실 때 설교자는 영적인 자유를 누린다. 설교자는 더 이상 원고에 얽매이지 않고 샘솟는 영감을 따라 입을 열어 말하게 된다. "말하는 이는 너희가 아니라 너희 속에서 말씀하시는 자 곧 너희 아버지의 성령이시니라."마 10:20고 한 약속이 이루어지는 것이다. 성령은 설교자의 사고에도 수정 같은 명료함을 주신다. 이전에는 생각지 못한 영적인 진리와 적절한 예증을 그 순간에 공급해 주심으로 설교의 설득력을 배가시켜 주신다. 이것은 단순히 말을 잘 해서, 혹은 기막힌 소재를 생각해 내어서 사람들을 움직이는 것하고는 다르다. 갑자기 공급되는 영적인 통찰력을 통해 사람들에게 깊은 감화력을 끼치는 것이다. 무엇보다 성령은 영적인 담대함을 주신다. 그래서 설교자는 어떤 두려움도, 망설임도 없이 오직 성령이 말하게 하심을 따라 담대하게 말씀을 증거하게 된다. 한마디로 말해서 성령이 임하시면 설교하는 이는 인간 목사가 아니라 거룩한 영이시라는 것을 설교자와 청중 모두가 깨닫게 된다. 로이드 존스는 그 같은 현상을 이렇게 표현한다.

어떻게 그것(성령의 역사)을 아는가? 그것은 설교할 때 명료하게 강설할 수 있게하고, 쉽게 말할 수 있게 해 주며, 권위와 확신을 깊이 의식하게 해 주고, 설교자 자신의 것이 아닌 어떤 힘이 그의 전 존재를 전율케 하는 것을 느끼게 하며, 말로 설명할 수 없는 환희를 느끼게 한다.……이런 느낌이 있을 때 설교자는 사실상 자신이 설교를 하고 있는 것이 아니라 자신은 그저 이 놀라운 광경을 바라보고만 있는 것이라는 느낌을 갖게 된다.……사람들이 동조를 해 줄 때의 우쭐한 느낌과 성령의 역사에 의한 전율과는 다르다. 성령께서 당신에게 기름 부으실 때, 당신은 스스로를 아주 사소하고 중요치 않은 인물로 느끼게 된다.[17]

---

17) Lloyd-Jones, 『목사와 설교』, 3.

30년의 목회 경력을 가진 침례교 목사 제리 바인즈는 자신의 체험을 이렇게 소개한 바 있다. 그는 1977년에 침례교 전국 교역자 수련회에 주 강사로 부름을 받게 되었다. 그는 수많은 목사들 앞에 선다는 생각에 잔뜩 긴장되었다. 열심히 준비는 했으나 제대로 전할 수 있을지 걱정이 앞섰다. 드디어 첫 날 '승천하신 그리스도'라는 설교를 가지고 강단에 섰다. 설교를 시작한 지 5분이 지나지 않아서 성령께서 자신을 사로잡으신 것을 느꼈다. 자리를 가득 메운 목사들도 그 자리에 성령이 임한 것을 느꼈다. 바인즈 목사는 자신이 설교하는 것이 아니라 자기는 그저 구경꾼인 듯한 기분마저 들었다고 한다. 마치 다른 세계에 있는 것 같은 착각마저 들었다. 크나큰 기쁨과 확신이 회중에 가득 임했다. 역사는 그 자리에 국한된 것이 아니라 설교 테이프를 듣는 곳에도 동일한 역사가 일어나서 설교 테이프 주문이 쇄도했다. 설교에는 실수도 있었고 커뮤니케이션의 측면에서 보면 흠도 많았다. 오직 한 가지 설명은 성령이 기름 부어주셨다는 것밖에는 없었다.[18]

　　존 스토트도 유사한 경험을 했다. 그는 1958년 호주 시드니대학에서 한 주간 전도집회를 인도하게 되었다. 주일 저녁 마지막 집회를 앞두고 독감에 걸렸다. 기력도 없었고 음성은 완전히 가 버렸다. 다른 사람들은 대타를 세우자고 했지만 스토트 목사는 그렇게 하고 싶지는 않았다. 집회 시간이 되었는데 그는 강단 옆 대기실에서 선교회 회장에게 고린도후서 12:9-11의 "네가 약할 때 곧 강함이라."는 말씀을 읽어달라고 요청했다. 회장이 그 말씀을 읽고 스토트 목사를 위해 기도했다. 드디어 설교시간이 되었는데 스토트는 잘 나오지도 않는 목소리로 겨우 복음을 전했다. 강조할 곳을 강조할 수도 없었다. 설교 내내 나의 약함을 통해 당신의 강함을 나타내어 달라고 간구하면서 전했다. 설교를 마치고 구원 초청을 하는 시간이 되었는데 스토트는 자기 눈을 의심하지 않을 수 없었다. 엄청난 반응이 있었던 것이다. 그 후 그는 호주에 갈 때마다 사람들이 다가와서 이렇게 인사하는 것을 볼 수 있었다. "목사님, 1958년 시드니대학에서 집회하실 때에 음성이

---

18) Jerry Vines, *A Guide to Effective Sermon Delivery* (Chicago: Moody Press, 1986), 163f.

완전히 가 버렸던 일 기억하세요? 제가 그날 밤에 예수님을 만난 사람입니다."[19]

도널드 코건은 "매 설교의 드라마에는 세 배우가 있다. 곧 성령님과 설교자와 회중석에 앉아 있는 청중이다."라고 했다.[20] 성령은 익명의 배우지만 강단에서 펼쳐지는 구속의 드라마를 총지휘하는 감독이기도 하다.

성령은 청중을 변화시킨다

부패하고 타락하여 영적으로 죽어있는 인생은 스스로는 진리를 깨달을 수도 없고 믿을 수도 없다. 그들이 죄에 대해 깨닫기 바라는 것은 마치 호랑이에게 채식을 가르치려고 하는 것과 같다. 그러므로 설교자가 아무리 날고 긴다고 해도 자신의 말로 사람들을 변화시키지는 못한다. 예수님도 "살리는 것은 영이니 육은 무익하니라."요 6:63고 하셨다. 오직 성령께서 오셔서 사람들의 묵은 마음 밭을 기경해야만 하는 것이다. 요한복음 16:8은 "그(성령)가 와서 죄에 대하여, 의에 대하여, 심판에 대하여 세상을 책망하시리라."고 하신다.

성령은 설교자의 전령forerunner과 같은 역할을 한다. 세례 요한이 예수님의 오심을 예비했듯이 성령께서는 선포되는 말씀을 위해 길을 예비하신다. 성경은 베드로가 이방인 고넬료의 집에서 설교할 때 "성령이 말씀 듣는 모든 사람에게 내려오시니"행 10:44라고 증거한다. 이방인들이 베드로의 설교를 이해했을 뿐만 아니라 기쁨으로 받아들일 수 있었던 것은 성령께서 그들의 마음에 찾아오셔서 조명해 주셨기 때문이다. 바울이 빌립보에서 설교할 때 루디아가 그 말씀을 받아들였는데 그것은 "주께서 그 마음을 열어 바울의 말을 청종하게" 하셨기 때문이었다 행 16:14. 바울의 말씀이 선포되기 전에 루디아의 마음문을 열어 길을 예비하신 분은 성령이셨다.

성령은 말씀을 통해서per verbum 그리고 말씀과 더불어cum verbo 오시지만, 말씀과

---

19) John Stott, *Between Two Worlds*, 333-34.
20) Donald Coggan, *Preaching: The Sacrament of the Word*, 79.

동떨어진 채로나 말씀 없이*sine verbo* 오시지는 않는다. 그러므로 우리의 설교 사역은 말씀*verbum*과 성령spiritus에 대한 헌신이라고 할 수 있다.

신실한 설교자라면 자신뿐 아니라 교인들 속에서도 성령이 역사하시기를 간구한다. 그는 "우리가 이 보배를 질그릇에 가졌으니 이는 능력의 심히 큰 것이 하나님께 있고 우리에게 있지 아니함을 알려 함이라."고후 4:7는 말씀과 같이 능력의 원천이신 그분께 전심으로 의지하게 된다. 스펄전이 시무하던 메트로폴리탄 터버너클 교회는 설교단이 나선형으로 되어 있는 계단을 통해서 오르게 되어 있었다. 그 열다섯 계단을 한 계단, 한 계단 디딜 때마다 그는 "나는 성령을 믿습니다. 나는 성령을 믿습니다."라고 고백하며 올랐다고 한다. 그는 "성령의 도우심 없이 70년을 설교하는 것보다 단 여섯 마디라도 그 권능에 사로잡혀서 말하는 것이 더 낫다."고도 고백했다.[21] 스펄전은 청중을 변화시키는 것은 오직 성령의 능력임을 확신하면서 이렇게 말한다.

> 복음은 모든 사람의 귀에 전파되지만 능력과 함께 전파되는 것은 오직 소수의 사람에게다. 그 능력은 설교자의 웅변에 달려있는 것은 아니다. 만약 그렇다면 인간이 사람들을 회심시킨다는 말이 되지 않겠는가? 그 능력은 설교자의 지식에달려 있는 것도 아니다. 만약 그렇다면 복음이 인간의 지혜로 이루어져 있다는 말밖에 무엇이겠는가? 아무리 혀가 마르고 닳도록 설교하고 심장이 파열되어 쓰러지도록 외쳐 보라. 신비스러운 능력이 그 설교와 함께하지 않는다면 우리는 단 한 영혼도 회심시킬 수 없다. 오직 성령만이 인간의 의지를 변화시킬 수 있기 때문이다. 오 형제여! 성령께서 영혼을 변화시키는 능력으로 함께해 주지 않는데도 사람들을 향하여 외치는 것은 담벼락을 붙들고 소리치는 것이나 다를 바가 없음을 아는가?[22]

그러므로 설교자는 다른 무엇보다도 교인들의 영혼 속에 성령께서 빛으로 오실 수 있도록 기도해야 한다. 당신이 진액을 짜 바쳐 준비한 설교가 담벼락을 향

---

21) Stott, *Between Two World*, 334.
22) Stott, Between, 335.

해 소리치는 것으로 마쳐서야 되겠는가?

기름 부음의 조건

어떻게 하면 나의 설교에 성령께서 기름 부어 주시는 축복을 경험할 수 있을까?[23] 성령은 주권적으로 역사하시는 영이기 때문에 '이렇게 하면 된다.'는 철칙이 있을 수는 없다. 그러나 성경이 가르치는 일반적인 원리를 따라 다음과 같이 말할 수는 있다.

연약함을 고백하라. 나는 하나님의 말씀 사역에 도구로 사용될 수 없는 연약하고 불결한 자임을 깊이 인식해야 한다. 그리고 필사적으로 주만을 의지해야 한다. 내 언변과 지성과 논리로는 결단코 사람들을 변화시킬 수 없음을 절감하며 성령의 도우심만을 바라보아야 한다. 이렇게 강함보다는 약함으로 설교하는 자를 성령은 도와주신다. 로버트슨은 19세기 설교자 중에서도 손꼽히는 사람이다. 브라이톤의 트리니티 교회Trinity Chapel에서 외친 그의 설교들은 수많은 사람들에게 은혜를 끼쳤다. 그러나 그는 37년의 짧은 생을 살면서 건강이 좋지 못해 고통했다. 정신적으로도 지나친 자성으로 우울증에 시달릴 때도 있었고 영혼의 깊은 슬럼프에서 헤맬 때도 있었다. 이런 약함 가운데서 오히려 능력 있는 설교가 증거될 수 있었던 것이다. 필립스 브룩스는 "결단코 당신의 일에 당신이 미칠 수 있다고 생각지 말라. 만약 그런 의식이 싹트는 것을 발견하면 두려워해야 한다."고 경고한다.[24]

전심으로 부르짖으라. 설교자는 본문 연구하는 시간 이상으로 기도로 엎드릴 수 있어야 한다. 설교 준비는 다름 아닌 기도의 준비이다. 설교는 우리 몸과 마음

---

23) Jerry Vines, *A Guide to Effective Sermon Delivery*, 161f. 참조.
24) Phillips Brooks, *Lectures on Preaching* (Grand Rapids: Baker, 1969), 106.

을 바치는 희생의 제사가 되어야 한다. 스펄전은 기도의 중요성을 이렇게 강조한다. "자신의 사역을 위해서 열심히 기도하지 않는 목사는 헛된 미몽 가운데 있는 사람이다. 그는 하나님께 간구하지 않고 자기 스스로의 힘으로 충분하다고 착각하고 있다. 성령의 도우심 없이도 자신의 설교를 통해서 얼마든지 사람들을 죄에서 돌이킬 수 있다고 생각하는 것은 얼마나 어리석은 자만인가?"[25]

목사뿐만 아니라 성도들도 기름 부음 받은 설교를 위해 기도해야 한다. 스펄전은 그의 사역에 축복이 함께하는 이유를 그를 위해 기도하는 사람들의 신실한 기도 덕분이라고 했다. 한번은 다섯 명의 대학생들이 스펄전의 설교를 듣기 위해 메트로폴리탄 장막교회를 방문했다. 문이 열리기를 기다리다가 웬 신사를 만나 안내를 받게 되었다. "발전소를 보겠어요?" 하고 그가 물었다. 그들은 7월의 더운 날씨에 발전소를 본다는 것이 내키지 않았지만 그를 따라 계단을 내려갔다. 어떤 방의 문을 열면서 그가 말했다. "이것이 우리 교회의 발전소입니다." 학생들은 깜짝 놀라지 않을 수 없었다. 거기에는 7백여명 되는 사람들이 위층에서 열릴 예배를 위해서, 자기들의 사랑하는 목회자를 위해서, 허리를 굽혀 기도하고 있었던 것이다. 조용히 문을 닫으면서 그 신사는 자신을 소개했다. 그가 바로 스펄전이었던 것이다.[26]

그러므로 교회의 영성과 영향력 있는 설교 사역과는 뗄 수 없는 밀접한 관계가 있다. 설교사의 권위자인 다간은 교회의 영적 상태와 설교와의 관계를 고찰하면서 이렇게 진단한다. "일반적으로 교회들의 영적인 삶과 활동이 약해지면 설교가 생명력이 없고, 형식적이고, 열매가 없게 된다. 이것은 그 역도 마찬가지이다. 반면에, 교회사에 있어 위대한 부흥의 시대를 여는 데는 강단의 역할이 막중했다는 것은 분명한 사실이다. 부흥운동이 진행될 때는 설교 사역이 고양되고 극도의 존중을 받았다."[27] 그의 진단을 따른다면 20세기 후반에 들어 설교 사역의 영향

---

25) Spurgeon, *Lectures to My Students*, 47.
26) Larsen, *The Anatomy*, 55.
27) Edwin Dargan, *A History of Preaching*, vol. 1, 13.

설교의 영광

력이 점차 쇠퇴해지는 것에 대해 교회는 심각한 자기 진단을 해 보아야 한다. 교회의 전반적인 영성의 하락과 그로 인한 설교 사역의 쇠퇴, 그리고 그 무기력한 설교로 인해 다시 영성이 후퇴되는 이 악순환의 고리를 끊지 못한다면 미래 교회는 심각한 위기에 직면하게 될 것이다.

성결한 삶을 살라. 하나님은 깨끗한 그릇에 말씀을 담으신다. 이사야 선지자는 "여호와의 기구를 메는 자여 스스로 정결케 할지어다."사 52:11라고 권고한다. 로버트 맥체인은 이렇게 말한다. "당신은 하나님의 검-그의 도구-임을 기억하라. 도구가 순수하고 온전할 때 성공이 따른다는 것은 분명하다. 하나님은 위대한 은사의 사람보다는 진정으로 예수를 닮은 사람을 축복하신다. 거룩한 사역자는 하나님의 손에 붙들려있는 강력한 무기이다."[28] 설교는 단순히 본문을 강론하는 것에 그치는 것이 아니다. 그것은 정사와 권세와 이 어둠의 세상 주관자들과 하늘에 있는 악의 영들과의 싸움이다. 그런데 설교자가 자신의 삶 속에서 악한 영과 더불어 싸우는 승리의 삶이 없다면 그는 결코 하나님의 손에 붙들릴 수가 없을 것이다. 그러므로 설교자는 나날의 삶에 영적으로 민감하게 깨어있어야 한다. 여우 한 마리가 포도원을 허물 듯이 작은 죄가 하나님과 동행하는 삶을 허물어뜨리지 않도록 조심해야 한다. 비둘기를 손바닥에 내려앉게 만들기는 어려워도 날려 보내기는 쉽듯이 성령도 오시게 하기는 힘들어도 떠나게 하기는 쉽다.

에스겔은 하나님의 신에 이끌려 마른 뼈가 가득한 골짜기에 서게 되었다. 죽음의 음산함만이 가득한 인골의 무덤들, 그곳은 소망의 빛을 찾아볼 수 없는 처절한 절망의 골짜기였다. 에스겔이 하나님의 명대로 그들이 살아날 것을 선포하

---

28) Andrew A. Bonar, *Memoirs and Remains of Robert Murray M'Cheyne* (London: Banner of Truth Trust, 1966), 282.

니 참으로 희한한 일이 벌어졌다. 뼈들이 서로 짝을 이루고 힘줄이 생기고 살이 오르고 가죽이 그 위를 덮었다. 에스겔은 다시 한 번 외쳤다. "생기야 사방에서부터 와서 이 사망을 당한 자에게 불어서 살게 하라." 그러자 그들이 살아나서 곧 큰 군대를 이루었다. 아무 소망도 없던 마른 뼈들이 거룩한 하나님의 군대를 이루는 놀라운 기적, 그것은 바로 성령의 바람이 일구어낸 기적이었다.

오늘 우리의 강단에도 이 성령의 바람이 불어오기를 소망한다. 메마른 심령들, 살았다고 하나 썩음이 가득한 심령들, 세속의 골짜기에서 헤어나지 못하고 있는 수많은 심령들을 향하여 성령이 급하고 강한 바람으로 찾아오기를 소망한다.

부록

제6장의 연구과제에서 제시한 본문의 석의주제와 설교주제는 다음과 같다.

베드로전서 1:17-19

• 석의주제: 베드로는 성도들에게 공의의 아버지 앞에서 두려움으로 살 것을 권면한다.

• 설교주제: 우리는 공의의 아버지 앞에서 두려움으로 살아야 한다.

누가복음 18:1-8

• 석의주제: 예수님은 인내로 기도할 것을 명하신다.

• 설교주제: 기도에는 인내가 있어야 한다.

창세기 45:4-11

• 석의주제: 요셉은 자신의 고난이 형제들의 생명을 구원하려고 하나님이 하신 일이라고
　　　　　 고백한다.

• 설교주제: 하나님은 고난을 통하여 선을 이루신다.

하박국 1:5-11

• 석의주제: 하박국은 하나님이 갈대아를 들어 선민들을 징계할 것이라고 경고한다.

• 설교주제: 하나님은 세상나라를 사용하여 성도들을 징계하신다.

갈라디아서 6:6-10

- 석의주제: 바울은 심은 대로 거두는 영적 법칙을 말씀한다.

- 설교주제: 심은 대로 거둔다(혹은, 우리는 성령을 위해 심는 자가 되어야한다).

로마서 12:1-2

- 석의주제: 바울은 로마의 성도들에게 자신의 몸을 산 제사로 드리라고 명한다.

- 설교주제: 성도는 자신의 몸을 산 제사로 드려야 한다.

이사야 55:1-5

- 석의주제: 이사야는 하나님께 나아와 청종하는 자는 복을 얻는다고 말다.

- 설교주제: 하나님께 나아와 청종하는 자는 복을 얻는다.

제7장의 연구과제에서 제시한 본문의 설교목표는 다음과 같다.

베드로전서 1:17-19

- 설교주제: 우리는 공의의 아버지 앞에서 두려움으로 살아야 한다.
- 설교목표: 성도들이 마지막 심판대를 의식하며 삶을 영위할 수 있도록 하기위해.

누가복음 18:1-8

- 설교주제: 기도에는 인내가 있어야 한다.
- 설교목표: 성도들이 응답 받을 때까지 기도하는 인내를 가지게 한다.

창세기 45:4-11

- 설교주제: 하나님은 고난을 통하여 선을 이루신다.
- 설교목표: 고난을 당하고 있는 성도들이 하나님의 뜻을 바라보게 일어설 수 있게 한다.

하박국 1:5-11

- 설교주제: 하나님은 세상나라를 사용하여 성도들을 징계하신다.
- 설교목표: 세계사가 바로 하나님의 심판임을 깨닫게 한다.

갈라디아서 6:6-10

- 설교주제: 심은 대로 거둔다(혹은, 우리는 성령을 위해 심는 자가 되어야 한다).
- 설교목표: 성도들이 성령과 동행하는 삶을 살기 위해 구체적으로 투자할 수 있게 한다.

로마서 12:1-2

- 설교주제: 성도는 자신의 몸을 산 제사로 드려야 한다.

- 설교목표: 생활 중의 헌신이 참 예배임을 깨달아 자신을 드리는 삶을 살게 한다.

이사야 55:1-5

- 설교주제: 하나님께 나아와 청종하는 자는 복을 얻는다.

- 설교목표: 성도들이 매일 기도 가운데 하나님께로 달려가는 삶을 살도록 도전한다.

부록

제8장의 연구 과제에서 제시한 본문의 설교개요는 다음과 같이 작성할 수 있다.

베드로전서 4:12-19

- 주제: 우리는 그리스도를 위해 받는 고난을 기쁨으로 감당해야 한다.
- 목표: 복음을 위해 고난을 지불할 줄 아는 성도로 만든다.

  1. 고난받는 자는 기쁨으로 감당해야 한다12-13절.

     ① 고난받는 자에게는 하나님의 영이 함께한다14-16절.

     ② 고난받는 자에게는 심판의 날에 상급이 있다13, 17-19절.

  2. 고난받는 자는 하나님께 영광을 돌리며 선을 행해야 한다16, 19절.

     ① 고난받는 자는 하나님께 영광을 돌려야 한다16절.

     ② 고난받는 자는 심판의 날을 바라보고 선을 행해야 한다19절.

로마서 8:1-11

- 주제: 그리스도인은 성령을 좇아 행함으로 생명 안에 거한다.
- 목표: 날마다 성령 안에서 생명과 능력을 맛보는 성도로 만든다.

  1. 그리스도인은 성령 안에서 해방되었다1-2절.

     ① 그리스도 안에 있는 자에게는 정죄함이 없다(1).

     ② 그리스도 안에 있는 자는 죄와 사망의 법에서 해방되었다(2).

2. 그리스도인은 성령을 좇아 살아야 한다(4-11).

　① 육신을 좇는 자는 죄와 사망의 법 아래 있다(6-8).

　　a. 육신을 좇는 자는 사망에 이른다(6).

　　b. 육신을 좇는 자는 하나님과 원수가 된다(7).

　　c. 육신을 좇는 자는 하나님을 기쁘시게 할 수 없다(8).

　② 성령을 좇는 자는 생명 안에 거한다(4, 11).

　　a. 성령을 좇는 자는 율법의 요구를 이룬다(4).

　　b. 성령 안에 있는 자는 영원한 생명을 누린다(11).

누가복음 9:10-17

• 주제: 예수님은 우리의 육신의 필요를 채워주신다.

• 목표: 예수님이 우리 문제의 진정한 해결자임을 깨닫게 한다.

　1. 제자들은 현실적 조건만을 바라본다(12-13).

　① 여기는 빈 들이다(12).

　② 우리에게는 오병이어밖에 없다(13).

　2. 예수님은 전능하신 능력으로 무리를 먹이신다(13-17).

　① 예수님은 오병이어를 사용하신다(16).

　② 예수님은 넘치도록 먹이신다(17).

　* 오병이어 본문은 이야기narrative로 되어 있으므로 설교개요는 위와 같이 작성하되 설교의 전개는 여기에 이야기체 설교의 옷을 입혀 할 수 있다.

부록

인생, 즐겁게 삽시다!
전도서 9:1-12

전도서의 주제는 인생은 헛되다는 것입니다. 그걸 계속 강조합니다. 9장에서도 인생이 헛되다는 것을 다시 한번 강조합니다. 두 가지 이유에서 인생은 헛되다고 합니다. 하나는 인간은 자기의 미래를 전혀 예측하지 못하기 때문입니다. 12절에 "분명히 사람은 자기의 시기도 알지 못하나니 물고기들이 재난의 그물에 걸리고 새들이 올무에 걸림 같이 인생들도 재앙의 날이 그들에게 홀연히 임하면 거기에 걸리느니라." 고기가 그물을 향해 헤엄쳐 가듯이, 새가 올무를 향해 날아들듯이 인간도 재앙이 기다리고 있는데도 알지도 못하고 꾸역꾸역 그리로 나아갑니다. 미래를 한 치 앞도 예측하지 못합니다. 그래서 인간은 헛된 존재라는 것입니다.

또 한 가지는 죽음 때문입니다. 2절에 "모든 사람에게 임하는 그 모든 것이 일반이라 의인과 악인, 선한 자와 깨끗한 자와 깨끗하지 아니한 자, 제사를 드리는 자와 제사를 드리지 아니하는 자에게 일어나는 일들이 모두 일반이니 선인과 죄인, 맹세하는 자와 맹세하기를 무서워하는 자가 일반이로다." 누구에게나 죽음이 닥친다는 말이지요. 의인이라고 안 죽는 것도 아니고 선하게 살았다고 안 죽는 것도 아니고 다 죽습니다.

죽음에 대해 불편한 진실 세 가지를 아세요? 첫째 누구나 다 죽는다. 둘째 언제 죽을지는 아무도 모른다. 셋째 죽을 때는 아무것도 가지고 가지 못한다. 아침부터 그런 얘기 들으면 기분 나쁘지마는 그러나 피할 수 없는 진리입니다. 어떤 시인은 아침에 출근할 때 팬티만큼은 꼭 갈아입고 간다고 합니다. 혹시 교통사고라도 나서 죽으면 사람들이 부검한다고 달려들어 옷을 벗길 텐데 그러면 팬티라도 깨끗한 것 입고 있어야 덜 창피하지 않겠는가. 그래서 팬티는 꼭 갈아입고 간다는 것입니다. 여러분, 우리도 그래야 하지 않을까요? 그런 것 생각하면 참 헛된 것이 인생입니다.

인생이 그렇게 헛되다면 어떻게 해야 합니까? 어떤 사람은 '헛된 인생 그냥 자살해 버리자'라고 합니다. 세상의 허무주의 비관주의는 그렇게 말합니다. 그런데 성경은 그 반대로 말합니다. 즐겁게 살라고 합니다. 미래가 어떻게 될지 예측할 수 없기에, 언제 죽음이 닥칠지도 알 수 없기에 오늘 하루, 주어진 하루를 즐겁게 살라고 합니다. 4절 보세요. "모든 산 자들 중에 들어 있는 자에게는 누구나 소망이 있음은 산 개가 죽은 사자보다 낫기 때문이니라." 여러분 오늘 읽은 말씀 다 잊어버려도 이 한마디는 꼭 기억하세요. 산 개가 죽은 사자보다 낫다. 배우 중에 제일 못생긴 사람이 누구지요? ○○○. 산 ○○○가 죽은 알랭 드롱보다 낫다. 그렇지 않습니까? ○○○이 아무리 못생겨도 죽은 알랭 드롱보다야 낫지요.

그만큼 살아있다는 것은 위대한 것입니다. 숨도 쉴 수 있고 느낄 수도 있고 즐길 수도 있고 사랑할 수도 있으니까요. 아직 기회가 있으니까요. 살아있다는 것은 특권 중에서도 최고의 특권입니다. 인생, 한 번밖에 살 수 없는데 내가 아직 그 한번을 살고 있다는 것은 복중에서도 최고의 복입니다. 그래서 살아있을 때 기쁘고 즐겁게 살아야 합니다. 여러분, 한번 따라 해 보세요. "즐겁게 살자." "제발 즐겁게 살자." 즐겁게 살기 위해서는 구체적으로 어떻게 해야 할까요?

첫째는 현재를 누림으로 즐겁게 살아야 합니다.

7절에 "너는 가서 기쁨으로 네 음식물을 먹고 즐거운 마음으로 네 포도주를 마실지어다." 했습니다. 여러분, 기쁘게 음식을 잡수십시오. 죽고 나면 못 먹습니다. 살아있을 때 기쁘게 잡수십시오. 제가 아내에게 점수 딴 것 딱 하나 있는데 반찬 투정하지 않는 것입니다. 저는 뭐든지 맛있게 먹습니다. "야, 맛있다! 맛있다!" 그럽니다. 아내는 그게 되게 기분이 좋은가 봐요. 다른 사람들에게 "우리 남편 성격 좋다."고 자랑합니다. 그런데 제가 여러분에게만 살짝 말하는데 성격이 좋아서 그런 게 아니고 둔해서 그렇습니다. 제가 되게 둔합니다. 그러나 어쨌든 아내는 성격 좋은 줄로 알고 있으니까 좋은 척하고 있지요.

성격이 좋아서 그렇든 둔해서 그렇든 어쨌든 즐겁게 드십시오. 꼭 비싼 것을 먹어야 즐거운 것은 아닙니다. 먹는다는 것 자체가 즐거운 일입니다. 왜요? 죽고 나면 못 먹기 때문에. 여러분, 세상에서 제일 맛있는 음식이 무엇이지요? 내가 지금 먹고 있는 것. 세상에서 제일 중요한 일이 무엇이지요? 내가 지금 하고 있는 일. 세상에서 제일 중요한 사람이 누구지요? 지금 내 곁에 있는 사람. 서문교회 성도라면 그건 꼭 알고 있어야 합니다.

또 8절에는 "네 의복을 항상 희게 하며 네 머리에 향 기름을 그치지 아니하도록 할지니라." 외모에도 신경을 쓰라는 것이지요. 죽고 나면 외모고 뭐고 아무것도 없습니다. 해골밖에 없습니다. 그러니까 살아있을 때 단장도 잘하십시오. 대머리도 뭐든지 좀 발라보세요. 인생 끝난 것처럼 체념하지 말고 뭐든지 바르면 좀 낫지 않을까요? 안 되면 모자라도 멋있는 것 쓰십시오. 제 말이 아니고 하나님 말씀이 그렇습니다. 머리에 향 기름을 그치지 않게 하라고 하지 않습니까!

9절에는 "네 헛된 평생의 모든 날 곧 하나님이 해 아래에서 네게 주신 모든 헛된 날에 네가 사랑하는 아내와 함께 즐겁게 살지어다." 즐겁게 부부생활을 하라는 말이지요. 죽고 나면 부부생활이 어디 있습니까? 다 썩어버리는데 살아있을 때 오순도순 즐겁게 살아야 합니다. 10절에는 "네 손이 일을 얻는 대로 힘을 다 하여 할지어다." 일이 있으면 즐겁게 하십시오. 직업의 귀천 따지지 말고 그저 일할 수 있다는 것을 감사하면서 즐겁게 할 수 있어야 합니다.

이 모든 걸 한마디로 요약하면 현재를 잘 누리라는 것입니다. 음식을 먹든 단장을 하든 부부생활을 하든 직장생활을 하든 주어진 현재의 시간을 즐겁게 누리면서 살라는 것입니다. 왜 그래야 합니까? 죽을 거니까. 죽으면 못 하기 때문에. 전혀 누릴 줄 모르는 사람들이 많습니다. 어떤 사람은 여름 되면 더워서 못 살겠다고 하고 겨울 되면 추워서 못 살겠다고 하고 봄에는 미세먼지가 많아서 못 살겠다, 가을에는 밤낮으로 기온 차가 심해서 못 살겠다. 전부 못 살겠으면 길은 하나밖에 없지요. 빨리 죽는 수밖에요.

여름에는 시원하게 놀게 많아서 좋지요, 겨울에는 함박눈 내리는 올림픽공원 가보셨어요? 그 낭만 끝내줍니다. 봄에는 찬란한 생명의 내음이 얼마나 좋습니까! 가을에는 눈이 시리도록 고운 단풍이 있지요. 사시사철이 다 너무나 아름답습니다. 여러분, 봄이 되면 "나는 봄이 제일 좋아."라고 하고, 여름이 되면 "나는 여름이 제일 좋아."라고 하고 가을이 되면 "가을이 제일 좋아." 겨울이 되면 "겨울이 제일 좋아."라고 하십시오. 친구가 "너는 말이 왜 그래? 언제나 제일 좋다고 그래." 하면 뭐라고 대답하지요? "그래, 나는 언제나 제일 좋아." 그러십시오. 그렇게 현재를 즐겁게 누려야 합니다. 왜요? 죽을 거니까. 죽을 거니까 지금 내게 주어진 계절을 즐겁게 살아야 합니다.

그러기 위해서는 좀 다운쉬프트를 해야 합니다. 다운쉬프트는 기아를 저단으로 낮춘다는 뜻입니다. 삶의 기아를 저단에 놓고 천천히 음미하면서 살아야 합니다. 너무 정신없이 바쁘게 사니까 현재를 누릴 여유가 없지 않습니까? 요즈음 슬로우 시티가 인기가 많듯이 좀 천천히 주위를 돌아보면서 음미하면서 살아야 합니다. 이런 시가 있습니다. "내려갈 때 보았네/ 올라갈 때 못 본/ 그 꽃"

올라갈 때는 정신없이 성공을 위해서 달음박질하니까 꽃이 보이지 않았는데 내려갈 때가 되니까 비로소 꽃이 보인다는 것입니다. 내려갈 때라도 볼 수 있는 것은 좋지만 그래도 이제 인생 얼마 안 남았는데 너무 아쉽지 않습니까! 올라갈 때도 꽃을 볼 수 있어야 합니다. 다운쉬프트를 하고 살면 올라갈 때라도 꽃이 보입니다. 자연을 음미하면서, 주위 모든 사람을 사랑하면서, 내게 주어진 기회를 음미하면서 즐겁게 살아야 합니다. 왜 그래야지요? 죽을 거니까.

즐겁게 사는 데는 유머도 좋습니다. 유머를 많이 하십시오. 미국 레이건 대통령은 암살범의 총을 맞고 생명이 오락가락하는데도 아내에게 농담을 했습니다. "여보, 내가 몸을 날렵하게 피하는 것을 잊었소." 레이건은 배우 출신이지요. 자기가 출연한 영화에서는 늘 몸을 날렵하게 피했는데 "이번에는 잊었소." 하고 농을 던진 것입니다. 의료진에게는 "여러분이 다 공화당원이면 좋겠소." 하고 농을 했습니다. 민주당원이면 자기를 죽게 할지 모르겠으니까 "공화당원이면 좋겠소"라고 한 것입니다.

레이건이 전직 대통령 중에서 최고 인기를 누리는 데는 그런 탁월한 유머 감각이 큰 몫을 했습니다. 말이 나온 김에 한마디 하는데 제가 설교 중에 유머를 하면 제발 좀 빨리 알아들으시면 좋겠어요. 유머를 해도 멍하니 있으니까 제가 머쓱해지잖아요. 저게 유머다 싶으면 무조건 웃으세요. 못 알아들어도 "하하하!" 하고 웃으세요. 그러면 신이 나서 재미있는 얘기 더 많이 해드릴게요. 왜 유머도 하면서 즐겁게 살아야 하지요? 죽을 거니까. 얼마 안 가서 죽을 건데 짜증만 내다가 갈 필요는 없지 않습니까? 잠시 사는 것 즐겁게 살아야지요.

어떤 젊은 부인이 아이를 낳았습니다. 가족들이 전부 좋아하는데 특히 시어머니가 너무 좋아합니다. 그런데 아기 엄마에게 고민이 하나 생겼습니다. 시어머니가 자꾸 자기 젖을 아기에게 물리는 겁니다. 손자를 이뻐하는 것은 좋지만 할머니가 자기 젖을 물리는 건 좀 그렇지 않습니까? 이걸 어떻게 하나? 시어머니에게 하지 말라고 할 수도 없고. 고민하다가 의사를 찾아가서 상담을 했습니다. 의사가 명답을 알려주었습니다. "걱정할 거 뭐 있습니까? 그냥 맛으로 승부하세요."

제가 이 얘기를 하는 것은 젊음도 즐기라는 뜻입니다. 꿀릴 게 뭐가 있습니까? 누가 내 자리를 빼앗아 가도 젊음마저도 빼앗아 갈 수는 없습니다. 여기 계신 청년들, 젊은이들, 요즘 참 힘든 시대지만 그래도 젊음을 즐겁게 사세요. 왜 그래야지요? 죽을 거니까. 젊음도 잠시 지나가고 죽을 거니까.

어떤 TV에서 행복한 부부생활에 대한 프로그램을 진행하는데 사회자가 참석한 부부에게 묻습니다. "다시 태어나도 지금의 배우자와 결혼하시겠어요?" 전부가 단칼에 "아니요" "아니요" 합니다. 그런데 어떤 할머니는 조금도 망설이지 않고 "예!" 합니다. 사회자가 눈이 동그래져서 "아니 할머니, 더 좋은 사람이 있을 수도 있는데 어째서 지금의 배우자와 결혼하려고 하세요?" 했더니 할머니 대답이 간단합니다. "그놈이 다 그놈이여." 진짜 정답이지요. 그놈이 그놈입니다. 엉뚱한 생각 하지 말고 지금 배우자와 즐겁게 사세요. '나는 회사 일이 바빠서 아내와 시간을 보낼 여유가 없다.' 그러십니까? 그러면 당신은 바빠도 너무 바쁜 겁니다. 좀 조정을 해야 합니다. 가정에 더 많은 시간을 투자해야 합니다. 왜 그래야지요? 죽을 거니까.

여러분, 교회 일도 즐겁게 하십시오. 제가 진심으로 하는 말입니다. 교회 일 한다고 하면서 스트레스받고, 무거운 짐을 지고 끙끙대고, 어떤 때는 집사님들끼리 서로 티격태격하기도 하고 그건 정말 아닙니다. 즐겁게 할 수 있어야 합니다. VIP 사랑주일도 즐겁게 하십시오. 몇 명 전도 못 하면 벌주는 것도 아니고 목표량이 있는 것도 아니고 즐겁게 하십시오. 한 생명이라도 구할 수 있다면 그게 얼마나 좋은 일입니까! 왜 즐겁게 해야 하지요? 죽을 거니까. 금년도 'VIP 사랑주일'이 내 생에 마지막이 될 수도 있습니다. 즐겁게 하십시오.

둘째로 범사에 감사함으로 즐겁게 살아야 합니다.

9절에 "네 헛된 평생의 모든 날 곧 하나님이 해 아래에서 네게 주신 모든 헛된 날에 네가 사랑하는 아내와 함께 즐겁게 살지어다." 여기서 '하나님이 해 아래에서 네게 주신' 하는 구절이 중요합니다. 우리가 이 땅에서 누리는 모든 것은 다 하나님이 주신 것입니다. 하나님의 선물입니다. 내가 잘 나서 쟁취한 것이 아니라 하나님이 주신 선물입니다. 그래서 늘 하나님께 감사하는 마음으로 누려야 합니다. 무엇을 누리든지 간에 먼저 하나님께 시선을 고정시키고 하나님께 감사하면서 누려야 합니다.

그게 중요합니다. 만약 그렇게 하지 않고 하나님에게서 시선을 떼어버리면 어떻게 될까요? 점점 땅의 것에 끌려 들어가게 됩니다. 점점 그것에 집착하게 됩니다. 그래서 결국은 땅의 것이 우상이 되어버립니다. 우상이 되어버리면 그걸 더 이상 즐길 수가 없게 됩니다. 우상은 숭배의 대상이지 즐기는 대상은 아니기 때문입니다. 땅의 것이 우상이 되면 나는 그것의 종이 되어서 더 이상 즐길 수가 없게 됩니다.

예를 들어볼까요? 봄 여름 가을 겨울 사시사철을 즐겁게 살라고 하니까 어떤 사람은 '그래, 나는 여행을 다니면서 즐겨야겠다.'라고 합니다. 그건 좋은데 여행을 다니면서도 이 자연의 아름다움, 그걸 즐길 수 있는 시간, 건강, 삶의 여유 이 모든것이 하나님의 선물인 것을 잊으면 안 됩니다. 하나님께 시선을 고정하고 '하나님, 참 감사해요.' 감사를 잊지 말아야 합니다. 그걸 새까맣게 잊어버리고 여행 자체에만 초점을 맞추어서는 안 됩니다. 여행 자체에만 초점을 맞추면 그러면 점점 여행에 집착하게 되고 결국은 여행이 우상이 됩니다.

그러면 여행을 즐길 수가 없습니다. 왜냐면 늘 아쉬우니까요. 여행 갔다 와도 더 재미있는 코스는 없을까, 더 좋은 것은 없을까, 하면서 늘 아쉽습니다. 더 센 건 없을까? 더 센 건 없을까 하면서 늘 더 센 것만을 찾기 때문에 늘 아쉽습니다. 그런 사람은 여행을 안 가면 금단현상이 옵니다. 유럽 사람들은 일 년 내내 돈 버는 게 여름에 휴가 한 달 가기 위해서 번다고 합니다. 그 사람들은 여행 안 가면 금단현상이 올 겁니다. 완전히 여행이 우상이 되어버린 것이지요. 그러면 여행을 즐길 수가 없게 됩니다. 갔다 와도 아쉽고 무언가 허전하기만 하고 할 것입니다.

뭐든지 땅의 것이 우상이 되면 안 됩니다. 어떤 분은 '가족과 함께 즐겁게 살라고 했으니까 가정이 중요해, 자식들이 중요해.' 합니다. 그건 맞는 말이지요. 그런데 내게 자녀를 주신 분이 하나님인 것을 잊어버리고, 하나님께 시선을 고정시키는 것을 잊어버리고 자식들에게만 초점을 맞추어 보십시오. 그러면 점점 자식이 우상이 됩니다. 우상이 되면 자녀를 어떻게 키울까요? '아이고 내 새끼!' 하면서 무조건 '오냐, 오냐' 하겠지요. 그러면 자녀들은 나약한 응석받이로 자라게 될 것입니다.

반대로 어떤 부모는 자식이 내 뜻대로 따라오지 않으면 분노합니다. 매를 휘두르든지 폭언을 퍼붓든지 합니다. 그것도 자식이 우상이기 때문에 그렇습니다. 그러면 자녀들은 지울 수 없는 상처를 받고 방황하게 될 것입니다. 그러니까 자식이 우상이 되면 자식을 바르게 사랑할 수가 없게 됩니다. 자기는 자식을 사랑해서 그렇게 한다고 하지만 그건 바른 사랑이 아닙니다. 자식의 인생을 망치는 것입니다.

자식이든 뭐든 땅의 것이 우상이 되면 안 됩니다. 현재를 잘 누려야 한다고 하니까 그걸 잘못 이해해서 땅의 것을 우상이 되게 하면 안 됩니다. 우상이 되는 것을 방지하는 방법이 뭐라고요? 하나님이 주신 선물인 것을 잊지 않는 것입니다. 하나님께 시선을 고정시키고 감사, 감사하는 것입니다. 여행을 다니면서도 '하나님 감사합니다,' 늘 그 고백하면서 다니는 것입니다. 자식도 내 뜻을 고집하기 전에 하나님의 뜻에 다 맡기는 것입니다. 그러면 진짜로 즐길 수 있게 됩니다.

셋째로 천국 소망 가운데 즐겁게 살아야 합니다.

여러분, 오늘 설교를 들으면서 이런 의문이 들지 않습니까? '언제 죽을지 모르니까 즐겁게 살라.' 그건 세상 사람들이 하는 소리 아닌가? 하는 의문이 들지 않습니까? 예, 언뜻 보면 비슷하게 들립니다. 세상 사람들도 '죽고 나면 그만이니까 살아있을 때 즐기자,' 하는 사람이 많습니다. 이전에는 "케세라 세라!" 하면서 "부어라, 마셔라!" 했는데 요즘 젊은이들은 "카르페 디엠!" 하지요. 카르페 디엠은 오늘을 잡으라는 뜻입니다. 오늘을 즐기면서 살자는 말입니다. 세상도 오늘을 즐기면서 살자고 합니다.

그러나 우리하고는 근본적인 차이가 있습니다. 세상 사람들은 천국 소망이 없잖아요. 10절에 "네가 장차 들어갈 스올에는 일도 없고 계획도 없고 지식도 없고 지혜도 없음이니라." 스올은 무덤, 혹은 죽음 후의 세계를 가리킵니다. 무덤 속에서 한 줌 재가 되어 버리면 그것으로 인생은 완전히 끝난다는 뜻입니다. 존재 자체가 끝납니다. 그것을 생각하면 아무리 즐겁게 살자고 외쳐도 그렇게 되지가 않습니다. 금방 허무해집니다. 오늘을 잡으라고 하면서 즐기는 것 같아도 저녁이 되면 허무해집니다. 하루가 금방 지나가 버리기 때문에. "케세라 세라!" 하면서 흥청망청 즐기는 것 같아도 그것 금방 지나가고 술이 깨면 허무해집니다. "카르페 디엠, 카르페 디엠!" 죽자고 외쳐도 마음 한구석에는 허무감을 떨쳐버릴 수가 없습니다. 그러면 그건 진정으로 즐기는 것이 아니지요.

그러나 우리 천국 백성은 전혀 허무하지 않습니다. 천국 소망이 있기 때문이지요. 천국에 가면 더 즐겁게 살 것을 알기 때문에 이 땅에서도 즐겁게 살 수 있습니다. 천국에 가면 희열의 극치를 누릴 것을 알기 때문에 이 땅에서도 기쁘게 살 수 있습니다. 여러분, 한번 따라 해 보세요. "우리는 갈수록 좋아진다. 그리고 최고의 것은 아직 오지 않았다." 성령님이 우리 속에 계시기 때문에 우리는 갈수록 성숙을 향해 나아갑니다. 갈수록 좋아집니다. 그리고 최고의 것은 천국에서 누릴 것입니다. 완성은 천국에서 누릴 것입니다. 한 번 더 따라 하세요. "최고의 것은 아직 오지 않았다." 그 소망이 있기에 우리는 전혀 허무하지 않고 진짜로 즐겁게 살 수 있습니다.

〈쇼생크 탈출〉이라는 감동적인 영화가 있습니다. 주인공 앤디는 억울한 누명을 쓰고 감옥에 갇힙니다. 어느 날 그는 우연히 모차르트의 〈피가로의 결혼〉 음반 한 장을 얻게 되었습니다. 삭막한 생활을 하는 죄수들에게 그 음악을 들려주고 싶어서 방송실 문을 닫아걸고 무단으로 음반을 틀어버립니다. 온 교도소 안에 모차르트의 아름다운 선율이 흐르고 죄수들은 너무나 행복해합니다. 그러자 교도관들이 이 무슨 짓이냐고 앤디를 두들겨 패고는 두 주 동안 독방에 가두어버렸습니다. 독방은 며칠만 갇혀 있어도 사람이 정신이상이 올 정도로 고통스러운 곳입니다. 거기에 두 주나 가두어 놓았으니 앤디가 어떻게 되겠습니까.

그가 독방에서 풀려나자 친구들이 몰려들어 얼마나 힘들었느냐고 위로합니다. 그러자 앤디는 "견딜만했어. 거기서 계속 모차르트의 음악을 들었거든." 합니다. 친구들이 놀라서 "뭔 말이야? 독방에 녹음기를 들고 갈 수 있었어?" 하고 묻습니다. 앤디가 그게 아니고 여기에 모차르트의 음악이 있었다고 하면서 자기 가슴을 가리킵니다. 그는 독방에서 눈을 감고 〈피가로의 결혼〉을 마음속으로 재생해서 듣고 또 들었던 것입니다. 가슴속에 음악이 흐르고 있으니까 그 무서운 독방도 금방 지나가 버렸습니다.

영화의 한 장면이지만 정말 맞는 말입니다. 환경은 별로 중요하지 않습니다. 가슴속에 뭐가 흐르고 있는가가 중요합니다. 여러분, 그리스도인은 가슴속에 천국의 선율이 흐르는 사람입니다. 가슴속에 천국의 그리움이 흐르고 있는 사람입니다. 그러면 어떤 시련도, 어떤 고통도 견딜 수 있습니다. 환경을 초월해 버립니다. 어떤 환경이라도 즐겁게 살수 있습니다. 사도바울은 감옥 속에서도 기쁨이 충만한 삶을 살았지 않습니까?

여러분, 오늘 설교 들으면서 무얼 느끼셨습니까? 믿음이 좋은 사람은 즐겁게 사는구나! 그렇습니다. 믿음 좋은 사람은 인생을 즐겁게 삽니다. 어떤 환경이든지 하나님께 감사하면서 천국 소망 가운데서 즐겁게 삽니다. 믿음이 없는 사람은 늘 찡그리면서 불평하면서 삽니다. '옛날이 좋았는데' 그딴 소리나 하면서 삽니다. 여러분, 인생 즐겁게 사시기 바랍니다.

흔히 불신 친구들 앞에서 "나 예수 믿는다."라고 하면 친구들이 "너는 왜 그렇게 따분하게 사니?" "넌 무슨 재미로 인생을 사니?" 하고 빈정대지요. 그럴 때는 어떻게 대꾸하시나요? 당당하게 대꾸하십시오. "너는 예수도 안 믿고 도대체 무슨 재미로 인생을 사니?"라고 하십시오. 예수를 믿어야 즐겁게 살 수 있습니다. 우리 서문 가족들은 서로 만날 때마다 즐겁고 웃음꽃이 만발할 수 있기를 바랍니다. 여러분 모두가 예수님 때문에 즐겁고 복된 생을 사시기를 간절히 축원합니다.

설교 주제는 "우리의 생을 즐겁게 살아야 한다."라는 것이다. 전체 설교가 이 하나의 사상에 초점을 맞추고 있다. 설교 목표는 "성도들이 즐겁게 살도록 생을 바라보는 시각을 바꾼다."라는 정도가 될 것이다. 인생을 즐겁게 사는 것은 환경과 조건이 아니라 생을 바라보는 시각에 달려있다. 성도들이 바른 시각을 가짐으로 기쁨 충만한 삶을 살 수 있게 한다.

설교의 골격을 이루는 대지는 다음과 같다.

1. 현재를 누림으로 즐겁게 살아야 한다(7-8절).
2. 범사에 감사함으로 즐겁게 살아야 한다(9절).
3. 천국 소망 가운데 즐겁게 살아야 합니다(10절).

세 개의 대지는 '즐겁게 살아야 한다'라는 동일한 술어로 표현되어 있다. 그렇게 함으로 설교가 "우리의 생을 즐겁게 살아야 한다."라는 주제에 초점을 맞춘 통일성 있는 구도로 짜였다. 또한 세 대지는 주제를 표현하는 강도가 점점 세어지도록 점진성을 가지고 구성되었다. '현재를 누림'은 일상적인 삶에서의 즐거움을 다루고 있고, '범사에 감사'는 일상적 즐거움을 가능하게 할 수 있는 핵심 요소를 다룸으로 한 걸음 더 전진한다. '천국 소망'은 그 모든 것을 가능하게 하는 아킬레스건과 같은 문제를 다룸으로 설교 주제는 셋째 대지에서 클라이맥스를 이루고 있다.

세 대지를 확대한 온전한 설교개요는 다음과 같다.

서론: 산 개가 죽은 사자보다 낫다. 살아있을 때 즐겁게 살자. 즐겁게 살려면 어떻게 해야 할까?

1. 현재를 누림으로 즐겁게 살아야 한다(7-8절).
　⑴ 삶을 즐겁게 살 수 있어야 한다.
　　① 음식을 기쁘게 먹어라(7절)

② 외모를 기쁘게 단장하라(8절)

(2) 현재를 즐겁게 누려야 한다.

① 죽으면 누리지 못한다.

② 다운쉬프트를 하라.

③ 유머를 사용하라.

2. 범사에 감사함으로 즐겁게 살아야 한다(9절).

(1) 하나님이 주신 것을 믿고 감사해야 한다.

① 하나님에게 시선을 고정하라

② 범사에 하나님께 감사하라

(2) 땅의 것을 바라보면 그것이 우상이 된다.

① 우상을 섬기는 사람은 우상에 얽매인다.

② 우상에 매인 사람은 즐겁게 살 수 없다.

3. 천국 소망 가운데 즐겁게 살아야 합니다(10절).

(1) 천국 소망이 없으면 삶이 허무해진다.

(2) 천국 소망을 간직하면 즐겁게 살 수 있다.

① 우리는 갈수록 좋아지는 자들이다.

② 가슴속에 천국의 선율이 흐르게 하라

결론: 예수 잘 믿어 즐겁게 살자. 그것이 인생 최고의 복이다.

'즐겁게 살자'라는 주제는 자칫하면 가벼운 행복론 강의로 흐를 수 있다. 그러므로 서론은 죽음을 이고 허무하게 살 것이냐 삶을 자각하고 즐겁게 살 것이냐를 묻는 다소 도발적인 언사로 시작된다. '산 000가 죽은 알랭 드롱보다 낫다'라는 선명한 이미지로 청중의 사고의 문을 활짝 연다.

첫 번째 대지에서는 현재를 누려야 한다는 주장을 음식, 의복, 가정생활, 직장생활, 교회생활 등 다양한 방면에 적용하고 있다. 그렇게 살 수 있기 위해서 다운쉬프트와 유머의 두 가지 방법론도 소개한다. 이 대지에서는 설명〉증명〉적용이라는 설교 전개의 전형적 패턴이 아니라 상호 혼재된 방식을 택하고 있다. 또한 '죽고 나면 못하기 때문에'

라는 말을 다섯 차례나 반복하는 반복 용법을 통해 살아 있을 때 즐겁게 살아야 한다는 설교의 주제를 극대화하고 있다. 삽입되어 있는 두 가지 유머는 설교에 대한 청중의 몰입도를 높여줄 것이다.

두 번째 대지는 범사에 하나님께 감사함으로 즐겁게 살아야 한다는 명제를 설명하고 그것에 대한 증명으로 하나님에게서 시선을 떼면 우상이 된다는 것을 지적한다. 적용으로 여행과 자녀의 문제를 든다. 이 대지는 설명〉 증명〉 적용의 패턴을 잘 따르고 있다.

세 번째 대지는 천국 소망 가운데 즐겁게 살아야 한다는 명제를 설명한다. 증명 겸 적용으로는 〈쇼생크 탈출〉의 예화를 사용한다. 천국 소망에 대해 더 많이 강조하지 않은 것은 평소에 그것에 대해 자주 설교했기 때문일 것이다. 감동적인 예화 하나가 설교를 머리에만 머무는 것이 아니라 가슴 속 깊이 파고들게 하는 것을 실감할 수 있다.

결론은 최강의 도전으로 장식된다. '예수 믿는 것은 따분하다'라는 통념에 '예수도 안 믿는 사람은 무슨 재미로 인생을 사나?' 하는 것으로 반기를 든다. '예수도 안 믿고 무슨 재미로' 하는 것이 오래도록 청중의 뇌리에 각인되게 한다.

참고문헌

I. 외국 서적

Achtemeier, Elizabeth. *Preaching from the Old Testament*. Louisville: Westminster/ John Knox Press, 1989.

_____. *Creative Preaching: Finding the Words*. Nashville: Abingdon, 1980.

Adams, Jay E. *Studies in Preaching*. 정양숙, 정삼지 역. 『설교 연구』. 서울: 기독교문서선교회, 1994.

_____. *Preaching with Purpose*. Phillipsburg, N. J. : Presbyterian and Reformed, 1982.

_____. *Sense Appeal in the Sermons of Charles Haddon Spurgeon*. 정양숙 역. 『스펄전의 설교에 나타난 센스 어필』. 서울: 예수교문서선교회, 1978.

_____. *Truth Applied: Application in Preaching*. Grand Rapids: Zondervan, 1990.

Aristotle. *Readings in Classical Rhetoric* , ed., Thomas Benson and Michael Prosser. Bloomington: Indiana University Press, 1969.

_____. *Complete Works of Aristotle* , Jonathan Barnes, ed., vol. 2. Princeton and Oxford: Princeton University Press, 1984.

_____. *The Retoric of Aristotle*. Cambridge: Harvard University Press, 1939.

Augustine, *Great Books of the Western World*, Vol. 18 eds., Robert Hutchins and Mortimer Adler. Chicago: W. Benton, 1952.

Barr, James. *The Bible in the Modern World*. New York: Harper & Row. 1973.

Barth, Karl. *The Word of God and the Word of Man*, trans. Douglas Horton. New York: Harper & Brothers, 1957.

_____. *Church Dogmatics*, Vol. I/1, *The Doctrine of the Word of God*. Edinburgh: T. & T. Clark, 1956.

_____. *The Preaching of the Gospel*. trans. B. E. Hooke. Philadelphia: The Westminster Press, 1963.

Bartow, Charles. *The Preaching Moment. Nashville: Abingdon Press, 1980.* Baumann,

J. Daniel. *An Introduction to Contemporary Preaching*. 정장복 역. 『현대 설교학 입문』. 도서출판 양서각, 1983.

Beecher, Henry. *Yale Lectures on Preaching*. New York: Fords, Howard and Hurlbert, 1892.

Bennett, Bill. *Thirty Minutes to Raise the Dead*. Nashville: Thomas Nelson Publishers, 1991.

Berkley, James D. ed. *Preaching to Convince*. Carol Stream, Illinois: Word Books, 1986.

Blackwood, Andrew. *Preaching from Prophetic Books*. New York: Abingdon- Cokesbury, 1951.

_____. The *Preparation of Sermons*. London: Church Book Room, 1948.

Bohren, Rudolf. Predigtlehre. 박근원 역. 『설교학 실천론』. 서울: 기독교출판사, 1980.

Bonar, Andrew A. *Memoirs and Remains of Robert Murray M'Cheyne* . London: Banner of Truth Trust, 1966.

Bounds, E. M. *Power through Prayer*. Grand Rapids: Baker, n.d.

Braga, James. *How to Prepare Bible Message*. Portland, Oregon: Multnomah Press, 1981.

Breed, David R. *Prepare to Preach*. New York: George H. Doran Co., 1911.

Brillioth, Yngve. *A Brief History of Preaching*. 홍정수 역. 『설교사』. 서울: 신망애출판사, 1987.

Broadus, John. *On the preparation and Delivery of Sermons*. New York: Harper & Brothers, 1926.

Brooks, Phillips. *Lectures on Preaching*. Grand Rapids: Baker, 1969. 서문강 역. 『설교론 특강』. 크리스찬 다이제스트, 1995.

Brooks, William T. *High Impact Public Speaking*. Englewood Cliffs, N.J.: Prentice Hall, 1988.

Brown, Henry C.; H. Gordon Clinard; Jesse Northcutt. *Steps to the Sermon*. 정장복 역. 『설교의 구성론』. 도서출판 양서각, 1984.

Brueggemann, Walter. *Finally Comes the Poet: Daring Preach for Proclamation*. Minneapolis: Fortress, 1989.

Brunner, Emil. *Revelation and Reason*. Philadelphia: Westminster Press, 1946.

Bryson, Harold T. *Expository Preaching*. Nashville, TN: Broadman & Holman Publishers, 1995.

Bultmann, Rudolf. "The Concept of the Word of God in the New Testament," *Faith and Understanding*, vol 1, ed. Robert Funk, trans. Louise Smith. New York: Harper & Row, 1969.

Buttrick, David. *Homiletic*. Philadelphia: Fortress Press, 1987.

Caird, G. B. *The Language and Imagery of the Bible*. Philadelphia: Westminster, 1980.

Calvin, John. *Institutes of the Christian Religion*. Grand Rapids: Eerdmans, 1989.

Campbell, Charles L. *Preaching Jesus*. Grand Rapids: Eerdmans, 1997.

Carlson, K. Karen and Alan Meyers. *Speaking with confidence*. Glenview, Ill: Scott, Foresman and Co., 1977.

Chapell, Bryan. *Christ-Centered Preaching*. Grand Rapids: Baker Books, 1994.

_____. *Using Illustrations to Preach with Power*. Grand Rapids, MI: Zondervan, 1992.

Chartier, Myron R. *Preaching as Communication*. 차호원 역. 『설교에 있어서의 커뮤니케이션』. 도서출판 소망사, 1985.

Cleins, David. *The Theme of the Pentateuch*. Sheffield: JSOT, 1978.

Clowny, Edmund P. *Preaching and Biblical Theology*. Grand Rapids: Eerdmans, 1961.

Coggan, Donald. *Preaching: The Sacrament of the Word*. New York: Crossroads, 1988.

Cox, James W. *Preaching*. San Francisco: Harper & Row, 1985.

_____. ed. *Biblical Preaching*. *Philadelphia*: Westminster Press, 1983.

Craddock, Fred. *Preaching*. Nashville: Abingdon Press, 1985.

_____. *Overhearing the Gospel*. Nashville: Abingdon, 1978.

_____. *As One Without Authority*. Nashville: Abingdon, 1981.

Craemerer, Richard. *Preaching for the Church*. St. Louis: Concordia Publishing House, 1959.

Craft, Charles H. *Communication Theory for Christian Witness*. Maryknoll, New York: OrbisBooks, 1991.

Daane, James. *Preaching With Confidence: A Theological Essay on the Power of the Pulpit*. Grand Rapids: Eerdmans Company, 1980.

Dabney, Robert. *Sacred Rhetoric*. Edinburgh: Banner of Truth, 1979.

Dallimore, Arnold A. *George Whitefield: The Life and Times of the Great Evangelist of the Eighteenth-Century Revival. London*: Banner of Truth, 1970.

Dargan, Edwin charles. *A History of Preaching* vol III. 김남준 역. 『설교의 역사 III』. 서울: 도서출판 솔로몬, 1994.

Davis, H. Grady. *Design for Preaching*. Philadelphia: Fortress Press, 1958.

Davis, Ken. *Secrets of Dynamic Communication: Preparing and Delivering Powerful Speech*. Grand Rapids: Zondervan, 1991.

Demaray, Donald E. An *Introduction to Homiletics*. Grand Rapids: Baker, 1974.

_____. *Proclaiming the Truth*. Grand Rapids: Baker Book House, 1979.

Dodd, Charles. H. *The Apostolic Preaching and Its Developments: Three Lectures with Appendix on Eschatology and History*. New York: Harper & Row, 1964.

Dowis, Richard. *The Lost Art of the Great Speech*. 허경호 역. 『스피치에 강한 리더가 성공한다』. 도서출판 삼진기획, 2002.

Doyle, G. Wright. "Augustine's Sermonic Method," *Westminster Theological Journal 39*. Spring 1977.

Duduit, Michael. ed. *Handbook of Contemporary Preaching*. Nashville: Broadman Press, 1992.

Duke, Robert W. *The Sermon As God's Word*. Nashville: Abingdon, 1980.

Eggold, Henry J. *Preaching is Dialogue*. Grand Rapids: Baker Book House, 1980.

Engel, James F. *Contemporary Christian Communication*: Its Theory and Practice. Nashville: Thomas Nelson, 1979.

Eslinger, Richard L. *A New Hearing*. Nashville: Abingdon, 1987.

_____. *Narrative & Imagination*. Minneapolis: Fortress Press, 1995.

Fant, Clyde E. *Preaching for Today*. San Francisco: Harper & Row, 1975.

Fant, Clyde E. and William M. Pinson eds. *Twenty Centuries of Great Preaching*. Word Books, 1971.

Farra, Harry. *The Sermon Doctor*. San Jose: Authors Choice Press, 1989.

Fasol, Al. *Essentials for Biblical Preaching*. Grand Rapids: Baker, 1989.

Fee, Gordon D. & Douglas Stuart, *How to Read the Bible for All Its Worth*. Grand Rapids: Zondervan, 1982.

Fluharty, George W. and Harold R. Ross. *Public Speaking*. New York: Barnes and Noble, 1996.

Ford, D. W. Cleverley. *The Ministry of the Word*. Grand Rapids: Eerdmans, 1979.

_____. *Preaching Today*. Epworth Press and SPCK, 1969.

Gane, Erwin R. "Late-Medieval Sermons in England: An Analysis of Fourteenth-and Fifteenth-Century Preaching," *Andrew University Seminary Studies* 20. 1982.

Garrison, Webb B. *Creative Imagination in Preaching*. Nashville: Abingdon, 1960.

Gibbs, A. *The Preacher and His Preaching*. Kansas: Waterrick Publishers, 1964.

Gilkey, Landon. *How the Church Can Minister to the World without Losing Itself*. New York: Harper & Row, 1964.

Gooties, N. H(고재수). 『교의학의 이론과 실제』. 고려신학대학원출판부, 1992.

_____. 『구속사적 설교의 실제』. 기독교문서선교회, 1987.

Gowan, Donald E. *Reclaiming the Old Testament for the Christian Pulpit*. Atlanta: John Knox, 1980.

Grant, Reg. & John Reed. *The Power Sermon*. 김양천, 유진화 역. 『탁월한 설교 이렇게 하라』. 도서출판 프리셉트, 1996.

Greidanus, Sidney. *The Modern Preacher and the Ancient Text*. Grand Rapids: Eerdmans Publishing Company, 1988.

_____. *Sola Scriptura: Problems and Principles in Preaching Historical Texts*. 권수경 역. 『구속사적 설교의 원리』. 도서출판 학생신앙운동, 1989.

_____. *Preaching Christ from the Old Testament*. Grand Rapids: Eerdmans Publishing Company, 1999.

Gruner, Charles; C. M. Logue; D. L. Freshley; R. C. Huseman. *Speech Communication in Society*.

Boston: Allyn and Bacon, 1972.

Hall, Thor. *The Future Shape of Preaching*. Philadelphia: Fortress, 1971.

Hemer, C. J. *The Letters to the Seven Churches of Asia in Their Local Setting*, JSNTSup 11. Sheffield, UK: JSOT, 1986.

Hendricks Howard G. and William D. Hendricks, *Living by the Book*. Chicago: Moody Press, 1991.

Holland, DeWitte T. *The Preaching Tradition. Nashville*: Abingdon, 1980. 홍성훈 역.『설교의 전통』. 서울: 도서출판 소망사, 1986.

Hovland, Carl I.; Irving L. Janis; Harold H. Kelley. *Communication and Persuasion*. New Haven: Yale University Press, 1964.

Horne, Chevis F. *Dynamic Preaching*. Nashville: Broadman, 1983.

Howe, Reuel L. *Partners in Preaching*. New York: The Seabury Press, 1967.

Howington, Nolan. "Expository Preaching," *Review and Expositor* 56. January 1959.

Hunter, David G. *Preaching in the Patristic Age*. New York: Paulist Press, 1989.

Hybels, Bill. Stuart Briscoe, Haddon Robinson. ed. *Mastering Contemporary Preaching*. Portland: Multnomah Press, 1989.

Hyles, Jack. *Teaching on Preaching*, 이황로 역.『잭 하일즈의 설교가 보인다』. 서울: 도서출판 예향,1997.

Jabusch, Willard Francis. *The Person in the Pulpit*. 홍성훈 역.『강단과 설교자』. 서울: 도서출판 소망사, 1989.

Jensen, Richard A. *Telling the Story: Variety and Imagination in Preaching*. Minneapolis: Augsburg, 1980.

Johnson, Carl G., ed. *My Favorite Illustration*. Grand Rapids: Baker Book House, 1972.

Jones, Illion T. *Principles and Practices of Preaching*. Nashville: Abingdon, 1981.

Jowett, J. H. *The Preacher: His Life and Work*. New York: George H. Doran, 1912. Reprint. Grand Rapids: Baker, 1968.

Kaiser, Walter. *Toward an Exegetical Theology*. Grand Rapids: Baker Book House, 1981.

_____. *The Old Testament in Contemporary Preaching*. Grand Rapids: Baker, 1973.

_____. and Moises Silva. *An Introduction to Biblical Hermeneutics*. Grand Rapids:Zondervan. 1994.

Keach, Benjamin. *Preaching from the types and metaphors of the Bible*. 김경선 역.『성경 은유영해』. 서울: 여운사, 1987.

Keck, Leander. *The Bible in the Pulpit: The Renewal of Biblical Preaching*. Nashville: Abingdon, 1978.

Keller, Timothy.『개혁주의 설교학』. 나침반사, 1993.

Kemper, Deane A. *Effective Preaching*. Philadelphia: The Westminster Press, 1985.

Killinger, John. *Fundamentals of Preaching*. 곽주환 역.『평생 유용한 설교방법의 백과사전』. 서울: 도서출판 진흥, 1997.

Kinlaw, Dennis F. *Preaching in the Spirit*. 홍성철 역.『성령 안에서 설교하기』. 도서출판 세복, 1996.

Kittel, Gerhard and Gerhard Friedrich, *Theological Dictionary of the New Testament*. Grand Rapids: Eerdmans, 1964.

Klein, William W. Craig L. Blomberg, Robert L. Hubbard, Jr., *Introduction to Biblical Interpretation*. 류호영 역,『성경 해석학 총론』.서울: 생명의말씀사, 1997.

Kroll, Woodrow Michael. *Prescription for Preaching*. Grand Rapids; Baker Book House, 1980.

Larsen, David L. *The Company of the Preachers*. Grand Rapids: Kregel Publications, 1998.

_____. *The Anatomy of Preaching*. Grand Rapids: Kregel, 1989.

Lewis, Ralph L. *Speech for Persuasive Preaching*. Berne, Indiana: Economy Printing Concern, Inc., 1968.

Lewis, Ralph and Gregg Lewis. *Inductive Preaching*. Wheaton, Illinois: Crossway Books, 1983.

_____. *Learning to Preach like Jesus*. Westchester, Illinois: Crossway Books, 1989.

Lienhard, Joseph T. S.J. "Preaching in the Apostolic and Subapostolic Age," ed. David G. Hunter, *Preaching in the Patristic Age*. New York: Paulist Press, 1989.

Lischer, Richard. *A Theology of Preaching*. Nashville: Abingdon, 1981.

Litfin, A. Duane *Public Speaking*. Grand Rapids: Baker Book House, 1981.

Lloyd-Jones, D. Martin. *Preaching and Preachers*. Grand Rapids: Zondervan, 1971. 서문강 역, 『목사와 설교』. 기독교문서선교회, 1995.

_____. *The Puritans: Their Origins and Successors*. Edinburgh: Banner of Truth, 1987. 서문강 역, 『청교도 신앙-그 기원과 계승자들』 서울: 생명의말씀사.

Logan, Samuel T, Jr. ed. *The Preacher and Preaching*. 서창원, 이길상 공역. 『설교자 지침서』. 서울: 크리스찬 다이제스트, 1999.

Long, Thomas G. *The Witness of Preaching*. Louisville, Kentucky: Westminster/ John Knox Press, 1989.

Lowry, Eugene L. *How to Preach a Parable*. Nashville: Abingdon Press, 1989.

_____. *Doing Time in the Pulpit*. Nashville: Abingdon, 1985.

_____. *The Homiletical Plot: The Sermon as Narrative Art Form*. Atlanta: John Knox Press, 1980.

Luccock, Halford. *In the Minister's Workshop*. Nashville: Abingdon-Cokesbury Press, 1944.

Luther, Martin. *Table Talk*. Philadelphia: Fortress, 1967.

MacArthur, John Jr., *Rediscovering Expository preaching* Dallas: Word publishing, 1992. 김동완 역, 『강해 설교의 재발견』. 서울: 생명의말씀사.

Macartney, Clarence E. *Preaching without Notes*. Nashville: Abingdon-Cokesbury Press, 1946.

Macdonald, George. *An Anthology*. New York: Macmillan, 1947.

Macpherson, Ian. *The Burden of the Lord*. Nashville: Abingdon Press, 1956.

Massey, James Earl. *Designing the Sermon*. Nashville: Abingdon, 1980.

Mayhue, Richard. *How to Interpret the Bible for Yourself*. Winona Lake, Ind.: BMH, 1986.

McFague, Sallie. *Speaking in Parables*. Phildadelphia: Fortress Press, 1975.

McLuhan, Marshall. *Understanding Media: The Extensions of Man*. New York: Signet Books, 1964.

Mickelsen, A. Berkeley. *Interpreting the Bible*. Grand Rapids: Eerdmans, 1963.

Miller, Calvin. Spirit, *Word, and Story*. Dallas: Word Publishing, 1989.

Miller, Donald G. *Way to Biblical Preaching*. Nashville: Abingdon, 1957.

_____. *Fire in Thy Mouth*. Nashville: Abingdon, 1954.

Mitchell, Henry H. *Celebration & Experience in Preaching*. Nashville: Abingdon Press, 1990.

Monroe, Alan H. and Douglas Ehninger. *Principles and Types of Speech*. Glenview, Ill: Scott, Foresman and Co., 1967.

Morgan, Cambell. *Preaching*. Westwood, N. J.: Fleming H. Revell Co., 1937.

Mulphy-O'Connor, Jerome. *Paul on Preaching*. New York: Sheed & Ward, 1963.

Murray, Iain. *The Forgotten Spurgeon*. Edinburgh: Banner of Truth, 1966.

Nichols, J. Randall. *The Restoring Word*. San Francisco: Harper & Row Publishers, 1987.

_____. *Building the Word : The Dynamics of Communication and Preaching* . San Francisco: Harper & Row, 1980.

Nida, Eugene A. *Message and Mission: The Communication of the Christian Faith*. Pasadena: William Carey Library.

Oates, Wayne. *Protestant Pastoral Counseling*. Philadelphia: Westminster Press, 1962.

O'Day Gail R. & Thomas G. Long, eds. *Listening to the Word*. Nashville: Abingdon Press, 1993.

Olford, David L. ed. *A Passion for Preaching: Reflections on the Art of Preaching*. Nashville: Thomas Nelson Publishers, 1989.

Olford, Stephen F. *Anointed Expository Preaching*. Nashville: Broadman & Holman Publishers, 1998.

Oliver, Robert T. *The Psychology of Persuasive Speech*. 2nd ed. New York: Longmans, Green and Co., 1948.

Packer, J. I. *Truth and Power*. 서원교 역, 『하나님의 대변자』. 서울: 아가페, 2000.

_____. *Keep in Step with the Spirit*. 서문강 역. 『성령을 아는 지식』. 새순출판사, 1986.

Parker, T. H. L. *Calvin's New Testament Commentaries*. Grand Rapids: Eerdmans, 1971.

Pelma, John R. *Essentials of Speech*. New York: Crowell, 1924.

Pennington, Chester. *God has a Communication Problem*. New York: Hawthorn Books, 1976.

Perry, Lloyd M. *Biblical Preaching for Today's World*. Chicago: Moody Press, 1973.

Piper, John. *The Supremacy of God in Preaching*. Grand Rapids: Baker Book House, 1990.

Pitt-Watson, Ian. *A Kind of Folly: Toward a Practical Theology of Preaching*. Edinburgh: TheSaint Andrew Press, 1976.

_____. *A Primer for Preachers*. Grand Rapids: Baker, 1986.

Rad, Gerhard von. *Biblical Interpretation in Preaching* . trans. John E. Steely. Nashville: Abingdon, 1977.

Ramm, Bernard. *Protestant Biblical Interpretation* : A Textbook of Hermeneutics . Grand Rapids: Baker, 1970.

Reid, Clyde. *The Empty Pulpit*. 정장복 역, 『설교의 위기』. 서울: 대한기독교출판사, 1982.

Richard, Ramesh. *scripture Sculpture: A Do-It-Yourself Manual for Biblical Preaching* . Grand Rapids: Baker Book House, 1995.

Ritschl, Dietrich. *A Theology of Proclamation*. Richmond: John Knox Press, 1960.

Robinson, Haddon. *Biblical Preaching: The Development and Delivery of Expository Messages*. 박영호 역.『강해설교』. 서울: 기독교문서선교회, 1983.

Ryken, Leland. *The Literature of the Bible*. Grand Rapids: Zondervan, 1974.

Sanders, James. *God Has a Story Too*. Philadelphia: Fortress, 1979.

Sangster, W. E. *The Craft of the Sermon*. Philadelphia: The Westminster Press, 1951.

Shaff, Philip. *A Selected Library of the Nicene and Post-Nicene Fathers* . reprint, GrandRapids: Eerdmans, 1983.

Silva, Moises. *Biblical Words and Their Meaning*. Grand Rapids: Zondervan, 1983.

Skinner, Craig. *The Teaching Ministry of the Pulpit*. Grand Rapids: Baker Book House, 1973.

Spurgeon, Charles H. *Lectures to My Students*. 원광연 역. 『스펄전 설교론』. 서울: 크리스찬다이 제스트, 2003.

_____. *Spurgeon's Sermons*. New York: Funk and Wagnalls Co., no date.

Stapleton, John Mason. *Preaching in Demonstration of the Spirit and Power*. Philadelphia: Fortress Press, 1988.

Stevenson, Dwight E. *In the Biblical Preacher's Workshop*. Nashville: Abingdon Press, 1967.

Stewart, James S. *Preaching*. London: The English Universities Press, Ltd., 1955.

Stott, John. *The Preacher's Portrait*. 문창수 역, 『설교자상』. 서울: 한국개혁주의 신행협회, 1972.

_____. *Between Two Worlds: The Art of Preaching in the Twentieth Century* . Grand Rapids: Eerdmans, 1982.

Stuempfle, Herman G. Jr. *Preaching Law and Gospel*. 정원범 역, 『설교와 신학』. 나눔사, 1990.

Sunukjian, Donald R. "Patterns for Preaching: A Rhetorical Analysis." Th.D. dissertation. Dallas Theological Seminary, 1972.

Sweazey, George. *Preaching the Good News*. Englewood Cliffs, NJ: Prentice-Hall, 1976.

Thielicke, Helmut. *The Trouble with the Church*. New York: Harper and Row Publisher, 1965. 심일섭 역, 『현대교회의 고민과 설교』. 서울: 대한기독교출판사, 1982.

_____. *Encounter with Spurgeon*. Philadelphia: Fortress Press, 1963.

Thompson, William D. *Preaching Biblically: Exegesis and Interpretation*. Nashville: Abingdon, 1981.

Tozer, A.W. *The Pursuit of God*. Harrisburg, Pa.: Christian Publications, 1948.

Traina, Robert A. *Methodical Bible Study*. Wilmore, Ky.: by the author, 1952.

Trimp. C. *De Preek*. 고서희, 신득일, 한만수 공역, 『설교학 강의』. 기독교문서선교회, 1986.

Tyerman, Luke. *The Life of the Rev. George Whitefield*. London: 1876.

Underhill, Roy. *Khrushchev's Shoe*. 이종인 역, 『청중을 사로잡는 기술』. 더난출판, 2004.

Unger, Merrill. *Principles of Expository Preaching*. Grand Rapids: Zondervan, 1955.

Vines, Jerry. *A Practical Guide to Sermon Preparation*. Chicago: Moody Press, 1985.

_____. *A Guide to Effective Sermon Delivery*. Chicago: Moody Press, 1986.

Virkler, Henry A. *Hermeneutics: Principles and Processes of Biblical Interpretation*. Grand Rapids: Baker Book House, 1981.

Wardlaw, Don. *Preaching Biblically*. Philadelphia: The Westminster Press, 1983.

Warfield, Benjamin B. "The Purpose of the Seminary," in *Selected Shorter Writings of Benjamin B. Warfield*, 2 vols., ed. John E. Meeter. Nutley, N.J.: Presbyterian and Reformed, 1970.

Webber, Frederick Roth. *A History of Preaching in Britain and America*. Milwaukee: Northwestern, 1957.

White, James F. *Sacraments as God's Self Giving*. Nashville: Abingdon Press, 1983.

Whitesell, Fairs D. *Power in Expository Preaching*. Westwood, N.J.: Revell, 1963.

_____. *Preaching on Bible Characters*. Grand Rapids: Baker, 1955.

Wiersbe, Warren W. *Walking with the Giants*. Grand Rapids: Baker Book House, 1976.

_____. *Preaching and Teaching with Imagination*. Wheaton: Victor Books, 1994.

Wilder, Amos. *Early Christian Rhetoric: The Language of the Gospel*. Cambridge: Harvard University, 1971.

Willhite, Keith. and Scott M. Gibson. eds. *The Big Idea of Biblical Preaching*. Grand Rapids: Baker Books, 1998.

Wilson, Paul Scott. *The Practice of Preaching*. Nashville: Abingdon Press, 1955.

_____. *A Concise History of Preaching*. Nashville: Abingdon, 1992.

_____. *Imagination of the Heart*. Nashville: Abingdon, 1988.

Willimon, William H. *Integrative Preaching*. Nashville: Abingdon, 1981.

_____. *Preaching and Learning*. Philadelphia: Westminster, 1984.

Windham, Albert M. "Preaching is Not a One-Man Show" M.A. Thesis. Wheaton College Graduate School, 1969.

Zuck, Roy B. *Basic Bible Interpretation*. Victor Books, 1991.

II. 한서

김지찬.『언어의 직공이 되라』. 서울: 생명의말씀사, 1996.
김희진.『신문 헤드라인 뽑는 법』. 서울: 커뮤니케이션북스, 2000.
박영재.『청중 욕구순서를 따른 16가지 설교구성법』. 서울: 규장, 2000
_____.『설교자가 꼭 명심할 9가지 설득의 법칙』. 규장, 1997.
이시은.『성공적인 대화를 이끄는 고품격 스피치』. 태학사, 2004.
임태섭.『스피치 커뮤니케이션』. 커뮤니케이션북스, 2003.
장두만.『다시 쓰는 강해설교 작성법』. 요단, 2002.
한세환.『평신도가 갈망하는 설교』. 서울: 아가페, 1999.
한진환. "현대 설교학의 동향에 대한 소고."『개혁신학과 교회』. 고려신학대학원 교수논문집,
2002/13호.

III. 정기 간행물

Boyce, Greer W. "A Plea for Expository Preaching." *Canadian Journal of Theology 8*(January 1962).
Buttrick, David. "Interpretation and Preaching." *Int* 35/1(1981).
Craig, Kevin. "Is the 'Sermon' Concept Biblical?" *Searching Together* 15(Spring/ Summer 1968).
Doyle, G. Wright. "Augustine's Sermonic Method." *Westminster Theological Journal* 39(Spring 977).
Gane, Erwin R. "Late-Medieval Sermons in England: An Analysis of Fourteenth-and Fifteenth-Century
        Preaching." *Andrew University Seminary Studies* 20(1982).
Harper, Ralph M. "Phillips Brooks' Voice Lessons." *Church Management* 24(January 1947).
Howington, Nolan. "Expository Preaching" *Review and Expositor* 56(January 1959)
Leith, John H. "Calvin's Doctrine of the Proclamation of the Word and Its Significance for Today in the
        Light of Recent Research." *Review and Expositor* 86(1989).
_____. "Calvin's Doctrine of the Proclamation of the Word and Its Significance for Today in the
        Light of Recent Research." *Review and Expositor* 86(1989).